Sommair

Les FICHES DE MATHILDE et ses TUTOS VIDÉO

PHILOSOPHIE

MÉTHODE DE L'EXAMEN

NOTIONS

HISTOIRE-GÉOGRAPHIE

MÉTHODE

HISTOIRE

FRAGILITÉS DES DÉMOCRATIES, TOTALITARISMES ET SECONDE GUERRE MONDIALE (1929-1945)

LA MULTIPLICATION DES ACTEURS INTERNATIONAUX DANS UN MONDE BIPOLAIRE

LES REMISES EN CAUSE ÉCONOMIQUE, POLITIQUE ET SOCIALE DES ANNÉES 1970 À 1991

LE MONDE, L'EUROPE ET LA FRANCE DEPUIS 1990, ENTRE COOPÉRATIONS ET CONFLITS

GÉOGRAPHIE

MERS ET OCÉANS : AU CŒUR DE LA MONDIALISATION

DYNAMIQUES TERRITORIALES, COOPÉRATIONS ET TENSIONS DANS LA MONDIALISATION

L'UNION EUROPÉENNE DANS LA MONDIALISATION : DES DYNAMIQUES COMPLEXES

LA FRANCE ET SES RÉGIONS DANS L'UNION EUROPÉENNE ET DANS LA MONDIALISATION : LIGNES DE FORCE ET RECOMPOSITIONS

ENSEIGNEMENT SCIENTIFIQUE

ANGLAIS

ESPAGNOL

ALLEMAND

Nouveau BAC

Le programme de terminale

À partir de la rentrée 2019, les programmes de première et terminale de la voie générale comprennent :

- **des enseignements communs**, suivis par tous les élèves ;
- **des enseignements de spécialité**, à choisir parmi une liste de 12 disciplines ;
- **des enseignements optionnels**. 4 sont accessibles dès la première, 3 autres les complètent en terminale.

1 Les enseignements communs

	première	terminale
Français	4h/semaine	
Philosophie		4h/semaine
Histoire-Géographie	3h/semaine	3h/semaine
Enseignement moral et civique	0h30/semaine	0h30/semaine
Langue vivante A et langue vivante B	4h30/semaine	4h/semaine
Éducation physique et sportive	2h/semaine	2h/semaine
Enseignement scientifique	2h/semaine	2h/semaine
+ mathématiques tronc commun	1h30/semaine	

Les enseignements obligatoires ne faisant pas l'objet d'épreuves terminales sont évalués dans le cadre du contrôle continu, par le biais des résultats obtenus en classe pendant les deux années du cycle terminal.

2 Les enseignements de spécialité

Les 12 spécialités disponibles sont les suivantes :

Arts
Biologie, écologie
Histoire-géographie, géopolitique et sciences politiques
Humanités, littérature et philosophie
Langues, littératures et cultures étrangères
Littératures, langues et cultures de l'Antiquité
Mathématiques
Numérique et sciences informatiques
Physique-Chimie
Sciences de la vie et de la Terre
Sciences de l'ingénieur
Sciences économiques et sociales

Dans chacune de tes spécialités, tu auras 6 heures de cours par semaine en **terminale**.

Tu as choisi trois spécialités en fin de seconde. À la fin de l'année de première, tu as dû en abandonner une. Tu n'en as donc plus que deux en terminale.

La spécialité que tu auras choisi de ne pas poursuivre en terminale sera évaluée dans le cadre du contrôle continu par la moyenne des moyennes trimestrielles ou semestrielles. Les deux autres spécialités donneront lieu à des épreuves finales au cours du second semestre de terminale.

3 Les enseignements optionnels

Si tu le souhaites, tu peux choisir de suivre deux matières optionnelles en terminale, parmi la liste suivante :

- **Mathématiques expertes**
- **Mathématiques complémentaires**
- **Droits et grands enjeux du monde contemporain**

Nouveau BAC

Le baccalauréat

1 Les deux modes d'évaluation

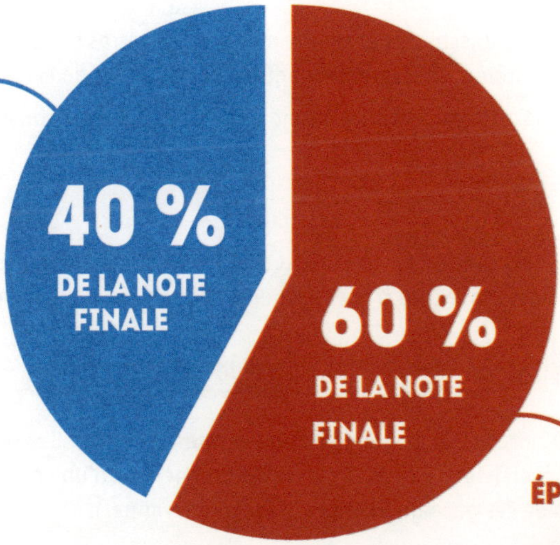

CONTRÔLE CONTINU

Coefficients en classe de	1re	Tle
Spécialité non poursuivie en Tle	8	/
Histoire-Géographie	3	3
Enseignement moral et civique	1	1
LVA	3	3
LVB	3	3
Enseignement scientifique dont mathématiques	3	3
EPS	/	6

ÉPREUVES TERMINALES

2 épreuves anticipées en première

- Français écrit : coefficient 5
- Français oral : coefficient 5

4 épreuves finales en terminale

- 2 enseignements de spécialité : coefficient 16 chacun
- Philosophie : coefficient 8
- Grand oral : coefficient 10

2 Le calendrier des épreuves

Juin	
1re	**ÉPREUVES DE FRANÇAIS** • Écrit • Oral

Juin	
Tle	**ÉPREUVES TERMINALES** • Philosophie • Grand oral • Enseignement de spécialité A • Enseignement de spécialité B

Nouveau BAC

Le contrôle continu

Les 40 % de la note du baccalauréat issus des enseignements obligatoires ne faisant pas l'objet d'épreuves terminales sont calculés à partir des résultats obtenus en classe pendant les deux années du cycle terminal.

Les moyennes annuelles du cycle terminal, dans les enseignements ci-dessous, constituent les notes qui sont prises en compte.

Enseignement de spécialité

▶ La spécialité qui n'est pas poursuivie en terminale est évaluée en première par le contrôle continu : la note, affectée d'un coefficient 8, est la moyenne des moyennes trimestrielles ou semestrielles de l'élève pour la classe de première.

Histoire-géographie | Enseignement scientifique | Langues vivantes A et B

▶ Pour ces trois matières : la note est la moyenne des moyennes trimestrielles ou semestrielles de l'élève, affectée, dans chaque enseignement, d'un coefficient 3 pour la classe de première et d'un coefficient 3 pour la classe de terminale (soit un coefficient 6 pour chacun de ces enseignements sur le cycle terminal).

Éducation physique et sportive

▶ Pour l'EPS : la note à laquelle est affectée le coefficient 6 est la moyenne des notes obtenues par l'élève aux évaluations certificatives prévues dans le cadre du contrôle en cours de formation (CCF) qui vient ponctuer chaque période de formation au cours de l'année de l'examen. L'élève est évalué, pendant l'année de terminale, sur trois épreuves reposant sur trois activités physiques, sportives et artistiques (APSA). La note finale obtenue par le candidat est la moyenne de ces trois épreuves.

Enseignement moral et civique

▶ En EMC, la moyenne des résultats de l'élève est affectée d'un coefficient 1 pour la classe de première et d'un coefficient 1 pour la classe de terminale (soit un coefficient 2 pour cet enseignement sur le cycle terminal).

Les moyennes sont attribuées par les professeurs, entérinées en conseil de classe, transmises aux familles dans les bulletins trimestriels ou semestriels, puis renseignées dans le livret scolaire. Elles sont désignées par les termes « évaluations chiffrées annuelles » dans les textes réglementaires relatifs à l'organisation du baccalauréat.

Dans chaque enseignement concerné, la moyenne annuelle est validée lors du dernier conseil de classe de chaque année du cycle terminal (fin de première et fin de terminale). La moyenne annuelle de chaque enseignement est prise en compte pour l'obtention du baccalauréat en l'arrondissant au dixième de point supérieur.

Nouveau BAC

L'épreuve finale de philosophie

▶ Épreuve écrite de 4 heures

Structure

L'épreuve propose trois sujets au choix. Les deux premiers sont des sujets de dissertation avec une question simple qu'il est demandé au candidat de traiter en mobilisant la culture philosophique acquise et en développant un raisonnement critique. Les questions appellent une discussion rigoureuse sur une ou plusieurs notions du programme. Le troisième sujet est constitué d'un texte dont l'auteur figure dans la liste des auteurs au programme et qu'il est demandé au candidat d'expliquer.

Notation

L'épreuve est notée sur 20 points.

Flashe ce code pour accéder à des sujets de type BAC de philosophie et leurs corrigés.

Nouveau BAC

Le Grand oral

1 Le Grand oral : qu'est-ce que c'est ?

L'épreuve du « Grand oral » est l'une des cinq épreuves terminales du baccalauréat et compte pour **10 % de la note finale.** Elle a lieu **à la fin de l'année de Terminale.**

Cette épreuve se démarque des autres car on **utilise les savoirs acquis dans ses enseignements de spécialité pour soutenir une prise de parole originale.** C'est l'occasion de montrer qu'on est capable de s'exprimer de façon claire et convaincante sur un sujet qui nous intéresse. Cette épreuve est donc très utile non seulement pour le bac, mais aussi parce qu'elle anticipe les attentes des études supérieures et de sa future vie professionnelle. Tes professeurs t'accompagneront dans la préparation de cet exercice que l'on peut choisir de travailler seul(e) ou avec des camarades.

Cette année, tu as choisi deux enseignements de spécialité : tu as travaillé avec ton professeur à partir de différents axes d'étude et tu as pu pressentir les multiples **enjeux** liés à ces matières. Le Grand oral permet d'approfondir une ou deux thématique(s) de ton choix, liées à ces deux spécialités, et qui ont éveillé ta curiosité lorsque tu as réfléchi à ton orientation : comme s'il te revenait de faire deux enquêtes dont on attend que tu délivres les résultats. Tu « prépares le terrain » de tes études supérieures et tu montres que tu t'es informé(e) sur telle ou telle perspective.

Le jour J, on présente au jury sa (ou ses deux) question(s) : **le jury en choisit une** et on doit s'exprimer durant **20 minutes** pour montrer la façon dont on s'est **personnellement investi pour y répondre.** Tu disposes de 20 minutes de préparation pour mettre en ordre tes idées et réaliser, si tu le souhaites, un support, que tu peux conserver pendant ton exposé. Ce support ne fait pas l'objet d'une évaluation.

a. Le premier temps de l'épreuve consiste à présenter la réponse à sa question pendant 10 minutes.

Quand on t'écoute, on doit comprendre d'où tu es parti(e), comment a progressé ta réflexion et le (ou les) résultat(s) à l'arrivée qui te permet(tent) de répondre à la question de départ. L'objectif est de rendre compte de tes résultats de façon **claire, argumentée et synthétique.** Tu auras eu le temps pendant l'année de digérer tes découvertes et d'en proposer une version condensée. Attention : on juge **tout autant la solidité de tes connaissances que ta capacité à les transmettre** de façon pertinente et stimulante.

Comme toute prise de parole, ton discours est **adressé** : tu auras en face de toi deux professeurs de disciplines différentes que tu dois intéresser, dont un **expert** d'un des deux enseignements de spécialité que tu as choisi. Ton discours va devoir « parler » à tout le monde !

> **Le jour J**
>
> Au moment de la préparation précédant ton passage (20 min), tu peux si tu le souhaites réaliser un support sur papier. Ce support peut t'être utile pour remettre à plat les éléments principaux de ton discours, mais il peut également servir au jury pour te relancer en cas de blanc.

b. Puis, dans un deuxième temps, un échange de 10 minutes a lieu avec le jury.

Rassure-toi : ce temps est d'abord **un échange** avec le jury qui t'invite à **préciser et approfondir** des éléments que tu as abordés. Durant ces 10 minutes, il t'interroge sur ta présentation mais il peut aussi élargir le propos au programme de tes enseignements de spécialité : il est donc tout à fait possible que l'on te pose une question sur d'autres notions moins liées à ton sujet de départ. On évalue aussi ta capacité d'adaptation : sois très attentif(ve) aux questions qu'on te pose et ne considère pas que ce sont des questions pièges pour te déstabiliser.

Cet échange ne peut t'apporter que des avantages !

Avec une présentation réussie, on peut se permettre d'aller encore plus loin et de revenir sur des éléments plus en profondeur. Si on a le sentiment d'avoir échoué, **cela peut être l'occasion de se rattraper** en montrant qu'on a bel et bien travaillé la question pour cette épreuve, et qu'on maîtrise bien les connaissances acquises dans ses deux spécialités.

> Imagine que tu poses une question que personne ne s'est jamais posée, et tu es le (la) seul(e) à en détenir la réponse. C'est comme si tu lançais un débat dans l'intention de donner envie à ton public d'interagir avec toi. Mieux vaut pour cela **maîtriser ton sujet**, et le prouver en utilisant un vocabulaire adapté qui montre que tu sais de quoi tu parles !

2 Préparer son projet et organiser ses idées

Le discours doit être une synthèse dynamique de sa recherche mise en œuvre tout au long de l'année. **Plus on s'y sera préparé à l'avance, plus on est sûr de maîtriser son sujet et d'en parler sans ennuyer son auditoire.**

Nouveau BAC

a. Choisir une question et la débroussailler

Tout d'abord, on doit trouver une question sur chacun de ses enseignements de spécialité ou une question en lien avec ses deux enseignements de spécialité. Le programme de l'enseignement de spécialité permet d'approfondir des questions en classe, et c'est dans ce réservoir qu'on va puiser pour orienter son choix. Après avoir défini les enjeux de l'étude, on doit rendre compte de la façon dont elle a été réalisée et justifier ses choix mis en œuvre : prends donc bien le temps de réfléchir lors de cette étape préparatoire.

Cette liberté de choix est une chance, mais aussi un défi : parfois, plus les idées foisonnent, moins on réussit à s'arrêter à l'une d'entre elles. Une fois ta décision prise, il faut éviter de changer d'avis en cours de route ! Le plus important est cette notion d'« envie » : sans ce moteur, on n'aura pas le sentiment que tu réponds à une question que tu as choisie parce que tu t'es senti concerné(e) par elle. Fais-toi confiance !

Cible un sujet qui t'a interpellé(e) lors de ton année d'enseignement. Y a-t-il un événement récent qui aurait suscité ta curiosité ? As-tu vécu une expérience particulière ou as-tu réfléchi à quelque chose, mais sans avoir le temps de le mûrir suffisamment ? As-tu été interpellé(e) par une information, une émission, un article, un cours que tu souhaiterais approfondir ?

Exercice 1 • Choisir un sujet

1 Les idées foisonnent, et tu vas devoir en choisir une et évacuer les autres. Comment faire ? Choisis-en une, celle qui t'intrigue le plus, dont tu penses qu'elle est la plus stimulante. Réfléchis : qu'est-ce qui t'intéresse le plus dans ce domaine ? Qu'est-ce qui te questionne ? Pourquoi ?

2 Prends quelques minutes pour partager les raisons de ton choix à quelqu'un de ton entourage. Pour cela, imagine que tu dois le convaincre d'être ton associé(e) pour réaliser une expérience, et que sa présence est essentielle à sa mise en œuvre. Après avoir pris la parole, demande à ton (ta) partenaire de reformuler ton propos, et de te poser des questions sur le sujet.

Rien ne vaut l'avis des autres ! Prends soin de noter ce que ton (ta) partenaire a retenu de l'exposé de ton idée : quels éléments n'a-t-il (n'a-t-elle) pas rappelés ? As-tu suffisamment insisté là-dessus quand tu en as parlé ?

Il ne s'agit pas d'énoncer ton projet, de parler de ce que tu vas chercher à démontrer (tu ne le sais pas encore !). Il s'agit plutôt de sentir si tu es spontanément et suffisamment intéressé(e) par un thème pour susciter la curiosité de quelqu'un d'autre et lancer une discussion.

b. Organiser son temps et orienter ses recherches

Choisir l'angle de son projet de recherche : la question.

En faisant l'inventaire des sources d'information disponibles, on peut se rendre compte que certaines questions posées par la communauté scientifique ou le grand public sont souvent loin d'être évidentes ou que des opinions peuvent diverger pour y répondre. D'autres questions sont parfois complexes ou demandent à être mises en perspective. L'objectif est de **faire sa propre enquête** : à partir d'hypothèses, on doit faire une recherche pour tenter d'apporter ses réponses.
Autrement dit, la présentation n'est ni une définition ni un catalogue : on ne doit pas avoir l'impression d'entendre une liste d'informations, mais quelqu'un qui donne **une réponse argumentée à une question**. On doit trouver un cheminement logique dans ce qui est dit : un point de départ et un point d'arrivée. Le propos est donc **personnel, construit et appuyé sur des exemples précis** qui témoignent de la solidité du raisonnement. En un mot, l'objectif est d'être **clair(e) et convaincant(e)** !

Au cours du travail, ton sujet et ta problématique évoluent. C'est tout à fait normal ! Il peut arriver que ta question prenne du temps pour se stabiliser. Néanmoins, il est essentiel de réussir à en formuler une première version dès le départ puisqu'elle est le fil rouge qui orientera toute la logique de ton argumentation.

Éviter de s'éparpiller et être stratégique. Pour cela, on **liste toutes les étapes de son travail**, et on détermine dès le départ **le temps qu'on va consacrer** à chacune d'elles. On doit essayer d'être le plus précis possible, en comptant toujours plusieurs temps vides : en effet, on oublie toujours des choses. Ces échéances sont très importantes pour **ne pas se retrouver enfoui sous les échéances à la dernière minute** !

Nouveau BAC

Rassembler la matière et les supports associés à son sujet : il peut s'agir de faits (événements historiques, événements de société), d'articles de journaux, de résultats d'expériences (actuelles ou anciennes), de connaissances (données scientifiques, théories, modèles, données culturelles) ou de différents points de vue sur la question. On veille à **diversifier ses sources** : manuel, livres, revues, vidéos, sites Internet, cours, exercices et TP réalisés avec son professeur au lycée... Il ne s'agit pas de les démultiplier, mais de **sélectionner les plus pertinentes** en gardant toutefois en tête les autres. Même si on ne garde pas tout pour la version finale, **ces informations pourront éventuellement être utiles lorsqu'il s'agira de répondre aux questions au cours de l'entretien.**

Garde bien **la source de tous ces documents** et classe-les dans un dossier bien rangé pour vite les retrouver.

On doit avoir des connaissances solides sur son sujet, et maîtriser les notions qui lui sont liées : assure-toi d'**être bien avisé(e) des éléments du programme** (Terminale, mais aussi Première) et de **connaître le vocabulaire** mobilisé pour la présentation. Pour s'exprimer clairement, on doit être à l'aise avec ce « langage », et donc **en avoir appris les définitions.**

Si des éléments te paraissent un peu flous, **ne les évite pas** : aborde-les avant ta présentation, pour ne pas prendre le risque d'être mis en difficulté lors de l'échange avec le jury.

Exercice 2 • Repérer et sélectionner les idées essentielles d'une information

Podcast Science **est une émission hebdomadaire qui couvre chaque semaine un sujet scientifique. Tu peux la trouver ici : https://www.podcastscience.fm/. Son objectif ? Faire aimer la science au plus grand nombre par le biais d'une communication accessible et dynamique.**

1 Avec un(e) camarade, réserve une heure pour écouter un de ces podcasts en ligne. Chacun(e) de vous prend en note le maximum d'éléments-clés : des références (date, auteur, thématique principale de l'émission), les grands axes du sujet, les questions soulevées, les axes du débat, quelques données chiffrées et des exemples.

2 Compare ta prise de notes avec celle de ton (ta) camarade : avez-vous relevé les mêmes informations ? Mettez-vous d'accord sur le plus utile afin d'aboutir à un relevé commun.

Le jour J

Pour t'aider, sois attentif(ve) à la répétition de certains propos, à leur intonation, et à l'emploi des mots d'articulation qui indiquent les différents moments de synthèse. Ce sont comme des indices d'écoute que tu devras t'efforcer de mettre en valeur lorsque tu prendras la parole à ton tour !

3 Structurer son discours

a. Construire un plan pertinent

Il existe différents plans pour organiser un discours.

Pour aller au-delà des plans classiques thématiques, on peut suivre cette méthode :

A – Accroche

B – Annonce de la question et explication : on définit son sujet et on explique pourquoi on a choisi de préparer cette question.

C – Développement progressif de la question : on informe, discute le sujet au moyen de données et de connaissances précises, détaillées et variées. On démontre la cohérence de son idée en justifiant ses arguments par des exemples :

- données chiffrées, schémas, illustrations concrètes ;
- applications, expériences menées ;
- témoignages.

D – Conclusion : réponse à la question.

Le jour J

Pour éviter toute monotonie dans ton discours, il peut être utile d'avoir en tête différents types d'arguments :

- argument par la cause : on s'appuie sur la cause d'un phénomène ;

>>

Nouveau BAC

>>

- argument par la conséquence : on s'appuie sur les effets d'un phénomène et on montre ses avantages et ses inconvénients ;
- argument par la comparaison : on établit un parallèle entre deux situations ;
- argument d'autorité : on peut citer les propos d'un expert, d'un scientifique reconnu ;
- argument de valeur : on fait appel aux grands principes fondant la société (écologie, éthique...).

b. Formuler une accroche percutante

L'accroche est la première phrase qu'on prononce dans son introduction : elle doit être **très courte** (15 secondes maximum), percutante et pertinente par rapport à son sujet. Son rôle est d'**interpeller l'auditoire** et d'attirer son attention : il faut donc éviter le plus possible les lieux communs ou les banalités. On peut :

– faire un état des lieux de la question : on situe le sujet dans le contexte actuel ;

– relater un fait surprenant, marquant, une anecdote ;

– poser une question : cette question n'attend pas de réponse, mais a pour objectif d'interpeller le jury ; comme s'il était directement concerné. Exemple : « Avez-vous déjà pensé à... ? », « Vous êtes-vous déjà retrouvé(e) dans une situation où... ? »... ;

– faire une remarque personnelle qui montre sa motivation et les raisons du choix de son sujet.

Le jour J

Essaye toujours de connaître une anecdote, la dernière étude sur ton sujet ou la façon dont la presse et les médias en ont parlé, etc. Rien de mieux qu'un savoir actualisé pour montrer que tu es au courant de l'évolution de la recherche scientifique.

c. Soigner son discours

Un propos doit être fluide pour être agréable à entendre. Fais des phrases simples et courtes, avec une seule idée par phrase. Associe à **chaque argument** une **articulation logique du discours**, ces petits mots sont essentiels pour signifier à son jury :

– **qu'on commence, qu'on développe une nouvelle idée :** *commençons par, d'abord, avant tout, en premier lieu, d'une part, certes, s'il est vrai que, sait-on que...*

– **qu'on marque un lien** entre ce qui précède et ce qui suit : *puis, aussi, ensuite, d'autre part, de plus, ainsi, par conséquent, c'est pourquoi, cependant, toutefois, pourtant, au contraire, d'ailleurs...*

– **qu'on rappelle** ce qui a été dit, en fait le bilan : *ainsi, de même, de là, d'où, pour cela...*

– **qu'on conclut** : *donc, enfin, en résumé, en définitive, pour conclure...*

Le jour J

Sois conscient(e) de tes tics de langage. Interdis-toi les « du coup », « en fait », tout comme « euh », « voilà » ou « genre ». S'il t'arrive de faire une faute de français, excuse-toi et corrige-toi : ne fais pas comme si personne ne l'avait entendue.

Exercice 3 • Varier son vocabulaire

Sans notes, répète ta présentation avec un(e) camarade. Son rôle est de relever toutes les fois où tu as recouru aux verbes passe-partout « être », « avoir », « faire », « voir », « dire » ou « mettre ».

Une fois la présentation terminée, cherche un autre terme pour remplacer chacun d'entre eux.

d. Travailler sa conclusion

La conclusion doit être soignée : ce temps laisse une impression définitive de son enthousiasme sur l'auditoire. On fait un **bilan très bref** de ce qu'on vient d'exposer et on peut faire une **ouverture :** en montrant que les enjeux de son sujet sont aussi liés à tel autre sujet, en mentionnant une appropriation de sa thématique dans un autre domaine (cinéma, enjeu de société...). **Le jury doit sentir qu'on s'apprête à terminer son discours :** on peut marquer un temps de pause, ralentir le débit de sa voix et faire entendre dans le ton la clôture de son intervention.

Le jour J

Tu n'as aucune idée d'ouverture pour ta conclusion ? Eh bien ce n'est pas grave ! Contente-toi de faire une synthèse de ton intervention : il vaut mieux éviter une conclusion « remplissage » qui pourrait tout gâcher !

Nouveau BAC

4 Préparer sa prise de parole

a. Quelle est mon expérience de l'oral ?

Tu as déjà eu une expérience de prise de parole en public au lycée.

– **L'épreuve orale de français** avec la lecture à haute voix d'un texte : tu as lu l'extrait de façon expressive si tu t'en es emparé(e) et si tu l'as doté d'une intention.

– **L'expérimentation en équipe :** lorsque tu as dû exprimer ton point de vue, te positionner et prendre en charge une partie d'un travail et donc négocier avec tes camarades et argumenter.

– **L'exposé ou la restitution d'un travail en classe :** tu as déjà fait des exposés devant la classe et résolu des exercices au tableau.

Si tout le monde a la parole, très peu de personnes la prennent. Dans la parole, la différence ne se fait pas entre celui qui se tait et celui qui parle, mais entre celui qui ne fait que parler, et celui qui s'exprime comme il faut. On pense souvent que bien parler est d'emblée une qualité qu'on a la chance d'avoir toujours eue... On entend dire que c'est « tout un art » : « si l'on n'est pas naturellement doué pour cela, on ne sera jamais capable de se sentir à l'aise ». Bref, l'oral fait peur.

Il n'y a pourtant pas de quoi, car, comme dans les autres matières, **l'oral s'apprend** avec des techniques fondamentales à maîtriser. Quelle que soit la façon dont on se situe, on a tous forcément quelque chose à améliorer avec la parole... La question c'est : quoi ?

b. Apprendre à gérer son temps

On peut prévoir à l'avance le temps de pause de sa voix en le marquant d'un coup de crayon sur son brouillon. Le stress de l'intervention en temps réel fait très souvent légèrement accélérer le débit initial de la voix. Pour éviter le risque de parler trop longtemps, on distingue à l'avance les principaux moments : le début (1 min 30 s), les arguments (3 min) et la conclusion (30 s). **On peut s'entraîner avec un(e) camarade** à dire chacun des morceaux de son intervention l'un après l'autre sans dépasser le temps qu'on a déterminé.

c. Mémoriser son discours

On l'a bien compris : **l'objectif n'est pas de réciter** son discours, mais de se sentir libéré(e) du texte pour être pleinement dans sa présentation au jury. N'oublie pas que tu n'auras pas de notes avec toi.

Commence par te concentrer sur le début et la fin : il est essentiel de garder comme horizon mental la conclusion de sa démonstration pour faire sentir qu'on sait où l'on va.

Tu peux recopier le contenu entier de ton exposé sur des feuilles en plusieurs exemplaires. **Fixe-les sur des murs stratégiques de chez toi :** ce sont les murs des lieux où tu passes beaucoup de temps (la salle de bains, ta chambre, les toilettes...).

N'hésite pas à réaliser une fiche aide-mémoire de poche où tu auras inscrit tes arguments et exemples sous forme de mots-clés, ainsi que les articulations de liaison qui font passer d'une idée à l'autre.

Enregistre-toi sur ton téléphone et écoute-toi régulièrement lors de tes déplacements.

Exercice 4 • Mémoriser par le corps

Quand tu te sens prêt(e), répète ton discours en déclamant chacune de ses parties dans une pièce différente de chez toi :

- **la porte d'entrée : l'accroche ;**
- **le couloir : l'introduction ;**
- **la première pièce : le premier axe, etc.**

À chaque fois que tu oublies un élément ou que tu butes sur une information, fais demi-tour et reprends la parole à la pièce précédente.

Nouveau BAC

d. Travailler sur son apparence et sa posture

Travailler sa posture pour être regardé(e) : avant même de formuler des phrases, une intervention commence dès qu'on se présente devant le public. Des études ont montré que plus de 60 % de l'efficacité d'une prise de parole repose sur le langage corporel. Il faut donc travailler sa posture.

• **Se tenir bien.** Avant de commencer à parler, on **s'ancre** bien dans le sol, les pieds écartés de manière à se sentir stable. Imaginer qu'on tire un fil de marionnette au-dessus de son crâne et qu'il tend tout son corps est un bon exercice. Si on est bien d'aplomb, le « trac » se voit moins.

Tu peux utiliser une salle de classe vide pour te mettre en situation. Demande à un(e) camarade de se placer au fond de la salle puis, tout en t'écoutant faire un discours, de bouger de temps en temps : tu dois réussir à faire ton discours sans être perturbé(e).

• **Contrôler les gestes** qui peuvent parasiter son auditoire : on évite de se balancer, de passer d'une jambe sur l'autre, de fermer les poings, de se tripoter les mains ou de les mettre dans ses poches. On fait en sorte que ses mains soient toujours visibles : elles permettent de mettre en valeur ses paroles.

• **Regarder son public bien en face.** Ne pas le fuir. Le regard est déterminant car il permet de capter l'attention de ceux qui nous écoutent. Il nous permet aussi de nous adapter : si on sent que le public n'est pas attentif, on peut prendre un ton plus animé. On peut penser aussi à balayer du regard tous les membres de l'auditoire.

• **Être souriant(e)**, montrer son envie, sa détermination !

Travailler son expression pour être écouté(e) : on n'écrit pas comme l'on parle. Le style oral a ses règles : **les phrases courtes et les moments où on hausse le ton, on ralentit ou on marque des pauses sont essentiels.**

• **Faire un court temps de silence** avant de prendre la parole. Cela te permettra de te concentrer, et de vérifier que ton auditoire est attentif. **Ne parle pas trop vite :** le plus souvent, sous l'effet du stress, on a tendance à accélérer le rythme de sa parole.

• **Faire des pauses entre ses phrases** quand on parle. Les silences te permettent de reprendre ton souffle, contrôler ta parole, mais aussi de capter l'attention ou de susciter une attente.

• **Articuler.** Si tu manges tes mots, tu donneras l'impression que tu veux te débarrasser de ton discours, et l'auditoire n'aura pas le temps de comprendre ce que tu dis.

• **Varier le ton pour ne pas ennuyer :** il peut être tantôt fort, tantôt doux, tantôt grave, tantôt drôle. Il suffit de varier le volume de ta voix ainsi que son débit pour réveiller ton public.

Si tu as tendance à ne pas parler assez fort, c'est peut-être parce que tu n'es pas sûr(e) de toi ou parce que tu as le trac : un simple exercice de respiration abdominale peut te permettre de gérer ton stress et de projeter ta voix comme il faut dans l'espace.

Le jour J

Adopte une tenue qui te ressemble mais que tu auras réservée pour le Grand oral : cela peut t'aider à te mettre en conditions, comme l'acteur qui enfile son costume !

Exercice 5 • Se filmer avec la caméra du smartphone

Fais un petit discours à un(e) camarade : tu peux, par exemple, raconter une expérience que tu as vécue ou défendre un point de vue sur un sujet d'actualité. Demande-lui de te filmer avec ton smartphone : une première fois assis(e), face à lui (elle), autour de la même table et une deuxième fois debout, à quelques mètres de distance.

1 Commence par demander à ton ami(e) de relever les éléments positifs de ta prise de parole. Visualise la vidéo pour en tirer des conseils pour t'améliorer.

2 Note les moments où tu sens que l'information est la plus audible. Pour quelles raisons, selon toi ?

Nouveau BAC

3 **À l'inverse, essaye de comprendre les éléments de ton langage responsables de l'imprécision ou de la confusion des idées que tu exprimes :**
- **Est-ce dit trop rapidement ?**
- **T'entend-on suffisamment ?**
- **As-tu une voix trop monocorde ?**

Sois bienveillant(e) ! Cet exercice est difficile, mais tu dois garder en tête que l'image amplifie toujours les défauts : ce n'est pas une image fidèle de la réalité, et dis-toi que c'est plus une loupe qu'un miroir de ton apparence. Pour t'aider, imagine que tu analyses quelqu'un d'autre.

5 Se préparer à l'entretien avec le jury

a. Préparer un support pour le jury

Durant les 20 minutes de préparation, on doit **mettre en ordre ses idées** sur la question choisie par le jury. L'exposé se fait **sans notes**, mais on a la possibilité de remettre au jury un support. Celui-ci est utile pour plusieurs raisons : il peut **illustrer ce qu'on décrit**, **concrétiser une idée** ou la démontrer. Cela peut aussi être une occasion de proposer **une interprétation graphique** qu'on peut citer comme un raccourci efficace pour faciliter la compréhension de la démonstration. Tout dépend donc de l'objectif qui est visé. Quoi qu'il en soit, cette fiche doit être très lisible et la plus simple possible à comprendre.

Réalise à plusieurs reprises ton support avant le Grand oral pour l'avoir bien en tête le jour J et ne pas perdre trop de temps à le réaliser.

Le jour J

Tu peux faire figurer ton plan sur ton support avec les principaux enjeux de ta prise de parole : les réécrire peut te permettre de te les remémorer visuellement une dernière fois, mais c'est aussi un aperçu que tu donnes au jury qui pourra s'y référer lors de l'entretien. Prends soin de le rédiger lisiblement.

Le jour J

Tu peux ajouter quelques sources d'information précises que tu as peur d'oublier comme une source, un résultat d'expérience, des formules, des chiffres clés : si jamais tu oublies de les dire, il restera une trace de ton travail à partir de laquelle on pourra t'interroger.

b. Distinguer les différents types de questions du jury

À la suite de sa présentation, on doit réagir aux questions des examinateurs pendant 10 minutes. Si tu le souhaites, tu peux t'asseoir : cela t'aidera à laisser redescendre la pression. Rassure-toi : tu ne vas pas subir un interrogatoire ! Le jury n'est pas là pour te mettre en difficulté mais pour t'encourager à approfondir. Il n'y a pas de questions pièges. Dans cet échange, on montre surtout la **solidité de ses connaissances** et sa capacité à prendre de la distance, à **argumenter** et à **élargir son exposé** à d'autres parties du programme.

Prends le temps d'évaluer les réactions du jury et de cerner la nature de la question : mieux vaut quelques secondes de silence plutôt qu'une réponse toute faite ou précipitée.

L'examinateur peut poser plusieurs types de questions qu'on doit bien écouter pour orienter ses réponses. Il pourra ainsi demander de :

- Préciser, clarifier : il peut arriver qu'on soit passé trop vite sur une information et qu'on se soit exprimé de façon confuse. En te demandant de préciser ou de clarifier, le jury veut vérifier que tu maîtrises bien ton information.

- Développer : le jury veut obtenir une information manquante ou vérifier si on a suffisamment de connaissances sur un sujet abordé pendant la question. Il peut te suggérer de développer une idée pour t'orienter dans ta démarche ou pour voir les liens que tu tisses avec d'autres entrées du programme. **N'oublie pas que tu peux être interrogé(e) sur des notions de ton enseignement de spécialité que tu as apprises lors du 3e trimestre !**

- Justifier : on peut être questionné sur son choix personnel de sujet, sur la façon dont on a préparé son exposé ou sur l'origine de son contenu.

réussir son ORIENTATION

L'année de Terminale est cruciale en terme d'orientation. Et avec Parcoursup qui arrive assez rapidement dans l'année tu peux te sentir vite perdu(e) parmi le nombre de choix qui s'offrent à toi. En anticipant et en étant vigilant sur le planning, voilà comment te renseigner :

salons étudiants

→ Regarde les programmes de tous les salons et cible ceux qui t'intéressent !

J.P.O.

(journées portes ouvertes)

→ Visite le campus et vois concrètement ce qui est proposé pour te projeter

LE + IMPORTANT EST DE DISCUTER AVEC DES ÉTUDIANTS, DES PROFS ET DES REPRÉSENTANTS D'ASSOCIATIONS ET DE POSER TOUTES TES QUESTIONS !

P.S. : essaie de faire le maximum de salons et de j.p.o. !

ET UTILISE INTERNET !!

Les réseaux sociaux (comme ▷ ou ◎) regorgent de témoignages d'étudiants qui partagent leur parcours. C'est l'occasion d'entendre un avis concret et de discuter avec eux librement.

Sur les sites étudiants, on trouve des classements, des témoignages et des conseils qui peuvent t'aiguiller.

Il existe aussi des plateformes sur lesquelles tu retrouves des visites virtuelles, tu peux également participer à des webinaires organisés par les écoles. C'est l'idéal si tu n'as pas la possibilité de te déplacer dans les salons et aux J.P.O. ☺

LE STRESS de parcoursup

COMMENT LE GÉRER ?

Les différentes phases de parcoursup peuvent s'avérer assez stressantes. Voici quelques conseils :

pour toi

ANTICIPE

+ tu t'y prends tôt,
– tu seras stressé(e)

DEMANDE DE L'AIDE,

discute avec les gens, écoute les conseils

DÉDRAMATISE

Oui, c'est une étape importante. Mais l'issue t'offrira plusieurs choix

Maintenant que tu te gères toi, il faut parvenir à gérer 2 autres sources de stress :

les profs

→ n'hésite pas à les solliciter et accepte leur aide (conseils, relecture, dialogue, recommandations ...)

les parents

→ explique-leur bien les étapes, le calendrier et la finalité. (Souvent le stress est lié à l'inconnu et l'incompréhension) Rassure-les :)

CONSTRUIS TON PROJET ET PRÉSENTE-LEUR. S'ILS VOIENT QUE C'EST RÉFLÉCHI ET QUE TU ES INVESTI(E), ILS T'AIDERONT ET TE SOUTIENDRONT !

https://www.parcoursup.gouv.fr

LES épreuves de SPÉCIALITÉ

2 épreuves, chacune

COEFF 16 | MI-JUIN | 4h (généralement)

⚠ Il faut que tu arrives au moins 30 min avant le début de chaque épreuve !

La veille, tu prépares ton sac en y mettant :

- ta convocation
- une pièce d'identité
- des stylos
- des surligneurs
- une bouteille d'eau
- calculatrice (si demandée dans ta spé)

pour réviser,

ne fais pas d'impasse sur le programme et prépare les annales !

LES SITES

eduscol.education.fr
→ annales des épreuves du bac

education.gouv.fr
→ banque nationale de sujets

Entraîne-toi un maximum, regarde les corrections et tu seras totalement prêt(e) !

Et pour avoir le déroulé de chaque épreuve
↳ Education.gouv.fr

LE GRAND oral

En classe de Terminale, le Grand Oral est la dernière épreuve que tu vas passer :

COEFF 10 — FIN JUIN — 20 min de préparation + 20 min

→ Pour le déroulé de l'épreuve, va voir en page 10

et pour assurer l'oral, voici quelques conseils

→ **prépare bien les 2 problématiques**
surtout pas d'impasse, plus tu maîtrises tes sujets, plus tu seras à l'aise à l'oral

→ **soigne ta tenue et ta posture**
c'est bête mais essaie de faire bonne impression, tiens-toi bien droit(e) cela donne de l'assurance et transmet une bonne image de toi

→ **entraîne-toi**
devant ton miroir, tes proches, avec d'autres élèves ou filme-toi, tu dois maîtriser ton discours sur le bout des doigts

+ 5 min avant de passer **fais un exercice de relaxation** (méditation, cohérence cardiaque, sophrologie...) cela permet de te détendre et de poser ta voix

PHILOSOPHIE

L'explication de texte

Cours

1 La prise de connaissance du texte

a. Comprendre le sens implicite du texte

▶ La première étape, et sûrement la plus importante, est la **lecture attentive et répétée** du texte. Il convient de s'en imprégner, si l'on veut éviter les contresens et saisir ce qu'il dévoile en filigrane.

▶ Partez du principe que le texte que vous expliquez est un classique qui a traversé les siècles, a été étudié et analysé par de très nombreux philosophes ou spécialistes. Votre lecture doit être bienveillante et modeste, dans le sens où il vous faut faire confiance à l'auteur et considérer que si vous relevez une incohérence dans le texte, c'est que celle-ci est sans doute due à une lecture trop rapide qui vous aura mené à une compréhension erronée.

b. Identifier la structure argumentative du texte

▶ Votre dernière lecture doit être pratique. Munissez-vous d'un crayon de papier et **découpez le texte en identifiant les différentes étapes argumentatives** pour faire ressortir sa structure. Pour ce faire, fiez-vous aux **passages à la ligne**, qui constituent les premiers repaires faciles à identifier. En leur absence et même leur présence, vous devez continuer votre exploration du texte en identifiant les **connecteurs logiques**, à savoir les conjonctions (mais, cependant, et, ou, etc.), qui marquent une séparation, alternative, opposition ou des perspectives différentes. Méfiez-vous tout de même, la présence de conjonctions ne signifie pas nécessairement un changement de partie ou de thèse, car certaines ne possèdent qu'une fonction stylistique et n'ont aucune incidence sur le contenu du texte.

▶ Sachez enfin que ces connecteurs n'ont pas uniquement un rôle logique ou formel aidant à structurer le texte, mais lui donnent également une orientation et donc un sens précis. Le texte peut être polémique, argumentatif ou démonstratif, il est nécessairement structuré selon sa **typologie**, qu'il convient de repérer.

2 La rédaction de votre devoir

a. La rédaction de l'introduction

▶ Pour cet exercice, s'il n'y a pas de formes imposées, il y a des exigences qui s'appuient simplement sur le texte lui-même. Vous pouvez commencer votre introduction en indiquant, en une phrase, le **thème général** du texte, à savoir ce sur quoi il porte et qui correspond, en toute logique, à l'un des thèmes à votre programme. Il peut arriver qu'un texte porte sur deux thèmes ou sur leur relation.

▶ Puis, développez plus longuement l'idée générale du texte, ou bien la **thèse** qu'y soutient l'auteur. Cette étape est cruciale, car vous montrez au correcteur votre compréhension globale du texte. Il s'agit donc ici de dégager clairement, dans un petit paragraphe, ce qui a justifié aux yeux de l'auteur l'écriture de son texte. Parfois, il n'y a pas de véritable thèse, mais un **problème posé** ou une difficulté exposée.

▶ Enfin, finissez votre introduction en révélant la **structure du texte**, à savoir les différents moments (ou parties) de ce dernier. En précisant le début et la fin de chaque moment (de [...] jusqu'à [...]), résumez ce que contient chaque partie. N'hésitez pas à aller à la ligne pour distinguer chaque moment et révéler clairement la structure du texte.

b. Les différentes parties de votre explication de texte

▶ **C'est le texte qui importe avant tout et légitime la structure de votre devoir**, et non votre approche personnelle comme cela est le cas pour une dissertation. Aussi, organisez votre devoir en fonction du texte lui-même. Si vous avez repéré trois moments dans le texte, votre devoir sera constitué, en toute logique, de trois parties. N'hésitez pas à aller à la ligne entre chacune, afin de clarifier votre démarche, cela permettra au lecteur-correcteur de vous suivre plus facilement, en se rapportant constamment au texte lui-même, qu'il aura à ses côtés et qui, comme vous, lui permettra d'avoir un fil conducteur.

▶ Pour résumer, cet exercice se présente de la manière suivante : à la suite de l'introduction, laissez quelques lignes, puis débutez l'explication en allant également à la ligne à la fin de chaque moment. Une fois l'explication achevée, vous pouvez commencer la conclusion critique.

>>

>> ▶ Sachez, toutefois, qu'un texte est rarement composé de plus de deux ou trois parties, à cause d'une contrainte temporelle, l'épreuve ne durant que quatre heures. Cela ne signifie pas que le texte soit structuré artificiellement de parties de longueurs semblables, de même que leurs contenus soient de même importance. **Une seule phrase peut constituer à elle seule un moment essentiel du texte** et doit alors être analysée en détails.

▶ Vous pouvez naturellement **citer le texte** pour valoriser votre argumentation et la rendre plus vivante. Il faut le faire de manière subtile, en intégrant les citations dans l'une de vos phrases pour que celle-ci ne semble pas tomber comme un cheveu sur la soupe. Il ne faut donc pas commencer une phrase par une citation, l'ensemble ressemblerait à une succession de citations et couperait la dynamique, à la fois du texte et de votre explication. Évidemment, il ne faut pas citer tout le texte, seulement des extraits. Les citations doivent donc être brèves, ne jamais constituer une phrase entière et se faire linéairement, à savoir de manière progressive au sein de votre devoir. Si la lecture comme l'explication est progressive, l'insertion des citations l'est aussi.

c. La conclusion : une étape cruciale

▶ S'il n'y a pas de méthode officielle à sa rédaction la conclusion est l'objet d'une **longue réflexion critique sur la thèse** défendue par l'auteur. C'est donc le moment où vous allez montrer que vous avez bien compris le texte lui-même dans toute sa portée philosophique et que vous êtes capable de développer une opinion personnelle, critique et argumentée sur sa thèse. Il faut comprendre le terme critique au sens étymologique de discernement, et non au sens commun d'opposition.

▶ Il s'agit d'abord d'être lucide sur la thèse de l'auteur, en mettant en évidence son **intérêt philosophique actuel ou universel**. Vous pouvez aussi, dans cette conclusion, affirmer votre désaccord avec l'auteur, défendre une thèse opposée et montrer ainsi votre indépendance d'esprit. Pour ce faire, nous vous encourageons tout de même à être assez prudent au moins dans la forme. Pour s'opposer à une thèse, il faut d'abord être certain d'en avoir bien compris toutes les subtilités. Mal comprendre une thèse, la déformer ou la simplifier pour la contredire, c'est faire preuve d'un manque de modestie.

▶ Si vous êtes malgré tout certain d'avoir compris la thèse de l'auteur et que vous souhaitez la réfuter, il est préférable d'utiliser le conditionnel (« On pourrait peut-être objecter ou rétorquer à l'auteur... »). Vous pouvez aussi utiliser les thèses d'autres auteurs, afin d'appuyer et de légitimer vos critiques. Méfiez-vous tout de même de ne pas opposer artificiellement deux auteurs. Il est assez rare que sur un point précis, il existe une opposition radicale entre deux auteurs, il y a davantage des perspectives ou des conceptions différentes du monde.

Exercice

★★ 4 heures **Type Bac**

Sujet : Expliquez le texte suivant. La connaissance de la doctrine de l'auteur n'est pas requise. Il faut et il suffit que l'explication rende compte par la compréhension précise du texte, du problème dont il est question.

> Ce sont des voleurs, dit-on, et des filous.
> – Qu'est-ce que cela signifie : « des voleurs et des filous » ? Qu'ils ont erré sur les questions de bien et de mal. Faut-il donc s'irriter contre eux, ou les plaindre ? Mais montre-leur l'erreur et tu verras comme ils se détournent de leurs fautes. S'ils ne la voient pas, ils n'ont rien à préférer à leur propre opinion.
> – Alors ce voleur, cet adultère, ne devraient-ils pas être mis à mort ?
> – Nullement, mais exprime-toi plutôt ainsi : « Cet homme qui est dans l'erreur, qui se trompe sur les matières les plus importantes, qui a perdu la vue, non pas la vue qui permet de distinguer le blanc et le noir, ne devrait-il pas être mis à mort ? ». Si tu parles de la sorte, tu comprendras combien ce que tu as dit est inhumain et cela revient en somme à ceci : « Mais cet aveugle, mais ce sourd ne devraient-ils pas être mis à mort ? ». Si le plus grand dommage à subir, c'est la perte des biens les plus importants, et si rien n'est plus important pour tout homme que la droiture de sa personne, quand quelqu'un en est privé, pourquoi donc s'irriter contre lui ?

Entretiens, 1, XVIII, Épictète.

Flashe ce code pour accéder au corrigé complet.

La dissertation

Cours

1 Le choix et l'analyse du sujet

a. Choisir le sujet

▶ Le jour de l'épreuve, vous aurez le choix entre deux sujets de dissertation. À la suite de la **lecture attentive** (environ un quart d'heure) de chaque sujet, vous devez opérer un choix ferme et définitif, sans retour en arrière.

▶ Si le choix d'un sujet est toujours subjectif, il ne doit pas être fait en fonction d'une histoire personnelle ou encore d'opinions arrêtées et définitives. Le choix du sujet doit s'appuyer sur des **connaissances objectives** et une **culture philosophique**. Vous choisirez donc le sujet sans présupposés, mais pas sans connaissances sur le thème.

b. Comprendre le sujet

▶ Commencez par noter au brouillon toutes les idées qui vous viennent, les **références** ou les **auteurs** auxquels il vous fait penser. Néanmoins, il ne faut pas immédiatement répondre à la question posée.

▶ Il faut d'abord chercher dans la formulation du sujet le **concept**, mot ou expression qui servira de fil conducteur à votre dissertation, à ne pas confondre avec le thème du sujet (par exemple, la liberté). C'est davantage à partir de la formulation de la question (Faut-il... ? À quoi sert... ?) et de ses différents sens possibles qu'il faut construire la structure du devoir.

▶ Une fois cernée l'expression ou le mot central du sujet (falloir, servir, etc.), cherchez des **termes ou expressions synonymes** ou proches et des termes opposées (servir : utile/inutile, par intérêt/gratuitement, sans valeur/indispensable, etc.) que vous allez regrouper et qui vont vous permettre de constituer vos parties.

2 Les différents types de plans

Il n'existe pas un type de plan imposé, simplement des **exigences de construction et de cohérence de la pensée**. Une réflexion qui ne serait qu'une succession d'idées mises bout à bout ne constituerait pas une thèse. Le choix du plan est lié intrinsèquement au sujet posé.

a. Le plan progressif

Ce type de plan propose un **approfondissement de la thèse**, allant du plus simple à l'universel, en passant par le général. Il s'agit d'élever votre réflexion en la faisant accéder à une vision universelle du sujet, de type cartésien ou kantien, à savoir non liée à une société définie ou à une situation historique précise. Ce type de plan n'est pas fréquent, mais peut se justifier et s'imposer selon le sujet.

b. Le plan dialectique

Ce type de plan est sans doute le plus utilisé. Si vous le choisissez, c'est cependant d'abord parce que le sujet implique légitimement et non artificiellement des thèses opposées. Les deux premières parties (**thèse** et **antithèse**) s'opposent et une troisième, qui dépasser cette opposition (**synthèse**). Cette troisième partie ne fait pas l'union artificielle des deux premières thèses. C'est une véritable thèse que vous défendez en dernier ressort, celle que vous considérez comme la plus solide ou justifiée.

3 L'introduction

a. Dégager une problématique

Il ne faut pas confondre les questions soulevées par le sujet, voire les problèmes qu'il implique et la problématique, l'**axe central**, qui structure votre dissertation et lui donne sa cohérence, bien que des réponses différentes et opposées y soient apportées.

b. Structurer l'introduction

▶ L'introduction ne dévoile pas l'argumentation, elle doit montrer la **portée du sujet**, ce que sous-entend la question posée, sa portée philosophique. Pour ce faire, il va falloir que vous arriviez à dégager un certain nombre de questions auxquelles vous répondrez dans vos différentes thèses. Il faut **poser au moins trois questions** (qui peuvent être à la fin de votre introduction) auxquelles vous apporterez une réponse dans chacune des parties.

4 La structure de la dissertation

a. Élaborer les parties

▶ En règle générale, une dissertation de philosophie du baccalauréat est organisée en **trois parties de longueur égale**. Votre devoir peut cependant contenir plus de parties (4, voire 5), mais pas moins, afin d'éviter une approche schématique oui/non, pour/contre.

▶ La **dernière partie** est celle que vous considérez comme la plus fondamentale, qui doit emporter la conviction du lecteur-correcteur. Afin de ne pas improviser cette dernière partie à la dernière minute, elle doit être élaborée ou au moins ébauchée dès la construction de votre plan au brouillon.

b. Soigner les transitions

La transition permet de **passer d'une partie à l'autre** en présentant une objection à la thèse qui vient d'être exposée et en montrant la nécessité de la thèse qui suit. Elle intervient à la fin (pas entre les parties ni au début d'une partie) de >>

>> chacune des deux premières parties (si votre devoir en contient trois), la dernière en est dispensée. Afin de rendre votre devoir plus vivant et aussi de montrer que vous êtes capable de vous interroger sur votre propre démarche, vos transitions peuvent prendre la forme de questions-objections auxquelles vous répondrez dans la partie suivante.

5 Comment illustrer son argumentation ?

a. Exemples et citations

▶ Il n'est pas nécessaire que les exemples soient **nombreux** (1 ou 2 par partie), mais qu'ils soient **de qualité** et qu'ils fassent clairement référence à ce dont vous parlez. Pour autant, il ne faut surtout pas donner à l'exemple le rôle de preuve. Un exemple ne fait qu'illustrer une argumentation, mettre en évidence qu'elle n'est pas détachée du réel. Un devoir ne doit jamais être constitué uniquement d'une succession d'exemples.

▶ Les citations ne sont pas indispensables et leur absence dans votre devoir n'est en aucun cas blâmable. Il est même recommandé de ne pas trop en abuser. Enfin, évitez de réinventer une citation oubliée ou même d'attribuer de manière hasardeuse une citation à un auteur dont vous ne seriez pas sûr. Malgré tout, si l'absence de citations n'est pas condamnable, leur présence ne l'est évidemment pas non plus, surtout lorsqu'elles sont pertinentes et bien amenées. À l'image de l'exemple, elle n'est pas une preuve indéniable, mais davantage un moyen de montrer que vous n'êtes pas seul à défendre une idée. Dès lors, vous pouvez amener votre citation subtilement en l'intégrant à l'une de vos phrases, en veillant à indiquer entre parenthèses l'auteur et l'ouvrage.

b. Les références à privilégier

▶ Les références **philosophique**, **littéraire**, **artistique** et **historique** sont à privilégier. Évitez les références techniques trop précises dans un domaine restreint et les références liées à l'actualité politique par prudence élémentaire.

▶ La référence aux auteurs à la pensée d'un auteur doit vous permettre d'**approfondir votre argumentation**, voire de l'orienter, mais ne peut en aucun cas se substituer à elle et être présentée comme une vérité indiscutable. Si vous faites référence à un auteur, gardez à l'esprit que sa pensée doit vous aider à mener votre propre réflexion.

c. Peut-on donner son avis personnel ?

Votre opinion est requise par la réflexion philosophique elle-même. Simplement, il va falloir l'appuyer sur des connaissances, une culture pour qu'elle ne soit pas une affirmation gratuite ou orgueilleuse se présentant comme indiscutable.

6 La conclusion

▶ Vous pouvez commencer par préciser que vous en arrivez à votre conclusion (« pour finir,... », etc.), puis **rappeler rapidement votre démarche**, c'est-à-dire vos différentes thèses. Ce petit doit permettre au lecteur d'avoir un regard synthétique, clair et rapide sur votre devoir.

▶ Une fois le rappel des différentes argumentations effectué (5-6 lignes maximum), **reprenez la dernière thèse plus longuement** pour répondre pleinement à votre problématique. Une fois cet exercice achevé, votre devoir est complètement fini et il est inutile d'ajouter un nouveau questionnement en guise d'élargissement du sujet.

PHILOSOPHIE

Exercice

★★★ 4 heures Type Bac

Sujet : Pense-t-on par soi-même?

Flashe ce code pour accéder au corrigé complet.

La conscience

Cours

1 La conscience, élément constitutif de l'homme

▶ On distingue la conscience spontanée ou directe, premier niveau de conscience, et la conscience réfléchie, qui revient sur elle-même comme un miroir et permet d'évaluer sa conduite. C'est la conscientisation qui permet de passer d'un niveau de conscience à l'autre. La pensée véritable est ainsi toujours consciente d'elle-même, menée par un Je conscient.

Edmund Husserl (1859-1938)

▶ Selon **E. Husserl**, la conscience est par essence « intentionnalité », ouverte à l'infinie variété du monde. Toute conscience correspond ainsi à une manière singulière, personnelle, de saisir la réalité.

▶ Pour **F. Hegel**, la conscience est ce qui distingue l'homme de l'animal. **S. Freud** pense, au contraire, qu'il est possible de retrouver les rudiments d'une conscience morale chez certains animaux, sans que cette dernière soit pour autant semblable à celle de l'être humain.

Citation

« Ce qui élève l'homme par rapport à l'animal, c'est la conscience qu'il a d'être un animal. Et du fait qu'il sait qu'il est un animal, il cesse de l'être. » F Hegel.

▶ La question de la conscience renvoie à celle de la moralité et de la responsabilité, qu'il est parfois difficile d'attribuer à tout homme. La loi du 22 juillet 1992 prévoit que « n'est pas pénalement responsable la personne qui était atteinte, au moment des faits d'un trouble psychique ou neuropsychique ». Par ailleurs, cette conscience morale dépend principalement de prescriptions, qui peuvent varier en fonction des époques, des cultures ou des sociétés.

▶ Pour autant, selon **Aristote**, c'est parce qu'il a une conscience qu'un homme est à la fois libre et responsable de ses actes. Si nous sommes jugés irresponsables d'un crime, alors cela implique que nous ne sommes pas libres.

2 La conscience comme capacité d'unification du réel et de recherche de sens

▶ Pour **R. Descartes**, l'âme est le siège de notre pensée, ou conscience, à savoir de « ce que nous percevons immédiatement par nous-même » (*Les principes de la philosophie*). La conscience qui doute amène à l'évidence de l'existence d'un *cogito* (je pense). Descartes distingue par ailleurs le moi psychologique, individuel et en constante interaction avec le corps, et le moi métaphysique ou transcendantal, qui n'est pas lié au corps.

▶ Dans sa lignée, **E. Kant** affirme l'existence du moi métaphysique, qui transcende les origines individuelles et témoigne d'une capacité universelle à penser, condition nécessaire à toute activité théorique et pratique. Pour **F. Nietzsche** au contraire, « le vrai cogito est un cogito corporel ».

3 Conséquences existentielles de l'usage de la conscience

▶ **J. P. Sartre** tire les conséquences des distinctions cartésiennes. Selon lui, les individus se cachent souvent derrière des excuses sociales, familiales, psychologiques (moi psychologique), et préfèrent jouer un rôle social pour n'avoir pas à assumer pleinement leur liberté de choix, leur capacité à changer et à réinventer leur vie (moi transcendantal). L'excuse apparaît comme rassurante, mais illusoire, car elle ne permet pas de se reconnaître comme l'auteur de sa propre vie.

▶ Dans la troisième partie du *Discours de la méthode*, **R. Descartes** illustre, par la célèbre métaphore des voyageurs égarés dans une forêt, l'obligation cruciale de prendre une décision ferme quant au chemin à suivre s'ils veulent survivre au sein d'un environnement hostile. L'absolue nécessité du choix donne ainsi du sens à la vie. Il nous est ainsi impossible d'échapper à notre responsabilité fondamentale en se dissimulant derrière des déterminismes sociaux ou familiaux.

Citation

« Est transcendantal dans le sujet ce qui rend possible *a priori* sa manière d'être au monde. »

E. Kant, *Critique de la raison pure.*

4 Prendre la conscience de soi-même

▶ Le rapport à autrui forme notre conscience. **F. Hegel**, dans la *Phénoménologie de l'esprit*, montre que ce que l'être humain souhaite par-dessus tout, c'est être reconnu comme l'égal de l'autre et non pas rabaissé ou simplement objectivé (considéré comme un objet). Ainsi, à des degrés divers, le jugement d'autrui joue un rôle sur la conscience et l'image que nous avons de nous-même.

▶ Dans *Réflexions sur la question juive*, **J. P. Sartre** met en lumière le fait que l'antisémitisme est « un choix libre et total de soi-même ». La conscience n'est ainsi pas seulement un >>

>> instrument de connaissance, elle permet aux êtres humains d'élever leur humanité ou au contraire de l'abaisser.

▶ On pourrait croire que la capacité d'introspection (*introspicere*, regarder à l'intérieur) place l'homme dans une situation privilégiée de transparence interne. Une telle approche ne prend pas en compte l'ambiguïté fondamentale de nos relations et de nos sentiments. Dans *Le nœud de vipères*, **H. Bazin** montre comment un vieil homme passe de la haine à l'amour des membres de sa famille après le décès de sa femme. Notre conscience peut ainsi se tromper sur la signification profonde de nos sentiments.

▶ De plus, la conscience de soi est toujours rétrospective, elle ne peut en effet s'observer au moment exact où elle est troublée par l'action ou les sentiments, ce qui suppose une reconstruction du passé, avec ce que cela suppose d'imperfections, de transformations.

▶ La conscience de soi peut ainsi être considérée comme toujours en devenir. S'il nous est possible de connaître imparfaitement notre moi d'hier, il paraît difficile de connaître notre moi actuel qui désire, choisit, s'invente à tout moment un avenir et change perpétuellement.

EN PERSPECTIVES

Auteurs

Descartes – Kant – Nietzsche – Husserl –Sartre – Freud – Aristote

Notions liées

Liberté – devoir – inconscient – justice – temps – bonheur

La conscience

1. L'existence humaine et la culture

- La conscience n'est jamais figée et toujours ouverte sur le réel.
- Descartes distingue le moi psychologique, lié à notre propre histoire, et le moi métaphysique qui permet de s'ouvrir et de penser le monde.
- Il est difficile d'assumer notre moi métaphysique (ou transcendantal) car il illustre notre liberté absolue.
- C'est par le regard de l'autre que je prends conscience de moi-même.

2. La morale et la politique

- C'est parce qu'il a une conscience que l'homme est moralement responsable.
- Si, dans le domaine théorique, on peut en rester au doute, dans l'action, il faut choisir.

3. La connaissance

- Il existe deux degrés de conscience : la conscience spontanée et la conscience réfléchie.
- C'est par la démarche du doute radical que Descartes arrive à la certitude de la conscience. Jamais un individu n'aura une connaissance parfaite de lui-même par sa seule conscience.

Exercice

Perspective 1.
Paul Valéry illustre le rôle de la conscience en usant d'une métaphore politique.

★★ 2 heures Type Bac **Dissertation.**

Sujet : Peut-on dire avec Valéry que « la conscience règne mais ne gouverne pas » ?

a. Rédigez l'introduction en dégageant la problématique que soulève le sujet.

b. Élaborez un plan en trois parties, puis posez brièvement vos arguments en veillant aux transitions.

L'inconscient

Cours

La question de l'inconscient renvoie à celle de l'identité du sujet et interroge la liberté de penser et d'agir.

1 L'inconscient psychique, social et culturel

▶ Dans *Nouveaux Essais sur l'entendement humain*, **G.-W. Leibniz** parle de phénomènes qu'il qualifie d'inconscients. Il s'agit de petites perceptions, qui, bien qu'imperceptibles, nous animent. Ainsi, le bruit de la mer que nous entendons est celui des vagues dans leur globalité, par lequel nous percevons inconsciemment chaque gouttelette d'eau.

▶ **F. Nietzsche** s'interroge, dans la *Généalogie de la morale*, sur les causes cachées ou non avouées des principes et interdits moraux. Ces dernières proviendraient de la difficulté des faibles à assumer leur désir de puissance, difficulté qui les pousserait à restreindre les désirs des autres en les encadrant par des règles morales.

▶ **K. Marx**, de son côté, explique que les conditions matérielles conditionnent inconsciemment un homme en façonnant sa conception du monde, ses relations sociales et morales. La classe sociale dominante impose des représentations sociales et politiques afin de faire inconsciemment accepter des relations de domination à la communauté.

▶ Enfin, **C. Lévi-Strauss** montre que chaque homme est structuré par un inconscient culturel qui détermine ses comportements et ses sentiments.

Citations

« Ce n'est donc pas la conscience des hommes qui détermine leur être ; c'est inversement leur être social qui détermine leur conscience. »
Marx, Préface de la *Contribution à la critique de l'économie politique*.

2 L'hypothèse de l'inconscient psychique selon Freud

▶ Dans *Métapsychologie*, **S. Freud** démontre que son hypothèse de l'inconscient est nécessaire, car il explique certains phénomènes comme les rêves et les actes manqués, légitime, car il permet une meilleure compréhension de l'homme, et vraie, car l'expérience prouve son existence.

▶ Le psychisme humain est soumis au principe de plaisir et au principe de réalité. La réalité limite ou empêche la réalisation des plaisirs recherchés par l'homme. Les pulsions du ça (désirs inconscients) aspirent à des satisfactions qui ne peuvent être obtenues immédiatement, ce qui peut causer des dommages psychiques. Le moi est une instance psychique qui agit comme intermédiaire entre les prétentions du ça et les oppositions qu'il rencontre.

Sigmund Freud (1856-1939)

▶ Les désirs qui ne peuvent se réaliser sont refoulés dans l'inconscient et se manifestent par les rêves, les actes manqués et les névroses.

▶ Lors du travail de psychanalyse, qui permet de réduire l'écart entre notre identité apparente (conscience) et notre identité réelle (inconscient), le patient effectue un travail d'anamnèse (évocation volontaire du passé) pour faire émerger les exigences du ça. Le thérapeute aide le patient à déjouer la censure du surmoi (interdits moraux intériorisés depuis l'enfance et transmis par les parents), qui peut bloquer l'expression des désirs enfouis.

▶ La cure psychanalytique doit permettre de se libérer des conflits douloureux et d'atteindre une compréhension plus juste de soi-même et de ses actions. Pour autant, notre inconscient ne cessera jamais de fonctionner. Aussi le travail de maîtrise et d'interprétation du je (sujet) est toujours à renouveler.

3 Prolongement et critique de l'inconscient freudien

▶ À la suite de Freud, **J. Lacan**, dans son *Séminaire*, démontre que l'inconscient est structuré comme un langage. La psychanalyse intervient ainsi sur le patient par la langue, le ça étant comme une parole censurée qu'il faut tenter de retrouver.

▶ Le philosophe rationaliste **Alain**, dans une perspective morale, considère l'inconscient comme une « tromperie objective », qui enlèverait à l'homme tout contrôle de lui-même, masquant ainsi sa responsabilité d'être pensant. Pour Alain c'est au contraire la raison, la volonté et aussi la lucidité qui expriment notre humanité.

▶ Dans *L'Être et le Néant*, **J.-P. Sartre** déclare que « l'inconscient est la mauvaise foi chosifiée ». L'inconscient porterait ainsi atteinte à la liberté en expliquant ou en excusant toutes les bonnes et mauvaises actions, comme si notre conscience était le résultat de quelque chose d'extérieur à elle.

EN PERSPECTIVES

Auteurs

Leibniz – Freud – Nietzsche
Lacan – Marx – Alain
Lévi-Strauss – Sartre

Notions liées

Liberté – conscience
devoir – bonheur
justice – langage

L'inconscient

1. L'existence humaine et la culture

- Il y a un inconscient culturel qui structure nos sentiments et nos comportements (Lévi-Strauss).
- Tout homme doit vivre avec les principes de plaisir et de réalité (Freud).
- La cure analytique vise à l'émancipation par la connaissance de soi (Freud).
- La notion d'inconscient implique une approche antihumaniste de l'homme (Alain).
- L'inconscient serait une expression de la mauvaise foi (Sartre).

2. La morale et la politique

- Les conditions sociales et matérielles inégales conditionnent inconsciemment les conceptions politiques des hommes (Marx).

3. La connaissance

- Certains phénomènes sont imperceptibles, car très faibles (inconscients) et pourtant connus parce qu'assemblés (Leibniz).
- L'hypothèse de l'inconscient psychique est nécessaire, légitime et vraie (Freud)
- L'inconscient se manifeste par les rêves, les actes manqués et les névroses (Freud).
- La psychanalyse permet à l'homme de mieux se connaître (Freud).
- Le langage permet de donner du sens à notre identité et par conséquent à notre inconscient (Lacan).

Exercice

★ 30 min **Type Bac** **Explication de texte.**

a. Indiquez le thème de ce texte.

b. Indiquez son articulation.

> **Perspective 3.**
> **Pour aborder ce texte, il nous faut appréhender tous les éléments caractéristiques de l'inconscient psychique.**

Une violente répression d'instincts puissants exercée de l'extérieur n'apporte jamais pour résultat l'extinction ou la domination de ceux-ci, mais occasionne un refoulement qui installe la propension à entrer ultérieurement dans la névrose. La psychanalyse a souvent eu l'occasion d'apprendre à quel point la sévérité indubitablement sans discernement de l'éducation participe à la production de la maladie nerveuse, ou au prix de quel préjudice de la capacité d'agir et de la capacité de jouir la normalité exigée est acquise. Elle peut aussi enseigner quelle précieuse contribution à la formation du caractère fournissent ces instincts asociaux et pervers de l'enfant, s'ils ne sont pas soumis au refoulement, mais sont écartés par le processus dénommé sublimation de leurs buts primitifs vers des buts plus précieux. Nos meilleures vertus sont nées comme formations réactionnelles et sublimations sur l'humus de nos plus mauvaises dispositions. L'éducation devrait se garder soigneusement de combler ses sources de forces fécondes et se borner à favoriser les processus par lesquels ces énergies sont conduites vers le bon chemin.

Freud, *L'inquiétante étrangeté*, 1919. Tiré de Freud, « L'intérêt de la psychanalyse », dans *Œuvres complètes – Résultats, idées, problèmes*, traduction P-L Assoun,1991, (c) PUF.

Cours

1 Des approches objectives et scientifiques du temps

▶ Dès la haute Antiquité, l'homme subdivise l'année solaire en unités de temps. Il élabore ensuite des instruments de plus en plus précis (gnomon, sablier, horloge mécanique, puis électrique, etc.) pour mesurer le temps et le maîtriser. En 1967, la création des horloges atomiques aboutit à l'adoption d'un nouvel étalon de temps : une seconde correspond à la durée de 9 192 631 770 périodes de l'onde électromagnétique émise et absorbée par un atome de césium 133, lorsque ce dernier passe d'un niveau d'énergie à un autre.

Citation

« Le temps absolu, vrai et mathématique, en lui-même et de sa propre nature, coule uniformément sans relation à rien d'extérieur. »
NEWTON, *Principes mathématiques de philosophie naturelle.*

▶ Selon **I. Newton**, l'univers est conçu tel un mécanisme réglé comme une horloge. Le temps est un absolu qui s'écoule indépendamment des choses, mais sert de référence pour mesure le mouvement des corps. Il n'appartient ni au monde sensible et matériel, ni à notre esprit. Dans cette conception, le sens du temps est réversible.

▶ Au XIXe siècle, les expériences de **S. Carnot** sur des machines à vapeur prouvent que la transformation de la chaleur en énergie mécanique est limitée par son irréversibilité, le transfert de chaleur s'effectuant toujours du chaud vers le froid. Ce processus signifie qu'il y a bien ce qu'on appelle une « flèche du temps ».

▶ Selon la théorie de la relativité restreinte formulée par **A. Einstein** en 1905, le temps est relatif. Cette théorie n'a pas d'effets apparents à l'échelle humaine, mais à l'échelle de l'univers, si un événement se déroule à une vitesse proche de celle de la lumière (300 000 km/h), sa durée sera perçue de manière différente selon la position de l'observateur.

▶ Plus tard, la théorie du chaos, la physique quantique, la physique des particules vont apporter un nouveau regard sur le temps en proposant une approche particulière de la réversibilité et de la prévisibilité des événements, ainsi qu'un renouvellement de la perception du temps.

2 Comment vivons-nous le temps ? L'approche des sciences humaines

▶ Les anthropologues **M. Mauss** et **B. Malinowski** remarquent que les sociétés d'une même époque ne conçoivent pas le temps de la même manière. Les calendriers ne sont ainsi pas identiques selon les religions ou les conceptions politiques (calendrier républicain par exemple).

▶ Pour le sociologue **É. Durkheim**, il y a un temps social dominant pour chaque époque, qui agit sur chaque individu et l'influence. À l'inverse, pour **M. Halbwachs**, il existe une « multiplicité, [une] diversité et [une] hétérogénéité des temps sociaux ».

À savoir

- Pour le calendrier chrétien, nous nous situons en 2020.
- Selon le calendrier musulman, nous serions en 1441 (du 01/09/2019 au 19/08/2020).
- Selon le calendrier hébraïque, nous serions entrés dans la 5 780 année (depuis le 30/09/2019).

▶ Le temps peut par ailleurs être considéré comme celui de l'activité des hommes. Au XIXe siècle, il est ainsi segmenté par la division du travail, puis au XXe siècle par la consommation. Aujourd'hui, on assiste à un paradoxe : plus les individus travaillent, moins ils ont de temps pour en profiter.

▶ Le pédopsychologue **J. Piaget** démontre que la perception de l'écoulement du temps n'est pas immédiate mais requiert un apprentissage. Ainsi, un jeune enfant vit d'abord dans l'immédiateté, et progressivement il parvient à se projeter dans l'avenir et à appréhender le temps qui passe.

▶ Pour **E. Kant**, le temps est une « idéalité transcendantale ». Chaque être humain le perçoit avec ses propres singularités, mais il possède un caractère transcendantal car il préexiste à notre expérience, et il est idéal dans la mesure où il n'est pas un être réel.

3 Le temps est-il une succession d'instants ?

▶ Cité dans la *Physique* d'Aristote, **Zénon de Zélée** montre que notre conception d'un temps découpé en une suite d'instants séparés peut aboutir à des paradoxes. Dans le paradoxe d'Achille, ce dernier fait la course avec une tortue, à qui il laisse de l'avance car il court plus vite. Chaque fois qu'il atteint l'endroit où la tortue est arrivée avant lui, cette dernière a elle aussi avancé. Vu sous cet angle théorique, il ne la rattrapera jamais.

▶ Néanmoins, selon **Aristote**, il ne faut pas confondre le temps découpé en micro-unités et le résultat de l'addition de ces micro-unités, qui correspondrait à la somme totale finie : une minute découpée en secondes, milli, micro, nanosecondes, etc., reste une minute. Le temps reste une donnée objective.

▶ Selon **H. Bergson**, le temps réel est la durée, « donnée immédiate de la conscience », qui ne se mesure pas scientifiquement mais est éprouvée intuitivement. Si le temps spatialisé, celui des horloges est nécessaire pour organiser la vie sociale, seule la durée correspond au temps réel vécu. Ce temps est indécomposable et toujours nouveau. Seule la durée possède une qualité : celle que l'on donne à ce que l'on fait. >>

▶ Dans la même perspective, pour **E. Husserl**, dans la *Phénoménologie de la conscience intime du temps*, c'est l'intentionnalité de notre conscience qui donne vie à la temporalité de nos existences.

4 L'existence et le temps

▶ Pour **F. Nietzsche**, certains hommes envient l'animal attaché au « piquet de l'instant », qui ne croule sous le poids ni du passé ni de l'avenir. Ils vivent sans fantaisie, ni originalité, le choix de l'oubli pouvant apparaître comme une condition au bonheur.

▶ Dans *Être et Temps*, **M. Heidegger** décrit au contraire l'homme comme un *Dasein*, un « être là », qui, par sa conscience de la mort, sait qu'il existe, au sens d'*ex-sistere* (se tenir hors de soi) dans le temps. L'anticipation de la mort nous maintient dans la possibilité d'être nous-mêmes, et l'angoisse qu'elle provoque exige d'être à la hauteur de sa liberté et d'être soi jusqu'à la fin.

Martin Heidegger (1889-1976)

EN PERSPECTIVES

Auteurs

Newton – Einstein – Nietzsche
Durkheim – Kant – Zénon
Saint Augustin – Aristote
Bergson – Mauss – Heidegger
Husserl – Malinowski
Halbwachs

Notions liées

science – conscience
liberté – nature

Le temps

1. L'existence humaine et la culture

- La conception du temps varie selon les cultures et sociétés.
- Le temps est une forme a priori de notre sensibilité qui fait que notre rapport au monde est singulier.
- Le temps ne se mesure pas : il est une durée vécue.
- La mort donne du sens au temps, et par conséquent à notre existence.

2. La morale et la politique

- Le temps social régit les activités des individus.
- Le travail détruit le temps de liberté (en dehors du travail) dont les individus disposent, mais paradoxalement, s'ils en viennent à perdre leur travail, ils ne pourront pas non plus profiter de leur liberté, car ils n'en auront pas les moyens.
- Les hommes ont le devoir moral envers eux-mêmes de devenir ce qu'ils sont et d'être à la hauteur de leur liberté.

3. La connaissance

- La mesure du temps varie selon les époques et les moyens techniques.
- Selon les théories scientifiques, le temps peut être réversible ou non.
- Avec Einstein, le temps devient relatif à notre perception.
- Notre appréhension évidente du temps en instants successifs aboutit à des paradoxes théoriques qui peuvent, malgré tout être résolus.

Exercice

★★ 1 heure Type Bac **Dissertation.**

Sujet : La conscience est-elle dans le temps ou le temps est-il dans la conscience ?

a. Faites un travail préparatoire en analysant les termes du sujet.

b. Exposez en quelques lignes votre argumentation selon un plan dialectique.

Perspectives 1 et 2.
Afin d'aborder le sujet, il nous faut à la fois, appréhender le concept de temps selon sa dimension objective et selon sa dimension subjective, celle liée à la perception de la conscience et qui détermine en grande partie l'existence humaine.

Le langage

Cours

1 La science du langage

▶ Depuis **F. de Saussure**, la langue est abordée comme un système dont on analyse les relations. Le langage devient un fait social, il est ce patrimoine commun qui introduit d'emblée l'expression intime dans un monde de sociabilité.

▶ D'après la linguistique moderne, le langage est systématiquement structuré selon une double articulation :
– le monème, c'est-à-dire l'unité minimale de sens (« travaillons » est constitué de « travail », désignant l'action, et de « -ons », désignant les acteurs) ;
– et le phonème, c'est-à-dire l'unité minimale de son.

2 Le langage humain provient d'une convention

▶ Dans son dialogue *Cratyle*, **Platon** montre que les mots sont des conventions pour désigner ou identifier les ressemblances ou dissemblances entre les phénomènes, et ce faisant généraliser des propriétés mettant en ordre la réalité. La désignation langagière est ainsi le premier stade de l'objectivité pour un enfant.

▶ Pour **É. Benveniste**, le langage n'est pas naturel car les animaux en sont dépourvus. Par exemple, les abeilles émettent des signaux visant à une action, ce signal étant un élément du monde physique, tout comme l'action qu'il annonce. Le langage, au contraire, peut se faire métalangage, objet d'analyse en ce qu'il exprime une pensée complexe.

3 Le langage traduit-il parfaitement notre pensée ?

▶ Selon **H. Bergson**, il y a un ineffable, objet d'intuition, que les mots déforment. En ce sens, si les mots ne sont pas toujours fidèles à nos pensées, ils le sont encore moins à nos émotions.

▶ Pour **G. W. Leibniz**, le langage est un obstacle à la recherche de la vérité, car les mots ou expressions utilisés sont souvent inappropriés ou non conformes à la rigueur grammaticale. Pour y remédier, il imagine un langage logico-mathématique. Le langage informatique en est l'apogée, mais il ne remplace pas le langage ordinaire, car il fonctionne sans référence individuelle.

Citations

« Nous échouons à traduire entièrement ce que notre âme ressent. »
H. Bergson, *Essai sur les données immédiates de la conscience.*

« Il faut ramener le désordre rhétorique de la parole usuelle aux signes communs de la rigueur logique »
G. W. Leibniz, *Nouveaux essais sur l'entendement humain.*

▶ La transparence totale du langage peut être source de violence. Ainsi, pour **La Rochefoucauld**, « le malentendu est la condition de la sociabilité ». C'est par ailleurs tout l'art de la diplomatie que de savoir dire les choses sans vexer son interlocuteur afin d'éviter les conflits.

▶ Le sens mystérieux, équivoque, incertain des mots constitue une condition à l'inventivité, une matière pour la littérature ou la poésie. La capacité infinie de l'homme à utiliser des symboles pour penser le monde, à créer de nouveaux mots ou expressions, exprime sa liberté, tandis que l'imperfection du langage oblige à préciser ses pensées et à mieux décrire ses émotions.

Citations

« La maladie des mots, c'est ce qui fait leur santé. »
M. Blanchot, *L'entretien infini.*

« L'impropriété des termes permet de nouvelles formulations de l'humain, parmi des signes trop desséchés ».
Francis Ponge.

▶ Le langage est également la condition du surgissement de la pensée. Ce faisant, il la fait accéder à la conscience et devenir objet de réflexion. Ainsi, pour **Hegel**, « c'est dans les mots que nous pensons ».

4 Le langage est nécessaire à la recherche de la vérité et du pouvoir

▶ Le langage est aussi ce par quoi nous subissons ou exerçons le pouvoir sur autrui. **Platon** excluait ainsi la rhétorique dans l'organisation de la vie morale et politique, considérant que seule la vérité suffit à convaincre. Observant les sophistes, il constatait que la rhétorique cherche à se confondre avec la vérité pour abuser l'interlocuteur ou le peuple.

Mot-clé

La **rhétorique** (du grec *rhêtorikê tekhnê*, technique, art oratoire) se caractérise comme étant l'art de l'éloquence, de bien parler, de persuader en usant avec subtilité du langage.

▶ Le dialogue socratique, au contraire, ne vise pas à la détention de la vérité mais à sa recherche. L'art de la maïeutique (art d'accoucher les esprits) implique ainsi une position neutre de l'interlocuteur. La contradiction ou l'impasse (aporie) issue du dialogue amène au doute, préférable à une certitude personnelle non fondée.

▶ Pour autant, la rhétorique peut aussi être l'alliée de la philosophie si l'acte de parler avec éloquence permet de dire la vérité. Elle peut devenir bonne ou mauvaise selon les intentions du locuteur et la lucidité de l'interlocuteur.

Citations

« La rhétorique est le plus vieil ennemi et le plus vieil allié de la philosophie »
Montaigne, *Essais.*

EN PERSPECTIVES

Auteurs

Saussure – Platon – Benveniste
Hegel – Bergson – Montaigne
Leibniz – Blanchot
La Rochefoucauld – Ponge

Notions liées

vérité – raison – art
liberté

Le langage

1. L'existence humaine et la culture

- Le langage est un fait social et provient d'une convention humaine.
- Le langage est impuissant à traduire la complexité de notre intériorité.
- L'imperfection du langage est aussi ce qui fait sa richesse.
- La manière dont nous exprimons notre pensée est intimement liée à la qualité de notre langage.
- Il ne peut y avoir de pensée sans langage.

2. La morale et la politique

- Les sophistes utilisent le langage pour dominer et asseoir un certain pouvoir.
- La rhétorique peut être utilisée à bon escient.
- La maïeutique socratique permet de prendre conscience de l'inconsistance de certaines théories.

3. La connaissance

- Le langage peut être étudié comme un système structuré à partir de monèmes et de phonèmes.
- Les animaux émettent des signaux qui permettent d'établir une adéquation naturelle entre l'objet et le son : ils communiquent seulement.
- Les dialogues socratiques ne cherchent pas à persuader ni à dominer, mais visent uniquement l'émergence de connaissances pour la recherche de la vérité.

Exercice

Perspective 1.
Dans ce texte, Wittgenstein avance l'idée que le langage est un élément purement social, dès lors il s'interroge, quant à la pertinence de ce type de langage à exprimer l'intériorité humaine.

★ 30 min Type Bac **Explication de texte.**

Rédigez la conclusion critique de ce texte en essayant de montrer ce que Wittgenstein remet fortement en cause ici.

Mais combien de sortes de phrases existe-t-il ? L'affirmation, l'interrogation, le commandement peut-être ? Il en est d'innombrables sortes ; il est d'innombrables et diverses sortes d'utilisation de tout ce que nous nommons « signes », « mots », « phrases ». Et cette diversité, cette multiplicité n'est rien de stable, ni de donné une fois pour toutes ; mais de nouveaux types de langage, de nouveaux jeux de langage naissent, pourrions-nous dire, tandis que d'autres vieillissent et tombent en l'oubli. (Nous trouverions une image approximative de ceci dans les changements des mathématiques).
Le mot « jeu de langage » doit faire ressortir ici que le parler du langage fait partie d'une activité ou d'une forme de vie.
Représentez-vous la multiplicité des jeux de langage au moyen des exemples suivants :
Commander, et agir d'après des commandements.
Décrire un objet d'après son aspect, ou d'après des mesures prises.
Reconstituer un objet d'après une description (dessin).
Rapporter un événement.
Faire des conjectures au sujet d'un événement.
Former une hypothèse et l'examiner.
Représenter les résultats d'une expérimentation par des tables et des diagrammes.
Inventer une histoire ; et lire.
Jouer au théâtre.
Chanter des « rondes ».
Deviner des énigmes.
Faire un mot d'esprit ; raconter.
Résoudre un problème d'arithmétique pratique.
Traduire d'une langue dans une autre.
Solliciter, remercier, maudire, saluer, prier.

Wittgenstein (1889-1951)

WITTGENSTEIN, *Investigations philosophiques*, § 23, 1953. Traduction Pierre Klossowski, 1961 © Gallimard

Le travail

Cours

1 L'homme se distingue de l'animal

▶ La capacité de l'homme à se représenter une fin (un plan de maison) et à organiser ses actions d'après cette représentation distingue le travail humain des activités instinctives des animaux (construction d'un nid par exemple).

▶ L'homme anticipe ce qu'il va faire, peut modifier et imaginer des projets à l'infini. À l'inverse, les ruches des abeilles sont toujours identiques. Parce qu'il est une activité consciente, le travail repose sur un savoir-faire qui peut être transmis, changé, amélioré. L'évolution des techniques change les méthodes de travail et implique l'apparition et la disparition de professions.

2 Par son travail l'homme construit son humanité

▶ Notre conception morale du travail puise sa source dans la culture judéo-chrétienne. Selon la *Genèse*, en goûtant au fruit interdit de la connaissance, Adam et Ève provoquent la malédiction divine et l'apparition du travail comme une condamnation. La participation première et heureuse dans l'Éden à prolonger la création divine se transforme ainsi en un terrible effort.

▶ Selon **Hegel**, le travail est un moyen de libération. À travers sa dialectique du maître et de l'esclave, il illustre ainsi comment, grâce à son travail, l'homme se libère de sa servitude. En travaillant à produire des œuvres (maisons, institutions politiques, livres, etc.), l'homme devient son propre maître, ne subit plus passivement la nature et participe activement à son histoire.

À savoir

Selon la dialectique du maître et de l'esclave, la mort distingue ceux qui, la craignant, choisissent de se soumettre à la force naturelle (esclaves), et ceux qui sont prêts à perdre leur vie pour devenir maîtres des premiers. Le travail auquel est soumis l'esclave renverse ce premier rapport. Parce qu'il doit satisfaire au mieux les attentes de son maître, l'esclave se transforme et prend conscience de ses capacités. Ainsi, le devenir historique a pour agent véritable l'esclave travailleur et non le maître guerrier. Grâce à son travail, l'homme se libère de sa servitude.

3 De la perversion des besoins naturels à l'aliénation des travailleurs

▶ **Aristote**, en distinguant la valeur d'usage (utilité d'un bien) et la valeur d'échange (relative à un autre bien), montre la nécessité de l'argent pour les échanges de produits d'inégales valeurs. La chrématistique (art d'acquérir des richesses) doit cependant être considérée comme un simple moyen pour acquérir des choses utiles à notre survie (économie domestique) et non comme une fin en soi ou source de profit. Le mauvais usage de l'argent annule la liberté des individus, qui en deviennent dépendant, et pervertit les relations sociales.

Karl Marx
(1818-1883)

▶ Si **K. Marx** rejoint Hegel sur l'aspect créateur et libérateur du travail, l'exploitation de l'homme par l'homme et l'organisation technique du travail sont aussi ce qui à ses yeux engendre l'aliénation. La division du travail a pour effet d'engendrer un homme inutile pour lui-même, inapte à faire usage de ses capacités.

Mot-clé

L'aliénation correspond au fait de perdre ou de céder un droit ou un bien naturel. Dans ce cas précis, l'aliénation concerne les travailleurs privés des bénéfices de leur force de travail. Le temps passé à travailler est en effet soustrait au temps consacré à la culture, à la réflexion, au rêve, à la critique de la société et de ses injustices.

4 Travail et loisir, deux idéologies ?

▶ Pour **F. Nietzsche**, le lien entre le travail et l'argent conduit immanquablement à un asservissement, puisque les hommes travaillent sans limite pour gagner plus sans s'interroger sur la valeur de ce comportement. Derrière la morale des sociétés marchandes se cache une peur de l'individuel et de l'indépendance des hommes, car en imposant des contraintes, le travail socialisé est « la meilleure des polices ».

▶ Le stoïcien **Sénèque** faisait déjà en son temps (Ier siècle av. J.-C.) l'éloge de la sagesse des *otiosi* vivant à l'écart des *occupati* absorbés par les affaires publiques, afin de penser et de travailler sans aucune contrainte, produisant, créant ce qu'ils désirent et connaissant la valeur relative des biens matériels.

▶ Pour le sociologue **H. Marcuse**, dans *L'homme unidimensionnel*, la société du XXe siècle a façonné de « nouvelles formes de contrôle des individus ». L'intégration sociale ne se résume plus seulement au

Citation

« La plus laborieuse des époques, la nôtre, ne sait pas quoi faire de son labeur et de son argent, si ce n'est toujours plus d'argent, toujours plus de labeur »
F. Nietzsche, *Le Gai Savoir*.

« Les *occupati* croient qu'ils ont à faire. Les *otiosi*, les sages, savent qu'ils ont à être ».
Sénèque

>>

travail, elle s'effectue également via les loisirs, les besoins et désirs des consommateurs : « se détendre, s'amuser, agir et consommer conformément à la publicité, aimer et haïr ce que les autres aiment ou haïssent. »

5 Revaloriser le travail

▶ Le travail permet à un individu d'être reconnu socialement. Il est la preuve que la société admet l'utilité et la valeur d'un individu et de son activité. Le fait, pour les femmes, d'exercer un métier leur a ainsi permis de ne plus être réduites à la seule fonction de mère, d'acquérir des droits sociaux, politiques. Dans la même logique, certains retraités n'exerçant plus de travail peuvent se sentir dévalorisés.

▶ **B. de Jouvenel** a démontré que la véritable raison du rejet du travail est sa réduction à sa rentabilité, qui élimine tout plaisir. Par voie de conséquence, le plaisir est logiquement associé au loisir. Contre cela, il faut changer le rapport de l'homme au travail en l'organisant de telle façon que l'épanouissement de soi et le plaisir y trouvent une place essentielle. Il convient donc de « mieux travailler pour mieux vivre ».

Citation

« Les usines si puissantes apportent les moyens du rêve, les pires qui existent, parce que les usines du rêve ne sont pas là pour grandir les hommes, elles sont là tout simplement pour gagner de l'argent. ».

A. MALRAUX, Discours à la maison de la Culture d'Amiens, 1966.

PHILOSOPHIE

EN PERSPECTIVES

Auteurs

Aristote – Sénèque – Marx
Nietzsche – Hegel – Marcuse
Jouvenel

Notions liées

liberté – technique
conscience
bonheur

Le travail

1. L'existence humaine et la culture

- Le travail est spécifique à l'homme (Aristote).
- Le travail libère l'homme de son état de nature.
- Le travail devient aliénant, lorsqu'il sert une classe sociale supérieure dont le but est de faire du profit aux dépens des travailleurs (Marx).
- On peut revaloriser le travail en le réconciliant avec la notion de plaisir (Jouvenel).

2. La morale et la politique

- Les hommes construisent et rêvent leur humanité en produisant des œuvres, sources de leur travail.
- Le travail devient moral, lorsque la rémunération pour celui-ci ne sert que les besoins vitaux des hommes.
- À l'inverse, l'art d'acquérir des richesses uniquement pour le plaisir de posséder de l'argent et des biens est immoral.
- Le travail socialisé montre une peur de l'individuel et de l'indépendance des hommes.

3. La connaissance

- La connaissance de l'histoire de l'humanité nous aide à comprendre l'évolution du travail et de ses conceptions. Celles-ci ont toujours été liées à la valeur donnée à la vie des hommes.

Exercice

★★ 45 min Type Bac **Dissertation.**

Sujet : Le travail rend-il libre ?

Élaborez un plan en trois parties, puis résumez vos arguments.

Perspectives 1 et 2.
Pour que nous puissions nous sentir libres d'exercer le travail qui nous convient,
il faut des instances politiques garantes de cette liberté.

La technique

Cours

Pour appréhender la notion de technique, il convient d'en comprendre la portée morale, ontologique et métaphysique.

1 La technique, la science et l'artisanat

▶ La technique est une activité méthodique visant à la fabrication et à l'entretien d'objets matériels. Elle est liée à la fois à la connaissance (théorie), car elle implique une représentation préalable d'opérations à effectuer pour obtenir un effet, et à l'action (production), soumise à un principe d'efficacité économique et de rendement, qui ne doit pas être confondu avec un savoir pur comme les mathématiques par exemple.

▶ L'artisanat est empirique et implique un savoir-faire qui peut se transmettre de génération en génération. C'est d'ailleurs ce qui distingue en partie l'artisanat du bricolage car, comme le met en lumière **C. Lévi-Strauss**, le bricoleur n'a pas de véritable méthode mais se « débrouille » avec les outils qu'il a.

2 La rationalité technique et la permanence de l'outil

▶ La rationalité technique ne se préoccupe pas de la finalité bonne ou mauvaise d'un outil. Cela n'empêche pas les hommes de s'interroger et de contrôler le bien-fondé moral de l'usage des techniques. S'ils pensent le contraire, c'est qu'il se laisse abuser par l'outil.

▶ Un outil est caractérisé par sa permanence : il est fabriqué pour remplir une certaine fonction et peut être utilisé plusieurs fois. Sa fabrication suppose que l'homme soit capable d'anticiper la fin recherchée et de différer la satisfaction de ses besoins immédiats.

3 La technique transforme l'homme

Marcel Mauss (1872-1950)

▶ Dans *Sociologie et Anthropologie*, **M. Mauss** consacre un chapitre aux techniques du corps pour parler de nos gestes quotidiens assignés à un but, notre corps étant considéré comme un instrument pour agir sur le monde.

▶ La technique conditionne nos comportements, nos attitudes, nos habitudes, notre façon d'habiter l'espace. La télévision, les ordinateurs et les téléphones portables ont par exemple bouleversé nos relations, notre manière d'évaluer les distances et l'intimité.

▶ Selon **G. Tarde**, dans *Les Lois de l'imitation*, la technique a tendance à neutraliser et à uniformiser nos comportements, notre manière de penser. La langue notamment, s'appauvrit de plus en plus, ce qui a en retour un impact sur notre manière de penser.

▶ Selon **M. Heidegger**, la technique répond en apparence seulement à nos interrogations morales et existentielles. Ces dernières étant préjugées, déjà réglées par la technique, l'usager n'a plus qu'à consommer sans s'interroger sur ses besoins, désirs ou valeurs.

▶ L'histoire nous rappelle l'usage dangereux de la technique par l'homme (bombe atomique par exemple). Les biotechnologies nous permettront peut-être demain de sélectionner des gènes pour créer un être considéré comme parfait, conséquence d'une idéologie de la normalité et du refus des écarts ou de l'originalité.

4 La technique est nécessaire à l'homme

▶ L'idée d'asservissement à la technique peut être nuancée. L'homme a en effet nécessairement recours à la technique pour aménager son territoire, créer des infrastructures ou concevoir des maisons tout en respectant son environnement.

▶ L'intelligence artificielle, souvent présentée dans la littérature de science-fiction comme un élément de domination de l'homme, pourrait au contraire nous sauver la vie. Des chercheurs finlandais ont ainsi mis au point une intelligence artificielle capable de prédire les arrêts cardiaques à 90 %.

▶ Pour **N. Grimaldi**, dans *Le désir et le temps*, « la technique est la vocation de toute conscience humaine ». L'insatisfaction de la conscience face à la nature engendre une « procédure de conflit » (**O. Spengler**, *L'homme et la technique*). La technique, la capacité de l'homme à envisager autrement le réel, à imaginer un objet absent, sous-tendent ainsi la liberté de sa conscience.

▶ Enfin, le problème de la technique est aussi celui du désir existentiel de l'hommes d'ouvrir l'existant à autre chose que lui-même dans une logique métaphysique faustienne.

Citations

« La technique elle-même exige une intelligence instantanée et pratique, ni réfléchie ni profonde (...) un esprit philosophique devient dangereux et inadéquat. »

L. Flam, *La philosophie au tournant de notre temps*, 1970.

À savoir

Faust est un personnage réel du XVIe siècle devenu un héros légendaire. Il souhaite découvrir les secrets de l'Univers. N'y parvenant pas, il sombre dans le désespoir et vend son âme au diable, Méphistophélès.

EN PERSPECTIVES

Auteurs	Notions liées
Lévi-Strauss – Mauss – Tarde Flam – Heidegger – Grimaldi Spengler	art – nature – science travail – conscience liberté

La technique

1. L'existence humaine et la culture	2. La morale et la politique	3. La connaissance
• La technique transforme l'existence de l'homme. • La technique peut asservir l'être humain. • Tout conditionnement technique n'est pas asservissement. • La technique est l'expression des désirs humains et parfois de leur médiocrité.	• La technique ne fixe pas de fins morale ou politique.	• La technique se distingue de la science et de l'artisanat.

Exercice

★ 1 heure Type Bac **Explication de texte.**

Rédigez l'introduction de l'explication de ce texte.

> Je crains bien que la transformation moderne des moyens de production n'ait, jusqu'ici, accru la part de l'automatisme. La notion de travail, grandeur aisément mesurable, valeur purement quantitative, s'est substituée à la notion d'ouvrage ou d'œuvre à mesure que le rendement a été plus recherché et que la machine a conquis plus d'emplois, au point de faire, en quelque sorte, reculer l'œuvre devant elle. Mais le travail est un moyen de vivre et rien de plus. L'œuvre est une raison de vivre et ce n'est pas la même chose. D'ailleurs, le développement d'entreprises immenses et d'une complexité extrême entraîne nécessairement une diminution réciproque de la personnalité des hommes qu'elles emploient, jusqu'aux environs du sommet. Au sommet, l'initiative, l'invention, le vouloir se concentrent ; en ce point, le travail redevient œuvre. Ne semble-t-il pas que l'organisation politique, en plus d'un pays, tende à se façonner sur ce type créé par l'industrie à grande puissance ? Ce qu'on nomme aujourd'hui dictature revient à un essai de traiter la fabrication continue de « l'ordre social » selon le modèle qui s'est imposé aux vastes exploitations et sociétés de production dont je parlais. Tous ces mécanismes exigent une précision extrême et une surveillance permanente des écarts individuels. Quelles que soient les différences nominales et idéales, elles ne peuvent exister que par une simplification des individus qui permette de les orienter identiquement dans le champ des forces de l'État ; et il importe que cette modification agisse jusque dans la profondeur affective et intellectuelle de chacun d'eux. Il faut donc que les sentiments, les impulsions soient livrés, comme tout usinés, à la consommation des esprits et à la nutrition des âmes, par un être central. Le « psychisme supérieur » et la plénitude des puissances de l'action sont réservés à celui-ci. Il est l'unique homme complet de sa nation, et donc, dans notre temps, une manière de demi-dieu. Parfois il manifeste par un acte symbolique qu'il assume en sa personne les principes de tous les métiers, prend la pioche, ensemence, pointe un canon, conduit une machine, paraît aussi en prince des athlètes […]. Les avantages, les bienfaits, les vides, les dangers de ces régimes sont évidents ; il suffit de se rendre sensible à tel ou tel aspect de ce qu'on observe pour admirer ou abhorrer passionnément.

Paul Valéry, *Cahiers*, 1894.

Perspectives 1 et 2.
Dans un premier temps, Valéry démontre que l'organisation technique du travail sert de modèle à l'organisation politique de nos sociétés : ces structures hiérarchiques entraînent des conséquences sur l'existence des hommes et sur leur rapport plus ou moins positif au monde.

L'art

Cours

▶ L'art est la mise en œuvre d'un idéal représentatif d'une époque à l'aide d'un matériau sensible comme la couleur (peinture), la pierre (sculpture) ou le son (musique).

▶ Dans l'Antiquité, l'art représente l'ordre de l'Univers. Par la suite, l'art religieux représente les attributs de Dieu ou des dieux. À partir du XVIIe siècle, les artistes s'adressent à la fois à la sensibilité et à la raison humaines. L'artiste passe de médiateur entre les hommes et le divin à génie capable de toucher à ce qu'il y a de plus élevé en l'homme.

▶ L'œuvre devient chef-d'œuvre lorsqu'elle acquiert une valeur universelle et dépasse son époque et son lieu de création.

1 L'art, une imitation de la nature ?

▶ Dans le livre X de *La République*, **Platon** explique que la nature est la plus grande des artistes, la représentation même de la perfection. L'artiste est un faussaire de la réalité, son travail s'apparente à une simple imitation, ou *mimèsis*, qui ne permet aucunement d'atteindre l'essence de l'objet représenté.

▶ Dans sa *Poétique*, **Aristote** considère au contraire la *mimèsis* comme premier moyen d'accès à la connaissance des objets. Il écrit ainsi que « les premières connaissances que [l'être humain] acquiert, il les doit à l'imitation, et tout le monde goûte les imitations. »

▶ **P. Ricœur**, « Si nous continuons à traduire *mimèsis* par imitation, il faut entendre tout le contraire du décalque d'un réel préexistant et parler d'imitation créatrice. »

Définition

Selon Platon (uniquement), l'imitation, ou *mimèsis*, s'apparente à un simulacre. Il s'agit d'une copie de l'apparence du modèle et non pas d'une copie qui reprendrait les mêmes proportions que le modèle et se situerait donc dans une continuité entre le modèle et l'image.

2 L'art, une tentative de restituer la perfection de la nature

▶ La beauté résulte de la perfection des œuvres naturelles, perfection que l'artiste tente d'imiter par sa précision, à ne pas confondre avec l'exactitude de la copie. La précision se situe entre l'esquisse et le tableau finalisé. L'artiste travaille alors jusqu'à ce que l'on ne voie plus les traces de son travail, ce qui donne l'impression de facilité naturelle.

▶ L'art, par ailleurs, saisit le mouvement de la vie sans le figer Une copie arrête la nature à un instant précis, comme un arrêt de ce mouvement.

3 L'art, une création spirituelle et un regard attentif sur le monde

Hegel (1770-1831)

▶ Selon **Hegel**, l'art même le plus réaliste est toujours transfiguratif. L'artiste utilise en effet l'apparence, mais « il le fait [...] dès l'instant où elle sert à éveiller en nous le sentiment et la conscience de quelque chose de plus élevé » (*Introduction à l'esthétique*). L'intérêt d'une grande œuvre, c'est l'originalité ou la pénétration du regard de l'artiste sur le monde et sa capacité à en déceler la réalité cachée.

▶ Dans son ouvrage *L'évolution créatrice*, **H. Bergson** exprime l'idée que l'art se situe à l'origine de notre monde. Il est un regard naïf, enfantin, primitif, amenant une expérience fondatrice, poussant chaque homme à rechercher la naissance des choses.

Citation

« L'art ne reproduit pas le visible, il rend visible. »
P. Klee, *Théorie de l'art moderne*.

▶ L'artiste est ainsi un médiateur, un guide qui nous aide à regarder la réalité au-delà des apparences trompeuses, et mettant aussi en lumière, comme le faisait le cinéaste **J. Renoir**, l'illusion, voire la fausseté des valeurs sociales.

4 Plaisir du jugement esthétique et universalité du jugement

▶ La particularité du plaisir esthétique, selon **E. Kant**, est qu'il consiste en un « libre jeu de nos facultés » que sont l'imagination, la sensibilité et l'entendement, c'est-à-dire leur accord pendant la contemplation.

▶ Le plaisir esthétique qui en ressort demande une forme d'éducation, car n'est pas beau ce qui simplement plaît, est agréable ou encore émouvant. Le jugement esthétique se doit d'être à la fois personnel, comme tout jugement, et prétendre >>

>> à l'universalité, comprise ici comme idéal et non comme unanimité, car « il n'existe pas de jugement esthétique qui pourrait légitimement prétendre à l'assentiment de tous » (*Critique de la faculté de juger*).

▶ On ne pourra jamais démontrer la qualité esthétique d'une œuvre mais seulement la montrer, la justifier par une compétence fondée sur la connaissance (histoire de l'art, formation musicale ou littéraire, etc.). Finalement, les goûts esthétiques d'un individu en disent souvent plus sur son histoire et sa culture personnelles que sur les œuvres elles-mêmes.

5 L'art et les valeurs morales

▶ Il convient de séparer l'art et le moralisme, si l'on ne veut pas développer un art de bons sentiments, détaché de la réalité du monde. Les artistes n'ont pas de messages à distribuer, mais une vision complexe du monde à exprimer.

▶ Cela ne veut pas dire pour autant qu'aucune valeur morale n'existe dans l'art. En pouvant, grâce à l'art, combattre sa nature et ses instincts, un homme élève ses goûts et entre spirituellement en accord avec tout homme, à savoir avec ce que l'humanité a de plus élevé.

EN PERSPECTIVES

Auteurs
Platon – Aristote – Ricœur
Kant – Hegel – Bergson
Klee

Notions liées
nature – travail
conscience
liberté

L'art

1. L'existence humaine et la culture
- L'art est une création spirituelle et un regard attentif et singulier sur le monde.
- Le plaisir et le jugement esthétique sont propres à chacun.
- Le jugement de goût suppose une éducation

2. La morale et la politique
- L'art ne connaît aucune morale, son but n'est pas de délivrer des messages.
- L'art permet tout de même une élévation morale de l'humanité.

3. La connaissance
- Une reproduction fidèle de la nature ne peut retranscrire l'essence même de cette nature et nous apporter une connaissance pleine et entière de cette dernière.
- L'art n'est pas la réalité : il transmet le regard singulier de l'artiste sur le monde.

Exercice

★ 1 heure Type Bac **Dissertation.**

Sujet : Dans le domaine esthétique, est-il légitime de dire : « À chacun son goût » ?
Faites l'introduction de ce sujet très classique en montrant qu'elles seraient vos trois thèses.

Perspective 1.
Méfiez-vous des lieux communs car ce sujet s'y prête fortement ! Le sujet oblige à s'interroger sur la qualité d'un jugement esthétique et la culture nécessaire pour le former, voire l'améliorer. Le goût esthétique est un indice du niveau culturel d'un peuple et aussi de ce que les hommes considèrent comme essentiel pour leur existence.

La religion

Cours

1 La religion comme fait social universel

▶ La religion est d'abord un phénomène social organisé qui semble, selon **H. Bergson**, être commun à toutes les sociétés humaines. Elle est ainsi à la fois *religio*, lien, et *religiosus*, soin particulier à faire quelque chose, ce qui renvoie à l'idée de déférence devant le divin.

▶ Sous cet angle, la religion assure la permanence de dogmes, le respect de règles de conduite, et d'un culte (liturgie, cérémonies, rites) impliquant une unité spirituelle entre ses membres et entre ses membres et le divin.

Citation

« La religion est un système de croyances et de pratiques relatives à des choses sacrées qui unissent en une même communauté morale tous ceux qui y adhèrent. »
É. Durkheim, *Les formes élémentaires de la vie religieuse.*

2 Religion et mysticisme

▶ Selon **E. Benveniste**, « religion » pourrait également provenir du latin *re-legere* signifiant « relire », « revoir avec soin », « redoubler d'attention et d'application », ce qui renvoie davantage à une forme de sagesse, un mode de vie éclairée par une éthique.

▶ Aussi la religion est-elle aussi une expérience personnelle. Cette seconde signification amène **H. Bergson** à penser le mysticisme comme antérieur à l'organisation structurée des religions monothéistes, les mystiques étant pour lui des modèles pour pratiquants.

Citation

« Le mysticisme a un contenu original puisé directement à la source même de la religion, indépendant de ce que la religion doit à la tradition, à la théologie, aux églises »
H. Bergson, *Les deux sources de la morale et de la religion.*

3 La croyance en une réalité absolue

▶ Les périodes de rite impliquent un temps et un espace spécifiques (autels, temples pour les offrandes par exemple), qui se distinguent du temps et de l'espace profanes. En tant qu'acte de commémoration d'un événement originel (baptême par exemple), le rite symbolise les grandes étapes de la vie d'un homme et d'une communauté (naissance, entrée dans l'âge adulte, mort).

▶ Le sentiment religieux est à distinguer des croyances. Conceptualisé par le théologien **R. Otto** dans *Le Sacré* sous le terme de numineux (*numen*, la divinité), il s'agit d'une pure émotion supposant une situation d'effroi face à une puissance cosmique, invisible et dominatrice (*mysterium tremendu*), qui engendre malgré tout adoration et vénération (*mysterium fascinans*).

▶ La croyance en Dieu s'appuie ainsi sur trois composantes : la fascination pour un absolu inaccessible, la crainte du jugement divin, et le respect de la toute-puissance divine.

4 Preuves et critiques de l'existence de Dieu

▶ L'organisation parfaite du vivant aurait été créée d'après une intentionnalité ordonnatrice, une cause intelligente : Dieu. Pour **Voltaire**, la présence du mal sous ses formes physique et morale remet en cause cette intentionnalité.

▶ La contingence de l'Univers, qui, à première vue, ne possède aucune raison d'être, ne nous permet pas d'en saisir la cause. C'est pourquoi **Thomas d'Aquin** affirme que la cause première ne peut être que Dieu, car selon lui, seule une première cause nécessaire et inconditionnée peut expliquer ce qui paraît contingent.

▶ La preuve ontologique de l'existence de Dieu, d'abord développée par **Saint Anselme**, est reprise par **R. Descartes** dans la cinquième des *Méditations Métaphysiques*. L'idée de perfection ne peut venir que d'un être ayant toutes les qualités de bonté, puissance, immortalité. L'existence de Dieu est donc nécessairement comprise dans son essence ou définition. Selon **E. Kant**, cette preuve est illégitime, car l'existence ne peut se déduire d'une idée et un être parfait ne sera jamais aussi véritable que de le voir se tenir devant soi.

5 L'expérience religieuse : illusion ou valeur suprême ?

Blaise Pascal (1623-1662)

▶ Pour **B. Pascal**, l'existence de Dieu ne se prouve pas mais s'éprouve. Sans Dieu, l'existence est absurde. La mort, par exemple, est un phénomène auquel seule la destinée humaine et l'immortalité de l'âme donnent un sens. **Voltaire** estime cyniquement que si « Dieu n'existait pas, il faudrait l'inventer » pour s'assurer du respect de la morale et des lois. Pour **S. Freud**, ce besoin de croire permet de lutter contre la dureté de la vie et la crainte de la mort. Pour **K. Marx**, « la religion est l'opium du peuple » lui permettant de supporter sa condition sociale.

▶ **L. Feuerbach** montre que par sa foi en Dieu, l'homme abaisse ses propres capacités, les propriétés divines (toute puissance, bonté, etc.) n'étant que des qualités humaines. **F. Nietzsche**, enfin, lorsqu'il déclare dans le *Gai savoir* que « Dieu est mort », affirme que l'idéal pour l'homme est de se suffire à lui-même et non d'inventer une réalité fictionnelle l'empêchant d'accomplir son humanité.

EN PERSPECTIVES

Auteurs

Durkheim – Bergson – Pascal
Descartes – Kant – Freud
Feuerbach – Nietzsche – Otto

Notions liées

justice – vérité
conscience – temps
liberté – nature

La religion

1. L'existence humaine et la culture

- La religion est d'abord un fait social et culturel.
- Toute religion suppose des rites qui donnent du sens à l'existence des croyants
- Une religion suppose une réalité transcendante dont on peut voir des signes dans notre monde.
- Toute croyance religieuse s'appuie sur une fascination, une crainte et un respect.
- Dieu donne du sens à l'existence humaine.
Les hommes ont créé les dieux par faiblesse.

2. La morale et la politique

- L'existence d'un dieu justicier justifie la morale.

3. La connaissance

- Il y a eu au moins trois types de preuves de l'existence de Dieu.
- Selon Pascal, Dieu ne se prouve pas mais s'éprouve.

Exercice

★ 30 min Type Bac **Explication de texte.**

Réalisez l'introduction de l'explication de ce texte, en veillant également à respecter les étapes de composition d'une introduction.

> Ainsi je suis en contradiction avec vous lorsque, poursuivant vos déductions, vous dites que l'homme ne saurait absolument pas se passer de la consolation que lui apporte l'illusion religieuse, que, sans elle, il ne supporterait pas le poids de la vie, la réalité cruelle. Oui, cela est vrai de l'homme à qui vous avez instillé dès l'enfance le doux – ou doux et amer – poison. Mais de l'autre, qui a été élevé dans la sobriété ? Peut-être celui qui ne souffre d'aucune névrose n'a-t-il pas besoin d'ivresse pour étourdir celle-ci. Sans aucun doute l'homme alors se trouvera dans une situation difficile ; il sera contraint de s'avouer toute sa détresse, sa petitesse dans l'ensemble de l'univers ; il ne sera plus le centre de la création, l'objet des tendres soins d'une Providence bénévole. Il se trouvera dans la même situation qu'un enfant qui a quitté la maison paternelle, où il se sentait si bien et où il avait chaud. Mais le stade de l'infantilisme n'est-il pas destiné à être dépassé ? L'homme ne peut pas éternellement demeurer un enfant, il lui faut enfin s'aventurer dans l'univers hostile. On peut appeler cela « l'éducation en vue de la réalité » ; ai-je besoin de vous dire que mon unique dessein, en écrivant cette étude, est d'attirer l'attention sur la nécessité qui s'impose de réaliser ce progrès ?

Sigmund Freud, *L'Avenir d'une illusion*, 1927 , traduction de Marie Bonaparte, © PUF, 1971.

Perspective 1.
Le texte, extrait d'un ouvrage de Freud, suppose de dépasser le stade de l'infantilisation dans lequel la religion plonge les hommes, afin que ces derniers prennent pleinement en main leur existence.

La nature

Cours

Si pour les philosophes de la Grèce antique, la nature correspondait à un ordre global du monde dont l'homme faisait partie, à la fin de Moyen-Âge commence à se développer une opposition entre la nature et l'homme, ce dernier souhaitant non seulement en connaître les lois, mais également en maîtriser les mécanismes. Dès lors, l'homme tente de s'affranchir de son état de nature en développant des concepts innovants et en allant vers toujours plus de progrès et d'évolution. Pour certains philosophes, cette démarche s'apparente à une forme de régression, à une façon pour l'homme d'oublier ses origines naturelles ou animales.

1 De la nature à l'illusion naturaliste

▶ Pour **Aristote**, la nature (*phusis* en grec), appelée « essence », désigne en premier lieu la poussée des plantes et serait un principe de mouvement et de repos : les êtres naturels obéissent à un mouvement spontané, croissent, se déplacent et disparaissent. Cette essence vitale est à l'origine de l'autonomie locomotrice des animaux et de leur croissance, ce qui leur attribue une forme définie de leur naissance jusqu'à leur mort.

Citation

« La nature est un principe et une cause de mouvement et de repos pour la chose en laquelle elle réside immédiatement, par essence et non par accident. »

ARISTOTE, *Physique*.

▶ Pour **Descartes**, la physique s'organise selon un mécanisme technique, dont Dieu est l'artisan parfait ayant fixé les lois de la nature. Dès le Ier siècle av. J.-C., la connaissance des lois physiques apparaissait à **Lucrèce** comme un moyen de compréhension de la réalité. Dans cette perspective, Descartes affirme que seul l'homme possède la capacité de maîtriser la nature.

▶ Si l'homme est un être naturel, la nature humaine désignerait ce qui est commun à tous. À l'inverse, on parle de la nature d'un individu pour dire sa singularité. Selon les théories comportementalistes ou behavioristes, fondées par **J. B. Watson**, tout comportement n'est que réaction à une stimulation extérieure (expérience du chien de Pavlov) pouvant être orienté, conditionné, dressé. À sa suite, **B. F. Skinner** propose une éducation fondée sur le conditionnement du comportement. Pour qu'un enfant apprenne les valeurs de sa communauté, il suffit de les lui faire aimer grâce à des récompenses.

▶ La nature n'est cependant pas une norme satisfaisante pour penser le comportement humain. Les stoïciens nous rappellent que l'usage de notre raison nous permet d'exercer librement notre jugement. Par ailleurs, la tendance anthropomorphique à comparer qualités humaines et comportements animaux n'est pas pertinente sur un plan épistémologique (étude critique des sciences).

À savoir

L'expérience du chien de Pavlov : le médecin et psychologue Ivan Pavlov associe de façon systématique le repas d'un chien à un signal sonore. Au bout d'un certain temps, il constate que le signal seul suffit à provoquer la salivation de l'animal, même s'il n'est pas suivi d'un repas. Il en conclut qu'il a pu conditionner le comportement de salivation.

2 Une nature idéalisée

▶ L'éloge de la nature s'accompagne souvent de la nostalgie d'une nature dans laquelle l'homme aurait vécu heureux sans aucun artifice, nostalgie pourtant illusoire. La nature est, en effet, rarement « naturelle » car l'intervention de l'homme y est présente partout. Le retour à la nature revient souvent à découvrir une ancienne culture dissimulée : les vestiges du travail, de la technique, des activités humaines. Paradoxalement, la campagne apparaît davantage comme le résultat historique de la culture des hommes.

▶ L'humanité ne peut se résumer au processus biologique. L'homme peut s'émanciper, voire se révolter contre sa nature, accédant aux sphères de la culture, du droit et de la moralité. La nature, au contraire, est amorale. Comme l'exprime **Spinoza**, il est dans la nature des gros poissons de manger les petits, sa dangerosité est seulement l'expression de son instinct et non d'une volonté de faire le mal.

3 Une nature humaine définitive ?

▶ Le XIXe siècle a vu naître des théories raciales s'appuyant sur la distinction entre l'inné et l'acquis. Dans son ouvrage *De l'inégalité des races*, **A. de Gobineau** établit une corrélation entre le niveau de culture des peuples et le patrimoine génétique des individus, ou race pour justifier l'inégalité entre les hommes et légitimer la domination de certains peuples. Cette théorie, moralement condamnable, repose sur une erreur de raisonnement, les différences de culture étant considérées d'emblée comme des déficiences.

▶ Au XXe siècle, des recherches ont montré que des enfants vivant dans un foyer familial violent subissent une altéra-

Citation

« Comme tout organisme vivant, l'être humain est génétiquement programmé mais il est programmé pour apprendre. Tout un éventail de possibilités est offert par la nature au moment de la naissance. Ce qui est actualisé se construit peu à peu pendant la vie par l'interaction avec le milieu. »

F. JACOB, *Le jeu des possibles*.

>>

tion de leur ADN. C'est leur vie sociale qui a déformé le génome de ces enfants, et non celui-ci qui aurait déterminé irrémédiablement leur vie. Notre capacité universelle à donner du sens au monde ne s'actualise pas spontanément, elle a besoin pour s'épanouir du support de la culture.

4 De la nature à la culture

▶ Pour **J. J Rousseau**, l'état de nature est une hypothèse permettant de poser le naturel et le culturel (ou le dénaturé) face à face, alors que dans la réalité ils sont imbriqués. La nature est un état d'innocence dans lequel l'homme n'est ni bon ni mauvais (état d'indifférenciation, sans valeur). Il sert de critère neutre pour juger l'évolution de l'homme et sa culture, qui est artifice, désordre, violence.

▶ En étudiant les structures des relations familiales, **C. Lévi-Strauss** montre qu'elles concernent à la fois des relations naturelles et culturelles. La prohibition de l'inceste est tout à fait remarquable pour comprendre cette intrusion du culturel dans ce qui semble naturel. La cause de cet interdit ne se situe pas dans l'instinct. On ne peut pas non plus invoquer les dangers des croisements endogamiques, puisque l'homme, dit primitif, ne connaît pas les lois de la génétique moderne.

Claude Lévi-Strauss (1908-2009)

La véritable raison est l'utilité première de l'échange entre les peuples, de s'allier aux autres par le biais d'unions matrimoniales pour la survie du groupe. La prohibition de l'inceste est au croisement de la nature et de la culture et permet le passage de l'une à l'autre. Ainsi, en instituant une règle, la culture permet d'éviter le hasard de la nature.

EN PERSPECTIVES

La nature

Auteurs
Aristote – Descartes
Lucrèce – Gobineau –
Rousseau – Lévi-Strauss

Notions liées
art – technique
liberté – science

1. L'existence humaine et la culture
- L'approche behavioriste considère que l'éducation peut être conditionnée.
- La nature humaine est un ensemble de capacités s'actualisant différemment selon les cultures.
- La nature n'a jamais été un paradis.
- La nature comme modèle théorique permet de comprendre l'évolution de l'homme et de sa culture (Rousseau).
- Les structures familiales sont à la fois naturelles et culturelles (Lévi-Strauss).

2. La morale et la politique
- La nature est amorale et le monde animal ne reconnaît aucune valeur.
- Les théories raciales sont à la fois fausses et dangereuses.

3. La connaissance
- Les êtres naturels sont mus par le principe du mouvement et du repos (Aristote).
- La nature est organisée selon des lois physiques.
- On peut tenter de comprendre les êtres vivants par leur comportement.
- Une comparaison homme-animal n'est pas satisfaisante épistémologiquement.

Exercice

★★ 1 h 30 Type Bac **Dissertation.**

Sujet : La nature est-elle un modèle ?

Élaborez une argumentation en trois parties, puis résumez brièvement votre argumentation.

Perspective 3.
Pour répondre au sujet, il est nécessaire de se fonder sur l'ensemble des théories philosophiques qui définissent l'état de nature de l'homme et analysent l'articulation entre nature et culture.

La science

Cours

1 Les propriétés de la connaissance scientifique

▶ La connaissance scientifique fait, avant tout, appel à la raison et repose sur une exigence d'objectivité, elle implique de s'écarter de tout ce qui relève du personnel et de l'opinion. La science étudie des phénomènes (ce qui apparaît) et non des choses que nous percevons grâce à nos sensations. Les phénomènes scientifiques sont interchangeables, ils font l'objet d'une mesure, d'une quantification et sont décrits à l'aide de concepts uniques, qui les soustrait à l'ambiguïté du langage ordinaire.

▶ Expliquer scientifiquement un phénomène, c'est attester de son existence en mettant en évidence ses causes et ses effets. Si l'expérimentation d'un phénomène scientifique ne permet pas d'en retirer une loi universelle, aucune autre conclusion ne pourra être déduite. Les rapports de causalité universels nous permettent par ailleurs de d'anticiper l'avenir par la déduction d'un effet.

Citation

« L'opinion pense mal, d'ailleurs elle ne pense pas : elle traduit des besoins en connaissance [...]. On ne peut rien fonder sur l'opinion, il faut d'abord la détruire, elle est le premier obstacle à surmonter. » G. Bachelard, *La formation de l'esprit scientifique*.

2 Quelles sont les conditions d'une démarche scientifique ?

▶ **G. Bachelard**, relève trois obstacles épistémologiques à une démarche scientifique :

Gaston Bachelard (1884-1962)

– l'anthropomorphisme, qui consiste à projeter des propriétés humaines sur les animaux ou les choses de la nature ;
– l' empirisme naïf, qui part du principe que l'apparence des choses reflète leurs propriétés réelles (obstacle substantialiste, qui assimile l'apparence à l'essence ou à la substance) ;
– le langage, qui amène à prendre des métaphores pour des explications et des images pour des concepts.

▶ L'approche scientifique suppose une catharsis, à savoir une purification intellectuelle et affective. Toute approche scientifique implique en effet, selon **A. Koyré**, « de distinguer le monde de la vie et le monde de la science ».

▶ Par ailleurs, il ne suffit pas d'observer un phénomène pour le comprendre, il faut que l'observateur puisse l'interpréter à la lumière de ses connaissances. Selon la formule de **G. Canguilhem** « le fait n'est pas ce dont la science est faite mais ce que fait la science en se faisant. »

3 L'approche scientifique du monde

▶ Selon **E. Kant**, dans toute démarche scientifique, la raison intervient à la fois sur les principes de pensée (catégories de l'entendement) et sur les questionnements. Si l'expérience fait émerger de nouvelles connaissances, il faut en effet des connaissances *a priori* prêtes à accueillir une observation pour lui donner un sens.

Citation

« Comment est-il possible que les mathématiques, qui sont un produit de la pensée humaine et sont indépendantes de toute expérience, puissent s'adapter d'une si admirable manière aux objets de la réalité ? La raison humaine serait-elle capable, sans avoir recours à l'expérience, de découvrir par la pensée seule les propriétés des objets réels ? » A. Einstein.

▶ **J. Locke**, au contraire, affirme que la connaissance vient de l'expérience seule. L'induction (conclure des lois à partir d'observations de faits) ne peut cependant être garante de véracité. Par exemple, on a longtemps observé que les cygnes étaient blancs et on en a conclu que tous l'étaient. Or, certains sont noirs.

▶ Pour valider une théorie scientifique, il est nécessaire de chercher à la réfuter, à en démontrer les anomalies ou insuffisances. Si l'hypothèse expérimentée résiste à la réfutation, elle est validée (au moins pour un temps). Cette méthode est la meilleure façon de se prémunir des illusions et des croyances.

Citation

« Toute mise à l'épreuve véritable d'une théorie par des tests constitue une tentative pour en démontrer la fausseté ou pour la réfuter. » K. Popper

4 La science peut-elle rendre compte de la réalité du monde ?

Bien que cela ne soit pas son objet, la science fait émerger des questions métaphysiques sur la réalité.

▶ La loi de la gravitation universelle démontrée par **Newton** n'a par exemple pas été invalidée par la physique quantique, qui démontre pourtant qu'au niveau microscopique, les lois de la physique classique ne s'appliquent plus. Ainsi, deux conceptions scientifiques légitimes de la réalité cohabitent

▶ L'expérience des fentes de **T. Young** nous montre par ailleurs que le monde quantique est celui des possibilités infinies : >>

>> des particules de matière sont projetées à travers deux fentes sur un panneau qui recueille les impacts. L'expérience est menée selon deux contextes expérimentaux. En fonction des contextes, les impacts montrent que les particules se comportent soit comme une onde, soit comme des particules.

▶ Les tests expérimentaux portent sur le rapport entre l'hypothèse théorique et le dispositif expérimental. Ainsi, pour **W. Heisenberg**, les conditions de l'expérience modifient en permanence la réalité étudiée. Le réel de la science n'existe jamais en dehors du laboratoire.

EN PERSPECTIVES

La science

Auteurs

Platon – Bachelard – Kant – Koyré – Popper – Canguilhem – Einstein – Young – Heisenberg

Notions liées

raison – technique – vérité

1. L'existence humaine et la culture

- L'approche scientifique suppose une purification intellectuelle et affective. Avoir un esprit scientifique implique de dissocier le travail analytique de l'opinion.
- L'esprit humain possède des structures a priori qui permettent de comprendre un phénomène scientifique (Kant).
- La science soulève des questions métaphysiques.
- La physique quantique, de par ses phénomènes déconcertants, nous amène à envisager que nous avons une perception incomplète de notre réalité.

2. La morale et la politique

Les questions morales et philosophiques, voire religieuses, obligent à passer de la question scientifique « comment ? » au « pourquoi ? »

3. La connaissance

- La connaissance scientifique implique une exigence d'objectivité.
- La science classique est rationnelle, elle étudie les phénomènes et dégage des rapports universels et nécessaires.
- Pour mettre en place les conditions nécessaires à toute démarche scientifique, il convient d'écarter les obstacles épistémologiques.
- Seule l'expérience permet de faire émerger des connaissances scientifiques (Locke).

Exercice

★★ 1h30 Type Bac **Explication de texte.**

Perspectives 1 et 3.
Ce texte met en garde contre une valorisation trop excessive des connaissances humaines et replace à sa juste place la vision singulière de l'artiste sur le monde.

Rédigez la conclusion de cette explication de texte. Vous y montrerez l'intérêt de l'approche de l'auteur.

Quelle est l'attitude du savant face au monde ? Celle de l'ingéniosité, de l'habileté. Il s'agit toujours pour lui de manipuler les choses, de monter des dispositifs efficaces, d'inviter la nature à répondre à ses questions. Galilée l'a résumé d'un mot : l'essayeur. Homme de l'artifice, le savant est un activiste [...]. Aussi évacue-t-il ce qui fait l'opacité des choses, ce que Galilée appelait les qualités : simple résidu pour lui, c'est pourtant le tissu même de notre présence au monde, c'est également ce qui hante l'artiste. Car l'artiste n'est pas d'abord celui qui s'exile du monde, celui qui se réfugie dans les palais abrités de l'imaginaire. Qu'au contraire l'imaginaire soit comme la doublure du réel, l'invisible l'envers charnel du visible, et surgit la puissance de l'art : pouvoir de révélation de ce qui se dérobe à nous sous la proximité de la possession, pouvoir de restitution d'une vision sur les choses et nous-mêmes. L'artiste ne quitte pas les apparences, il veut rendre leur densité [...]. Si pour le savant le monde doit être disponible, grâce à l'artiste il devient habitable.

Merleau-Ponty, *L'œil et l'esprit*, 1964. © Gallimard.

Cours

1 À l'origine de la philosophie : une quête de la vérité

Platon
(vers 427-vers 347 av. J.-C.)

▶ Dans le mythe d'Er le Pamphylien, qui clôture le Livre X de *La République* de **Platon**, les âmes, après avoir choisi le modèle de leur vie à venir boivent l'eau du fleuve Léthé pour oublier leur vie précédente. L'enjeu de ce mythe est l'alètheia (la vérité), dont l'accès passe par la réminiscence (ressouvenance des connaissances contemplées dans l'au-delà).

▶ Bien orienté, l'homme procède, par la quête philosophique, à la redécouverte de savoirs déjà appris. Dans son dialogue entre Socrate et Ménon, Platon démontre ainsi que les hommes, peu importe leur statut social, possèdent un savoir intuitif, à approfondir pour parvenir à la connaissance véritable.

À savoir

Dans *Le Ménon*, Socrate est amené à faire une leçon de géométrie à un esclave pour faire la démonstration que « la vérité de toute chose est en nous » et qu'il suffit de s'en souvenir pour la trouver.

2 Du paraître à l'être

▶ Dans l'allégorie de la caverne (Livre VII de *La République*), **Platon** montre qu'il y aurait une coexistence entre le monde des apparences sensibles et perpétuellement changeantes et le monde des Idées immuables et éternelles. Aussi la vérité est-elle d'abord une interrogation ontologique, c'est-à-dire une réflexion sur l'être des choses (*ontos*, être).

▶ L'être est mesure et condition du vrai, par delà le changement. De même, lorsqu'un être humain vieillit, son corps subit un changement, mais cela n'altère par son être, élément constitutif de la stabilité de son identité singulière.

À savoir

Dans le mythe de la caverne, Platon compare la situation de l'homme avec celle de prisonniers enchaînés dans une caverne à qui on aurait fait croire que les ombres de marionnettes projetés sur le mur en face constituent la réalité. Or, la véritable réalité n'est accessible qu'en se détournant des apparences sensibles pour accéder, grâce à l'éducation, au monde des Idées.

3 Les conditions formelles d'un discours véritable

▶ La distinction entre être et paraître est à la base du principe de non-contradiction décrit par **Aristote** dans sa *Métaphysique*, selon lequel « il est impossible que le même attribut appartienne et n'appartienne pas en même temps au même sujet et sous le même rapport ». Ce principe permet notamment de réfuter un discours incohérent et affirme que la vérité ne peut être tout et son contraire.

▶ Lorsque le sophiste **Protagoras** affirme que « l'homme est la mesure de toutes choses », il prétend que « ce qui paraît à chacun est la réalité même ». Autrement dit, toute opinion non seulement serait bonne, mais deux opinions contraires le seraient également. Dans ce contexte, le concept de vérité n'aurait pas lieu d'exister.

▶ Cependant, **Épicure**, puis **Lucrèce**, prétendent, que nos sens ou impressions (*phantasiai*), qui prennent aussi en compte nos rêves et nos visions, « ne se trompent jamais ». Aussi supposent-ils que nos perceptions sont le reflet de la réalité. Dès lors, ce ne sont pas nos perceptions qui sont fausses mais nos opinions sur celles-ci.

4 La vérité est une idée innée

▶ **R. Descartes**, s'inspirant de Platon, décrit la vérité comme « en droit antérieure à son acceptation », c'est-à-dire à sa reconnaissance. Ce faisant, il s'appuie également sur la définition médiévale selon laquelle la vérité est l'adéquation de la chose et de l'intellect ou de l'esprit (*veritas est adoequatio rei et intellectus*). Le vrai nous apparaît ainsi par « la lumière naturelle ou intuition de l'esprit », entendue comme connaissance rationnelle et immédiate.

▶ De ce fait, la première vérité est celle du *cogito* (je pense), qui échappe au doute le plus radical. Quand bien même mes pensées ne seraient qu'erreurs ou illusions, c'est bien en elle que résident le vrai et le critère du vrai. C'est dans l'intuition de l'évidence des idées claires et distinctes que Descartes situe le critère du vrai.

5 Le scepticisme : la question du critère de la vérité

▶ Depuis les Grecs jusqu'à **Hume** en passant par **Montaigne**, les sceptiques ont tous considéré qu'il n'y avait aucun critère suffisamment fort permettant d'affirmer une vérité, ce doute ne concernant que le domaine théorique et non la *praxis* (qui se rapporte à l'action). Ne pas pouvoir affirmer une vérité ne signifie cependant pas que toutes les thèses sont défendables, mais que certaines sont meilleures que d'autres sans être pour autant définitivement vraies.

▶ Le sceptique, comme l'indique l'étymologie grecque *skeptike* (chercher, observer) est ainsi celui qui cherche activement la vérité. Ce qui compte davantage que la >>

possession de la vérité, c'est la manière de la quérir. Le sceptique réserve donc son jugement, tout en poursuivant sa quête de vérité

6 Une idée pragmatique de la vérité

▶ Pour le pragmatique, seule l'application d'une théorie, sa réussite expérimentale, sont critères de vérité. Ainsi, pour **W. James**, dans *Le Pragmatisme*, « posséder des pensées vraies, c'est, à proprement parler, posséder de précieux instruments pour l'action. » Ainsi, toute affirmation est une hypothèse dont la vérité se découvre.

▶ En ce sens, une théorie est un instrument de recherche et la vérité se définit par la totalité de ses conséquences (théorique, affective, sociale, etc.). Le vrai est ce qui satisfait l'ensemble des besoins humains et l'utilité devient le seul critère pour les valeurs humaines. Il ne s'agit donc pas de juger ce qui est ou a été, mais de tenter d'appréhender le devenir et d'agir en conséquence.

EN PERSPECTIVES

Auteurs

Platon – Aristote – Épicure
Lucrèce – Descartes
Montaigne – Hume – James

Notions liées

science – religion
langage – raison

La vérité

1. L'existence humaine et la culture

- Le premier désir de la philosophie est une quête de la vérité.
- Nous sommes tous égaux face à cette recherche de vérité.
- Toute opinion n'est pas légitime.
- Nos perceptions sont le reflet de la réalité, car elles ne sauraient engendrer un faux témoignage.
- Selon Descartes, la vérité est une idée innée : nous cherchons à reconnaître des idées dont nous avons une connaissance intuitive.

2. La morale et la politique

- On peut avoir une conception pragmatique de la vérité.

3. La connaissance

- La recherche de la vérité suppose de détourner le regard des apparences sensibles.
- Il n'y a pas de vérité sans identités stables.
- La cohérence de la pensée est indispensable pour parvenir à la vérité.
- Il faut douter pour espérer accéder à la vérité.
- Le sceptique n'a pas de critère certain lui permettant d'affirmer une vérité, mais il continue à chercher.

Exercice

★★ 3 heure Type Bac **Dissertation.**

Sujet : Faut-il aimer la vérité ?

Rédigez le développement de cette dissertation.

Perspective 3.
Le verbe « aimer » suppose que la notion de vérité n'est pas neutre et qu'elle revêt une importance cruciale pour le sens qu'un homme donne à son existence et sur le contenu qu'il juge fondamental pour sa propre culture.

La raison

Cours

1 Le Discours de la Méthode : la raison nous guide vers le bon chemin (Descartes)

René Descartes (1596-1650)

▶ Dans le *Discours de la Méthode*, **R. Descartes** définit la raison comme « la puissance de bien juger et de discerner le vrai d'avec le faux ». La raison coïncide avec le bon sens qui serait « la chose la mieux partagée du monde ». Plusieurs conditions sont cependant nécessaires pour en faire bon usage :

– Ne pas assimiler l'intelligibilité et la vérité. La cohérence, l'efficacité, le consensus ne sont pas des critères de vérité, et pour **F. Nietzsche**, « une chose qui convainc n'est pas vraie pour autant, elle est seulement convaincante ».

– Distinguer l'exigence ou désir de vérité et l'existence de la vérité. L'exigence de vérité est une qualité subjective qui nous invite à dépasser notre ignorance pour connaître le monde, d'où l'affirmation de **Socrate** : « Je sais que je ne sais rien ».

– Élaborer des mises en ordre vérifiables et accepter de voir ses thèses rejetées.

▶ La méthode cartésienne enjoint les hommes de se prémunir contre la précipitation et la présomption, qui risqueraient de les égarer sur le mauvais chemin de la vie. Descartes propose quatre préceptes pour y parvenir :

– Le principe d'évidence : éliminer le probable au profit du clair et du distinct.

– Le principe d'analyse : décomposer un phénomène en éléments plus simples et examiner la manière dont les éléments se combinent.

– Le principe d'ordre : les pensées suivent un cheminement argumentatif allant du plus simple au plus complexe.

– Le principe de révision : vérifier les étapes de la déduction avant d'achever la démonstration.

2 Les attributs d'une connaissance rationnelle

▶ Toute rationalité prétend à l'objectivité, ce qui signifie qu'elle doit rompre avec tout enracinement dans l'histoire personnelle du sujet qui cherche à connaître.

▶ Une connaissance rationnelle doit prétendre à l'universalité. Elle suppose l'élaboration d'une méthode pouvant être comprise et reprise par tous. La rationalité se soumet à un contrôle intersubjectif : on s'appuie sur des raisonnements fondés sur des concepts univoques et des règles de déduction universelles et nécessaires.

▶ La raison demande des efforts de lucidité et une distance critique. Elle ne doit pas prôner le scientisme (foi aveugle en la science) mais un « rationalisme ouvert » (**G. Bachelard**), à savoir non dogmatique, capable d'autocritique.

3 Les différents types de rationalité

▶ La rationalité technique est l'usage calculé et systématique de moyens en vue d'une fin. Le souci qui l'anime est la volonté de trouver des moyens performants pour atteindre un but. L'efficacité est donc le critère déterminant de ce type de rationalité.

▶ La rationalité scientifique est une discipline de la pensée qui se soumet uniquement à l'objectivité et aux principes logiques de la pensée. Elle s'appuie sur des démonstrations expérimentales, porte sur des portions délimitées de la réalité et, comme l'a démontré **K. Popper**, ne prétend pas à une conception globale du monde, à l'opposé d'une idéologie qui est toujours globalisante, voire totalitaire.

▶ La rationalité philosophique n'a vocation ni au calcul, ni à l'efficacité ni même à la découverte. Elle cherche d'abord à évaluer les opinions, à écarter les préjugés et les illusions en opérant une clarification de nos pensées. Elle suppose une exigence de lucidité et de rigueur, et vise une autonomie de nos pensées et de nos actions.

▶ La rationalité morale suppose d'agir de façon désintéressée. Pour **E. Kant**, l'homme utilise parfois sa raison pour satisfaire instinctivement ses besoins, pensant ainsi accéder au bonheur, et ce en dépit de l'exigence d'universalité de la raison. Ce n'est pas par le degré de son intelligence que l'homme se distingue de l'animal mais par sa capacité à se donner des principes d'action ayant une valeur universelle.

4 Raison et sentiments

▶ Selon **Hegel**, l'intelligibilité rationnelle est le reflet de l'ordre du monde et ce qui semble irrationnel (hasard, désordre, passions) ne l'est qu'en apparence. Cependant, en physique, **W. Heisenberg** a mis en lumière qu'il existe une limite au-delà de laquelle ne peut aller la précision de toutes mesures fournies par les instruments conçus par l'homme.

▶ Dans le livre IV de son *Éthique*, **Spinoza** décrit les affects comme pouvant engendrer des comportements contraires à la raison. Aussi pour la conquérir faut-il lutter contre ses propres affects négatifs en les opposant à des affects positifs plus puissants. Il s'agit d'un processus de rationalisation des affects, qui nous permet d'accéder au bonheur par un contrôle de nos passions.

▶ Pour **B. Pascal**, il faut veiller à ne pas faire de la raison l'unique source de la vérité, mais accepter avec humilité l'origine mystérieuse, voire divine de cette dernière, et >>

>> conserver une part d'instinct dans son élucidation. Pascal nous pousse ainsi à écarter deux approches en apparence contraires : le scepticisme aboutissant logiquement au doute, et l'orgueil stoïcien d'une raison « superbe » ne s'apercevant pas des limites humaines.

Citation

« Nous connaissons la vérité non seulement par la raison, mais encore par le cœur. [...] C'est de cette dernière sorte que nous connaissons les premiers principes et c'est en vain que le raisonnement, qui n'y a point de part, essaie de les combattre ».

B. Pascal, *Pensées*.

EN PERSPECTIVES

Auteurs

Descartes – Pascal – Hegel – Kant – Nietzsche – Bachelard – Spinoza – Popper

Notions liées

science – religion – vérité

La raison

1. L'existence humaine et la culture

- Chaque homme peut s'orienter vers le chemin qui lui correspond en prenant son temps et en adoptant une attitude méthodique.
- Il convient de distinguer le désir de vérité avec le fait de posséder la vérité.
- Une conception rationnelle du monde peut être ouverte et critique.
- La rationalité peut être technique, scientifique, philosophique.
- Nous pouvons maîtriser nos affects ou passions par la raison, et ainsi tendre vers plus de sagesse. Il faut veiller à ne pas uniquement s'en remettre à la raison dans notre quête de vérité et savoir écouter notre intuition.

2. La morale et la politique

- Une démarche rationnelle peut être reconnue et contrôlée.
- La morale suppose aussi des principes et un comportement rationnels.

3. La connaissance

- La raison est d'abord une capacité à bien juger et à avoir une réflexion ordonnée.
- Une connaissance rationnelle est objective, méthodique et critique vis-à-vis d'elle-même.
- Un rationalisme absolu est réducteur et discutable sur le plan épistémologique.

Exercice

★ 45 min **Type Bac** **Explication de texte.**

Pour quelles raisons pouvons-nous affirmer que la thèse de Nietzsche est paradoxale ?

Perspectives 1 et 3.
Pour les philosophes de la Grèce antique, chaque homme utiliserait sa raison pour enrichir ses connaissances, et ainsi se défaire de la superstition qui les plongerait dans des illusions rassurantes. Toutefois, si cette approche se présente comme universelle, elle peut ne pas correspondre à la psychologie de tous les hommes.

> Je me suis demandé [...] ce que le peuple entend au fond par connaissance ; que cherche-t-il quand il la demande ? Rien que ceci : ramener quelque chose d'étranger à quelque chose de connu. Nous, philosophes, que mettons-nous de plus dans ce mot ? Le connu, c'est-à-dire les choses auxquelles nous sommes habitués, de telle sorte que nous ne nous en étonnons plus ; nous y mettons notre menu quotidien, une règle quelconque qui nous mène, tout ce qui nous est familier [...] Eh quoi ? Notre besoin de connaître n'est-il pas justement notre besoin de familier ? Le désir de trouver, parmi tout ce qui nous est étranger, inhabituel, énigmatique, quelque chose qui ne nous inquiète plus ? Ne serait-ce pas l'instinct de la peur qui nous commanderait de connaître ? Le ravissement qui accompagne l'acquisition de la connaissance ne serait-il pas la volupté de la sécurité retrouvée ?

F. Nietzsche, *Le gai savoir*, 1882 ,Folio, traduction Pierre Klossowski, 1996. © Gallimard

L'État

Cours

Toute réflexion sur l'État impose de s'interroger sur les hommes et les femmes exerçant le pouvoir, ainsi que sur le peuple qui légitime leur pouvoir par le vote, et qui oublie bien souvent sa souveraineté.

1 Qu'est-ce que l'État ?

▶ L'État est une entité invisible, impersonnelle et sans chair. Pourtant, il est incarné par des symboles et des représentants exerçant un pouvoir, dont la nature varie en fonction du type de régime en place (démocratie, monarchie ou dictature), mais qui repose toujours sur un rapport hiérarchique entre gouvernants et gouvernés. Nous avons l'obligation légale de respecter l'autorité de l'État.

▶ **B. Pascal** distingue à ce propos les « grandeurs d'établissement », instituées par les hommes pour organiser la société, et les « grandeurs naturelles », ou qualités des individus. Il convient de distinguer l'homme et la fonction, en respectant celle-ci et en méprisant celui qui ne s'en rend pas digne.

▶ Dans son ouvrage *Le savant et le politique*, **M. Weber** a identifié différentes formes de pouvoir :
– le pouvoir traditionnel, qui cherche sa justification dans la filiation.
– le pouvoir charismatique, fondé sur « la grâce personnelle et extraordinaire d'un individu ».
– le pouvoir légal (celui de l'État), qui se fonde sur le statut juridique de l'autorité politique et sur l'idée que ceux qui exercent le pouvoir seraient doués d'une compétence dans ce domaine.

▶ Pour que l'État apparaisse, il faut aussi des conditions pratiques d'existence, à savoir un territoire, avec des frontières délimitant son exercice et à l'intérieur desquelles son pouvoir est reconnu comme unique. Chaque organisation correspond à l'histoire de chaque pays et de la conscience des peuples de leur identité collective, qui fait naître le concept de nation.

▶ Le mot nation signifie étymologiquement « nature » ou « naissance ». Il revêt un caractère biologique, conception développée par les nazis à travers le concept de « race », tout autre race n'étant qu'un corps étranger à éliminer, car représentant un danger biologique pour l'unité du groupe.

▶ Dans une perspective rationnelle et légaliste, la nation est « un corps d'associés vivant sous une loi commune et représentée par une même législature » (**Sieyès**, *Qu'est-ce que le tiers-état ?*). Elle correspond à une unité spirituelle d'individus libres ayant la volonté de faire cause commune et recherchant un bien à partager et non des intérêts particuliers et se distingue ainsi du nationalisme.

Citation

« Le patriotisme, c'est l'amour des siens ; le nationalisme, c'est la haine des autres. »
Romain Gary, *Éducation européenne*.

2 Les fondements de l'État

▶ **N. Machiavel** démontre que la prise et l'exercice du pouvoir sont affaire de technique. Dans *Le Prince*, il explique ainsi que ce dernier doit être habile, rusé (renard), voire cruel (lion) selon les situations. Il distingue ainsi politique et morale. Toutefois, dans les *Discours sur la première décade de Tite-Live* (1513-1520), il souligne que pour ne pas devenir tyrannique, le prince doit tenir compte des intérêts de l'État et de la souveraineté du peuple.

Nicolas Machiavel (1469-1527)

▶ Les philosophes du contrat s'interrogent quant à eux sur la source instituant la légitimité de l'État. **T. Hobbes**, dans le *Léviathan*, décrit un contrat de soumission, par lequel l'homme cède volontairement sa liberté, afin de sortir d'un état de nature où « l'homme est un loup pour l'homme » et d'accéder à la paix civile. **J.- J. Rousseau**, à l'inverse, prône un contrat d'association préservant la liberté et l'égalité des hommes. Néanmoins, pour que le droit soit respecté, il faut des consciences éclairées, les hommes éduqués.

Citation

« Un peuple libre obéit, mais il ne sert pas, [...] il obéit aux lois mais il n'obéit qu'aux lois, et c'est par la force des lois qu'il n'obéit pas aux hommes. »
J. J. Rousseau, *Lettres écrites de la montagne*.

3 L'État républicain

▶ Pour **K. Marx**, la liberté et l'égalité restent des principes formels qui n'empêchent pas les inégalités sociales et économiques d'exister et de croître. Les « bourgeois », en attribuant aux « prolétaires » le statut de citoyens, leur donnent l'illusion d'acquérir de nouveaux droits, alors même que le but est de renforcer les privilèges économiques.

▶ Selon **A. de Tocqueville**, la « passion de l'égalité » peut cependant se révéler dangereuse pour la démocratie et la liberté. L'égalitarisme amène à un monde uniforme, dans lequel les différences sont vouées à disparaître. Au nom de

>> l'égalité, l'État peut contraindre les hommes à nier leurs différences pour ne devenir qu'une seule entité sans singularité. Ainsi, pour **F. Hölderlin**, « ce qui fait de l'État un enfer, c'est que l'homme essaie d'en faire un paradis ».

▶ La devise de l'État républicain « Liberté, Égalité, Fraternité » n'est pas un fait mais une exigence à avoir envers soi. Chacun a sa conception des trois termes, ce qui implique des oppositions, voire des affrontements nourrissant l'esprit démocratique. L'État n'a pas pour fonction d'imposer ces trois principes, mais doit tout faire pour garantir leur existence.

▶ Il faut donc se méfier de toute conception irénique (qui se focalise sur ce qui rapproche en minimisant les conflits) de l'État visant le bonheur de chacun. Le bonheur correspond à une idée subjective, qui concerne la vie privée, personnelle et qui ne peut donc intéresser qu'un État totalitaire voulant tout régir et tout savoir de chacun.

Citation

« Quand dans un État, vous ne percevez le bruit d'aucun conflit, vous pouvez être sûr que la liberté n'y est pas. »
MONTESQUIEU, *Grandeur et décadence des Romains*, VIII.

EN PERSPECTIVES

Auteurs

Pascal – Hobbes – Weber – Rousseau – Marx
Sieyès – Montesquieu – Machiavel – Tocqueville

Notions liées

liberté – justice – bonheur
nature – devoir

L'État

1. L'existence humaine et la culture

- L'homme a la tête de l'État peut ne pas s'en montrer digne, il faut distinguer l'homme et la fonction (Pascal).
- Les hommes signent un contrat de soumission avec l'État pour que ce dernier assure leur protection (Hobbes)
- À l'inverse, selon Rousseau, les hommes peuvent signer un contrat d'association leur garantissant leur liberté des droits.

2. La morale et la politique

- L'État est représenté par diverses administrations.
- La forme de pouvoir choisie est en adéquation avec l'histoire de la nation.
- L'association contractuelle d'individus permet d'intégrer et d'accepter les différences.
- Pour gouverner efficacement, il faut faire fi de la morale (Machiavel).
- Pour Marx, l'État républicain est une tromperie objective.
- La passion de l'égalité peut conduire à un égalitarisme dangereux.

3. La connaissance

- Il existe différentes formes de pouvoir : le pouvoir légal et le pouvoir légal, charismatique et traditionnel (Weber).
- Une conception mystique et naturaliste de l'État peut engendrer des régimes totalitaires.
- La devise de l'État républicain est un idéal vers lequel tendre, pas une obligation imposée par l'État (Montesquieu).

Exercice

★★ 2h30 Type Bac **Dissertation.**

Sujet : l'État rend-il libre ?

Élaborez un plan en trois parties, puis résumez votre argumentation, en soignant vos transitions.

Perspective 2.
L'État est fondé sur un contrat social qui permet la protection des plus faibles et la disparition de l'état de nature. Toutefois, toute société, même démocratique, peut connaître des dérives.

La justice

Cours

1 La justice comme institution sociale

▶ Selon **E. Kant**, « l'insociable sociabilité » des hommes, ruse de la nature pour parvenir à ses fins (développement de toutes les potentialités humaines) est à l'origine de rapports nécessairement conflictuels. La justice est l'institution régulatrice de ces rapports.

▶ Le droit est aussi un art du partage s'exerçant par le biais d'un juge indépendant. La puissance de la parole du juge vient de la reconnaissance par tous de son rôle d'arbitre, et non du fait que sa parole serait l'expression d'un pouvoir magique ou d'une intention divine.

▶ La justice s'incarne dans des règles de réciprocité. Si un sujet est titulaire d'un droit, tout autre sujet dans la même situation aura le même, et les autres sujets leur sont redevables du devoir correspondant, la transgression impliquant une réparation symétrique.

▶ L'équilibre entre les pouvoirs exécutif et législatif est établi comme principe de toute société démocratique. Les parlementaires votent les lois, le droit veille à leur application et à leur interprétation. Il est dans un rapport d'extériorité avec le pouvoir politique, car il s'applique également aux gouvernants.

▶ Le droit agit comme une législation externe au sujet agissant et s'appuie sur la force publique, alors que la morale suppose une législation interne au sujet agissant, qui s'oblige lui-même à bien agir.

À retenir

Les fondements du droit peuvent s'expliquer par plusieurs critères.

- La norme transcendante (Platon) : la justice du monde des Idées est un idéal de justice parfaite et universelle.
- La raison humaine (les Lumières) : le droit est l'expression de la capacité de l'être humain à se situer du point de vue de la rationalité et de l'universalité.
- La volonté générale (Rousseau) : les règles juridiques expriment la volonté générale définie par le contrat social, dont les causes et effets sont la liberté et l'égalité.
- La paix civile (Épicure) : il est dans l'intérêt de chacun de respecter les lois pour jouir de la sécurité et de la tranquillité dans une société apaisée.
- La nature (Calliclès) : il est naturel de se soumettre au plus fort qui dicte sa loi, puisque la nature fonde toute justice.
- L'intérêt d'une classe sociale (Marx) : le droit positif n'a aucune légitimité, il n'est que l'expression des intérêts de la classe sociale dominante.

2 Du citoyen juste à la justice envers le citoyen

▶ Pour **Aristote**, et plus tard pour **T. Hobbes**, le citoyen juste est celui qui respecte les lois et la répartition des biens, sans chercher à obtenir plus que ce qu'il doit posséder. La justice est morale, car il est moral de souhaiter une société où les biens sont répartis de manière égalitaire.

Aristote (384-322 av. J.-C.)

Citation

« Que chacun soit considéré comme égal par nature à chacun »
T. Hobbes, *Du citoyen*, III.

▶ Afin que la justice s'emploie à être juste envers les hommes, il lui faut les traiter avec équité. Les droits subjectifs dits naturels (droit à la santé, à l'éducation, au logement, etc.) sont ainsi assurés par le droit objectif (lois), les droits subjectifs précédant et orientant le contenu des lois.

3 Quel type d'égalité est le plus juste ?

▶ La justice distributive s'appuie sur le constat que les hommes sont inégaux. Être juste consiste à donner à chacun ce qui est conforme à sa condition ou à son mérite. La justice vise une certaine harmonie fondée sur la proportionnalité entre les individus.

▶ La justice commutative reconnaît l'inégalité naturelle, mais cette dernière ne légitime ni l'inégalité institutionnelle, ni l'égalité proportionnelle, car :
– chacun peut choisir, user de sa raison et de sa liberté (non déterminées par l'origine) ;
– l'égalité proportionnelle est rarement acceptée et ne permet pas la paix sociale (exemple des révoltes).

4 De la justice légale (prônant l'égalité) à la justice morale

▶ **B. Pascal**, dans ses *Pensées*, constate l'impossibilité de définir la justice morale par l'observation des valeurs et des droits existants dans les différents pays. Il affirme ainsi que « la coutume fait toute l'équité par cette seule raison qu'elle est reçue ». Les conceptions juridiques des pays sont le résultat de leur histoire.

▶ Selon **K. Marx**, la justice morale ne relève pas du droit, car ce dernier est une illusion vitale permettant la domination de >>

classe sous couvert de cohésion sociale et d'intérêt général. Or, comme l'a montré **J.J Rousseau**, dans sons ouvrage *Du contrat social*, ce droit est mieux protégé que par la force, cette dernière pouvant être renversée par une force supérieure (perfidie, meurtre).

▶ Le respect de la loi n'est pas la preuve d'un désir d'égalité ou de moralité. Dans son allégorie de l'anneau de Gygès, **Platon** se demande ainsi si l'obéissance aux lois n'est pas souvent motivée par la lâcheté, la puérilité, ou encore la peur des sanctions.

▶ L'égalité est le critère fondamental de la légalité. Les lois favorisant un ordre juste et accepté sont celles qui se rapprochent le plus de l'impératif pratique kantien (cf. devoir) et c'est sans conteste l'égalité indistincte qui l'exprime vraiment.

EN PERSPECTIVES

Auteurs

Aristote – Platon – Pascal – Kant – Rousseau – Hobbes – Marx

Notions liées

science – religion – vérité

La justice

1. L'existence humaine et la culture

- Il n'y a pas de justice morale universelle.
- La justice morale devrait orienter le droit.

2. La morale et la politique

- Le droit est garant de la cohésion sociale.
- Il y a une séparation des pouvoirs dans les régimes démocratiques.
- Les origines du fondement du droit sont liées à la valeur du droit et s'appuient sur des concepts philosophiques et politiques.
- Un citoyen juste respecte les lois.
- Distinguer les droits subjectifs et objectifs.
- Distinguer les justices distributive et commutative.
- Le droit n'est pas la morale.

3. La connaissance

- L'une des origines du droit est la science juridique, à savoir une science humaine permettant de mieux connaître et comprendre le fonctionnement du droit et les principes qui le renouvellent sans cesse.

Exercice

★ 30 min Type Bac **Explication de texte.**

Faites l'introduction de l'explication de ce texte.

> **Perspective 2.**
> Il faut faire le lien entre le droit et l'idéal moral de justice.

Mais il y a loin de ces équilibres mécaniquement atteints, toujours provisoires comme celui de la balance aux mains de la justice antique, à une justice telle que la nôtre, celle des « droits de l'homme » qui n'évoque plus des idées de relation ou de mesure, mais au contraire d'incommensurabilité et d'absolu. Cette justice ne comporterait une représentation complète qu'« à l'infini », comme disent les mathématiciens ; elle ne se formule précisément et catégoriquement à un moment déterminé, que par des interdictions ; mais, dans ce qu'elle a de positif, elle procède par des créations successives, dont chacune est une réalisation plus complète de la personnalité, et par conséquent de l'humanité. Cette réalisation n'est possible que par l'intermédiaire des lois ; elle implique le consentement de la société. En vain d'ailleurs on prétendrait qu'elle se fait d'elle-même, peu à peu, en vertu de l'état d'âme de la société à une certaine période de son histoire. C'est un bond en avant, qui ne s'exécute que si la société s'est décidée à tenter une expérience ; il faut pour cela qu'elle se soit laissé convaincre ou tout au moins ébranler ; et le branle a toujours été donné par quelqu'un.

Bergson, *Les Deux Sources de la morale et de la religion*, 1932.

Cours

1 Le respect des interdits originels

▶ Le meurtre est, selon **S. Freud**, l'un des deux interdits fondateurs de nos sociétés et son origine se situe dans les valeurs judéo-chrétiennes. Avec les Grecs et les Romains, la vie humaine n'avait pas de valeur en elle-même, la dignité était limitée aux seuls citoyens. Avec le christianisme, le non-respect de cet interdit n'est pas seulement une remise en cause de la légalité, il constitue au sens propre un crime contre l'humanité.

Citation

« Ce qui fait que l'homicide est aujourd'hui prohibé sous la menace des peines les plus fortes dont disposent nos codes, c'est que la personne humaine est l'objet d'un respect religieux qui, jadis, s'attachait à tout autres choses »
E. Durkheim, Leçons de sociologie.

▶ Le second interdit fondateur de nos sociétés est l'inceste. **C. Lévi-Strauss** montre que la raison de cette interdiction n'est à l'origine ni naturelle ni liée à une connaissance des dangers des croisements endogamiques, mais trouve sa source dans l'utilité première de l'échange, base de l'institution matrimoniale, qui est une condition de survie du groupe. Le devoir de respecter cet interdit est lié à la nécessité d'une ouverture du groupe social à l'altérité. Par ailleurs, l'inceste empêchant de se positionner en tant que maillon dans la chaîne des générations, le respect de son interdit est un devoir universel fondateur de l'humanité.

2 Le devoir comme obligation sociale et politique

▶ Dans les sociétés archaïques, l'échange est présenté par **M. Mauss** comme un « fait social total » engageant la totalité de l'être. Au sein des sociétés archaïques, les droits, les biens et même les personnes circulent selon un mécanisme continu de prestations et de contre-prestations. Ce système revêt un caractère obligatoire aussi bien pour le don, que pour le contre-don, tout manquement à ce devoir entraînant guerre et dissension. L'obligation de recevoir n'est pas moins contraignante, car il est impossible de refuser un don. Enfin, le devoir de rendre le don est absolument impératif car qui ne s'y soumet pas perd son rang et sa condition d'homme libre. Il y a de fait un triple devoir : donner, accepter de recevoir, rendre. Ce que l'on donne s'apparente à une partie de soi-même, et on peut affirmer que l'échange archaïque ressemble à un sacrifice.

▶ En 1961, lors du procès du criminel nazi Adolf Eichmann, **H. Arendt** couvre l'événement pour le *New Yorker*. Ce procès illustre comment l'obéissance conçue comme devoir absolu engendre absence d'interrogation quant aux fins visées, et permet de supporter, voire de cautionner des actes immoraux. Lorsque le groupe prévaut sur l'individu, celui-ci a tendance à obéir et à respecter plus facilement les ordres, car la responsabilité des actes commis ne repose pas uniquement sur lui. Ce paramètre joue un rôle central dans le processus de déresponsabilisation des individus. Le principe de répartition des tâches, le sentiment de n'être qu'un rouage administratif et le fait de ne jamais voir les victimes ont ainsi pu rendre possible des exterminations de masse par des fonctionnaires consciencieux, nommés « les tueurs de bureau ».

Hannah Arendt (1906-1975)

▶ Selon **T. Hobbes**, dans le *Léviathan*, ce qui légitime le respect des lois au sein d'un État démocratique est l'assurance que ce dernier saura préserver la vie et la sécurité de tous ses citoyens. Si l'état de nature est un « état de guerre de chacun contre chacun » où l'homme est « un loup pour l'homme » (Plaute), l'homme devient un demi-dieu lorsqu'apparaît une société où chacun est un citoyen protégé. Dans cette perspective, comme le démontre **J.- J. Rousseau**, la loi libère les hommes des rapports de force et implique que les citoyens vivent librement dans le cadre de lois votées démocratiquement.

▶ C'est pourquoi, toute forme de désobéissance semble intolérable dans un État légitimement institué. Néanmoins, le principe de désobéissance civile, théorisé par **H. D. Thoreau**, n'est pas un droit reconnu au sein d'un système démocratique, même s'il peut se justifier par des valeurs que l'on estime supérieures (voir Antigone). Si cet État contrevient à la protection de la vie de ses citoyens en privilégiant ses seuls intérêts, la rébellion devient justifiée selon Hobbes.

Info

Antigone est un personnage de fiction issu de la tragédie grecque, qui s'oppose à son souverain en enterrant son frère à qui on refuse toute sépulture digne de ce nom.

3 Agir selon le devoir moral (Kant)

▶ Un homme doit être en mesure de ne pas attendre l'injonction d'une règle venant de l'extérieur (loi civile ou règle sociale), et de s'octroyer à lui-même une maxime (principe subjectif) rationnelle ayant une valeur universelle. Pour >>

qu'un devoir apparaisse comme véritablement moral, il est nécessaire, selon **E. Kant**, que la volonté de l'accomplir soit l'unique source de l'action humaine. La **volonté déterminée par elle-même** est la volonté déterminée par la loi morale qui découle de la raison. Ainsi, « la majesté du devoir », c'est la possibilité de nous considérer comme indépendants de tout déterminisme, de toute nécessité physique et toute injonction sociale : il s'agit d'une **action libre**.

▶ Par sa dimension nouménale, c'est-à-dire par son caractère intelligible, le sujet moral agit librement à partir des lois de sa seule raison. L'**impératif catégorique** (loi morale) impose au sujet moral d'agir comme un sujet universel. À l'inverse, l'impératif ou devoir hypothétique n'a rien de moral et peut même apparaître comme immoral, il n'est qu'une condition pratique pour atteindre un but (si je veux quelque chose, je dois faire cela). Le devoir moral est un impératif indiscutable (« tu dois »), universalisable (tout homme devrait en faire autant) et désintéressé.

Citation

« Agis uniquement d'après la maxime qui fait que tu peux vouloir en même temps qu'elle devienne une loi universelle ».

E. Kant, *Fondements de la métaphysique des mœurs.*

EN PERSPECTIVES

Auteurs

Freud – Arendt – Durkheim – Hobbes – Lévi-Strauss – Kant – Mauss – Plaute – Rousseau – Thoreau

Notions liées

justice – bonheur – conscience – État – liberté

Le devoir

1. L'existence humaine et la culture

- Le meurtre et la prohibition de l'inceste sont les deux interdits fondamentaux de toute société.

2. La morale et la politique

- Le devoir peut être une obligation sociale et politique.
- L'obéissance à des ordres immoraux peut être malheureusement comprise comme des devoirs catégoriques.
- Les devoirs du citoyen sont légitimes au sein d'une société démocratique.
- Les lois votées démocratiquement libèrent l'homme d'un état de nature où prévalent les rapports de force.
- Le devoir moral est la plus haute expression de la liberté humaine.
- Ne pas confondre un acte conforme à un devoir (extérieur ou imposé) et un acte fait par devoir qui, lui, est moral.

3. La connaissance

- Il nous faut avoir connaissance des lois du pays dans lequel nous vivons pour les respecter

Exercice

★ 30 min Type Bac **Dissertation.**

Sujet : Le devoir est-il libérateur ?

Résumez vos trois thèses, en veillant à bien conclure chacune de vos argumentations.

Perspective 2.

Ce sujet oblige à s'interroger, à la fois sur les causes et les conséquences (parfois morales et toujours existentielles) d'un devoir, mais également sur son importance dans la culture et l'histoire des hommes ; sans oublier sa portée éminemment politique lorsqu'il concerne la collectivité.

La liberté

Cours

1 Notre liberté ne connaît pas de limites (Descartes)

▶ Dans ses *Méditations métaphysiques*, **R. Descartes** affirme que la volonté humaine est infinie. À l'inverse, notre entendement est limité et n'est donc pas capable d'expliquer notre volonté, qui le dépasse. S'il essaie de la saisir en la fragmentant, comme il le ferait d'un problème théorique, il s'éloigne de toute possibilité de la comprendre, car cette dernière, parce qu'elle est infinie, est indivisible.

▶ Ce décalage entre volonté infinie et entendement limité est à l'origine d'erreurs. Notre volonté peut refuser la vérité, malgré ce que l'entendement lui présente. Cette erreur est ainsi la preuve de notre liberté. À l'inverse, un animal ne peut aller à l'encontre de son instinct, grâce auquel il peut accomplir des prodiges (toile d'araignée) sans erreur. C'est ce qui illustre paradoxalement son absence de liberté. Seul un être capable d'exprimer sa liberté de conscience peut se tromper.

▶ Descartes décrit par ailleurs le doute systématique comme une puissance infinie de résistance et une façon pour l'homme d'exercer sa liberté de penser. Aucune manipulation (malin génie), aucune illusion, aucune séduction idéologique, ne seront jamais assez puissantes pour égaler et surpasser la liberté d'un esprit qui doute.

▶ Notre libre arbitre exprime un pouvoir absolu de décision, qui s'éprouve dans le choix. Descartes utilise la métaphore des promeneurs égarés dans une forêt pour illustrer la situation des hommes devant choisir les valeurs qui doivent les guider. Ne pas prendre de direction est un choix menant à la mort, la liberté d'indifférence étant, pour l'auteur, le plus bas degré de liberté.

2 Notre liberté est illusoire car nos choix sont déterminés

▶ Pour **P. Bourdieu**, lorsque nous croyons faire nos choix librement, ces derniers sont influencés par nos origines sociales et notre éducation. L'apparent libre choix des études supérieures ou d'une profession, nos goûts esthétiques (musique, cinéma, théâtre, etc.) seraient le produit d'un déterminisme social (habitus de classes).

▶ Selon **Spinoza**, l'orgueil pousse l'homme à se croire « dans la nature comme un empire dans un empire » (*Éthique*, III), comme si sa volonté était toute-puissante. Pourtant, on peut fort bien consentir à quelque chose par nécessité, par faiblesse et non par choix délibéré. Par exemple, on peut travailler uniquement par nécessité vitale et sociale. Ainsi, pour **Freud**, ce que nous estimons être un choix libre n'est que le résultat d'un principe de réalité qui restreint nos possibilités.

3 Les déterminismes n'éliminent pas notre liberté

▶ Un déterminisme est une relation plus ou moins nécessaire entre une cause et un effet. Il permet d'exercer notre liberté : puisque si nous avons connaissance d'une cause, nous pouvons essayer d'en modifier les effets. Le déterminisme s'oppose en cela au fatalisme, sous l'angle duquel nous subissons notre destin et sommes incapables de le changer.

▶ Dans le domaine intellectuel, l'approche déterministe est obligée de laisser place à la liberté du penseur, sous peine de faire émerger des contradictions insurmontables. Si tout était déterminé, un scientifique ne pourrait justifier l'existence de ses théories. L'enseignement reçu par Einstein et ses rencontres ont ainsi joué dans l'élaboration de sa théorie, et sa liberté de penser a permis d'en saisir les enjeux.

4 Plus notre esprit est éclairé, plus nous sommes libres

▶ Grâce à son entendement, l'homme peut orienter sa liberté dans la recherche de la vérité et du bien. Si l'erreur est signe de liberté, ce n'est cependant qu'une preuve négative de celle-ci et il faut incontestablement lui préférer un jugement valide. La modestie et l'honnêteté du scientifique qui préfère se taire que d'affirmer une chose fausse expriment ainsi son exigence intellectuelle et sa liberté de conscience.

▶ Il serait par ailleurs naïf de penser que nous pouvons agir sans raison. L'acte gratuit décrit par **A. Gide** dans *Les caves du Vatican*, n'est autre que l'acte d'un faible : son personnage tue un vieillard pour se prouver qu'il est libre, alors que son acte révèle son impuissance à savoir pourquoi il agit et devient un prétexte inconscient. Ainsi, tout acte est d'autant plus libre que le sujet agissant en a conscience et l'assume lucidement.

5 Aucune valeur morale n'est possible sans liberté fondatrice

▶ S'il ne peut y avoir de liberté sans responsabilité, l'inverse est également vrai. La responsabilité suppose un choix volontairement assumé. Il n'y aurait en effet ni morale ni justice, ni devoir, ni droit pour un être dont les actes seraient complètement déterminés et lui échapperaient nécessairement.

▶ Pour **E. Kant**, la possibilité de respecter une loi morale détache l'homme de sa nature et montre sa liberté. >>

>> Toutefois, il n'y a pas d'évidence pour une volonté morale, ce qui suppose exigence envers soi. Chaque situation exprime la qualité morale de nos décisions, pour que la liberté ne soit pas uniquement de principe mais effective, sachant qu'une seule action morale n'est jamais suffisante : c'est toute la vie d'un homme qui doit être bonne.

Emmanuel Kant (1724-1804)

EN PERSPECTIVES

Auteurs
Descartes – Kant – Spinoza – Bourdieu – Freud – Gide

Notions liées
conscience – nature – devoir – État – art

La liberté

1. L'existence humaine et la culture

- La volonté des hommes est infinie, mais leur entendement est limité (Descartes).
- Le fait de douter est une preuve de la liberté humaine (Descartes).
- Le libre arbitre permet aux hommes de choisir.
- Nos choix sont influencés par des déterminismes sociaux (Bourdieu).
- Nos choix doivent faire face à un principe de réalité (Freud).
- Toute action peut avoir une cause ignorée, inconsciente.

2. La morale et la politique

- La liberté implique d'être responsable.
- Aucune valeur morale n'est possible sans une liberté fondatrice (Kant).

3. La connaissance

- La limite de l'entendement humain est source d'erreurs.
- Le déterminisme n'est pas le fatalisme, il nous permet de choisir, car nous avons connaissance de la cause et pouvons en modifier les effets.
- Toute pensée suppose la liberté du penseur.
- Lorsque notre volonté est éclairée, elle renforce notre liberté.

Exercice

★★★ 1 h Type Bac **Explication de texte.**

Rédigez la conclusion critique de l'explication de ce texte.

> L'homme qui n'est soumis à aucune entrave est libre, lui qui a toutes choses sous la main, à son gré. Mais celui que l'on peut entraver ou contraindre, à qui l'on peut faire obstacle, celui que l'on peut, malgré lui, jeter dans quelque difficulté, celui-là est esclave. Et quel est l'homme qui est affranchi de toute entrave ? Celui qui ne désire rien de ce qui lui est étranger. Et quelles choses nous sont étrangères ? Celles qu'il ne dépend de nous ni d'avoir, ni de n'avoir pas, ni d'avoir avec telles ou telles qualités, ou en telles conditions. Donc le corps nous est étranger, ses membres nous sont étrangers, la fortune[1] nous est étrangère. Si, par conséquent, tu t'attaches à quelqu'une de ces choses comme à un objet personnel, tu recevras le châtiment que mérite celui qui désire ce qui lui est étranger. Telle est la route qui conduit à la liberté ; la seule qui délivre de l'esclavage.

1. La fortune : le hasard.

ÉPICTÈTE, *Manuel*, 125 av. J.-C. traduction R. Muller, 2015. (c) Éditions Vrin.

Perspective 1.
Le texte d'Épictète appelle à la sagesse en suggérant de désirer les choses que nous avons la possibilité de désirer, au risque de devenir esclave de notre désir.

Le bonheur

Cours

1 Le bonheur comme souverain bien (Aristote)

▶ Selon **Aristote**, toute l'activité humaine ne vise que le bonheur, mais seul le sage, qui a pour ambition d'élever son esprit, représente le bonheur le plus élevé, à savoir le plus louable pour l'humanité, qui poursuit aucun intérêt extérieur et n'utilise pas son intelligence pour dominer les autres. Le sage est dans la contemplation. Sa démarche est ancrée dans le divin.

▶ Si la vie pratique et politique est inférieure à la vie contemplative, elle est aussi une condition nécessaire au bonheur de l'érudit. L'étude désintéressée n'est possible que dans une société d'ordre et de paix. Il y a donc un lien nécessaire entre la société et la vie contemplative, entre la communauté et la solitude du penseur, entre la paix sociale et le bonheur du contemplatif. C'est pourquoi, pour **A. Camus**, le sage est « solitaire et solidaire ensemble ». L'activité intellectuelle est à la fois une participation modeste à ce que l'humanité a de plus élevé et exercice personnel.

Citation

« Ce qui est propre à l'homme, c'est donc la vie de l'esprit, puisque l'esprit constitue essentiellement l'homme. Une telle vie est également parfaitement heureuse ».

Aristote, *Éthique à Nicomaque*.

2 Le bonheur dans l'acceptation active du monde (les stoïciens)

▶ Pour les stoïciens, être heureux signifie désirer les choses telles qu'elles sont. Ce consentement ne doit pas être pris comme une résignation, mais comme la prise de conscience que le bonheur dépend du seul jugement et de la volonté. Les stoïciens estiment qu'il n'y a pas de bonheur possible sans vertu (accomplissement parfait d'une fonction naturelle ou pratique). La vertu d'un homme, ce qui le distingue des animaux, est de faire bon usage de sa raison pour bien penser et bien agir.

▶ Pour les stoïciens, nous possédons une liberté intérieure qui s'appuie sur le bon usage des représentations (idées sur le monde) s'offrant à notre esprit, qui ne dépendent pas de nous (par exemple, le temps qu'il fait). Au lieu de subir ces représentations, il s'agit de les accepter et de les juger librement. Mon assentiment est libre et peut me rendre heureux. Personne ne peut m'y contraindre. **J. P Sartre** expliquera plus tard que le tortionnaire s'acharne d'autant plus sur le corps de sa victime qu'il voudrait lui enlever totalement cette capacité intérieure.

3 *Lettre à Ménécée* d'Épicure, la philosophie comme médecine de l'âme

▶ Pour **Épicure**, le bonheur est le sésame à posséder : « lorsqu'il est à nous, nous avons tout, et quand il nous manque, nous faisons tout pour l'avoir ». L'épicurisme est une invitation à faire un usage raisonnable de notre pensée pour identifier ce qui nous rend heureux, et ce qui nous permettra d'atteindre l'ataraxie (absence de troubles pour l'âme). La philosophie n'est qu'une étape vers la découverte du plaisir.

▶ Toutefois, si la philosophie enseigne l'apprentissage du plaisir, elle nous apprend avant tout à faire un bon usage de ce dernier. Pour cela, il faut essayer de se contenter de peu de choses. L'absence d'excès amène à une juste mesure du plaisir. Le plaisir devient constitutif de la stabilité de l'âme.

4 Le bonheur n'est qu'un idéal de l'imagination (Kant)

▶ En opposition aux conceptions eudémonistes du bonheur (le bonheur considéré comme but universel), **E. Kant** montre que ce dernier ne peut être défini et appliqué de manière identique pour tous. Chaque homme n'aspire pas à la même chose, et il n'est pas certain que le bonheur puisse être l'unique résultat de notre volonté. Les contingences de l'existence ne permettent pas de le conquérir pleinement : nous sommes toujours sur le point de l'obtenir, mais celui-ci se dérobe. Il est « un idéal, non de la raison mais de l'imagination » (*Fondements de la métaphysique des mœurs*).

▶ Si la vertu est une qualité appartenant à la volonté morale, le bonheur est régi par les lois de la nature. Aussi, être vertueux n'engendre aucune promesse de bonheur. Cependant, vertu et bonheur ne sont pas incompatibles. Ainsi, il ne faut pas rechercher le bonheur par pur égoïsme, au risque de devenir « un salaud heureux » (J.-P. Sartre). Pour Kant, en agissant selon la vertu, un homme peut ressentir un certain contentement à se sentir digne de son humanité.

Henri Bergson (1859-1941)

5 La vie comme création joyeuse (Bergson)

▶ Pour **Bergson** la création au sens large engendre la joie, parce qu'elle est cause et conséquence d'elle-même et n'a aucun besoin d'être justifiée. La joie est associée à la vie comme création incessante de soi. Si la naissance est déjà une création, continuer à inventer,

>>

à imaginer sa vie, c'est poursuivre ce que Bergson appelle un « élan vital ». La joie est en elle-même créatrice, ouverture à l'autre, au monde, capacité infinie à le comprendre, à le transformer. Lorsqu'un homme est lui-même, lorsqu'il met en œuvre son humanité, sa vie peut devenir joyeuse. Il n'a alors nul besoin de trouver des substituts à la joie.

▶ Quand il n'y a pas de joie, il y a parfois des petits plaisirs, et ces derniers sont souvent mesquins et destructeurs car indifférents aux autres, s'appuyant simplement sur des besoins naturels qui cessent une fois comblés. Un désir, au contraire, ne connaît pas de limite et demande toujours à se renouveler, à se diversifier et ce, grâce aux désirs des autres. Une âme joyeuse est donc créatrice de joie. Bergson ne limite pas sa réflexion à la création artistique, il l'étend à la vie entière et donne la possibilité à chacun de s'épanouir dans la création.

Citation

« si [...], dans tous les domaines, le triomphe de la vie est la création, ne devons-nous pas supposer que la vie humaine a sa raison d'être dans une création qui peut, à la différence de celle de l'artiste et du savant, se poursuivre à tout moment chez tous les hommes ? »

H. Bergson, *L'énergie spirituelle*.

PHILOSOPHIE

EN PERSPECTIVES

Auteurs

Aristote – Les stoïciens – Épicure – Kant – Bergson – Sartre

Notions liées

désir – art – nature – liberté – temps – devoir

Le bonheur

1. L'existence humaine et la culture

- Le sage aristotélicien est un modèle spirituel de bonheur.
- Le bonheur dépend de mon jugement sur la réalité.
- Le bonheur peut être envisagé comme un plaisir sobre provenant d'un désir naturel.
- La vie comme création de soi engendre la joie : cette dernière n'est pas réductible à un simple plaisir.

2. La morale et la politique

Le bonheur se distingue de la morale.

3. La connaissance

Le savoir désintéressé rend heureux.

Exercice

★★ 1 h Type Bac **Dissertation.**

Sujet : Le bonheur est-il un but politique ?

Résumez votre argumentation sous trois angles (thèses) d'approche et rédigez une rapide transition entre les deux premières thèses.

Perspective 2.
Le sujet suppose que la politique n'aurait comme but que le bonheur, et cela apparaîtrait comme un impératif moral. Or la politique est à distinguer de la morale.

• absolu, relatif

absolu : sans lien, qui existe indépendamment de toute condition, en dehors de toute relation, qui ne dépend de rien. **relatif :** qui implique une relation, un rapport (qui est relatif à, qui a rapport à), qui dépend d'autre chose.

• abstrait, concret

abstrait : tiré ou extrait d'un être ou d'un objet (propriété, qualité) par une opération intellectuelle qui permet de la considérer à part. **concret :** désigne un être ou un objet réel.

• en acte, en puissance

en acte : qui existe effectivement, qui est accompli ou déjà réalisé. **en puissance :** virtuellement, potentiellement, qui existe à l'état de possibilité ou de virtualité.

• analyse, synthèse

analyse : opération intellectuelle par laquelle on décompose un objet en ses éléments constitutifs pour parvenir à sa connaissance. Décomposition d'un tout en ses parties (du complexe au simple). **synthèse :** opération intellectuelle de (re)composition d'un tout à partir de ses parties (du simple au complexe).

• concept, image, métaphore

concept : idée, abstraction ayant une portée générale, permettant d'approfondir des notions, de les différencier et de les articuler entre elles. **image** : figure de style servant de support pour exprimer une idée neuve ou expliciter une idée. **métaphore** : figure rhétorique désignant une réalité par un terme pouvant correspondre à un autre, en raison d'une analogie entre les deux notions.

• contingent, nécessaire

contingent : qui peut être ou ne pas être, qui peut arriver ou ne pas arriver. **nécessaire** : qui ne peut être autrement que tel que cela est ; qui est inéluctable, qui ne peut pas ne pas se produire.

• croire, savoir

croire : tenir quelque chose pour vrai en l'absence de garanties certaines et objectives. **savoir :** tenir quelque chose pour vrai avec pour garantie objective la connaissance de la chose.

• essentiel, accidentel

essentiel : qui appartient ou est relatif à l'essence, à la nature d'une chose ou d'un être. **accidentel :** qui peut appartenir ou ne pas appartenir à une chose ou un être, lui arriver ou ne pas lui arriver

• exemple, preuve

exemple : personne ou acte considéré comme modèle pouvant servir de référence à une conduite ; cas antérieur semblable ou comparable à ce dont il s'agit ; citation ou exemple philosophiques pouvant illustrer une thèse ou un concept. **preuve :** ce qui sert à attester qu'un phénomène est vrai, ce qui sert d'exemple probant.

• expliquer, comprendre

expliquer : rendre intelligible par la connaissance des causes, selon un raisonnement causal. **comprendre :** rendre intelligible par la saisie du sens, de la signification.

• en fait, en droit

en fait : effectif, conforme aux faits observés ; **en droit :** légitime ou conforme à la loi, pouvant être remplacé par légitimement, légalement.

• formel, matériel

formel : relatif à la forme ; **matériel :** relatif au contenu, à l'objet (à la matière). (en logique) Le formel se dit de la forme logique du raisonnement ; si le raisonnement est correct, on dit qu'il est valide (vérité formelle). La vérité matérielle (ou vérité tout court) concerne le contenu d'un raisonnement (l'éléphant est plus grand que l'âne).

• genre, espère, individu

genre : division fondée sur un ou plusieurs caractères communs rassemblant un ensemble d'êtres vivants ; concept de classification situé entre la famille et l'espèce, groupant des espèces très voisines. **espèce :** division fondée sur un ou plusieurs caractères communs rassemblant un ensemble d'êtres vivants et permettant de les distinguer à l'intérieur d'un même genre. **individu :** chaque spécimen vivant d'une espèce animale ou végétale.

• hypothèse, conséquence, conclusion

hypothèse : possibilité d'explication ; supposition, tentative d'explication. **conséquence** : ce qui découle d'un phénomène ou d'une proposition. **conclusion :** conséquence suite à un raisonnement.

• idéal, réel

idéal : modèle de perfection dans un domaine, qui sert de norme pour juger le réel ; ce qu'il y a de mieux ; but élevé ; (philos.) modèle de perfection permettant d'orienter l'action. **réel :** qui existe effectivement ; pour Platon (réalisme des idées) : les idées existent indépendamment des sujets qui les (re)découvrent.

• identité, égalité, différence

identité : qui fait qu'une chose est exactement de même nature qu'une autre (équivaut à l'égalité mathématique) ; ensemble de caractères permanents ou fondamentaux spécifiques à un individu ou un groupe d'individus, permettant de les caractériser. **égalité :** rapport entre les choses qui sont égales ; principe moral, juridique et politique selon lequel tous les hommes, malgré leurs différences, doivent être considérés comme égaux en dignité (égale dignité ou égalité morale) et en droits (égalité civile, politique et sociale). **différence :** ce qui distingue une chose, une personne d'une autre.

• impossible, possible

impossible : caractère de ce qui contredit l'ordre logique ou physique. **possible :** ce qui peut correspondre à la réalité.

• intuitif, discursif

intuitif : qui procède de l'intuition, sans l'aide du raisonnement. L'intuition sensible est la saisie directe du réel ou d'une vérité par les sens. L'intuition rationnelle ou intellectuelle est la saisie immédiate du réel ou d'une vérité par l'intellect ou la raison. **discursif :** qui repose sur le raisonnement, qui exige la médiation d'un raisonnement pour être établi ou connu.

• légal, légitime

légal : conforme aux règles juridiques, à la loi, à la justice au sens du droit existant. **légitime :** conforme aux exigences de l'idée de justice, d'équité, de morale et de raison.

• médiat, immédiat

médiat : intermédiaire ou qui suppose un intermédiaire (le discursif est médiat). **immédiat :** sans intermédiaire, directement (l'intuitif est immédiat).

• objectif, subjectif, intersubjectif

objectif : qui ne fait pas intervenir d'éléments affectifs ou personnels dans ses jugements, dont les jugements sont fondés objectivement. **subjectif :** individuel, susceptible de varier en fonction de la personnalité de chacun (ne pouvant valoir pour tous). On dit qu'un propos est subjectif s'il est influencé par la personnalité du sujet et non de l'objet. **intersubjectif :** relatif à autrui, suppose la capacité de prendre en considération la pensée d'autrui pour l'intégrer à son propre jugement.

• obligation, contrainte

obligation : lien moral ou juridique par lequel une personne est tenue ou se sent tenue de faire ou de ne pas faire quelque chose (syn. devoir). **contrainte :** violence ou pression morale ou physique, exercée sur quelqu'un pour le forcer à agir (ou l'en empêcher). L'obligation vient de soi (on se sent obligé) : on obéit librement à l'obligation (on pourrait décider de ne pas obéir), mais on cède à la contrainte (contraint et forcé).

• origine, fondement

origine : source, provenance d'un phénomène, d'une idée, d'une personne, d'un groupe (l'origine de la vie, d'une guerre ou d'un préjugé). **fondement :** recherche du fondement, du ou des principes (raisons ultimes) sur lesquels il est possible de faire reposer une thèse, une théorie.

• persuader, convaincre

persuader : amener (qqn) à croire, à faire, à vouloir quelque chose non par la raison (ou de bonnes raisons) mais par divers procédés de persuasion ; **convaincre :** amener (qqn) par le biais d'un raisonnement, de preuves ou d'une argumentation rationnelle à reconnaître la vérité, l'exactitude d'un fait ou sa nécessité.

• principe, cause, fin

principe : qui est premier, fondement ; proposition servant de point de départ à un raisonnement. **cause :** ce par quoi une chose existe, qui produit quelque chose (causes antécédentes ou matérielles) ; ce pourquoi on fait quelque chose, raison, motif. **fin :** but, objectif vers lequel on tend, ce pourquoi on fait quelque chose, raison, motif (cause finale).

• public, privé

public : qui concerne le peuple, relatif à la nation, à l'État ; **privé :** propre à chaque individu, le public n'y est pas admis.

• ressemblance, analogie

ressemblance : rapport entre deux ou plusieurs objets ayant certains éléments communs. **analogie :** rapport de ressemblance établi par l'intelligence ou l'imagination entre deux ou plusieurs objets différents.

• théorie, pratique

théorie : ensemble de propositions cohérentes liées à un domaine déterminé de phénomènes, visant à comprendre, expliquer, interpréter ou prédire des phénomènes. **pratique :** activités visant à des résultats concrets, mise en application de manière concrète d'une théorie.

• transcendant, immanent

transcendant : qui est au-delà du domaine où on se place et d'une autre nature, qui est radicalement extérieur ; (pour Kant) qui est au-delà de toute expérience possible et qui échappe donc à toute vérification empirique. **immanent :** contenu dans un être, inhérent à sa nature, qui résulte de la nature même de cet être.

• universel, particulier, général, singulier

universel : qui vaut pour tous en tout lieu et en tout temps. **particulier :** propre à une personne ou une chose, à un seul groupe. **général :** qui s'applique à un ensemble de personnes, de choses (idées générales) ou qui concerne l'ensemble d'un groupe (intérêt général, grève générale). **singulier :** qui ne vaut que pour un individu, une seule chose.

• vrai, probable, certain

vrai : en conformité avec le réel. **probable :** qui a l'apparence de la réalité, que nous pouvons raisonnablement supposer. **certain :** qui possède une réalité effective, qui est assuré de se produire.

je me teste !

1 **Qu'est-ce que la conscience ?**
- ▢ **a.** Un savoir
- ▢ **b.** Une expérience
- ▢ **c.** Un objet.

2 **Lorsque Descartes dit « cogito, ergo sum », le « je » ou moi est :**
- ▢ **a.** psychologique (ou empirique).
- ▢ **b.** métaphysique (ou transcendantal).
- ▢ **c.** personnel.

3 **Selon Freud, l'hypothèse de l'inconscient est :**
- ▢ **a.** indispensable, scientifique et cohérente.
- ▢ **b.** contestable, fausse et illusoire.
- ▢ **c.** légitime, nécessaire est vraie.

4 **L'erreur classique selon Bergson est de confondre le temps et :**
- ▢ **a.** la mort.
- ▢ **b.** l'espace
- ▢ **c.** la nature.

5 **Quelles sont les deux dimensions du Dasein ?**
- ▢ **a.** La mort.
- ▢ **b.** La peur.
- ▢ **c.** L'angoisse.

6 **Quel penseur est le précurseur de la linguistique moderne ?**
- ▢ **a.** Benveniste.
- ▢ **b.** Saussure.
- ▢ **c.** Chomsky

7 **Selon Aristote, il y a une bonne et une mauvaise :**
- ▢ **a.** production.
- ▢ **b.** économie.
- ▢ **c.** chrématistique.

8 **Selon Nietzsche, le travail dans nos sociétés est :**
- ▢ **a.** utile
- ▢ **b.** libérateur.
- ▢ **c.** la meilleure des police.

9 **Quelle est l'exigence première de toute technique ?**
- ▢ **a.** La rentabilité.
- ▢ **b.** L'efficacité.
- ▢ **c.** L'économie.

10 **Les Grecs distinguaient l'imitation et :**
- ▢ **a.** l'imagination.
- ▢ **b.** la copie.
- ▢ **c.** la mémoire.

11 **Pour Kant, le plaisir esthétique vient du libre jeu de :**
- ▢ **a.** notre imagination.
- ▢ **b.** nos facultés.
- ▢ **c.** notre sensibilité.

12 **Selon Pascal, Dieu ne se prouve pas mais :**
- ▢ **a.** se conçoit.
- ▢ **b.** s'invente.
- ▢ **c.** s'éprouve.

13 **Pour Aristote, la nature est un principe de :**
- ▢ **a.** mouvement.
- ▢ **b.** force.
- ▢ **c.** repos.

14 **Qu'est-ce qui, selon Lévi-Strauss, permet le passage de la nature vers la culture ?**
- ▢ **a.** L'intelligence.
- ▢ **b.** La norme.
- ▢ **c.** L'éducation.

15 **Qu'est-ce que l'épistémologie ?**
- ▢ **a.** L'étude du vivant.
- ▢ **b.** Une partie de la physique.
- ▢ **c.** L'étude de la science et de sa démarche.

16 **Qui a écrit : « L'homme est la mesure de toutes choses » ?**
- ▢ **a.** Socrate.
- ▢ **b.** Montaigne.
- ▢ **c.** Protagoras.

je me teste !

17 **Quel est le critère de vérité pour les pragmatistes ?**
- ☐ **a.** La cohérence.
- ☐ **b.** L'universalité.
- ☐ **c.** L'utilité.

18 **Selon Kant, pour quelles raisons les hommes n'usent pas de manière appropriée de leur raison ?**
- ☐ **a.** Parce qu'ils veulent seulement satisfaire leurs besoins.
- ☐ **b.** Parce qu'ils vivent dans l'oisiveté.
- ☐ **c.** Parce qu'ils manquent de courage.

19 **Quel est le premier précepte de la méthode cartésienne ?**
- ☐ **a.** Le principe de vérité.
- ☐ **b.** Le principe d'évidence.
- ☐ **c.** Le principe de raison.

20 **Selon Weber, les origines du pouvoir peuvent se trouver dans la tradition, la loi et :**
- ☐ **a.** la force.
- ☐ **b.** le charisme.
- ☐ **c.** la naïveté.

21 **Pour Rousseau, comment doit être le contrat social ?**
- ☐ **a.** D'association.
- ☐ **b.** De protection.
- ☐ **c.** De soumission.

22 **Qui parle de « l'insociable sociabilité » ?**
- ☐ **a.** Bergson.
- ☐ **b.** Kant.
- ☐ **c.** Aristote.

23 **La justice distributive se distingue de :**
- ☐ **a.** la force des faibles.
- ☐ **b.** la domination des forts.
- ☐ **c.** la justice commutative.

24 **Quelle est, selon Hobbes, la première raison justifiant la création d'un État ?**
- ☐ **a.** Le bonheur du plus grand nombre.
- ☐ **b.** La sécurité de tous.
- ☐ **c.** La liberté pour chacun.

25 **Quel philosophe a théorisé la désobéissance civile ?**
- ☐ **a.** Thoreau.
- ☐ **b.** Rousseau.
- ☐ **c.** Hobbes.

26 **Selon Descartes, notre volonté est :**
- ☐ **a.** infinie.
- ☐ **b.** belle.
- ☐ **c.** indivisible.

27 **Comment Épicure nomme-t-il l'absence de trouble ou d'excès ?**
- ☐ **a.** La piété.
- ☐ **b.** La félicité.
- ☐ **c.** L'ataraxie.

28 **Pour Bergson, la joie accompagne :**
- ☐ **a.** La création.
- ☐ **b.** La quiétude.
- ☐ **c.** Les intérêts.

Réponses

1 : a et b - **2** : b - **3** : c - **4** : b - **5** : a et c - **6** : b - **7** : c - **8** : c - **9** : b - **10** : b - **11** : b - **12** : c - **13** : a et c - **14** : b - **15** : c - **16** : c - **17** : c - **18** : - **19** : b - **20** : b - **21** : a - **22** : b - **23** : c - **24** : b - **25** : a - **26** : a et c - **27** : c - **28** : a

1 Page 27

a. Introduction

Valéry a recours à une métaphore politique pour penser le rôle de notre conscience dans la conduite de notre vie. À l'instar d'une monarchie constitutionnelle dans laquelle le souverain ne connaît pas la réalité du pouvoir en n'étant qu'un simple porte-parole de décisions auxquelles il n'a pas pris part, la conscience s'apparenterait à une instance accompagnant notre conduite, mais ne la guiderait pas. Il va s'agir d'évaluer la pertinence de cette métaphore pour comprendre toute la portée de la notion de conscience. La conscience a-t-elle tout pouvoir ? Qu'est-ce qui s'impose à notre conscience et qui l'influence irrémédiablement ? Pouvons-nous reprendre possession de notre conscience pour faire des choix éclairés ?

b. Plan argumentatif

I – La conscience : une instance au pouvoir limité

Si la conscience règne en étant bien constitutive de l'homme, rien ne nous prémunit contre l'idée qu'elle ne serait qu'un représentant « fantoche » d'un pouvoir qui lui échapperait et sur lequel elle n'aurait aucune prise véritable. Une autre instance gouvernerait notre vie, exercerait une influence déterminante sur nous et empêcherait de faire de la conscience le centre autonome de nos décisions. Certes, c'est bien la conscience qui décide, mais elle ne maîtrise pas toujours les raisons véritables de ses choix. Ainsi, la notion d'inconscient montre le décalage entre l'identité réfléchie du moi et l'identité réelle de soi.

II – Comprendre ce qui s'impose à soi pour tenter d'en contrôler les effets

Si la conscience ne dirige ni ses propres productions ni la conduite qui en découle, il nous est impossible de parler de règne de la conscience. Si règne il y a, il faut alors supposer que la conscience doive assumer des choix dont elle n'a pas eu l'initiative. Il est vrai que nous n'avons pas choisi de naître et d'être ce que nous sommes, tant du point de vue de notre caractère que de notre éducation. Mais nous pouvons assumer complètement ce que nous sommes devenus, continuer à vivre et à agir sans refuser ce qui nous a été transmis. Comme l'explique clairement Spinoza, comprendre ce qui s'impose à soi permet d'en contrôler, voire d'en modifier les effets.

III – La prise de décision, preuve d'une gouvernance de la conscience

Dans sa vie quotidienne, l'être conscient fait des expériences qui affectent son être tout entier, est capable de s'adapter au réel, montre un pouvoir de réflexion créatrice, est libre de se déterminer par le choix de ses propres fins. Dans l'action, surtout dans les moments où des choix cruciaux doivent être faits pour soi ou les autres, la conscience est souvent seule et ne peut se cacher derrière des excuses pour ne pas agir. Selon Sartre (après Descartes), ne pas décider, c'est décider de ne rien faire et c'est donc un choix, celui de la peur et de la faiblesse. Il s'agit là d'un choix irrationnel exprimant un faible degré de liberté, se laissant volontairement aller à accepter ce qui est. Il y a donc une certaine autonomie de la conscience dont la métaphore de Valéry ne rend pas compte. On peut peut-être accorder à Valéry l'idée d'une conscience seconde mais sûrement pas secondaire.

2 Page 29

a. Le thème du texte est celui de l'inconscient même si le mot n'apparaît pas. La psychanalyse apparaît selon Freud comme une aide précieuse pour l'éducation en permettant l'orientation des désirs inconscients des enfants, au lieu de les réprimer.

b. Freud **commence** son texte (du début jusqu'à « (...) dans la névrose ») par affirmer que l'interdiction ou la répression des instincts ne les supprime nullement et ne peut qu'engendrer des conséquences néfastes pour le futur adulte. **Puis**, la deuxième argumentation (de « La psychanalyse (...) », jusqu'à « (...) nos plus mauvaises dispositions ») montre le rôle éducatif de la psychanalyse, celle-ci permettant, en effet, d'orienter et d'élever les désirs en formant le caractère de l'enfant. **Pour finir**, (de « L'éducation devrait (...) » jusqu'à la fin), Freud généralise la fonction de la psychanalyse à l'éducation, cette dernière ne devant pas étouffer les potentialités des enfants mais au contraire les transformer en vertus positives.

3 Page 31

a. Analyse de l'énoncé du sujet. La conscience est-elle dans le temps ou le temps est-il dans la conscience ?
– « dans » : à l'intérieur de (registre spatial) ou inclusion, lien intrinsèque.
– « temps » : temps comme donnée objective (le devenir) ou élément subjectif de la conscience (durée).
– « ou » : cette disjonction introduit une alternative entre deux propositions incompatibles. Si l'on trouve des arguments en faveur des deux propositions, la cohérence n'est maintenue que si les termes sont employés dans des sens différents.

b. Articulation de l'argumentation.

[Thèse] La conscience est dans le devenir. Chaque homme évolue dans un milieu objectif qui est soumis au changement, il subit alors son irréversibilité. Ainsi que le dit Aristote, il y a une transcendance du devenir sur la conscience, car qu'on le veuille ou non, le monde change et nous aussi. L'homme doit faire avec un monde qu'il n'a pas choisi, qui change et qui est irréversible. Il y a donc une transcendance du devenir sur la conscience et c'est une forme d'impuissance car l'absence de liberté est une impuissance.

[Antithèse] Le temps se trouve dans la conscience car il est la forme même d'existence de la conscience. Ainsi, selon le philosophe Husserl, le temps est immanent à la conscience et ils se constituent réciproquement. La conscience est par essence temporalité car le temps est le mode de présence à soi de la conscience. Pour l'homme, être au monde, c'est exister sur le mode du pour-soi et se constituer comme projet. L'homme est donc tributaire de son passé et a besoin de son avenir pour se réaliser.. C'est donc bien dans le projet au sens de se projeter vers le passé ou l'avenir que se loge le temps et, comme tout projet est expression du désir, l'expérience du désir est celle du temps.

[Synthèse] Le « ou » est donc inclusif au sens où les deux propositions sont compatibles, ne s'excluent pas si on ne met pas la même signification à « temps » et « dans ». Il y a du temps uniquement parce qu'il y a une réalité en devenir, mais ce devenir n'est du temps que par la conscience. Pour autant, le devenir est bien une condition extérieure qui s'impose à la conscience car que je le veuille ou pas mon corps vieillit et les choses se dégradent même si le temps est un produit de la conscience. « La distension de l'âme » (Saint Augustin) est peut-être une façon d'éprouver notre impuissance, mais c'est aussi la condition de possibilité pour dépasser cette impuissance. C'est donc à la fois l'expérience d'une fêlure de la conscience et la possibilité de relier les moments qui passent : c'est par la conscience que je fais l'expérience de la continuité psychique du temps vécu.

4 Page 33

Conclusion critique

Wittgenstein appréhende ici le langage comme un instrument essentiellement social permettant de remplir une infinité de fonctions. Mais s'il relève d'une activité sociale, on peut alors se demander si un langage privé est possible. Tout l'objet de ce texte est précisément de montrer qu'un tel langage ne peut exister. D'abord, un individu utilisant ce type de langage ne serait absolument pas compris de qui que ce soit et vivrait sans doute dans un monde refermé sur lui-même. Par ailleurs, rien ne permettrait d'assurer qu'un tel individu respecte vraiment les règles de son langage ou s'il fait semblant de les respecter. Sans critère objectif clair, on ne pourrait rien lui reprocher et il pourrait faire un usage délirant du langage, ce qui détruirait toute pertinence de celui-ci. C'est un peu comme si l'on supprimait l'orthographe, à savoir toute règle du bon usage de l'écriture. Chacun pouvant écrire comme il le souhaite, à terme l'écriture disparaîtrait : elle ne serait plus comprise par personne, même pas par celui qui écrit. Si le langage est donc bien dans ce texte comparé à un jeu aux multiples possibilités, les mots ou énoncés ne prennent de la valeur que dans le cadre strict du jeu social et comme dans tout jeu, ils prennent sens que grâce à des règles et dans un contexte précis. Bergson émet une critique d'un langage objectif déformant notre intériorité. Pour lui, le langage est d'abord un point d'appui et ce qui soulève un problème à ses yeux, c'est de ne pas remettre en question les idées toutes faites que nous livre le langage commun qui n'est que le reflet de la société. Néanmoins, il ne s'agit nullement pour Bergson de rejeter le langage ordinaire mais plutôt de dépasser son caractère automatique, fixe car il sait que « le langage a été l'instrument par excellence de libération, en dépit de l'automatisme qu'il inflige ultérieurement à la pensée » (*Mélanges*, Bergson). Ainsi, le rapprochement paradoxal entre Bergson et Wittgenstein permet de mieux discerner toute la richesse et la portée du texte de ce dernier, car il oblige non seulement à s'interroger sur l'usage du langage, mais il pose le problème de ses conditions d'existence.

5 Page 35

I. Le travail est une condition de la survie des hommes.

Le travail est d'abord une nécessité vitale car jamais l'homme n'a vécu en symbiose avec la nature lui permettant de vivre sans rien faire. Mais cette nécessité apparaît comme une chance et une possibilité de mettre en œuvre sa liberté en imprimant le réel de son esprit. Selon Hegel, en travaillant selon ses compétences, ses valeurs ou son inspiration sur la réalité, l'homme se forme lui-même et accroît sa liberté. En transformant la réalité, en créant des œuvres, il s'éloigne de la nature et transforme sa propre nature en élaborant des valeurs, telles que le droit et la morale. Ces valeurs expriment la volonté des hommes de construire un monde humain dans lequel leur liberté est guidée. En agissant et produisant des œuvres, l'homme fait alors son histoire et l'oriente plus lucidement que par des actes de violence comme les guerres. En travaillant à mettre en forme le monde, l'homme se construit donc librement lui-même et ce faisant, il se fait, s'améliore sans cesse en donnant un contenu spirituel à sa liberté.

II. Le travail suppose des rapports hiérarchiques entre les hommes.

Mais le travail est aussi et souvent ce qui relie les hommes et institue des rapports de pouvoir avec ceux qui dominent les autres en réduisant leur force de travail à un simple coût. Loin de libérer les hommes, le travail oblige ceux qui doivent l'accepter pour vivre à se soumettre aux conditions qui leur sont imposées. En son temps, l'ingénieur Taylor (1856-1915) affirmait qu'il fallait associer le savoir et le pouvoir. Les ouvriers ne devaient surtout pas avoir trop de connaissances dans l'organisation de leur métier car ils auraient le désir de l'organiser librement à partir de leurs compétences. Il convenait donc de confier le pouvoir aux seuls ingénieurs et décideurs afin que les ouvriers ne puissent pas se l'accaparer. Aujourd'hui, ce sont les méthodes managériales qui servent à ôter l'autonomie des ouvriers et à leur faire accepter les rapports de domination au sein des entreprises. Les idéologies changent, mais se présentent toujours comme des techniques neutres alors qu'elles sont très efficaces pour utiliser un pouvoir sur les plus faibles.

III. L'homme, en choisissant son travail, élève ses qualités et son rôle social.

En choisissant lucidement un travail dans lequel il peut s'épanouir, un homme peut élever ses qualités et avoir un rôle social essentiel. En ce sens, on peut dire que ce n'est pas le travail lui-même qui est aliénant, mais la misère qui oblige à accepter n'importe quelles conditions de travail, avec les relations de soumissions que cela implique. Un travail choisi et assumé avec plaisir peut, au contraire, aider un homme à développer ses qualités et à faire bon usage de sa liberté. Autrement dit, le travail imposé par des hommes s'en servant comme un outil de domination porte par principe atteinte à la liberté des travailleurs. Ceux-ci doivent alors résolument tout faire pour la conquérir car elle ne se donne jamais. Ils doivent exiger que ce travail ne soit plus imposé d'en haut mais vécu comme un loisir librement choisi même s'il suppose des efforts. Si chaque métier implique par principe des efforts, c'est seulement leur caractère imposé et pour des intérêts peu louables qui les rendent insupportables. Lorsqu'ils sont choisis, épanouissants et justifiés, ils sont alors librement acceptés et exercés. Nous n'avons plus alors affaire à un simple travail mais à une vie heureuse et libre.

6 Page 37

[Thème du texte] Le thème de ce texte est la relation étroite entre le travail et son organisation technique, la structure hiérarchique de celle-ci pouvant être reproduite dans le domaine politique. **[Idée générale de l'auteur]** Paul Valéry explique en quel sens le travail, parce qu'il ne vise pas la création d'œuvres, ces dernières étant réservées aux seuls dirigeants, se présente sous une forme pyramidale pouvant servir de modèle à un État non démocratique avec ceux qui inventent et ceux qui obéissent. La technique n'est donc pas neutre, elle peut viser des fins politiques et être utilisée par un régime totalitaire pour affirmer son pouvoir sur les individus.

[Structure du texte] Le texte s'articule en deux moments :

– Dans un premier temps (du début jusqu'à « [...] le travail redevient œuvre. »), Valéry explique la notion d'œuvre, en soulignant que cette dernière est essentielle puisqu'elle implique qu'une activité humaine possède une valeur en elle-même. Lorsqu'elle disparaît, que la technique la remplace, c'est la vie entière qui s'en trouve changée car le travail apparaît et l'homme y perd une part de lui-même.

– Dans un second temps (jusqu'à la fin), l'auteur explique que l'organisation politique des États a pris pour modèle la structure hiérarchique de l'industrie. Les conséquences s'observent dans ce que Valéry nomme « la profondeur affective et intellectuelle » de tous les hommes. L'esprit, mais aussi le corps, les sentiments des hommes sont fortement influencés par cette organisation technique.

7 Page 39

À cause de leur constitution, de leur sensibilité et de leur culture différentes, les hommes ont de fait des goûts qui ne sont pas similaires dans tous les domaines esthétiques. On peut même dire que la richesse de l'art s'appuie sur la diversité des goûts des spectateurs sans que jamais un goût fasse l'unanimité. Plus encore, cette infinie diversité empêche la constitution d'un goût officiel qui limiterait le plaisir de chacun. Mais si de fait tous les goûts sont dans la nature, il est loin d'être certains qu'ils soient tous justifiés ou même bons. Si dans le domaine des sciences, il est admis que certains jugements peuvent être faux, il n'y a pas de raison que dans le domaine esthétique on ne puisse exiger si ce n'est la même objectivité au moins le dépassement d'une simple opinion. La diversité n'indique pas nécessairement la qualité et on peut même dire que pour former son goût esthétique, il faut comme le préconisait Bachelard dans le domaine scientifique, commencer par surmonter les obstacles à une vision esthétique du monde. En matière esthétique nos propres goûts sont bien souvent des préjugés empêchant de découvrir de nouvelles formes d'art et même de bien regarder ce que l'on voit quotidiennement. Ne peut-on constater la faiblesse de certains jugements de goût ? Ne faut-il pas d'abord combattre ses propres préjugés et leur affirmation prétentieuse si l'on veut découvrir l'infinie variété du monde et de l'art ? N'est-ce pas alors en cultivant et éduquant nos goûts qu'on pourra élever leur qualité ?

8 Page 41

[Thème] Le texte a pour thème la religion et l'origine fondamentale de la croyance religieuse.

[Idée générale] Freud se demande si l'homme est condamné à croire en Dieu ou si au contraire il peut se passer de la religion pour gagner en maturité psychologique et en autonomie.

[Structure du texte] L'argumentation de Freud peut être découpé en trois moments :

Dans un premier temps (du début jusqu'à « la réalité cruelle »), Freud contredit son interlocuteur sur le fait de savoir si l'homme peut se passer de la religion face à la dure réalité. Puis (de « Oui, cela est vrai... » jusqu'à « ... où il avait chaud »), Freud analyse l'origine du besoin de l'homme de croire et montre les conséquences difficiles, mais nécessaires de sa propre prise en charge existentielle. Enfin (de « Mais le stade de l'infantilisme » jusqu'à la fin), l'auteur conclut en laissant sous-entendre que sa défense de l'athéisme est confortée par la logique interne du développement de l'homme qui suppose qu'à un moment celui-ci doive affronter lucidement la réalité s'il veut progresser.

9 Page 43

I. La perfection de la nature inspire les artistes

L'histoire de l'art illustre amplement le fait que la nature a pu servir de modèle aux artistes, en s'appuyant sur la conception grecque d'une nature parfaite dans son principe et qu'il s'agit d'imiter en lui donnant cette impression de mouvement. Aussi est-elle un modèle parce qu'elle est parfaite et complète, et l'artiste travaille jusqu'à ce qu'on ne voit plus les marques de son intervention comme si elle était une production de la nature ayant son principe en elle-même. Le concept de perfection peut être interprété comme une vision idéalisée de la nature, ou comme un modèle à atteindre. Sur ce point, la preuve de Dieu par la finalité est un exemple d'approche théorique conduisant à idéaliser la nature et à en faire aussi un modèle ordonné parfait. Dans ces deux approches, on trouve la vision d'une nature bien faite et que nous pouvons considérer comme un modèle à imiter ou à suivre.

II. La nature et le règne animal sont amoraux

Néanmoins, la nature n'est pas totalement parfaite, et ce, notamment sur le plan moral. Le monde animal est, en effet, celui de la violence et de l'absence de toute moralité. Lorsque Calliclès fait l'éloge de la nature, c'est pour légitimer un système politique justifiant la domination des plus forts sur les faibles. La nature est le règne de la violence, de l'inégalité, des injustices morales et physiques pouvant malheureusement servir de modèle justifiant l'inégalité des hommes (Gobineau). Ainsi, la nature peut être utilisée pour justifier une transposition politique des rapports de force naturels entre prédateurs et proies.

III. La nature peut être un modèle idéalisé pour l'homme qui essaie de parfaire son humanité

Pourtant, la nature a été vue comme une hypothèse rationnelle, porteuse de sens, par Rousseau. Il y voyait, en effet, un modèle permettant de mieux comprendre et de mieux juger l'évolution de l'homme. La nature peut alors être comparée au jardin d'Éden, avant qu'Ève et Adam croquent la pomme et découvrent leur humanité avec les bonnes et mauvaises choses qui l'accompagnent. La nature n'est donc qu'un modèle d'innocence et ne doit pas être perçue comme une réalité historique. Ce modèle permet alors de s'interroger sur l'idéal que les êtres humains peuvent chercher à atteindre pour parfaire leur humanité.

10 Page 45

Conclusion
Ce texte nous rappelle la multiplicité des expériences humaines et la complexité de notre rapport au monde. Ainsi, il nous met en garde contre l'appauvrissement que constituerait une valorisation exclusive d'un rapport scientifique et technique au monde. Sous cet angle, ce texte réhabilite l'art dans une société conquise par les valeurs scientifiques et techniques. Son refus du scientisme et même du rationalisme dogmatique nous invite à réfléchir sur les limites et dangers d'un projet visant à faire de la science une sorte de double maniable et exclusif de l'univers, c'est-à-dire ayant une explication pour tous les phénomènes et une réponse à toutes les questions que se pose l'homme. Pour autant, on peut s'interroger sur la valorisation de l'artiste au détriment du savant. N'est-ce pas verser dans un dogmatisme inversé tout aussi néfaste ? L'essor des sciences et de la technique est aussi l'essor de notre liberté car cela nous permet de nous libérer des déterminismes et de rendre le monde plus conforme à nos désirs. Sous cet angle, la science et les techniques rendent aussi le monde plus habitable et pas seulement plus disponible. D'ailleurs en opposant la science à l'art, Merleau-Ponty semble victime de l'illusion qu'il veut combattre, l'assimilation du réel au réel du savant. Il faudrait sans doute prôner la complémentarité des diverses expériences humaines en circonscrivant leurs limites et leurs valeurs respectives. L'homme est indivisible et c'est une simplification abusive et non pertinente que de diviser son esprit en une part de rationalité consacrée à la science et à l'utilitaire, et une autre ordonnée autour de l'art, de l'imaginaire et du désir.

11 Page 47

I. Il faut aimer la vérité envers et contre tous.

Si l'on part de l'idée selon laquelle la pensée ne peut s'exercer qu'à condition de refuser les illusions, les faux-semblants, l'amour de la vérité en est la condition car la vérité correspond à la partie rationnelle de l'homme. C'est en ce sens que l'on peut comprendre le sens du verbe « falloir » indiquer dans le sujet : c'est en effet un devoir pour un homme d'aimer la vérité car cela fait appel à sa rationalité et cet amour va le distinguer d'un animal. Le véritable amour n'est alors possible que s'il s'appuie sur une ignorance reconnue comme telle. On comprend mieux l'affirmation de Socrate : « Je sais que je ne sais rien ! ». On aime vraiment ce qu'on ne possède pas ; dans le cas contraire on ne fait que s'aimer soi-même, ce qui dans le domaine de la connaissance aboutit au dogmatisme (des certitudes non interrogées). Il faut alors aimer la vérité malgré ceux qui réussissent socialement et s'en moquent. Ainsi, le prisonnier libéré de la caverne dans l'allégorie platonicienne et revenant expliquer à ses congénères qu'ils vivent dans une illusion constante, passe pour un fou tant il est vrai que les hommes préfèrent vivre avec des certitudes illusoires mais rassurantes. L'amour de la vérité peut donc souvent se pratiquer envers et contre tous : elle est par principe universelle, même si elle peut n'être défendue que par un seul homme. **[Transition]** Malheureusement certains ont même aimé la vérité au point de l'imposer aux autres en la réduisant à leurs seules valeurs culturelles. Le besoin d'identités stables n'est-il pas la vraie cause de cet amour de la vérité ?

II. L'impossibilité d'accéder à une connaissance définitivement vraie.
Les sceptiques ont toujours été dubitatifs sur l'existence d'un critère suffisamment fort permettant d'affirmer des vérités dans le domaine de la connaissance. La volonté humaine veut rendre le monde connaissable en créant l'illusion de l'être et de la stabilité. Pourtant, rien ne semble correspondre dans la réalité à nos concepts qui supposent l'existence de choses et leur identité. Alors l'amour de la vérité n'est que l'amour d'une stabilité qui n'existe pas et donc d'une illusion. C'est une illusion vitale pour continuer à chercher, mais cela reste une illusion et la vérité semble cantonner aux mondes des apparences dont on ne peut détourner le regard. La valorisation du vrai n'est alors qu'une opinion comme une autre, fondée sur un élément non-déterminé, instable dont le principe de non-contradiction aristotélicien montrerait le caractère illégitime. Toutes les connaissances reposent sur de semblables opinions qui n'expriment pas un amour désintéressé de la vérité mais plutôt un besoin vital de se rassurer et d'exprimer notre volonté de puissance. C'est donc un besoin pour l'homme d'aimer la vérité en fixant des identités stables, car grâce à cette illusion de connaissance, il peut continuer à vivre rassuré en ayant des réponses à ses questions métaphysiques. Les hommes préfèrent se bercer d'illusions pour continuer à conquérir le monde et à croire au progrès. En ce sens, la vérité est peut-être la mère des illusions. **[Transition]** Mais ne faut-il pas distinguer l'amour et la vérité pour montrer qu'ils ne sont pas du même ordre ? La vérité est dans l'accord juste entre la réalité et l'esprit, alors que l'amour est purement subjectif. Est-il alors nécessaire d'aimer la vérité pour la rechercher ? Une telle passion ne serait-elle pas non seulement un obstacle à une recherche objective mais une façon de dissimuler une recherche de pouvoir ?

III. Il faut aimer la recherche de la vérité, et non pas seulement la vérité.
Lorsqu'un sophiste demande à Socrate l'intérêt qu'il y a à chercher la vérité, son interrogation est essentielle et implique une justification de la recherche de la vérité car l'argument de Ménon est destiné, s'il reste sans réponse, à engourdir toute recherche : « Laquelle des choses qu'en effet tu ignores, prendras-tu comme objet de ta recherche ? Et si même, par chance, tu tombais dessus, comment saurais-tu que c'est elle puisque tu ne la connais pas ? ». Les questions se rejoignent, expriment le bon sens et sont d'emblée embarrassantes car elles remettent en cause à la fois la vérité et sa recherche. En effet, peut-on aimer et rechercher une vérité qu'on ne connaît pas ? La réponse de Socrate démontre en quoi la recherche a par elle-même une valeur. Reconnaître son ignorance et tenter de la combler par un effort de recherche permet à un homme de ne pas s'enfermer dans des certitudes et croire ainsi détenir la vérité. Il ne faut pas inverser l'ordre de la pensée. Il faut aimer la recherche et la mener lucidement pour non pas nécessairement trouver la vérité, mais progresser dans sa démarche et s'apercevoir de ce que l'on ignorait. La thèse de Socrate vise donc à montrer la valeur en soi de la recherche et à combattre une approche utilitaire de la pensée qui n'aurait d'intérêt que dans son résultat. Derrière leur amour affiché de la vérité et leur rejet d'une recherche progressive comme celle que leur demande Socrate dans chaque dialogue, les sophistes cachent un désir de succès. L'amour de la vérité est en ce sens souvent un leurre destiné à cacher une volonté d'imposer sa vérité, son pouvoir.

12 Page 49

Dans ce texte, Nietzsche exprime l'idée que les hommes en général, y compris les philosophes, désirent connaître pour se rassurer et que seule la peur semble les guider dans leur quête de savoirs. Cela apparaît comme paradoxal car depuis les philosophes grecs, on estime, à l'inverse, que la mise en acte de la raison a pour cause le refus des certitudes frileuses, des illusions rassurantes. Aussi pense-t-on que les hommes ont le désir de savoir, parce qu'ils ne peuvent admettre de ne pas comprendre et se satisfaire de la crainte, et par conséquent de la superstition engendrées par l'ignorance (Lucrèce). Il s'agit donc d'une démarche raisonnée. Nietzsche adopte, dans ce cas précis, la perspective inverse en prétendant que c'est la peur qui guide les hommes dans leur désir de connaître et non leur raison. C'est pourquoi, il ne serait pas question d'ouvrir l'esprit des hommes par une connaissance salvatrice qui leur ôterait des certitudes infondées et des préjugés, mais bien d'un savoir au service de leur quotidien, pour lequel les hommes souhaitent de nouvelles certitudes rassurantes. Il n'y aurait aucun désir d'un savoir universel, mais seulement le besoin d'édicter des règles rationnelles afin de retrouver la confiance et la certitude de l'enfance. Le savoir n'est donc pas désintéressé, mais répond à un besoin psychologique de trouver un réconfort.

13 Page 51

I. L'État est le résultat de la disparition de l'état de nature et des rapports de force.
L'État est le résultat du passage de l'état de nature à l'état civil où, sous le règne pacifié des lois, l'homme est à la fois libre et responsable de ses actes. L'État apparaît donc comme le fondateur et le garant d'une société stable, apaisée, unifiée permettant l'usage légitime de la liberté de tous grâce aux lois qu'il pose et dont il oblige au respect. En ce sens, quelle que soit la forme de l'État, en imposant un ordre pour tous, il est préférable au maintien d'un état de nature qui est, selon Hobbes, une situation de violence continuelle où les individus craignent les plus forts. **[Transition]** Pour autant, l'existence d'un Etat ne suffit pas à garantir la liberté de tous. Tout État, en s'appuyant sur un pouvoir régalien, n'a-t-il pas même une tendance à réduire les libertés ?

II. Un État, même démocratique, peut se renfermer sur lui-même en prônant des valeurs nationalistes
Un État peut se renfermer sur lui-même et pratiquer l'ostracisme. Commençant par s'opposer aux autres États, ce genre de régime politique va logiquement craindre la liberté de chaque citoyen. Toute contestation libre d'abord définie comme une faute deviendra vite un crime d'État. L'État peut aussi prôner l'égalité et supprimer progressivement les libertés individuelles, au nom de la sécurité de tous ou de leur bien-être, conduisant alors à une forme de « tyrannie de la majorité » (Tocqueville). Cela peut même amener un État absolu n'ayant pour valeur que la sécurité, l'ordre et supprimant les libertés. **[Transition]** Mais tout État n'est-il pas le résultat de l'action ou de la conscience politiques des citoyens qui sont à l'origine de son existence?

III. Les citoyens sont les garants du maintien de leurs libertés individuelles
L'État ne rend pas libre, ce sont bien les citoyens qui chaque jour garantissent les valeurs démocratiques et le respect des libertés de tous, notamment des minorités. Les citoyens doivent être exigeants et garder un esprit critique sur leurs gouvernants. La liberté n'est pas un don octroyé par l'État, il n'en est que le garant, mais elle n'est effective que si les citoyens la veulent c'est-à-dire s'ils sont des acteurs informés et lucides. Ils doivent donc être vigilants sur le respect du droit, exigeants sur les valeurs de liberté mises en pratique par les pouvoirs publics car leur indifférence les rend sinon complices, au moins en partie responsables des pertes des droits et libertés.

14 Page 53

Introduction
[Thème général] Ce texte a pour thème central la difficile relation entre le droit et l'idéal moral de justice. **[Thèse soutenue par l'auteur]** Pour Bergson, ce qui représente la morale est la justice conçue comme réalisation de l'humanité. Le droit réglemente le fonctionnement de la vie sociale alors que la morale aborde les actions des hommes et analyse leurs effets sous l'angle des qualités humaines et de valeurs transcendantes. Par le biais du droit, la société poursuit une fin qui lui est intrinsèque, elle maintient son existence et son bon fonctionnement, à savoir le bien de l'homme en tant qu'homme. Cette fin peut apparaître comme ultérieure à la mise en place des lois et du droit, toutefois, pour Bergson, elle en constitue la justification ultime.

[Structure du texte] Le texte dessine deux moments distincts :
– Dans un premier temps (des lignes 1 à 10 jusqu'à « ...de l'humanité »), Bergson souligne la différence essentielle entre la justice antique et la nôtre qui vise la réalisation d'une certaine idée de l'homme.
– Puis (de la ligne 10 jusqu'à la fin du texte), l'auteur nous explique dans quelles mesures les lois admises par tous rendent possible et justifient la réalisation de cet idéal moral.

15 Page 55

I. Le devoir d'obéir à la loi civile libère les citoyens des rapports de force (Rousseau)
Le devoir de respecter les lois de son pays rend chacun libre de faire ce qu'il veut dans les limites fixées par ces lois. Comme le montre clairement Rousseau, la loi en étant la même pour tous, libère des rapports de force intersubjectifs. Il est, en effet, du devoir de chacun sans exception de la respecter. Chacun peut alors vivre librement dans le cadre des lois qui fixent les droits de tous et obligent à leur respect. Les citoyens d'un pays demeurent libres en droits tant qu'ils respectent leurs devoirs c'est-à-dire obéissent aux lois.

II. Le respect d'un devoir peut être une forme de déresponsabilisation (Hannah Arendt)
L'aspect contraignant des lois peut engendrer des effets pervers lorsqu'elles sont mises au service d'un pouvoir ne recherchant pas le bien commun. L'histoire nous montre que les lois peuvent être détournées pour servir un pouvoir belliqueux et autoritaire cherchant à transformer le respect juste de la légalité en devoir passif d'obéissance à des règles qui se confondent avec des ordres. Obéir à des ordres présentés

comme des lois entraîne la disparition de toute forme de responsabilité. Certains se cachent derrière le fait d'avoir fait leur devoir (sans se soucier des conséquences liberticides et immorales), à l'instar du criminel nazi Adolf Eichmann. En ce sens, le devoir est un abandon de soi qui peut être jouissif : il engendre le plaisir rassurant de se soumettre sans avoir à s'interroger sur les raisons de cette obéissance. C'est donc une démission de toute responsabilité, un abaissement volontaire et dangereux de sa liberté de conscience.

III. Le devoir moral est par principe libérateur, puisque le sujet en est la cause et l'exécutant (Kant)

Le devoir moral, est quant à lui, libérateur car il suppose par essence la liberté de celui qui le respecte : c'est librement que l'individu obéit à une loi qu'il pose lui-même et qui a une valeur universelle. Agir par devoir, c'est alors respecter une maxime que l'on affirme et que l'on applique dans le même temps. Auteur et acteur, le sujet est donc libre de faire son devoir, son action étant universalisable, puisqu'elle peut être appliquée par tout homme libre. Ce n'est alors pas un simple devoir conforme à une loi politique et circonscrite à son seul pays, mais une loi morale, qui par son caractère universel, montre sa valeur et s'adresse à tout homme, peu importe son origine sociale ou sa nationalité. Agissant strictement par devoir, un tel homme se soumet librement à une loi rationnelle qui élève son humanité.

16 Page 57

Conclusion

La conception de la liberté d'Épictète peut surprendre tant elle s'oppose à notre vision qui postule que tout est possible et réalisable pour celui qui le désire. Les Grecs s'interrogeaient déjà sur la cause de cette démesure. Epictète montre l'illusion d'une liberté reposant sur la simple possibilité pour un homme d'avoir ce qu'il n'a pas. Il va alors expliquer qu'une telle approche repose sur une conception fallacieuse de la liberté qui conduit à une dépendance totale aux choses et aux êtres. L'objet que l'homme recherche pour affirmer sa liberté n'est qu'un leurre sur lequel son désir s'épuise. Le désir insatiable de possessions n'est qu'une fuite constante de soi qui indique la peur d'assumer sa propre liberté. La radicale différence entre l'avoir et l'être suppose, au contraire, le refus de l'apparence et la défense de sa propre identité. Finalement, la véritable liberté ne consiste pas à désirer ce qu'on n'a pas car c'est déjà avouer sa propre faiblesse, mais à assumer ce que l'on est. À partir de là, on peut même dire que tout dépend de moi, puisque mon jugement sur toute chose m'est toujours propre et est la preuve de ma liberté de penser.

17 Page 59

I. Le bonheur pour tous est un but politique louable

Pendant la Révolution, Saint Just proclamait que « le bonheur [était] une idée neuve en Europe ». Il voulait alors montrer que la démocratie naissante était sur le point d'amener un bonheur à tous et qu'il n'était plus réservé aux puissants. Ce droit au bonheur signifie que tout homme doit pouvoir vivre en ayant ses besoins primaires assurés. Il est une œuvre de justice sociale que l'État se doit d'appliquer et de respecter. **[Transition]** Toutefois, le risque n'est-il pas que l'État veuille imposer à tous sa propre vision du bonheur?

II. Les risques d'une définition politique du bonheur

Il faut toujours se méfier des politiques qui promettent le bonheur pour chacun et dont l'objectif ne se circonscrit pas seulement au bien commun et à la prospérité du peuple. Ces deux derniers concepts sont politiques parce qu'ils engagent la vie de la communauté tout entière. Néanmoins, le bonheur est une idée subjective dont la validité est limitée à la vie personnelle. Vouloir faire le bonheur des hommes implique, comme l'ont montré les régimes totalitaires, la volonté d'imposer sa propre conception du bonheur. **[Transition]** Est-ce à dire que l'État et le bonheur doivent être radicalement distingués et que leurs champs d'application respectifs doivent demeurer sans lien ?

III. L'État doit seulement garantir les libertés individuelles et tout faire pour que chacun puisse vivre heureux

La constitution américaine contient le mot « bonheur » et le pose comme principe au même titre que la liberté individuelle. Cela ne signifie pas que les américains vivent sous un régime autoritaire. En effet, le bonheur lorsqu'il devient une valeur politique doit se limiter aux strictes conditions matérielles de vie des individus et ne pas aller au-delà. L'État ne doit surtout pas être le fondateur ou propagateur du bonheur, mais simplement devenir son garant en permettant à chacun de vivre comme il l'entend. La sécurité nécessaire de tous et d'abord des plus faibles ne doit alors pas être un prétexte à la réduction des libertés fondamentales.

HISTOIRE GÉOGRAPHIE

1

MÉTHODE

Réponse à une question problématisée

Cours

1 Présentation

▶ Cet exercice peut être proposé en histoire ou en géographie.

▶ Il a pour objectif d'évaluer les capacités de l'élève à analyser le sujet proposé, à mobiliser des connaissances, à les sélectionner et à les organiser pour répondre à la question problématisée.

2 Réaliser une réponse à une question problématisée

a. Comprendre la question problématisée

▶ Pour comprendre le sujet il est nécessaire de définir les termes qui le composent. Pour cela, il est indispensable de lire attentivement le libellé de la question. Il ne faut pas se précipiter et commencer à rédiger immédiatement, même si vous pensez bien maîtriser cette question.

▶ Un travail d'analyse de la question problématisée doit être fait au brouillon avant de commencer à rédiger. À cet effet, il est nécessaire de réécrire la question sur une feuille et d'identifier les mots clé en les entourant ou en les soulignant. Ensuite, il faut définir ces termes ou expression.

▶ Que ce soit en histoire ou en géographie, il est impératif de préciser les limites chronologiques et spatiales du sujet de façon à éviter le hors sujet. Il faut porter une attention particulière aux mots de liaisons (et, dans, ou), qui peuvent être essentiels pour le traitement de la question. Par exemple « et » invite à comparer deux éléments et non à les traiter l'un après l'autre.

b. Mobiliser ses connaissances

▶ Une fois le sujet analysé, il est nécessaire de mobiliser ses connaissances. Au brouillon, inscrire les idées et les connaissances que le sujet suscite. Établir les liens possibles entre les différents éléments relevés (causes, conséquences, manifestations, etc.).

▶ Il est impératif de mobiliser des exemples précis pour étayer l'argumentation. Si le sujet ne vous inspire pas, il ne faut pas paniquer. On a toujours des connaissances, il suffit de mobiliser des éléments simples (date, lieux, personnages historiques, espaces géographiques, acteurs, etc.) qui vont ensuite appeler des aspects plus complexes.

c. Organiser la réponse

▶ C'est la problématique, fournie par la question, qui conduit la réflexion et permet d'organiser la réponse. En effet, il faudra répondre à cette question par étapes, dans les différentes parties du plan. Il est primordial de bâtir un plan au brouillon avant de se lancer dans la rédaction.

▶ Utilisez la feuille de brouillon sur laquelle vous avez inscrit vos connaissances et rassemblez-les en deux ou trois thèmes majeurs. Numérotez les parties (I, II, III, etc.) et donnez-leur des titres explicites. Dans chaque partie, précisez les arguments et indiquez l'idée et les exemples qui serviront à étayer la démonstration. Les titres des parties ne doivent pas apparaître sur la copie. Ils sont transformés en phrases de façon à indiquer au correcteur l'idée générale de la partie.

d. Rédiger la réponse

▶ La première phase de l'introduction consiste à accrocher le lecteur et justifier le fait de s'interroger sur ce sujet. Pour cela vous pouvez utiliser un fait historique ou une citation pour un sujet d'histoire. Des statistiques ou des événements d'actualité pour un sujet de géographie.

▶ Dans un second temps, présentez le sens de la question en définissant ses termes. Pour cela, il faut utiliser le travail fait au brouillon au début de l'exercice. C'est la partie la plus longue de l'introduction. Il ne s'agit pas de définir les termes les uns après les autres, il faut les mettre en relation pour aboutir logiquement à poser la problématique. Enfin, vous annoncez le plan, de la façon la plus habile possible.

▶ Chaque partie du développement est constituée d'un paragraphe. Chaque paragraphe débute par une phrase qui annonce l'idée générale. Ensuite il faut développer vos différents arguments en rédigeant vos exemples. Il ne s'agit pas de l'évoquer en deux mots entre parenthèse *(exemple : la mer de Chine méridionale)*, mais de rédiger deux ou trois phrases qui viennent étayer la démonstration.

>>

>> ▶ La conclusion doit répondre à la problématique formulée dès l'introduction et ouvrir sur d'autres perspectives.

e. L'expression écrite

▶ La qualité de l'expression écrite est primordiale. Il faut pour cela :
– privilégier les phrases courtes et simples ;
– utiliser des connecteurs logiques ;
– choisir les termes adaptés à l'idée ;
– rédiger l'ensemble de la réponse en bannissant les tirets, les abréviations, les ratures, la multiplication des parenthèses.

▶ Il faut consacrer un temps à la relecture du travail, pour éviter les fautes d'orthographe, de conjugaison et de syntaxe.

3 Les différents types de plan

a. En histoire

▶ Le plan chronologique est le plus utilisé. Ce plan est à mettre en œuvre avec des sujets qui proposent d'étudier une évolution à partir d'une date ou sur une période. Dans ce cas, il faut être capable de préciser des bornes chronologiques, des césures, qui permettent de découper la période en parties cohérentes. Par exemple un sujet sur les phases de le Seconde Guerre mondiale de 1939 à 1945 peut donner lieu à trois parties : 1939-1941, les victoires de l'Axe ; 1941-1942, le basculement du rapport de force ; 1943-1945, la victoire des Alliés.

▶ Le plan thématique permet de traiter un sujet selon différents aspects. Pour un sujet sur le bilan de la Seconde Guerre mondiale, une partie sur le bilan humain, une autre sur le bilan matériel, une autre le bilan moral.

▶ Le plan explicatif permet d'exposer les causes, les faits et les conséquences d'un grand événement. Par exemple, ce plan peut être utilisé pour un sujet sur la crise de 1929.

b. En géographie

▶ Le plan scalaire est le plan géographique par excellence. On étudie un phénomène géographique à différentes échelles, par exemple de l'échelle locale à l'échelle mondiale, une partie par échelle d'analyse. Par exemple, pour un sujet sur l'inégale intégration des territoires dans la mondialisation, on peut consacrer une partie à l'échelle mondiale et continentale, une autre à l'échelle des États et une dernière à l'échelle locale d'une métropole.

▶ Le plan thématique peut être utilisé en géographie. Par exemple, pour un sujet sur les mers et océans vecteurs essentiels de la mondialisation, on peut consacrer une partie sur les ressources, une sur son rôle dans les échanges mondiaux et une dernière sur l'inégale intégration des mers et océans. À l'intérieur de chaque partie, il est souhaitable de faire une analyse scalaire.

▶ Le plan explicatif permet de décrire un phénomène, de l'expliquer et de le localiser. Dans cette dernière partie, on aboutit à une typologie des espaces. Par exemple, pour un sujet sur l'Union européenne, un espace plus ou moins ouvert sur le monde, la première partie présente l'UE et son ouverture mondiale, la deuxième aborde les facteurs de cette ouverture et la dernière indique que l'espace européen est inégalement ouvert.

Exercice

★★★ 1 heure **Répondre à une question problématisée.**

Sujet : Quel est le bilan de la Seconde Guerre mondiale ?

Flashe ce code pour accéder au corrigé complet.

Analyse de document(s)

Cours

1 Présentation

▶ Cet exercice peut être proposé en histoire ou en géographie.

▶ Il a pour objectif d'évaluer les capacités de l'élève à analyser un ou deux documents, à mobiliser des connaissances, à les sélectionner et à les organiser pour traiter la consigne.

2 Réaliser l'analyse de document

a. Comprendre la consigne

L'analyse de(s) document(s) est accompagnée d'une consigne, qui suggère une problématique. La première étape de l'exercice consiste à comprendre la consigne et à déterminer en fonction de quelle problématique il faut étudier le ou les document(s). Pour cela il faut réécrire la consigne sur un brouillon et identifier les mots-clés, les limites chronologiques et spatiales.

b. Étudier le(s) document(s)

▶ Le document est au cœur de la réponse. Il faut donc consacrer du temps à sa lecture et sa compréhension. La nature des documents proposés est variée : publicité, loi, extrait d'ouvrage scientifique, photographie, affiche, « Une » de journal, statistiques, carte, etc.

▶ Au brouillon, présenter le(s) document(s) : nature, auteur, contexte, destinataire et thème. Pour des documents en histoire, insistez particulièrement sur le contexte historique de leur production. Pour des documents en géographie, portez un intérêt particulier aux échelles, aux espaces et aux acteurs qui sont abordés.

▶ Ensuite il faut extraire les informations du document qui apportent une réponse à la problématique posée par la consigne, et les compléter par des connaissances personnelles (définitions, explications, dates, faits, etc.).

▶ Pour cela, vous pouvez élaborer un tableau avec deux colonnes, une avec les éléments du ou des documents, et l'autre avec les éléments issus de vos connaissances. Pour chaque élément relevé dans les documents, vous devez avoir un élément pour expliquer ou préciser.

▶ Si deux documents sont proposés à l'analyse, il s'agit alors, de montrer quel lien les unit. Ils peuvent :
- se compléter (l'un des documents apporte des informations qui permettent de mieux comprendre et étudier l'autre document) ;
- s'opposer (ils posent deux regards différents sur un même espace géographique) ;
- comparer deux situations géographiques à des échelles différentes.

▶ Deux erreurs sont à éviter :
- répondre à la consigne en oubliant le(s) document(s) proposé(s) ;
- étudier le(s) document(s) sans répondre explicitement à la consigne.

c. Organiser la réponse

À partir du travail précédent, regrouper les informations dans 2 ou 3 thèmes. Ils vont constituer les parties de la réponse.

d. Rédiger la réponse

▶ Faire une introduction pour présenter le ou les document(s) et la consigne qui sert à élaborer la problématique. Pour cela utiliser le travail fait au brouillon précédemment. Il est possible d'indiquer son plan.

▶ Rédiger le développement à l'aide du plan. Chaque partie fait l'objet d'un paragraphe et développe des arguments. Chacun est composé de connaissances et d'éléments extraits des documents (citations, descriptions, localisations, etc.).

▶ Rédiger une conclusion pour répondre à la problématique.

e. L'expression écrite

▶ La qualité de l'expression écrite est primordiale. Il faut pour cela :
- privilégier les phrases courtes et simples ;
- utiliser des connecteurs logiques ;
- choisir les termes adaptés à l'idée ;
- rédiger l'ensemble de la réponse en bannissant les tirets, les abréviations, les ratures, la multiplication des parenthèses.

▶ Il faut consacrer un temps à la relecture du travail, pour éviter les fautes d'orthographe, de conjugaison et de syntaxe.

▶ N'écrivez pas « le document parle », « montre... », préférez « à la lecture des données », « selon les données... ». De même pour un texte, ce n'est pas le texte qui « parle », « dit », etc., mais l'auteur qui avance, indique, déclare, explique, etc.

Exercice

★★★ 1 heure **Analyse de documents en histoire.**

En analysant et croisant les documents, vous montrerez les méthodes communes au nazisme et au stalinisme, puis vous préciserez ce qui les différencie.

Doc. 1 La Grande Terreur en URSS

L'ordre « secret » de lancement de l'opération koulak, le 2 juillet 1937, est considéré comme le début de la Grande Terreur de 1937-1938.

Il est remarqué qu'une grande partie des ex-koulaks et criminels, exilés dans les régions du Nord et de la Sibérie, et rentrés par la suite, à l'issue de leur peine, chez eux, sont les principaux instigateurs des crimes antisoviétiques aussi bien dans les kolkhozes, les sovkhozes[1] que dans les transports et certaines branches de l'industrie. Le Comité central propose à tous les secrétaires régionaux et républicains du Parti, ainsi qu'à tous les responsables régionaux du NKVD de ficher tous les koulaks et criminels retournés chez eux afin que les plus hostiles d'entre eux puissent être immédiatement arrêtés et fusillés à l'issue d'une procédure administrative simplifiée devant une troïka[2], les autres moins actifs, mais néanmoins hostiles, étant exilés dans des régions éloignées du pays sur l'ordre du NKVD. Le Comité central vous invite, dans un délai de cinq jours, à lui proposer la composition des troïkis, le nombre d'éléments à fusiller ainsi que le nombre d'éléments à exiler.

Le Secrétaire du Comité central, J. Staline.

Nicolas Werth, *L'ivrogne et la marchande de fleurs*, Paris, Tallandier, 2009, p.75.

1. Les kolkhozes et les sovkhozes sont des fermes collectives.
2. Une troïka désigne entre 1937 et 1938, un organisme du NKVD chargé de poursuivre les individus considérés comme antisoviétiques.

Doc. 2 La nuit de Cristal en Allemagne

Vitrines d'une imprimerie appartenant à des Juifs détruites pendant la nuit de Cristal à Berlin. 9-10 novembre 1938.

Flashe ce code pour accéder au corrigé complet.

3

MÉTHODE

Réalisation d'une production graphique

Cours

1 Présentation

▶ Cet exercice peut être proposé en géographie. Il consiste à réaliser une production graphique, le plus souvent un croquis cartographique ou un schéma d'organisation spatiale.

▶ Il a pour objectif d'évaluer les capacités de l'élève à localiser les phénomènes, à mobiliser des connaissances, à organiser une légende et à utiliser un langage cartographique adapté.

▶ Pour un croquis, l'exercice comprend un titre, un texte qui présente une situation géographique et un fond de carte.

▶ Dans le cas d'une autre production graphique, les consignes et les données servant à l'élaboration de cette production sont fournies avec l'exercice.

2 Réaliser la production graphique

a. Comprendre la consigne

Il faut lire attentivement le titre et le texte pour identifier le sujet et la partie du cours auquel il se rattache. Comme pour les exercices précédents, il faut définir et identifier les mots-clés du titre (limites géographiques). Le texte doit être lu à plusieurs reprises de façon à relever, au brouillon, les informations importantes et leurs localisations.

b. Élaborer la légende

▶ À partir de la liste d'informations relevées, les classer dans deux ou trois thèmes, qui formeront les parties de la légende. Il est possible de faire des sous-parties (intertitres) dans chacune des parties.

▶ Une fois la légende organisée, il faut attribuer à chaque idée de la légende un figuré, qui servira à la localiser sur le croquis. Le figuré doit être adapté à l'information qui va être cartographiée. Par exemple la dimension et l'intensité des couleurs doivent être proportionnelles à l'importance du phénomène étudié.

▶ En fonction de l'information à cartographier il faudra choisir parmi trois types de figurés :
- de surface (aplat de couleurs, hachures) pour représenter l'intensité et l'extension d'un phénomène (zone de piraterie, principale puissance maritime) ;
- ponctuels (point, carré, triangle, etc.), pour représenter la localisation d'un phénomène ou d'un site (port, métropole, etc.) ;
- linéaires (lignes, flèches, tirets, etc.), pour indiquer des limites, des réseaux, des flux, des dynamiques, etc. (routes maritimes, façade maritime).

▶ Par convention les couleurs chaudes (jaune, orange, rouge) sont utilisées pour représenter des informations « positives » ou dynamiques et les couleurs froides pour des informations « négatives », des déclins.

c. Faire la réalisation graphique

Il est conseillé de commencer par les figurés de surface, puis d'ajouter les figurés ponctuels et linéaires, et de finir par inscrire les noms de lieux (nomenclature). Les crayons de couleur sont indispensables pour réaliser les aplats de couleur. Les feutres fins servent pour les hachures, la nomenclature, les figurés linéaires et ponctuels.

d. Une production graphique réussie

▶ La production doit-être lisible et esthétique, réalisée avec soin. Elle est démonstrative, c'est-à-dire qu'elle répond au sujet. Elle doit être précise, notamment pour les localisations.

▶ Chaque production doit comprendre un titre, une nomenclature, c'est-à-dire les noms des éléments présents (villes, fleuves, États, etc.) et ceux qui permettent de situer les phénomènes représentés (mer, océans, etc.).

e. Cas particulier du schéma

▶ La réalisation d'un schéma cartographique reprend la même méthode et les mêmes éléments que pour un croquis. Il comporte une légende, un titre et une nomenclature.

▶ À la différence du croquis, vous devez réaliser les contours de l'espace concerné, aucun fond de carte n'est fourni. Dans ce cas, les contours sont très simplifiés. Ils peuvent même être des formes géométriques, hexagone pour la France, rectangle horizontal pour les États-Unis, un cercle pour le territoire d'une métropole, etc.

Exercice

★★★ 1 heure **Production graphique.**

À partir du texte, réalisez un croquis sur le sujet : « Le détroit de Malacca : un point de passage majeur et stratégique. »

Doc. 1 Le détroit de Malacca

Le détroit de Malacca se situe en Asie du Sud-Est. C'est une longue bande de mer entourée par la péninsule Malaise à l'est, l'île indonésienne de Sumatra à l'ouest et la cité-État de Singapour, qui est le 3e port mondial pour le trafic de conteneurs au sud. Le détroit de Malacca relie l'océan indien au nord à la mer de Chine méridionale au sud.

Ce détroit est emprunté par une des routes maritimes les plus importantes au monde. Elle se trouve au carrefour des lignes transocéaniques entre l'Océan Indien et le Pacifique. Cet axe relie l'Europe et le Moyen-Orient à l'ouest à l'Asie et l'Amérique à l'est. Le détroit de Malacca est une artère vitale pour de nombreux États qui dépendent du commerce maritime. Ainsi, 90 % du commerce chinois emprunte cette route.

Le trafic très élevé de plus de 200 navires par jour et l'étroitesse du passage, notamment dans sa partie sud, font du détroit un goulet d'étranglement, qui risque, en cas d'incident, d'interrompre ou de ralentir le trafic maritime. Le détroit est aussi le lieu d'une importante piraterie. En effet, des groupes de petites embarcations indonésiennes ou malaises s'attaquent aux bateaux de commerce pour les détourner ou les piller.

Ce passage stratégique attire la convoitise des grandes puissances. Les États-Unis et la Chine exercent une présence militaire importante dans la région. Les États-Unis disposent d'une base aux Philippines et sont présents à Singapour et en Thaïlande. La Chine renforce sa présence dans la région, en installant des bases maritimes au nord du Détroit au Myanmar (Birmanie) et au sud en mer de Chine méridionale.

Doc. 2 Fond de carte à compléter

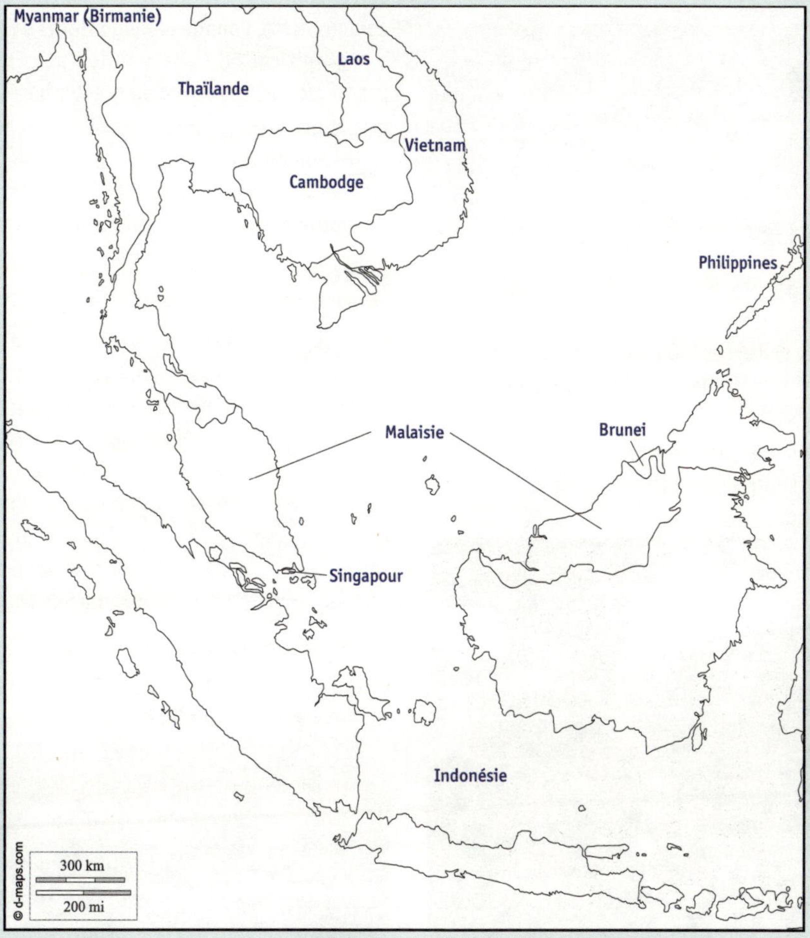

Flashe ce code pour accéder au corrigé complet.

L'impact de la crise de 1929 : déséquilibres économiques et sociaux

Cours

La crise, née aux États-Unis en 1929, s'étend à tout le monde capitaliste : en quoi marque-t-elle un tournant dans les domaines non seulement économique et social, mais aussi politique et idéologique ?

1 La Grande Dépression, une crise économique sans précédent

a. De la crise étatsunienne à la crise mondiale

▶ Dès 1925, la spéculation boursière fait gonfler la valeur des actions par rapport à la santé réelle des entreprises. Or, à partir du 24 octobre 1929, le cours des actions s'effondre : c'est le krach boursier de Wall Street.

▶ Les États-Unis rapatrient alors les capitaux investis à l'étranger et limitent leurs importations : la crise se répercute ainsi dans le monde (Europe, Amérique latine).

Ouverture

La crise en Amérique latine : les États latino-américains vivent de l'exportation de produits agricoles. Quand les États-Unis limitent leurs importations, ces produits perdent leurs débouchés et leurs prix s'effondrent. Touchés par la crise, plusieurs de ces pays voient la mise en place de dictatures dès 1930.

b. Une conséquence immédiate : le chômage de masse

▶ Les faillites industrielles et bancaires s'enchaînent : en 1932, la production industrielle mondiale a perdu 40 % par rapport à 1929.

▶ Le chômage explose : en 1932, 40 millions de chômeurs dans le monde industrialisé sont plongés dans la misère. Le niveau de vie s'effondre.

Des chômeurs attendent une aide alimentaire organisée à Chicago par Al Capone en 1930.

c. L'échec des solutions traditionnelles

▶ Les gouvernements commencent par se conformer au « laissez-faire » libéral (les déséquilibres économiques se corrigeront tous seuls), ce qui aggrave la crise (baisse des prix et des salaires).

▶ Certains États se tournent vers le protectionnisme (comme le repli sur les empires coloniaux), ce qui restreint encore les échanges. Ces échecs remettent en question les analyses traditionnelles.

2 Les conséquences politiques de la crise : le nouveau rôle de l'État

a. Une critique croissante du libéralisme économique traditionnel

▶ Face à ce qui semble être une crise profonde du capitalisme, certains proposent une troisième voie entre capitalisme et communisme, comme le Belge **Henri de Man** avec le recours à la planification (intervention de l'État pour orienter la production économique au gré des besoins collectifs).

▶ Certains économistes, comme le Britannique **J. M. Keynes**, valorisent l'intervention économique de l'État, contredisant les théories libérales dominantes, et inspirent ainsi certains gouvernements (Grande-Bretagne, États-Unis).

b. Une tentative de renouveau aux États-Unis : le *New Deal*

▶ En 1932, **Franklin D. Roosevelt** est élu président avec un programme d'aides sociales, de réforme bancaire et de grands investissements (industrie, agriculture) inspiré en partie de Keynes : le *New Deal* (« Nouvelle donne »). Lancé entre 1933 et 1938, il s'agit de réinjecter de l'argent public dans le circuit économique pour relancer la consommation.

▶ Ce programme, plus pragmatique qu'idéologique, donne des résultats réels mais limités. Il contribue cependant à donner une légitimité à l'interventionnisme économique de l'État.

c. Entre crise de la démocratie et progrès sociaux

▶ La démocratie libérale est de plus en plus contestée, car jugée inefficace face à la crise.

Ouverture

Les accords Matignon (7 juin 1936) : ces accords de hausse des salaires montrent le choix de la négociation entre patronat et syndicats plutôt que de la tension, après la victoire du Front populaire. Ils montrent aussi le nouveau rôle d'arbitre joué par l'État dans la vie économique et sociale.

>>

>> La revendication d'un État fort peut conduire à l'installation de **régimes autoritaires** : en Allemagne, **Hitler**, profitant du mécontentement de la population, confisque le pouvoir en 1933.

▶ Dans les démocraties occidentales, l'État s'engage dans la gestion des conditions de vie de la population : c'est le début d'une **démocratie sociale**. Ainsi, en France, les tensions liées à la crise poussent les partis de gauche à l'union : ce **Front populaire** parvient au pouvoir en 1936 et tente d'améliorer la vie des salariés (**accords Matignon**).

Savoir-faire

Réaliser une carte mentale

Une **carte mentale** montre sous forme graphique la façon dont votre esprit se représente les divers éléments d'une situation. Elle peut être réalisée à partir d'un document, mais aussi à partir de votre cours pour en faciliter la révision, puis la mémorisation.

▶ **Relevez les éléments essentiels** : ils constitueront les points clés de votre carte. Commencez par placer la notion essentielle au centre. Les notions liées se placeront tout autour : celles-ci auront leurs propres éléments liés si besoin et ainsi de suite.

▶ **Choisissez un type de représentation** pour chaque élément clé : un rectangle, un cercle, etc.

▶ **Définissez les types de relation** qui relient chaque élément (les divers points de la carte mentale ne sont pas forcément reliés à tous les autres) et **représentez-les** par une flèche, un trait, un cadre, etc.

Astuce

Soyez logique dans vos **choix figuratifs** : utilisez le même type de figuré ou les mêmes couleurs pour représenter des phénomènes comparables.

Exercices

1 ★★ 20 min **À partir des informations tirées du texte, réalisez une carte mentale montrant les facteurs de déclenchement de la crise de 1929, ses aspects et ses conséquences aux États-Unis et dans le monde.**

Le développement de la crise économique aux États-Unis

« En octobre 1929, une violente tempête s'abattit brusquement sur Wall Street. L'intervention des groupes financiers les plus puissants ne réussit pas à arrêter une avalanche de ventes dues à l'affolement général. [...] La spéculation sur les [actions] s'était étendue à la nation tout entière, encouragée par les prêts que même les banques les plus célèbres consentaient aisément : il s'était développé en outre un vaste système d'achat [à crédit] de maisons, de mobilier, de voitures et d'innombrables autres articles d'usage courant et de confort domestique. Tout cela s'écroula d'un coup [...]. Vingt mille banques locales suspendirent leurs paiements. Les instruments d'échange de biens et de services entre les individus s'effondrèrent [...].

De 1929 à 1932, l'effondrement du marché entraîna une implacable chute des prix, qui détermina une baisse de la production suivie d'un chômage généralisé. Les conséquences de cette désorganisation économique s'étendirent au monde entier. Le chômage et la baisse de la production amenèrent une réduction générale du commerce. Des restrictions douanières furent partout imposées afin de protéger les marchés intérieurs. [...] La ruine et le chômage se généralisèrent d'une extrémité à l'autre du globe. »

Winston CHURCHILL, *Mémoires de guerre*, t. 1 (1919-1941), trad. fr. François Kersaudy, Tallandier, 2009, coll. Texto, 2020.

2 ★★ 30 min **Initiez-vous au commentaire de document.**

La Grande-Bretagne face à la crise économique

« Le commerce extérieur est réorienté en partie vers l'empire, quoique de nombreux accords bilatéraux garantissent des débouchés à certains produits britanniques en contrepartie d'achats spécifiés. [...] Si la gestion de l'assurance-chômage avait conduit en 1931 le gouvernement [...] à diminuer de 10% les chiches paiements de l'allocation chômage (« *dole* »), cette mesure est supprimée en 1934, et la protection sociale développe un système de pensions et retraites [...]. Il y a donc un plancher à la contraction de la consommation, d'autant plus qu'une série de dispositions prises de 1930 à 1935 ont grandement stimulé la construction de logement individuels standardisés, donnant lieu à un véritable « boom » de l'immobilier [...]. De même, à partir de 1937, une généralisation des congés payés permit l'ouverture de « camps de vacances » au bord de la mer et le développement des loisirs de masse. Ce dynamisme de la consommation fut caractéristique du redressement anglais, à l'opposé du mythe « noir » d'une Angleterre miséreuse, parfois présenté. »

Bernard GAZIER, *La crise de 1929*, PUF, collection « Que sais-je », 1983.

a. Quelles sont les premières mesures mises en place par la Grande-Bretagne face à la crise ? Est-ce efficace d'après vos connaissances ?

b. Montrez que les réformes mises en œuvre s'inspirent ensuite des théories proches de celles de Keynes pour relancer l'économie.

Les régimes totalitaires

Cours

Dans l'entre-deux-guerres, trois dictatures d'un nouveau genre s'imposent en Europe : communisme, fascisme et nazisme. En quoi ces régimes bouleversent-ils les équilibres politiques européens ?

1 Des systèmes politiques et idéologiques d'un nouveau genre

a. Des projets idéologiques anti-libéraux

▶ Les totalitarismes se mettent en place avec l'installation de partis uniques dans des contextes de crise globale : en 1917 en Russie (qui devient peu après URSS), en 1922 en Italie et en 1933 en Allemagne.

▶ Opposés à la démocratie libérale, ils veulent créer un « homme nouveau », mais selon des objectifs différents : destruction du capitalisme (communisme en URSS), supériorité d'un État tout-puissant (fascisme en Italie) ou défense d'une race prétendue supérieure (nazisme en Allemagne).

b. Des systèmes fondés sur une violence extrême

▶ De redoutables polices politiques sont créées (NKVD en URSS, SS en Allemagne nazie) : les opposants sont poussés à l'exil, internés dans des camps (dès 1933 en Allemagne) ou exécutés (Grande Terreur en URSS).

▶ Des groupes sociaux ou politiques sont persécutés comme ennemis de l'intérieur : c'est le cas des juifs allemands, face à l'antisémitisme nazi, notamment lors de la Nuit de cristal (1938).

Ouverture

La Grande Terreur en URSS (1937-1938) : vague d'arrestations et d'exécutions ordonnée par Staline contre ses opposants présumés en URSS, y compris à l'intérieur du Parti communiste. On compte 750 000 victimes.

Ouverture

La Nuit de cristal (9-10 novembre 1938) : vague de persécutions contre les juifs allemands et leurs biens. Censé venger l'assassinat d'un diplomate allemand, cet épisode préparé en fait de longue date par les nazis fait une centaine de morts.

c. Une volonté d'encadrement total de la société

▶ Le parti unique contrôle la vie quotidienne par les associations professionnelles, mouvements de jeunesse (les Komsomol en URSS), associations culturelles, etc. Les médias modernes (radio, cinéma) sont mis au service d'une propagande intense et la vie économique est placée sous l'influence de l'État.

▶ Le culte du chef est mis en avant : **Staline** en URSS dès 1928, **Mussolini** en Italie, **Hitler** (le Führer) en Allemagne. Mais en réalité, les décisions concrètes découlent souvent d'initiatives diverses, venues de services ou d'échelons parfois mal coordonnés qui poussent à la surenchère.

▶ Les populations restent dans l'ensemble passives (la résistance est limitée car difficile), mais n'adhèrent pas entièrement au projet totalitaire. Malgré certains progrès (industrialisation en URSS), les inégalités se creusent et le régime doit parfois négocier avec les structures traditionnelles (comme l'Église catholique en Italie).

2 Des conséquences dramatiques sur l'ordre européen

a. L'URSS mise au ban de la diplomatie européenne

Même si Staline opte pour la consolidation intérieure de l'URSS plutôt que pour son expansion, les Occidentaux redoutent une contagion communiste.

b. La guerre civile espagnole, un révélateur des équilibres géopolitiques

▶ Rejeté par les démocraties occidentales pour sa politique d'expansion aggressive (guerre d'Éthiopie en 1935), Mussolini se rapproche de l'Allemagne nazie.

▶ La guerre civile espagnole (1936-1939) est l'occasion pour l'Allemagne et l'Italie de coopérer en soutien aux nationalistes du général Franco, tandis que l'URSS n'intervient que timidement du côté républicain.

Une de *La Tribuna illustrata* du 3 octobre 1937 : visite de Mussolini en Allemagne.

c. La multiplication des agressions allemandes

▶ Hitler veut conquérir un « espace vital » aux dépens des peuples slaves. Développant l'armée allemande, il remilitarise la Rhénanie (1936) malgré le traité de Versailles, puis annexe l'Autriche (1938).

▶ Encouragé par la passivité franco-britannique (conférence de Munich, 1938), il dépèce la Tchécoslovaquie (1939) puis, assuré de la neutralité soviétique, attaque la Pologne (1er septembre 1939). La France et le Royaume-Uni déclarent alors la guerre à l'Allemagne : c'est le début de la Seconde Guerre mondiale.

Savoir-faire

Procéder à l'analyse critique d'un document

L'analyse d'un document suppose de prendre du recul par rapport à ce qui est dit ou montré. Vous devez vérifier :

– **La nature :** document public ou privé, texte de loi, article de presse, œuvre artistique ou commerciale, etc. Est-il objectif ou partiel ?

– **L'auteur :** ses compétences sur la question évoquée, son engagement politique, ses fonctions au moment où il produit le document. Est-il neutre par rapport aux thèmes abordés ?

– **Le contexte :** ce qui se passe au moment où le document est produit en influence-t-il le contenu ?

Astuce

Commencez par vérifier la **source** avant d'analyser le contenu du document pour ne pas vous laisser influencer.

Exemple :

La Grande Terreur en URSS vue par un militant communiste français en 1939

« En vérité, les procès se déroulèrent de façon parfaitement régulière, selon les lois qui régissent l'URSS. Tous les accusés ont avoué leurs forfaits devant le tribunal, ils ont expliqué comment ils en étaient arrivés au sabotage, à l'espionnage, au crime. [...] Non, les accusés de Moscou qui ont reconnu avoir servi les pires ennemis du peuple à l'instigation de leur maître Trotski [1], étaient tous coupables. L'URSS les a châtiés ; elle a eu raison. Ce n'est pas à des antifascistes français qu'il appartient de condamner un rigoureux, mais juste verdict. »

Henri LE BRUN, « URSS, 1938 », *Almanach ouvrier-paysan* (publié par le Parti communiste français), 1939, p. 270-280.

1. Ancien dirigeant soviétique mais opposant à Staline et exilé depuis 1929.

– **Nature :** article, publié dans un journal du Parti communiste français qui n'est probablement pas neutre (défense de l'URSS auprès des lecteurs français).

– **Auteur :** Henri Le Brun, membre du Parti communiste français. Il est probablement favorable à Staline.

– **Contexte :** en 1939, l'URSS est un régime totalitaire fondé sur la propagande et la violence politique.

– **Bilan critique :** il faut se méfier du contenu du texte. Sa lecture le confirme : l'URSS est présentée exclusivement positivement (à critiquer).

HISTOIRE

Exercices

1 ★ 10 min **Présentez les différences entre l'URSS et l'Allemagne nazie, dans le domaine idéologique comme dans le domaine de la politique extérieure.**

2 ★★ 20 min **Réfléchissez à la fiabilité d'un document à analyser.**

Une présentation de l'idéologie fasciste

« Pour le fasciste, tout est dans l'État, rien d'humain ou de spirituel n'existe en dehors de l'État. Dans ce sens, le fascisme est totalitaire, et l'État fasciste, synthèse et unité de toute valeur, interprète, développe et donne puissance à la vie tout entière du peuple.
Ni groupements (partis politiques, associations, syndicats, classes), ni individus en dehors de l'État. [...] Le fascisme nie [...] que [le] nombre puisse gouverner grâce à une consultation périodique. Il affirme l'inégalité ineffaçable, féconde, bienfaisante des hommes, qu'il n'est pas possible de niveler grâce à un fait mécanique et extérieur comme le suffrage universel. On peut définir les régimes démocratiques comme ceux qui donnent au peuple, de temps, en temps, l'illusion de la souveraineté. »

Benito MUSSOLINI, « Fascisme », *Enciclopedia Italiana*, 1932.

(Signé par Mussolini, l'article a en réalité été écrit par un philosophe et dirigeant fasciste, Giovanni Gentile).

Un document peut être fiable sur la réalité des faits évoqués, mais pas neutre dans la façon de les présenter.

a. Quels sont la nature et le contexte du document ? En quoi ces éléments sont-ils contradictoires du point de vue de la confiance à accorder au document ?

b. Présentez les auteurs. Quel avantage et quel inconvénient cela présente-t-il pour analyser le fascisme ?

c. Quel est le système politique critiqué ici par le fascisme ? Peut-on faire confiance à ces critiques ? Expliquez.

La Seconde Guerre mondiale (1939-1945)

Cours

Née de l'expansionnisme nazi, la Seconde Guerre mondiale marque un tournant dans l'histoire du XXe siècle : en quoi cette guerre a-t-elle été exceptionnelle ?

1 Un conflit d'une ampleur et d'une violence inédites

a. De la guerre européenne à la guerre mondiale (1939-1942)

▶ Entre 1939 et 1940, les forces de l'Axe (l'Allemagne et ses alliés) connaissent des succès qui soumettent rapidement l'Europe. Seul le Royaume-Uni poursuit la lutte malgré les bombardements en s'appuyant sur son Empire.

▶ En 1941, le conflit s'étend. Hitler attaque l'URSS en juin, lançant une guerre d'anéantissement à l'est. Les États-Unis, attaqués à Pearl Harbor par le Japon allié de l'Allemagne, entrent en guerre en décembre.

Ouverture

L'**arme atomique** : les États-Unis en décident l'usage pour hâter la capitulation japonaise. Deux bombes sont larguées sur Hiroshima et Nagasaki, les 6 et 9 août 1945, faisant environ 250 000 victimes.

b. Le recul progressif des forces de l'Axe (1942-1945)

▶ Autour des États-Unis, du Royaume-Uni et de l'URSS, la Grande Alliance progresse dès 1942 : débarquement en Afrique du Nord, en Italie (1943), échec allemand devant Stalingrad (1942-1943).

▶ Les avancées décisives ont lieu en juin 1944 : débarquements anglo-saxons à l'ouest (Normandie, Provence) ; opération Bagration menée par l'URSS à l'est ; reconquêtes en Asie. L'Allemagne doit capituler en mai 1945 et le Japon en septembre 1945.

c. Une guerre totale qui accélère la politique exterminatrice nazie

▶ Les populations civiles sont directement concernées par la guerre, ciblées par la propagande, victimes des privations et impliquées dans les combats (actes de résistance, victimes de bombardements, etc.).

▶ Contre les juifs d'Europe de l'Est, le régime nazi passe peu à peu des persécutions au génocide organisé : confinement dans des ghettos insalubres en 1940, puis massacres dès 1941 par des troupes d'extermination, les *Einsatzgruppen* (« Shoah par balles »).

▶ En janvier 1942, une « solution finale » est décidée par les responsables nazis (conférence de Wannsee) : des camps d'extermination sont construits en Europe de l'est (Treblinka ou Auschwitz) pour une mise à mort massive des Juifs, mais aussi des Tsiganes de toute l'Europe.

2 Une France divisée par la Seconde Guerre mondiale

a. De la défaite à la collaboration

▶ Après la « drôle de guerre », longue période d'inaction militaire, la « guerre éclair » allemande met en déroute l'armée française. Le gouvernement français dirigé par le **maréchal Pétain** accepte un armistice le 17 juin. La France, qui cesse officiellement les combats, est divisée (*cf.* carte).

La France occupée (1940-1944)

▶ À partir de juillet 1940, Pétain organise alors en zone sud un nouveau régime dirigé depuis **Vichy**, qui lance une politique antisémite et anti-républicaine et propose la collaboration avec l'Allemagne nazie.

b. L'essor des mouvements de résistance

▶ Le 18 juin 1940, le **général De Gaulle** lance depuis Londres un appel à continuer les combats. Il crée ainsi la France libre avec le soutien du Premier ministre britannique **Churchill**. >>

Ouverture

La **France libre** : le terme désigne dès 1940 les forces françaises organisées hors du territoire national pour continuer le combat militaire contre l'Allemagne nazie.

▶ Sur le sol français, la population cherche surtout à échapper aux difficultés quotidiennes. Mais des réseaux de résistance apparaissent, contre l'occupant allemand ou le régime de Vichy. Ces réseaux sont unifiés à partir de 1943 sous l'autorité de De Gaulle et du Conseil national de la Résistance (CNR).

c. Vers la libération

▶ Un temps séduite par Pétain, l'opinion se détourne du régime de Vichy à partir de 1942, face à la collaboration croissante avec l'Allemagne (mise en place du Service du travail obligatoire [STO] en 1942) et aux persécutions antisémites (rafle du Vél d'Hiv de juillet 1942).

▶ Malgré la repression allemande et vichyste, la résistance gagne du terrain : grâce aux débarquements alliés de 1944, le territoire est libéré peu à peu. Le CNR devient le Gouvernement provisoire de la République française (GPRF) et remplace le régime de Vichy dont les principaux responsables sont jugés et parfois exécutés.

Savoir-faire

Analyser une image de propagande

Commencez par une analyse critique de l'image (*cf.* Savoir-faire chapitre 2). Vous pouvez arriver à l'hypothèse que celle-ci non seulement n'est pas neutre, mais cherche même directement à influencer le lecteur : c'est le cas lorsque le message va dans un seul sens et de façon excessive (exagération, violence). Vous avez affaire alors à une **image de propagande**. Dans ce cas-là :

a. Repérer le message diffusé par l'image

Appuyez-vous sur l'**analyse de l'image** elle-même mais aussi, s'il y a un texte (slogan, légende), sur les **mots employés**.

b. Présenter le point de vue explicite ou implicite qui est mis en avant

Expliquez-le à l'aide de vos connaissances et montrez en quoi il s'agit d'un **mensonge** pur et simple ou plutôt d'une **exagération** ou d'une **déformation des faits.**

Exercices

1 ★ 15 min **Construisez une carte mentale résumant le déroulement de la Seconde Guerre mondiale.**

Utilisez les grandes dates charnières pour construire les formes clés qui vous aideront à mémoriser les phases essentielles.

N'oubliez pas les éléments de complément pour expliquer chaque étape (événements majeurs) : vous pouvez faire des recherches personnelles pour enrichir votre carte mentale.

2 ★★ 25 min **Analysez le point de vue d'une affiche de propagande.**

a. Présentez le document et les précautions à prendre (utilisez le Savoir-faire du chapitre 2) : a-t-on affaire à une image de propagande ?

b. Analysez tout d'abord uniquement l'image : qui est le personnage et quelle est sa posture ? Que veut-on faire passer ainsi ?

c. Analysez ensuite le texte : à quelle situation fait-il référence ? En quoi complète-t-il l'image ?

d. En quoi cette affiche traduit-elle le culte du chef que l'on trouve dans un régime autoritaire ?

Affiche représentant le maréchal Pétain, diffusée par le gouvernement de Vichy (vers octobre 1940).

Fragilités des démocraties, totalitarismes et Seconde Guerre mondiale

Impact de la crise de 1929

Grande Dépression

Recul de la production, chômage de masse et repli commercial (protectionnisme)

Nouvelles conceptions économiques

Crise de confiance dans le libéralisme : recherche d'un nouveau rôle économique pour l'État (planification / keynésianisme)

Conséquences politiques

Critique de la démocratie libérale :
– recherche d'une démocratie sociale
– affirmation de régimes autoritaires

Régimes totalitaires

Idéologies anti-libérales

- Parti unique et réduction des libertés publiques
- Communisme : suppression du capitalisme
- Fascisme : fusion du peuple dans l'État
- Nazisme : domination de la race aryenne

Volonté de contrôle total de la société

Systèmes de répression féroce, propagande et culte du chef (vie quotidienne sous contrôle et persécution massive contre des groupes désignés comme ennemis)

Poids militaire et diplomatique inégal

- Italie, Allemagne : politique extérieure expansionniste
- URSS : longtemps tenue à l'écart des relations diplomatiques (menace idéologique)

Seconde Guerre mondiale

Domination des forces de l'Axe (1940-1941)

- Expansion allemande à l'ouest puis contre l'URSS et expansion japonaise (Pearl Harbor)
- La Grande-Bretagne poursuit la lutte
- En France : occupation, régime de Vichy et collaboration avec le nazisme

Retournement des équilibres (1942-1943)

- Formation de la Grande-Alliance (États-Unis, Grande-Bretagne, URSS) : débarquements anglo-saxons (Afrique, Italie) et échec allemand devant Stalingrad
- En France : renforcement et unification de la résistance intérieure et de la France libre

Domination des forces alliées (1944-1945)

- Débarquement de Normandie et opération Bagration : capitulation allemande
- Bombardements nucléaires sur Hiroshima et Nagasaki : capitulation japonaise
- En France : libération du territoire et retour à la République (GPRF)

Une guerre totale

- Implication des civils (propagande, résistance, etc.)
- Génocide nazi contre les juifs et les tziganes

je me teste !

1 **De quel phénomène le krach d'octobre 1929 est-il le résultat ?**
- ▢ **a.** La Première Guerre mondiale.
- ▢ **b.** La limitation brutale des échanges commerciaux mondiaux.
- ▢ **c.** Une phase de spéculation boursière qui s'achève par une brutale crise de confiance.

2 **Quel économiste anglais propose de renforcer l'intervention économique de l'État ?**
- ▢ **a.** John M. Keynes.
- ▢ **b.** Franklin D. Roosevelt.
- ▢ **c.** Henri de Man.

3 **Dans quel État la démocratie disparaît-elle des suites de la crise économique de 1929 ?**
- ▢ **a.** Les États-Unis à partir de 1932.
- ▢ **b.** L'Allemagne à partir de 1933.
- ▢ **c.** La France à partir de 1936.

4 **Quelle idéologie a pour objectif principal la suppression du système capitaliste ?**
- ▢ **a.** Le fascisme.
- ▢ **b.** Le nazisme.
- ▢ **c.** Le communisme.

5 **Dans quel pays se produit la Nuit de cristal (1938) ?**
- ▢ **a.** L'Allemagne.
- ▢ **b.** L'Italie.
- ▢ **c.** L'URSS.

6 **Quel événement marque le début de la Seconde Guerre mondiale en Europe ?**
- ▢ **a.** L'annexion de l'Autriche par l'Allemagne nazie.
- ▢ **b.** L'attaque de la Pologne par l'Allemagne nazie.
- ▢ **c.** L'attaque de la France par l'Allemagne nazie.

7 **Quel événement marque le premier échec militaire majeur de l'Allemagne nazie ?**
- ▢ **a.** Le Blitzkrieg.
- ▢ **b.** La bataille de Stalingrad.
- ▢ **c.** Le débarquement de Normandie.

8 **Que décident les responsables nazis lors de la conférence de Wannsee ?**
- ▢ **a.** La mise à mort des juifs par enfermement dans des ghettos.
- ▢ **b.** La mise à mort des juifs par balles.
- ▢ **c.** La mise à mort des juifs dans des camps d'extermination.

9 **Quand les combats de la Seconde Guerre mondiale prennent-ils fin définitivement ?**
- ▢ **a.** En mai 1945.
- ▢ **b.** En août 1945.
- ▢ **c.** En septembre 1945.

10 **Quel militaire dirige le régime de Vichy ?**
- ▢ **a.** Le général Pétain.
- ▢ **b.** Le maréchal Pétain.
- ▢ **c.** Le général De Gaulle.

Réponses !

1 : c - **2** : a - **3** : b - **4** : c - **5** : a - **6** : b - **7** : b - **8** : c - **9** : c - **10** : b

La fin de la Seconde Guerre mondiale et les débuts du nouvel ordre mondial

Cours

1 Un bilan humain, matériel et moral désastreux

▶ La Seconde Guerre mondiale a provoqué la mort de plus de 50 millions de personnes. L'Europe a particulièrement souffert. L'URSS enregistre la plus forte saignée au point de vue des pertes militaires avec 7,5 millions de soldats sacrifiés. Les États-Unis, entrés assez tardivement dans la guerre, perdent 298 000 soldats. Mais ce sont les civils qui, proportionnellement, payent le plus lourd tribut. Cela est dû notamment aux bombardements, aux déportations et au génocide perpétré à l'encontre des Juifs et des Tziganes (5,1 millions de victimes).

▶ Les destructions matérielles sont massives. En Europe comme en Asie, de nombreuses infrastructures ferroviaires et routières sont devenues inutilisables, des industries ont été réduites à néant et des villes comme Caen ou Dresde ne sont plus qu'un champ de ruines. Au Japon, Hiroshima et Nagasaki ont été rasées suite à l'emploi par les Américains de la bombe atomique : l'humanité comprend qu'elle a les moyens de se réduire elle-même à néant.

▶ La révélation des crimes contre l'humanité commis par les nazis lors de la Shoah accroissent le traumatisme moral qui s'abat sur le monde entier au sortir de la guerre. 22 hauts dirigeants du IIIe Reich sont condamnés lors du procès de Nuremberg en 1946 par un tribunal international. La même année, de grands criminels de guerre japonais sont jugés par le tribunal militaire de Tokyo.

2 Les bases d'un nouvel ordre économique et social

▶ Si l'économie des États-Unis a été stimulée par la guerre, de nombreux États sont très endettés. En France, le déficit des finances publiques s'élève à 70 % en 1944, tandis que le franc a perdu les 4/5e de sa valeur de 1939. L'intervention de l'État dans les domaines économique et social apparaît nécessaire pour éviter de nouvelles crises potentiellement génératrices de conflits : l'État-providence s'affirme au Royaume-Uni après 1945. C'est ce que prévoit aussi le programme défini le 15 mars 1944 par le Conseil national de la résistance (CNR).

Ouverture

Le Conseil national de la résistance (CNR) se fixe pour but d'établir un « ordre social plus juste » dans la France d'après-guerre. Ses préconisations sont appliquées : nationalisation des grandes usines, rétablissement des droits au travail et au repos, reconstitution d'un syndicalisme indépendant, création de la Sécurité sociale et garantie d'une retraite pour les vieux travailleurs.

▶ Au niveau international, les Alliés sont convaincus que les désordres monétaires des années 1930 ont provoqué la guerre. En juillet 1944, la conférence de Bretton Woods dessine les grandes lignes du système financier international d'après-guerre. 45 pays acceptent de coopérer pour maintenir l'équilibre du système monétaire mondial, qui s'organise autour du dollar, ce qui consacre la suprématie des États-Unis. Les accords de Bretton Woods créent le Fonds monétaire international (FMI) chargé de veiller à la stabilité su système. Il siège à Washington.

Mot-clé

L'État-providence est une forme d'organisation sociale dans laquelle l'État prétend assurer directement ou indirectement le bien-être des citoyens en jouant un rôle central de régulation de l'économie et de redistribution des richesses et des revenus, pour la protection et la justice sociale.

3 Assurer la sécurité dans le monde : la mission de l'ONU

▶ Afin de maintenir durablement la paix, les 51 pays vainqueurs de l'Axe signent la charte des Nations Unies à San Francisco le 26 juin 1945 qui donne le jour à l'Organisation des Nations Unies (ONU). Cette organisation compte de nombreux organes, visant le développement économique et social : Unicef, OMS, CNUCED, BIRD, etc. Elle repose sur deux piliers : l'Assemblée générale et le Conseil de sécurité.

▶ L'Assemblée générale regroupe l'ensemble des pays membres de l'ONU, qui disposent tous d'une voix. Elle se réunit au moins une fois par an et vote des recommandations et des résolutions, qui sont censées être respectées.

Drapeau des Nation Unies

▶ Le Conseil de sécurité peut siéger à tout moment en cas de crise grave. Il est composé de 11 États membres, dont 5 permanents (États-Unis, URSS, Chine, France, Royaume-Uni), qui disposent d'un droit de veto sur les décisions adoptées à la majorité simple. Un secrétaire général élu est chargé de faire exécuter les résolutions.

4 De nouvelles menaces sur la paix

▶ Après la capitulation allemande, la Grande Alliance se craquèle. Les États-Unis, première puissance économique et financière, détiennent le monopole de l'arme nucléaire. >>

L'URSS, quant à elle, sort de la guerre ruinée mais sa participation décisive à la victoire lui confère un prestige considérable dans le monde. Les États-Unis possèdent une sphère d'influence en Europe de l'ouest, l'URSS domine l'Europe de l'est. En 1946, **Winston Churchill** évoque un « rideau de fer » les séparant pour traduire la tension existant entre elles en Europe.

Winston CHURCHILL, Parliament Square, statue d'Ivor Roberts-Jones.

▶ En 1947, le président américain **Harry Truman** énonce clairement sa volonté de contenir l'expansion du modèle communiste. Il propose dans ce but un programme d'aide économique à tous les pays européens. C'est le plan Marshall. Ce programme est rejeté par tous les pays européens dominés par l'URSS, qui resserre son emprise en Tchécoslovaquie.

Ouverture

La Tchécoslovaquie est la proie, en février 1948, de manœuvres politiques destinées à consolider définitivement l'influence soviétique. À la suite du « coup de Prague », un régime communiste se met en place durablement. La situation se durcit à l'est du rideau de fer.

▶ Le Moyen-Orient devient un foyer de tensions durable. Des Juifs sionistes se sont établis en Palestine, notamment des rescapés de la Shoah. Les Arabes déjà présents sur ce territoire rejettent le plan de partition de la Palestine proposé par l'ONU en 1947, planifiant la création d'un État juif, d'un État arabe, Jérusalem demeurant sous contrôle international. En février 1948, le mandat britannique prend fin en Palestine et l'État d'Israël est proclamé : une guerre éclate avec plusieurs États arabes, qui essuient une défaite en 1949. Israël s'est taillé un territoire plus important que celui prévu par le plan de 1947 et s'affirme comme une puissance militaire majeure dans la région.

Savoir-faire

Identifier et expliciter les dates et acteurs des grands événements

▶ Il est absolument nécessaire de **mémoriser les grands événements** du programme en les associant aux **acteurs** qui jouent un rôle dans leur déroulement et aux **dates** auxquelles ils prennent place.

▶ L'identification et la contextualisation d'une date, d'un acteur et d'un événement permet de soutenir son argumentation lors de la réponse à une **question problématisée**, ou de procéder à l'essentiel de l'**analyse d'un document ou d'une image.**

▶ Pour ce type d'exercice , on peut par exemple se poser les questions suivantes :
– À quel événement cette image ou ce document fait-elle ou fait-il allusion ?
– Quand a-t-il eu lieu ? (Rappeler le contexte historique.)
– À quels acteurs l'image ou le document fait-elle ou fait-il allusion ?
– En quoi cet événement met-il fin ou ouvre-t-il une nouvelle ère ?

Exercice

★ 15 min **Analysez ce texte.**

En identifiant l'événement, la date et les acteurs auxquels renvoie ce texte, vous aurez procédé à l'essentiel de son analyse.

Nouveau gouvernement tchécoslovaque

PRAGUE, le 26 fév. La crise gouvernementale en Tchécoslovaquie s'est achevée hier soir avec la constitution d'un cabinet majoritairement communiste dirigé par le Premier ministre Gottwald. [...] Les canons de fusil de la police de sécurité du ministère de l'Intérieur communiste constituaient depuis lundi matin une menace évidente, qui laissait entrevoir les méthodes que Gottwald était prêt à utiliser pour imposer ses revendications par la force si nécessaire. [...] Les observateurs étrangers à Londres sont conscients que le président Beneš a certes préservé l'enveloppe externe de la démocratie, mais que la résolution de la crise équivaut dans la pratique à une victoire des communistes.

« Nouveau gouvernement tchécoslovaque », *Luxemburger Wort*, 26 février 1948.

Une nouvelle donne géopolitique : bipolarisation et émergence du tiers-monde

Cours

1 Deux blocs face à face

▶ La question de Berlin est au cœur de la rivalité entre les États-Unis et l'URSS au lendemain de la Seconde Guerre mondiale. La capitale allemande se trouve dans la zone est du pays, régie par l'URSS, mais est elle-même divisée en deux blocs, dont l'un est sous domination occidentale. Les Soviétiques organisent le blocus terrestre de Berlin-ouest à partir de juin 1948, mais les Américains continuent de ravitailler l'enclave par voie aérienne. L'échec de cette opération précipite la division de l'Allemagne entre République fédérale d'Allemagne (RFA) à l'ouest et République démocratique allemande (RDA) à l'est.

▶ Les deux superpuissances se dotent chacun d'un dispositif d'alliances militaires : l'Organisation du traité de l'Atlantique Nord (OTAN) regroupe le camp occidental, tandis que le pacte de Varsovie cimente le camp communiste. Ce dernier s'enrichit en 1949 d'un nouveau membre : la Chine.

À savoir

La **Chine de Mao** : la Chine devient communiste après une révolution opérée sous la conduite de Mao. Ce pays ne tarde pas à suivre sa propre voie avec sa politique du Grand Bond en avant destinée à stimuler la production par la collectivisation de l'agriculture. Cette orientation menant le pays à la famine est critiquée par l'URSS, qui refuse que la Chine se dote de l'arme nucléaire. Les relations entre les deux pays se rompent dans les années 1960.

2 Le risque d'une guerre nucléaire

▶ Le monde se polarise dès lors autour des deux Grands, tous deux porteurs d'un modèle idéologique à prétention universelle : la démocratie libérale et le capitalisme pour les Américains, la dictature du prolétariat et le communisme pour les Soviétiques. États-Unis et URSS sont au centre de deux blocs en capacité de déclencher une guerre nucléaire, les Soviétiques possédant l'arme atomique à partir de 1949. Une confrontation directe déboucherait sur une destruction mutuelle. Elle est évitée en déplaçant l'affrontement sur des territoires périphériques en employant des armes conventionnelles (ex : guerre de Corée, 1950-1953).

▶ En Europe, le dialogue semble devenu impossible lorsqu'en 1961 l'URSS fait ériger un mur empêchant toute communication entre Berlin-ouest et Berlin-est. Un an plus tard, la crise des missiles à Cuba mène le monde entier au bord du gouffre. Depuis 1959, la plus grande île des Antilles est devenue communiste suite à la révolution menée par **Fidel Castro**. En octobre 1962, les Américains repèrent que des rampes de lancement pour missiles à moyenne portée, pouvant donc atteindre leur territoire, sont en cours d'installation par les Soviétiques. Le président **J.-F. Kennedy** exige le retrait immédiat de ces dispositifs militaires, faute de quoi il se réserve le droit d'employer l'arme atomique. Le leader de l'URSS, **N. Khrouchtchev**, ouvert à la négociation, finit par démanteler les rampes de lancement.

3 L'émergence du tiers-monde, entre décolonisation et guerre froide

▶ Après la crise de Cuba, les deux Grands inaugurent une période de détente en s'efforçant de multiplier les contacts. Dans un contexte d'équilibre de la terreur, les tensions subsistent mais elles se déplacent dans le tiers-monde, qui s'affirme politiquement. En effet, de nombreux pays d'Asie, d'Afrique et d'Amérique latine proclament leur indépendance et déclarent, lors de la conférence de Belgrade en 1961, qu'ils ne veulent s'affilier à aucun de deux blocs et rester neutres pour former un troisième bloc. Mais cette position est très difficile à tenir, car la pauvreté de la plupart de ces pays les amène à accepter l'aide économique proposée par l'un des deux Grands.

▶ Le Moyen-Orient, riche en pétrole et voie de passage stratégique, devient un terrain d'affrontement entre l'Est et l'Ouest. C'est le cas de l'Égypte dirigée par **Nasser**, qui nationalise le canal de Suez en 1956, ce qui entraîne un conflit avec le Royaume-Uni et la France. L'URSS entame alors une coopération avec l'Égypte tout en soutenant le nationalisme arabe et la cause palestinienne, notamment l'Organisation de libération de la Palestine (OLP) fondée en 1964. Israël, poste avancé du camp occidental, déclenche une « attaque préventive » pour faire face aux menaces que font planer sur lui ses voisins arabes : la guerre des Six Jours de 1967 permet à l'État hébreu de quadrupler la surface de son territoire et de renforcer ses liens avec les États-Unis.

4 La guerre du Viêtnam et l'année 1968

▶ En 1968, les Américains s'enlisent au Viêtnam : face à un ennemi invisible qui mène une guérilla, et malgré leur supériorité aérienne, ils n'emportent pas la victoire. Aux États-Unis, une grande partie de la jeunesse se révolte contre sa participation à un conflit perçu avant tout comme un massacre de civils par armes chimiques. Dans d'autres pays, des étudiants manifestent (Mexique, France).

>>

▶ La fracture raciale s'accroît aussi en Amérique (assassinat de Martin Luther King, émeutes dans les ghettos noirs). Une vague de contestation déferle sur tout l'Occident, prenant différentes formes (participation à des concerts, mouvement hippie rejetant les valeurs traditionnelles, affrontements parfois violents avec la police. Elle se fait aussi jour en 1968 dans le bloc de l'Est. Mais la tentative de libéralisation du régime prônée par le parti communiste tchécoslovaque est réprimée par l'irruption des chars soviétiques dans la capitale, lors du Printemps de Prague.

Ouverture

La guerre du Vietnam : après une guerre commencée en 1946, où la France lutte contre le Viêt-Minh d'Hô-Chi-Minh soutenu par le camp communiste, les accords de Genève marquent en 1954 l'indépendance de l'Indochine. Le Viêtnam est séparé en deux zones par le 17e parallèle. L'influence communiste, nette dans la partie nord, pourrait s'étendre à la partie sud. Pour l'éviter, les États-Unis s'engagent massivement dans une guerre au Viêtnam à partir de 1965.

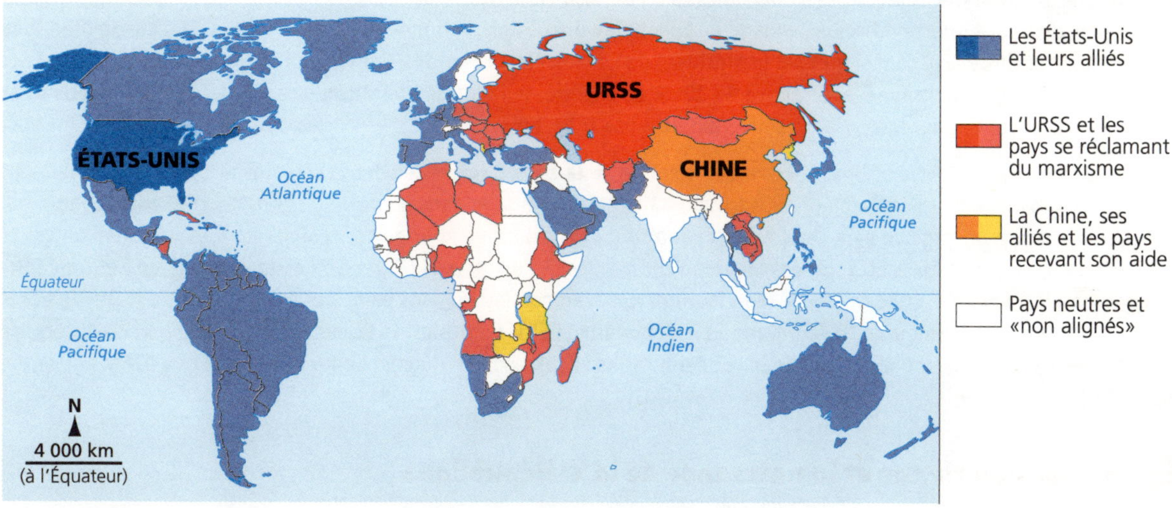

La structuration des blocs durant les années 1970

Savoir-faire

Employer les notions et le lexique acquis en histoire

▶ Afin d'apporter des réponses précises et montrer que l'on maîtrise son sujet, il est nécessaire d'employer des mots de vocabulaire spécifiques (lexique), renvoyant à des **idées** (notions) ou à des **faits historiques précis** en lien avec la thématique à traiter.

▶ Lors de l'apprentissage des mots et expressions décrivant les situations historiques étudiées, bien s'assurer d'en maîtriser la **définition** afin de les utiliser de façon pertinente.

▶ Exemple de lexique à utiliser pour parler de mai 68 :

Mai 68
guerre du Viêtnam
parti communiste – révoltes étudiantes
ghettos
mouvement hippie
fracture raciale
Printemps de Prague

Exercice

★ 15 min **Répondre à une question problématisée.**

Sujet : Quels événements ébranlent le monde en 1968 ? Sont-ils tous de même nature ?

Rédigez une réponse à cette question en mettant en relief le caractère simultané des révoltes qui parcourent le monde durant l'année 1968, tout en relevant la diversité des formes qu'elles revêtent.

Efforcez-vous d'employer les idées et les faits historiques proposés dans le Savoir-faire.

La France, une nouvelle place dans le monde

Cours

1 La IVe République doit relever de nombreux défis

▶ La République est rétablie en France en octobre 1946. La IVe République est un régime parlementaire assez instable, car une majorité claire ne se dégage pas forcément de l'Assemblée nationale. Le président du Conseil ne reste souvent en fonction que quelques mois et a peu de pouvoirs.

▶ En plus de la reconstruction et de la modernisation du pays, la France doit faire face aux difficultés de la décolonisation. À partir de 1946, une guerre difficile s'engage en Indochine qui obtient son indépendance après la bataille de Diên Biên Phu. Les accords de Genève sont signés par le président du Conseil **Pierre Mendès-France**, qui prépare aussi l'indépendance pacifique du Maroc et de la Tunisie, effective en 1956. En Algérie, le Front de libération national (FLN) entame une lutte armée contre la France pour recouvrer sa souveraineté à partir de 1954.

▶ Libérée par les Anglo-Américains, la France fait partie de la zone d'influence des États-Unis et bénéficie pleinement de l'aide économique du plan Marshall. Elle adhère à l'OTAN et s'engage dans le projet de construction européenne, qui représente à la fois un gage de paix stable sur le continent et l'assurance pour elle d'y conserver une place éminente. Le ministre français des Affaires Étrangères **Maurice Schuman** est à l'origine de la création de la Communauté européenne du charbon et de l'acier (CECA) en 1951 ; **Jean Monnet** apparaît comme l'un des principaux initiateurs du Traité de Rome de 1957 qui fonde la Communauté économique européenne (CEE). Le projet de Communauté européenne de défense (CED), prévoyant la création d'une armée européenne sous la supervision du commandant en chef de l'OTAN, est rejeté par le Parlement en 1954.

2 La crise algérienne et la naissance de la Ve République

▶ La IVe République ne parvient pas à régler le conflit en Algérie opposant indépendantistes algériens et soldats français. Un million de pieds-noirs vivent dans la colonie française face à neuf millions de musulmans, dont une partie, les harkis, soutient l'armée française. Contestant le pouvoir en place, un groupe de partisans du maintien de l'Algérie française s'empare de bâtiments administratifs à Alger pour faire sécession le 13 mai 1958.

▶ Le1er juin 1958, le **général de Gaulle** se fait investir président du Conseil. Il charge les députés de préparer une nouvelle Constitution ouvrant la voie à la Ve République. Certains députés, tel Pierre Mendès-France, sont hostiles au texte constitutionnel proposé mais la population française l'approuve par référendum. En septembre 1958 de Gaulle devient le premier président de la Ve République. En 1962, il instaure le suffrage universel pour l'élection du président, ce qui lui donne encore plus de pouvoir.

Affiche en faveur du oui à la Constitution de la Ve République au référendum du 28 septembre 1958

Ouverture

La Constitution de 1958 est le texte fondateur de la Ve République. De Gaulle met en œuvre sa vision d'un régime privilégiant le pouvoir exécutif, en contraste avec le système parlementaire de la IVe République. Ainsi, le gouvernement n'est plus investi par l'Assemblée nationale, il est désigné par le chef de l'État. De plus, il partage l'initiative des lois avec le Parlement.

>> De Gaulle règle le problème algérien en négociant l'indépendance du pays, proclamée par les accords d'Évian en 1962 et approuvée par référendum. Cet affrontement, qui a duré huit ans reste un épisode toujours difficile à aborder. En France, les mémoires communautaires se sont réveillées dans les années 1980-1990, ce qui a conduit l'État à reconnaître la réalité de la guerre, tandis que l'usage de la torture continue de faire débat. En Algérie, la mémoire officielle écrite après l'indépendance reste la seule autorisée, car elle cimente l'unité nationale.

3 Indépendance nationale et modernisation de la France

Les débuts de la Ve République coïncident avec la « politique de grandeur » souhaitée par de Gaulle, tendant à rendre à la France sa splendeur passée. De grands projets industriels sont lancés et l'équilibre financier est rétabli par une politique de dévaluation, la création du nouveau franc et une hausse des impôts.

Si l'alliance avec les États-Unis est maintenue, la France sort du commandement intégré de l'OTAN en 1966. De Gaulle veut que la France recouvre une véritable indépendance sur la scène internationale. Dotée de l'arme nucléaire en 1960, elle mène une politique d'ouverture vers les pays communistes (reconnaissance de la Chine, visite dans les pays de l'est).

La construction européenne se poursuit, même si de Gaulle s'oppose à l'entrée du Royaume-Uni, qui ne sera effective qu'en 1973. Les bonnes relations entretenues avec le chancelier Adenauer débouchent sur la signature du traité de l'Élysée en 1963, qui renforce le rapprochement franco-allemand.

HISTOIRE

Savoir-faire

Mettre un événement ou une figure historique en perspective

Pour bien cerner un événement ou une figure historique, il est indispensable de les replacer dans une dimension temporelle permettant de prendre en compte leurs multiples dimensions.

Dans le cadre de l'**analyse d'un document**, on peut ainsi se poser les questions suivantes :
Dans quel **contexte** l'événement décrit ou illustré prend-il place ?
Le **passé** d'un ou des acteurs traités dans le document permet-il de rendre ses actes ou l'événement décrit plus intelligibles ?

Exercice

★ 25 min **Analyse de texte.**

a. Dans quel contexte politique Pierre Mendès-France s'exprime-t-il ?

d. Quel régime politique Pierre Mendès-France incarne-t-il ? Quel système défend-t-il ?

c. À quel passé du général de Gaulle Pierre Mendès-France fait-il référence ? Pourquoi malgré ce passé s'oppose-t-il à lui ?

d. D'après vos connaissances, par quelle décision politique s'est terminé le débat auquel prend part Mendès-France ? À quoi cela a-t-il abouti au point de vue institutionnel ?

> La IVe République périt de ses propres fautes. Ce régime disparaît parce qu'il n'a pas su résoudre les problèmes auxquels il était confronté. (...) Le « système » que le général de Gaulle a si souvent critiqué et qui méritait, en effet, bien des critiques, a échoué. Mais ce n'est pas la République, ce n'est même pas le système parlementaire qui méritent d'être condamnés. Seul, le mauvais usage qui en a été fait nous a réduits à l'impuissance et nous a conduits à tant de déconvenues. (...)
> Quoiqu'il en coûte aux sentiments que j'éprouve pour la personne et pour le passé du général de Gaulle, je ne voterai pas en faveur de son investiture ; et il n'en sera ni surpris, ni offensé. (...) je ne puis admettre de donner un vote contraint par l'insurrection et la menace d'un coup de force militaire. (...)

Extraits du discours de Pierre Mendès-France lors du débat d'investiture du général de Gaulle le 1er juin 1958. *Journal officiel des débats de l'Assemblée nationale*

Pour analyser de manière approfondie ce texte, il est utile de mettre en perspective l'événement qu'il évoque et les deux figures historiques de premier plan qui y prennent part. Servez-vous de vos connaissances pour savoir par quelle décision politique s'est terminé ce débat auquel prend part Mendès-France et à quoi il a abouti au point de vue institutionnel.

La multiplication des acteurs internationaux dans un monde bipolaire (de 1945 au début des années 1970)

Le lourd bilan de la Seconde Guerre mondiale

Bilan humain
50 millions de morts civils et militaires

Bilan matériel
- Infrastructures routières, industries, villes ruinées.
- 2 villes japonaises rasées par la bombe atomique.

Bilan moral difficile à assumer
Bombe atomique, génocides.

Les bases du nouvel ordre mondial

Assurer la paix mondiale
Création de l'ONU. L'Assemblée Générale et le Conseil de sécurité font face aux crises internationales.

Rétablir l'équilibre financier
Accords de Bretton Woods : création du FMI, le dollar domine les monnaies mondiales.

Affirmation de l'État-providence
En France et au Royaume-Uni

La guerre froide déstabilise la paix mondiale

Risque d'une guerre nucléaire
- Crise de Cuba (1962).
- L'arme atomique sert d'outil de dissuasion (équilibre de la terreur).

Moyen-Orient
- Création de l'État d'Israël (1948).
- Guerre des Six Jours (1967).

Guerre du Viêtnam
- Reflète les rivalités entre l'Est et l'Ouest.
- Pays séparé en deux zones d'influence : communiste au nord, américaine au sud.

La décolonisation fait émerger de nouveaux États

Non-alignement
Conférence de Belgrade, 1961 : de nombreux États décolonisés choisissent de ne pas s'aligner sur les deux blocs.

Indépendance
- 1950-1960 : en Asie et en Afrique.
- 1962, accords d'Évian : l'Algérie prend son indépendance après une guerre de 8 ans.

je me teste !

1 **Quel pays a connu les pertes militaires les plus lourdes durant la Seconde Guerre mondiale ?**

- ▢ **a.** Les Etats-Unis.
- ▢ **b.** L'URSS.
- ▢ **c.** La Chine.

2 **À combien s'élève le nombre de victimes du génocide des Juifs ?**

- ▢ **a.** 2,3 millions.
- ▢ **b.** 5,1 millions.
- ▢ **c.** 10,9 millions.

3 **Dans quelle ville se tient le procès où 22 hauts dirigeants nazis sont jugés et condamnés ?**

- ▢ **a.** Berlin.
- ▢ **b.** Munich.
- ▢ **c.** Nuremberg.

4 **Qu'est-ce que l'État-providence ?**

- ▢ **a.** Un État intervenant dans les domaines économique et social.
- ▢ **b.** Un État qui protège ses citoyens contre la guerre.
- ▢ **c.** Un État qui accorde le suffrage universel.

5 **Quel texte donne naissance aux Nations Unies en 1945 ?**

- ▢ **a.** La charte de San Francisco.
- ▢ **b.** Le traité de l'Atlantique.
- ▢ **c.** Les accords de Bretton Woods.

6 **Quels sont les membres permanents du Conseil de sécurité de l'ONU ?**

- ▢ **a.** L'URSS, les États-Unis, l'Allemagne, la Chine, la France.
- ▢ **b.** L'URSS, la Chine, le Japon, la France, le Royaume-Uni.
- ▢ **c.** L'URSS, la Chine, les États-Unis, la France, le Royaume-Uni.

7 **En quelle année est proclamée la création d'Israël ?**

▢ **a.** 1947. ▢ **b.** 1948. ▢ **c.** 1949.

8 **Quel pays devient communiste suite à une révolution en 1949 ?**

- ▢ **a.** La Tchécoslovaquie.
- ▢ **b.** Cuba.
- ▢ **c.** La Chine.

9 **Quel est le leader soviétique qui a négocié avec Kennedy lors de la crise des missiles de Cuba ?**

- ▢ **a.** Khrouchtchev.
- ▢ **b.** Brejnev.
- ▢ **c.** Gorbatchev.

10 **Qu'a décidé le dirigeant égyptien Nasser en 1956 ?**

- ▢ **a.** Créer la Ligue arabe.
- ▢ **b.** Déclarer la guerre à Israël.
- ▢ **c.** Nationaliser le canal de Suez.

11 **Quel type de conflit correspond à la guerre du Viêtnam ?**

- ▢ **a.** Une guerre d'indépendance typique de la décolonisation.
- ▢ **b.** Une lutte menée par le Viêtnam pour agrandir son territoire.
- ▢ **c.** Un conflit mené par les États-Unis pour endiguer le communisme.

12 **Quel projet relatif à la construction européenne est rejeté par la IVe République ?**

▢ **a.** La CECA. ▢ **b.** La CEE. ▢ **c.** La CED.

13 **Quel équilibre institutionnel prévoit la Constitution de la Ve République ?**

- ▢ **a.** Le législatif a plus de pouvoir que l'exécutif.
- ▢ **b.** L'exécutif a plus de pouvoir que le législatif.
- ▢ **c.** Législatif et exécutif ont des pouvoirs équivalents.

14 **Quelles sont les bornes chronologiques correspondant au début et à la fin de la guerre d'Algérie ?**

- ▢ **a.** 1945-1958.
- ▢ **b.** 1958-1966.
- ▢ **c.** 1954-1962.

15 **En 1966, pourquoi la France quitte-t-elle le commandement intégré de l'OTAN ?**

- ▢ **a.** Pour intégrer le bloc de l'Est.
- ▢ **b.** Pour montrer qu'elle reste indépendante.
- ▢ **c.** Pour pouvoir se doter de l'arme nucléaire.

HISTOIRE

Réponses

1: b - **2**: b - **3**: c - **4**: a - **5**: a - **6**: c -
7: b - **8**: c - **9**: a - **10**: c - **11**: c -
12: c - **13**: b - **14**: c - **15**: b

La modification des grands équilibres économiques et politiques mondiaux

Cours

1 Des bouleversements économiques consécutifs aux chocs pétroliers

▶ En octobre 1973, l'attaque de l'Égypte et de la Syrie contre Israël tourne court. Les pays arabes faisant partie de l'Organisation des pays exportateurs de pétrole (OPEP) montrent leur force en faisant tripler le prix du baril de pétrole. Le choc sur les économies des pays industriels est énorme : la production, très dépendante du pétrole comme source d'énergie, chute brutalement dès 1974, de même que les taux de profit et les investissements. Le chômage et les prix grimpent. L'Occident connaît toujours une croissance économique positive, mais son rythme est considérablement ralenti par rapport à la période des Trente Glorieuses.

▶ Le monde doit affronter en 1979 les conséquences d'un nouveau choc pétrolier qui éclate dans le contexte de la révolution iranienne, suivie de la guerre entre l'Iran et l'Irak. En raison des bouleversements affectant l'un des principaux pays producteurs de pétrole, le prix du baril fait plus que doubler. L'Occident s'enfonce dans la stagflation (faible croissance de l'économie combinée à l'inflation) et son chômage est désormais structurel. Les pays en développement qui n'ont pas de ressources pétrolières sont aussi touchés. Leur croissance est sensiblement freinée par le coût d'une énergie devenue chère.

À retenir

La révolution islamique d'Iran : depuis le début des années 1970, le régime monarchique du Shah, allié des États-Unis, est contesté dans un pays qui se modernise. Des religieux chiites menés par l'ayatollah Khomeiny, appellent à l'avènement d'un nouveau pouvoir fondé sur les principes de l'islam.
Le Shah est destitué au début de l'année 1979. Une « République islamique » est mise en place : elle s'appuie sur l'autorité d'un clergé formé de mollahs et d'une milice armée. Toute trace d'occidentalisation des mœurs est éradiquée. Le nouveau régime iranien inspire de nombreux courants se réclamant du fondamentalisme islamique qui rejettent l'Occident.

▶ La fin du plein emploi augmentant les dépenses de l'État-providence en même temps qu'il réduit ses ressources conduit dans les années 1980 au triomphe de la doctrine néolibérale aux États-Unis, par laquelle **Ronald Reagan** assouplit les règlementations encadrant le développement industriel. C'est la dérégulation : l'État se met en retrait, les mécanismes du marché jouant librement. La Chine, quant à elle, se modernise économiquement sous la direction de **Deng Xiao Ping**, qui réhabilite le profit, permet l'émergence d'un secteur privé et l'ouverture de zones économiques spéciales (ZES) ouvertes aux investissements étrangers. Le pays expérimente ainsi une autre forme de capitalisme, où l'État reste omniprésent.

2 Démocratisation de l'Europe méridionale et élargissements de la CEE

▶ Alors que le Portugal s'efforce de maintenir sa domination sur l'Angola, le Mozambique, la Guinée-Bissau, un groupe de jeunes officiers réussit à renverser le régime dictatorial de **Marcelo Caetano**, successeur de Salazar. Le 24 avril 1974, le Mouvement des forces armées (MFA) mène un coup d'État pacifique : aucun coup de feu n'est tiré, des œillets sont même symboliquement glissés dans les canons. C'est la révolution des Œillets. Le pays met fin à ses guerres coloniales et restaure la démocratie.

▶ La crise chypriote entraîne, en Grèce, la chute du régime dictatorial des colonels. En juillet 1974, les troupes turques prennent possession de la partie nord de l'île de Chypre. **Konstantin Karamanlis** est nommé Premier ministre d'un gouvernement d'union nationale pour faire baisser la tension avec la Turquie. Il en profite pour initier une transition vers une démocratie pluraliste. Des élections le confirment dans ses fonctions puis un plébiscite abolit la monarchie au profit de la République. Une nouvelle constitution est rédigée en 1975.

▶ La mort du **général Franco**, en novembre 1975, annonce la fin de la dictature en Espagne. Proclamé roi, **Juan Carlos**, que Franco a désigné comme son successeur, libéralise peu à peu le pays. En 1977, tous les partis d'opposition, y compris le parti communiste, participent aux premières élections libres depuis 1936. En 1978, une nouvelle Constitution affirme l'orientation démocratique du pays, approuvée par la majorité de la population. Le 23 février 1981, des militaires nostalgiques de l'ancien régime fomentent une tentative de coup d'État qui reste sans lendemain.

▶ L'adhésion de la Grèce à la CEE en 1981 suivie de celle de l'Espagne et du Portugal en 1986 fait passer le nombre des membres du marché commun de 9 à 10, puis à 12. Ces trois pays présentent de nombreux retards économiques : faiblesse du PIB, chômage élevé, poids très élevé du secteur primaire, industrie peu développée. Mais leur intégration au sein de la CEE scelle durablement leur basculement en démocratie. En raison de leur pauvreté relative, Grèce, Espagne et Portugal bénéficient d'importantes aides communautaires et voient leur économie progresser même si des disparités régionales se creusent.

>> 3 L'effondrement du bloc soviétique

▶ **Mikhaïl Gorbatchev**, nouveau secrétaire général du Parti nommé en 1985, veut régénérer le système communiste. Il souhaite ressusciter l'esprit d'initiative en autorisant les entreprises privées individuelles dans le cadre de la politique de Perestroïka (« reconstruction »). Le commerce extérieur est peu à peu libéré, la création de sociétés mixtes avec des capitaux étrangers autorisée. Mais les difficultés se multiplient dans le pays et Gorbatchev doit renoncer à une transition rapide vers une économie de marché.

▶ D'un point de vue politique, la censure est supprimée et de nombreux dissidents sont libérés : c'est la Glasnost (« transparence »). Un nouveau parlement est mis sur pied et Gorbatchev est élu Président de l'URSS, le « rôle dirigeant du Parti » ayant été aboli. Mais la possibilité laissée aux démocraties populaires d'Europe centrale de se doter de gouvernements réformateurs favorise leur émancipation de la tutelle soviétique. Face à la fissuration du bloc de l'Est qui se déroule en 1989, Gorbatchev refuse d'employer la force.

Boris Eltsine et Mikhaïl Gorbatchev devant le Parlement russe, 23 août 1991.

▶ Face au désir d'indépendance vis-à-vis de l'URSS manifesté par les pays baltes, Gorbatchev organise en mars 1991 un référendum sur le maintien de l'URSS. Mais 9 républiques sur 15 y participent, la Lituanie, l'Estonie, la Lettonie, l'Arménie, la Géorgie et la Moldavie se proclamant souveraines. En juin 1991, la Russie elle-même se dote d'un président élu au suffrage universel, **Boris Eltsine**, dont la légitimité est bien supérieure à celle de Gorbatchev. Un putsch fomenté par des communistes conservateurs précipite la dissolution de l'URSS, remplacée par la CEI en décembre 1991.

Ouverture

L'année 1989 voit se dérouler des événements géopolitiques majeurs dans le monde. L'Armée Rouge se retire définitivement d'Afghanistan (février) : la domination soviétique est un échec, elle est rejetée par les démocraties populaires d'Europe centrale. La chute du mur de Berlin (9 novembre) symbolise le triomphe du bloc de l'Ouest face au bloc de l'Est. Lors d'une rencontre avec Gorbatchev, le président américain Bush déclare que la guerre froide est terminée. Mais le communisme tient bon en Chine où la révolte des étudiants et du peuple réclamant plus de liberté a été réprimée dans le sang, place Tian-an-Men (juin).

HISTOIRE

Savoir-faire

Mettre en relation des faits politiques et économiques se déroulant à des moments et dans des endroits différents du monde

Dans l'histoire, tous les événements sont étroitement intriqués. Par rapport à un fait majeur, ils peuvent s'analyser comme étant des **causes** ou des **effets**, selon qu'ils se déroulent en amont ou en aval. Il est donc nécessaire de maîtriser leur date. Il est possible qu'ils se déroulent à des endroits très éloignés les uns des autres, par exemple lorsqu'il s'agit d'un fait d'importance mondiale ; il faut alors les **localiser** pour montrer les **interactions** qui se nouent entre des événements d'apparence très éloignés.

Exercice

★★ 15 min **Réponse à une question problématisée.**

Sujet : Quels sont les causes et les effets des chocs pétroliers survenus dans les années 1970 ?

Rédigez une réponse à cette question en insistant sur les origines géopolitiques des chocs pétroliers de 1973 et de 1979, puis dégagez leurs conséquences sur les économies des pays d'Occident et du Tiers-Monde.

Après avoir défini ce qu'est un choc pétrolier, indiquez et localisez les événements géopolitiques qui ont déclenché celui de 1973 et celui de 1979 ; puis décrivez ce que ces deux chocs ont provoqué comme difficultés économiques en Occident et dans les pays en développement. Vous pouvez souligner les éventuels points communs entre les origines et les conséquences de ces deux chocs.

Un tournant social, politique et culturel de la France de 1974 à 1988

Cours

1 Des réformes qui transforment la société

▶ La France connaît dans les années 1970 une libéralisation de la société dans le domaine des mœurs. En 1974, l'Assemblée nationale abaisse l'âge de la majorité civile de 21 à 18 ans. Le tout nouveau président **Valéry Giscard d'Estaing** tient ainsi la promesse qu'il avait faite aux jeunes lors de sa campagne. 2,4 millions de Français s'émancipent alors de leurs parents, qui n'ont plus ni autorité ni responsabilité sur eux, et obtiennent le droit de vote.

▶ En 1974, Giscard crée un secrétariat d'État à la Condition féminine pour favoriser l'accès des femmes à des postes de responsabilité et pour lutter contre les discriminations qui les frappent, mais ses moyens d'action sont très limités. L'influence du Mouvement de libération des femmes (MLF) n'est pas étrangère à l'intérêt porté par le pouvoir à cette question. Les femmes, de plus en plus indépendantes, occupant souvent un travail salarié et ayant droit à la contraception depuis la loi Neuwirth de 1967, deviennent pour certaines féministes.

Mot-clé

Féministe : personne qui lutte pour l'amélioration et l'extension du rôle et des droits des femmes dans la société.

Ouverture

La **loi autorisant l'interruption volontaire de grossesse (IVG)** est un tournant dans l'évolution du droit des femmes. C'est la ministre de la Santé, Simone Veil, qui défend devant les députés le projet de loi dépénalisant l'IVG. Le vote suscite d'âpres débats. Le droit à l'avortement, autorisé dans un délai de grossesse inférieur ou égal à 10 semaines, est adopté en janvier 1975, grâce essentiellement aux voix de gauche et du centre. Cette loi, jamais remise en cause, fait toujours l'objet de certaines contestations dans la société.

2 De nouvelles questions animent la scène politique

▶ La crise économique, qui sévit en France depuis 1973, favorise l'arrivée à l'Élysée du socialiste **François Mitterrand** en mai 1981. Après une longue période où la droite a été au pouvoir en France, cette alternance politique augure de nombreux changements.

▶ Les femmes ont encore des combats à mener dans les domaines de la famille et du travail. En 1975, le divorce par consentement mutuel est instauré. En 1983, la loi Roudy œuvre pour l'égalité professionnelle entre les femmes et les hommes : toutes les entreprises de plus de 50 salariés ayant signé un contrat avec l'État doivent s'efforcer d'assurer une parité entre hommes et femmes en matière d'embauche,

Ouverture

L'abolition de la peine de mort en 1981 est une question qui a fortement agité l'opinion publique. Pendant sa campagne électorale, Mitterrand s'était ouvertement déclaré contre la peine de mort au risque de perdre des voix. En août 1981, le Conseil des ministres approuve le projet de loi abolissant la peine de mort, qui est défendu avec passion par l'avocat Robert Badinter. L'Assemblée Nationale vote en septembre 1981 l'abolition, avec 363 voix pour, 117 contre.
Cela représente une inflexion humaniste du système judiciaire français qui, en septembre 1977, avait fait guillotiner le dernier condamné à mort.

de promotion, de conditions de travail et de rémunération. Mais les progrès restent modestes. La question du droit des femmes devient récurrente en politique.

▶ Durant les Trente Glorieuses, la France a eu recours à une forte immigration pour répondre à ses besoins de main-d'œuvre. Mais avec la crise économique cette politique est remise en cause. Après avoir mis fin à l'immigration pour motif économique en juillet 1974, l'État autorise le regroupement familial (autorisation pour la famille d'un immigré restée dans le pays d'origine de s'installer en France). Une loi de 1980 rend plus strictes les conditions d'entrée sur le territoire et autorise expulsions et reconduites à la frontière des clandestins. La gauche assouplit ces dispositions en 1981 avant que la droite ne les rétablisse en 1986. Le Front National (FN) émerge en s'emparant du thème de l'immigration, qu'il lie avec l'accroissement du chômage afin d'attiser des sentiments xénophobes.

▶ Dans le même temps, de nombreux immigrés ou enfants d'immigrés sont victimes de ce chômage et de discriminations. Ils aspirent à une véritable intégration. Une marche pour l'égalité et contre le racisme (« marche des Beurs ») rassemblant environ 100 000 personnes est organisée fin 1983 à la suite de la victoire du FN aux municipales à Dreux.

▶ La question du Sida agite l'opinion publique dans les années 1980. En 1983, le virus est isolé, le sang et le sexe sont les deux voies de transmission identifiées. Les seringues sont en vente libre à partir de 1986

Mots-clés

- **Intégration** : processus par lequel des immigrés trouvent leur place dans la société d'accueil, participent à la vie sociale et civique.
- **Immigré** : personne qui vient d'un pays étranger. Un immigré peut avoir la nationalité française.

Affiche de la marche pour l'égalité, 1983

>>

pour éviter la contamination entre toxicomanes et l'usage du préservatif est préconisé. Les chercheurs mettent au point l'AZT, un traitement porteur d'espoir. Dans le même temps, des doses de sang infecté par le VIH sont transfusées par négligence à des patients hémophiles. La société reste globalement sourde aux souffrances des malades ou stigmatise la communauté la plus touchée, les homosexuels masculins. Il faudra le militantisme d'une association comme Act Up-Paris pour faire évoluer les consciences.

3 Un pays en mutation culturelle

▶ Le mouvement de démocratisation de l'enseignement secondaire se poursuit. L'objectif de conduire 80 % d'une classe d'âge au niveau du baccalauréat est formulé en 1985 par le ministre de l'Éducation nationale **Jean-Pierre Chevènement**. Cela conduit à une élévation du taux d'accès aux classes terminales du second cycle général, professionnel ou technologique.
▶ Quant à l'enseignement supérieur, il continue sa voie vers la massification. Le projet de loi présenté en 1986 par le ministre **Alain Devaquet**, prévoyant la possibilité de sélectionner les étudiants à l'entrée des universités et mettant celles-ci en concurrence est abandonné. Les Français, en moyenne plus éduqués, se tournent plus facilement vers des pratiques culturelles diverses.

▶ L'État défend le principe de l'exception culturelle face à la domination des productions américaines s'imposant notamment sur les écrans de cinéma. Il aspire à promouvoir la culture auprès du plus grand nombre, soutient des expositions attirant les foules et finance l'aménagement du Grand Louvre, la création de l'Opéra Bastille, du musée d'Orsay. Le 21 juin 1982, le ministre de la Culture **Jack Lang** donne le coup d'envoi de la première édition de la Fête de la musique. En 1984, il lance ce qui deviendra par la suite les Journées du patrimoine. Les collectivités locales subventionnent de leur côté festivals, médiathèques, animations de rues, etc.
▶ En 1974, 82 % des ménages français possèdent un téléviseur (contre 40 % en 1965). C'est l'année où l'Office de radiodiffusion-télévision française (ORTF) laisse la place à plusieurs sociétés dont TF1, A2, FR3 et Radio France. Toutes restent sous monopole d'État. De 1984 à 1986, trois chaînes de télévision privées sont lancées : Canal+, La Cinq et TV6 (devenue M6). En 1987, TF1 est privatisée. Avec l'accès possible à un réseau câblé, le choix de programmes s'élargit. Mais la course à l'audience dépouille souvent les émissions de toute ambition culturelle. L'offre radiophonique s'enrichit également. Les radios libres voient le jour sur la bande FM où le monopole d'État prend fin. Leur existence participe d'une grande libéralisation des médias.

Savoir-faire

Identifier et nommer les périodes historiques, les continuités et ruptures chronologiques

Il est difficile de comprendre une évolution historique sans la relier à des acteurs qu'il faut savoir identifier et nommer. Leur action se déploie dans le temps de manière régulière et continue mais connaît parfois des ruptures plus ou moins brutales.

Les présidents de la Ve République	
1959-1969	Charles de Gaulle
1969-1974	Georges Pompidou
1974-1981	Valéry Giscard d'Estaing
1981-1995	François Mitterrand
1995-2007	Jacques Chirac
2007-2012	Nicolas Sarkozy
2012-2017	François Hollande
2017-	Emmanuel Macron

Exercice

★★ 10 min **Analyse de document.**

Identifiez les présidents de la Ve République nommés dans le texte et expliquez leur politique culturelle, en soulignant les permanences et les changements de cette politique dans le temps.

[...] la dénomination « grands chantiers présidentiels » comprend tout projet architectural décidé et « souvent directement piloté par les présidents successifs de la Ve République ». Le musée national d'Art moderne-Centre Pompidou est considéré comme étant le tout premier du genre. Inauguré en 1977, l'établissement est né de la volonté du deuxième président de la Ve République. Georges Pompidou [...] souhaitait [..] offrir un lieu où découvrir et comprendre l'art moderne et contemporain. Son successeur Valéry Giscard d'Estaing a, quant à lui, lancé la construction de trois chantiers (ceux du musée d'Orsay, de l'Institut du monde arabe et de la Cité des sciences de la Villette) [...]. Le « président-bâtisseur » le plus prolifique reste cependant François Mitterrand. En plus d'avoir mené à bien les chantiers de son prédécesseur, la paternité du Grand Louvre, de la Bibliothèque nationale de France, de l'Opéra Bastille et de la Grande Arche de La Défense lui revient. [Par la suite, les grands chantiers cessent en raison d'un] changement de paradigme de la politique culturelle [qui] se concentre désormais davantage sur la démocratisation et décentralisation de l'offre culturelle ainsi que sur le soutien à la création.

Marine Vazzoler, Que disent les « grands travaux » des présidents de la politique culturelle française ?, *The Art Newspaper*, 28 septembre 2017.

Surlignez le nom des présidents de la République nommés dans le texte et mettez-les en correspondance avec les grands chantiers culturels que chacun a mené. Dégagez les évolutions qui se dessinent au fil du temps, en expliquant pourquoi, après Mitterrand, un terme a été mis à la politique des grands chantiers.

Les remises en cause économique, politique et sociale des années 1970 à 1991

Dans le monde

Deux chocs pétroliers qui provoquent une crise économique mondiale

- **Causes**
  - – 1973 : guerre de l'Égypte et de la Syrie contre Israël.
  - – 1979: révolution islamique en Iran, puis guerre entre l'Iran et l'Irak.
- **Impact**
  - – Augmentation du prix du pétrole.
  - – Augmentation des coûts de production.
  - – Augmentation des prix de vente des marchandises.
- **Conséquences**
  - – Pays occidentaux : chômage structurel, inflation continue et croissance ralentie (stagflation).
  - – Pays en voie de développement : ralentissement du rythme de la croissance.

Évolution démocratique et intégration économique en Europe

- **Fin des dictatures en Europe du sud**
  - – 1974 : fin du régime des colonels en Grèce, révolution des Œillets au Portugal.
  - – 1975 : mort de Franco, restauration de la République en Espagne.
- **Intégration de pays d'Europe dans la CEE**
  - – 1981 : Grèce.
  - – 1986 : Espagne et Portugal.

La fin de la guerre froide

- **Dislocation du bloc soviétique**
  - – Les démocraties populaires d'Europe centrale rejettent la tutelle soviétique.
  - – 09/11/1989 : chute du mur de Berlin.
- **Effondrement de l'URSS**
  - – Échec de la Perestroïka de Gorbatchev
  - – Nomination d'un président de l'URSS .
  - – Plusieurs républiques soviétiques proclament leur indépendance.
  - – Élection d'un président de la Russie
  - – 1991 : éclatement de l'URSS et naissance de la CEI.

En France

Une société qui se modernise

- **Politique en faveur de la jeunesse**
  - – L'âge de la majorité passe de 21 ans à 18 ans.
  - – Démocratisation de l'enseignement. Secondaire et supérieur.
- **Plus de droit pour les femmes**
  - – 1974 : création d'un secrétariat d'État à la Condition féminine.
  - – 1975 : loi Veil.
  - – 1983 : loi Roudy.

De nouvelles questions politiques

- **L'immigration**
  - – Fin de l'immigration de travail, autorisation du regroupement familial.
  - – Le FN remporte des victoires électorales.
  - – 1983 : marche pour l'égalité.
- **Le Sida**
  - – Difficile reconnaissance de la souffrance des malades.
  - – Mise à disposition gratuite de seringues et incitation à utiliser des préservatifs.
  - – Militantisme d'Act Up.

Nouvelles orientations culturelles

- **Culture ouverte au plus grand nombre**
  - – Fête de la musique, journées du patrimoine, festivals, etc.
  - – Grandes structures culturelles : Grand Louvre, musée d'Orsay, Opéra Bastille
- **Libéralisation des médias**
  - – 1974 : disparition de l'ORTF, naissance de TF1, A2, FR3, Radio France.
  - – 1981 : apparition de radios libres sur la bande FM.
  - – 1984-1986 : création de chaînes privées (Canal +, la Cinq, TV6), privatisation de TF1.

je me teste !

1 **Quand a lieu le premier choc pétrolier ?**
- a. 1971.
- b. 1973.
- c. 1979.

2 **Dans quel contexte a lieu le deuxième choc pétrolier ?**
- a. Une guerre des États arabes contre Israël.
- b. Le retrait des troupes soviétiques d'Afghanistan.
- c. La révolution islamique d'Iran.

3 **Qui prend le pouvoir en Iran lors de la révolution de 1979 ?**
- a. Le Shah d'Iran.
- b. Deng Xiao Ping.
- c. L'ayatollah Khomeiny.

4 **Quelle politique symbolise bien la volonté de la Chine de se tourner vers le capitalisme dans les années 1980 ?**
- a. l'affaiblissement de l'État-providence.
- b. la création de ZES.
- c. le renforcement du secteur primaire.

5 **Quelle est l'année de la révolution des Œillets au Portugal ?**
- a. 1974.
- b. 1975.
- c. 1986.

6 **Quel événement a déclenché le processus menant à la fin de la dictature des colonels en Grèce en 1974 ?**
- a. Un coup d'État militaire.
- b. L'invasion d'une partie de Chypre par la Grèce.
- c. L'invasion d'une partie de Chypre par la Turquie.

7 **Quels sont les pays d'Europe méridionale qui ont adhéré à la CEE en 1986 ?**
- a. La Grèce et le Portugal.
- b. Le Portugal et l'Espagne.
- c. L'Espagne et la Grèce.

8 **Par quelle structure politique l'URSS a-t-elle été remplacée en 1991 ?**
- a. L'OPEP.
- b. La CEE.
- c. La CEI.

9 **Quel était l'âge de la majorité en France avant 1974 ?**
- a. 23 ans.
- b. 21 ans.
- c. 19 ans.

10 **La loi dépénalisant l'IVG date de :**
- a. 1974.
- b. 1975.
- c. 1981.

11 **Quelle loi incite les entreprises à assurer une parité entre hommes et femmes en matière d'embauche et de rémunération ?**
- a. La loi Veil.
- b. La loi Roudy.
- c. La loi Lang.

12 **Quel parti politique émerge dans les années 1980 en faisant de l'immigration l'un de ses thèmes favoris ?**
- a. Le RPR.
- b. Le PS.
- c. Le FN.

13 **Quelle manifestation symbolise la volonté d'une véritable intégration de la part des immigrés en France ?**
- a. La marche pour l'égalité et contre le racisme.
- b. La fête des immigrés de France.
- c. La journée pour l'intégration des immigrés.

14 **En quelle année le virus du SIDA est-il identifié ?**
- a. 1981.
- b. 1983.
- c. 1986.

15 **La disparition de l'ORTF a eu, entre autres, pour conséquence :**
- a. La création de Canal+.
- b. La création de Radio France.
- c. La privatisation de TF1.

Réponses !

1 : b - **2** : c - **3** : c - **4** : b - **5** : a - **6** : c - **7** : b - **8** : c - **9** : b - **10** : b - **11** : b - **12** : c - **13** : a - **14** : b - **15** : b

Nouveaux rapports de puissance et enjeux mondiaux

Cours

1 Depuis la fin de la guerre froide, un monde instable

a. D'un monde unipolaire à un monde multipolaire

▶ Après l'effondrement du bloc communiste, l'hyperpuissance américaine semble sans conteste : à l'échelle mondiale, les États-Unis dominent dans les domaines politique, économique, technologique et culturel. Ils deviennent alors les « gendarmes du monde » intervenant, par exemple, avec le président **George Bush** père, lors de la première guerre du Golfe, en 1990, à la suite de l'invasion du Koweït par l'Irak où ils prennent la tête d'une coalition internationale. Il en est de même avec son successeur, **Bill Clinton**, qui négocie en 1993 les accords d'Oslo, un plan de paix entre Israël et les Palestiniens.

▶ Toutefois d'autres pôles s'affirment progressivement. C'est notamment le cas de l'Union européenne (UE), effective en 1992. À partir des années 2000, dans le cadre d'une économie mondialisée, les pays émergents, et notamment les BRICS (Brazil, Russia, India, China, South Africa), cherchent à concurrencer la domination américaine. Le Brésil, l'Inde et surtout la Chine sont devenus incontournables puisqu'ils concentrent de nombreux espaces productifs. L'Afrique du Sud, divisée par l'Apartheid jusqu'en 1991 et donc exclue des relations internationales, est parvenue depuis à s'imposer comme la première puissance sur le continent africain. Quant à la Russie, sous l'impulsion du président **Vladimir Poutine**, elle cherche à retrouver sa puissance à la fois politique et économique.

Citation

« Aujourd'hui, la majorité des Sud-Africains, noirs comme blancs, reconnaissent que l'Apartheid n'a aucun avenir. Ce système doit être aboli d'un commun accord afin de reconstruire la paix et la sécurité. »

Nelson Mandela, extrait de son premier discours après 27 ans de prison, 13 février 1990.

b. Les nouvelles formes de conflits depuis les années 1990

▶ Si les conflits interétatiques sont en diminution, à l'inverse, les conflits intraétatiques se multiplient. Par exemple, à partir de 1991, les nations qui composent la Yougoslavie proclament successivement leur indépendance. La Slovénie, puis la Croatie, la Bosnie-Herzégovine, la Serbie et la Macédoine multiplient les guerres civiles pour des raisons territoriales, ethniques et religieuses. Cela débouche sur des crimes de masse comme celui de 8 000 Bosniaques musulmans tués par des Serbes de Bosnie à Srebrenica en juillet 1995. Au même moment ou presque, en 1994, au Rwanda, on parle même d'un génocide : les Hutu exterminent de manière intentionnelle et systématique plus de 800 000 Tutsi.

▶ Le 11 septembre 2001 marque un tournant : le territoire américain est frappé par des attentats islamistes faisant près de 3 000 morts. Cet usage de la violence et de la terreur a pour objectif de déstabiliser le nouvel ordre mondial et, en particulier, la domination des puissances occidentales et leurs intérêts partout dans le monde. Depuis deux décennies, le terrorisme prend ainsi de l'ampleur afin de frapper les opinions publiques, notamment en Europe (Espagne, Royaume-Uni, Allemagne, Belgique, France). Le terrorisme est donc une forme de guerre asymétrique : les ennemis utilisent leurs points forts face aux points faibles des États qu'ils combattent. En réponse, les États-Unis multiplient les interventions militaires souvent unilatérales au Proche et Moyen-Orient comme en Irak entre 2003 et 2011.

Citation

« Aujourd'hui, nos concitoyens, notre mode de vie, notre liberté même ont été attaqués dans une série d'actes terroristes meurtriers et délibérés. »

George W. Bush, président des États-Unis, 11 septembre 2001.

2 Les conditions et les enjeux de la coopération internationale

a. L'effort pour mettre en place une gouvernance mondiale

▶ Après sa marginalisation lors de la guerre froide, l'Organisation des Nations Unies (ONU) cherche à prendre toute sa place dans le nouvel équilibre mondial. Ainsi, face à la résurgence des crimes de masse et des génocides dans les années 1990, cette organisation intergouvernementale met en place une justice internationale avec pour objectif de poursuivre les responsables de crimes de guerre et surtout de crimes contre l'humanité. En 1993, le Conseil de sécurité de l'ONU, avec à sa tête les cinq membres permanents (Chine, États-Unis, France, Royaume-Uni et Russie), instaure le premier tribunal pénal international (TPI) pour juger les responsables de ces crimes en ex-Yougoslavie. Un an plus tard, un autre TPI est mis en place pour le Rwanda.

▶ Par ailleurs, d'autres organisations intergouvernementales s'organisent ou se renforcent. L'Organisation mondiale du commerce (OMC), créée en 1995, cherche à instaurer des règles dans les échanges entre les 164 pays membres. Dans un autre registre, le Fonds monétaire international (FMI), créé >>

après la Seconde Guerre mondiale, voit son rôle s'accentuer lors des crises financières des années 2000 et 2010. Enfin, et surtout, la mise en place du G20 à partir de 1999 cherche à prendre en considération la nouvelle hiérarchie des puissances puisqu'aux traditionnels pays riches et développés du G7 (Allemagne, Canada, États-Unis, France, Italie, Japon, Royaume-Uni) s'ajoutent les pays émergents (dont les BRICS).

b. Les défis contemporains

▶ Même si leurs effets se mesurent souvent à l'échelle locale, le réchauffement climatique et la gestion des ressources naturelles sont des problèmes mondiaux. En 1992, la Conférence des Nations unies sur l'environnement et le développement est organisée au Brésil. Ce « sommet de Rio » précise la notion de développement durable. Dès lors, se décline à travers diverses actions (ex. : Agenda 21) une transition à la fois environnementale, économique et sociale discutée notamment lors de conférences internationales comme la COP 21 à Paris en 2015. Malgré le retrait des États-Unis, 195 pays se sont engagés à mettre en œuvre cet accord.

▶ Avec des flux de mobilité en forte croissance dans le contexte de la mondialisation, la question des migrations est devenue essentielle. Elle l'est d'autant plus qu'une partie des migrants sont des réfugiés. Ces derniers ont un statut juridique établi par la *Convention de Genève* en 1951. Or, la lutte contre l'immigration illégale a tendance à renforcer les frontières notamment à la suite de la crise migratoire en Europe depuis 2015. Le *Pacte mondial sur les migrations*, signé en 2018 à Marrakech et négocié par l'ONU, cherche à mettre en place un droit international à la mobilité, mais il n'a pas de caractère coercitif.

Savoir-faire

Utiliser l'échelle appropriée pour étudier un phénomène

Tout phénomène se lit à une échelle chronologique (à un moment donné) et à une échelle spatiale (dans un lieu donné). Son analyse, souvent de manière multiscalaire, est donc une contextualisation dans le temps et sur un territoire. Elle est essentielle dans une réflexion géo-historique.

Exercice

★★ 45 min **En analysant le document, vous montrerez comment, depuis les années 1990, le monde d'après-guerre froide est devenu multipolaire. Puis, vous mettrez en perspective les conséquences qui en découlent.**

Le monde en 2020 : un désordre mondial

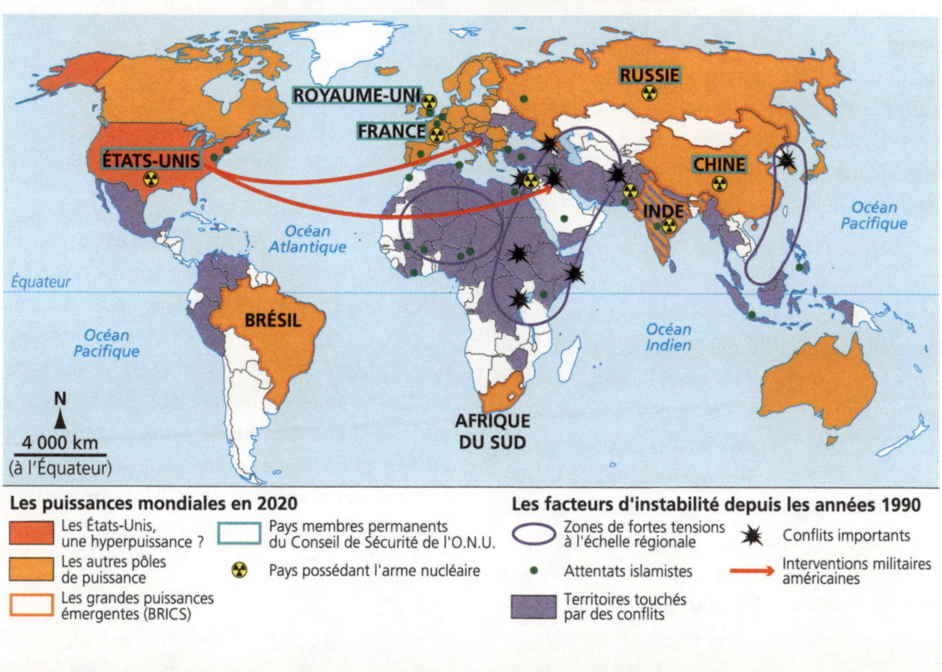

La construction européenne entre élargissement, approfondissement et remises en question

Cours

1 Le passage de la Commission économique européenne à l'UE

a. L'approfondissement de la construction européenne : le *traité de Maastricht* (1992)

▶ En 1989, la chute du mur de Berlin marque la fin de la guerre froide. Cela modifie profondément la géopolitique européenne. Outre la réunification de l'Allemagne en 1990, les pays européens de l'ancien bloc communiste aspirent à rejoindre la construction européenne. Sous l'impulsion de **François Mitterrand**, président de la République française, et d'**Helmut Kohl**, chancelier de la République fédérale d'Allemagne, les douze pays membres de la CEE réfléchissent à une nouvelle organisation : le cadre institutionnel de la CEE, né du *traité de Rome* en 1957, n'est plus adapté d'autant que le projet d'une monnaie unique est déjà initié depuis le milieu des années 1980. Il faut donc réformer pour intégrer.

Citation

« Cette réalisation est donc un atout majeur pour le renforcement de l'Union européenne, un élément décisif dans l'élaboration et la mise en œuvre du marché unique, un pas supplémentaire pour le rapprochement entre les peuples eux-mêmes. »

François Mitterrand, au sujet de la construction du tunnel sous la Manche, 6 mai 1994.

▶ L'Union européenne va plus loin que la CEE car elle n'est pas seulement une simple association commerciale régionale. Elle peut se définir comme une association économique et politique supranationale car ses pays membres délèguent une partie de leurs compétences régaliennes à des institutions européennes. Ainsi, le *traité de Maastricht* crée une citoyenneté européenne. De plus, il y a un approfondissement de la coopération dans trois domaines, aussi appelés piliers : la Communauté européenne (avec notamment la mise en place en 2002 de l'euro, une monnaie unique), la politique étrangère et de sécurité commune (PESC) et la coopération dans les domaines de la justice et des affaires intérieures.

b. La nécessité de s'adapter aux élargissements successifs

▶ Cette évolution du projet européen est donc à mettre en parallèle avec l'intégration de nouveaux pays. En 1995, l'Union européenne intègre l'Autriche, la Finlande et la Suède pour lesquelles le processus était déjà engagé depuis longtemps. En 2004, dix nouveaux États, essentiellement d'Europe de l'Est, rejoignent l'Union européenne : Chypre, l'Estonie, la Hongrie, la Lettonie, la Lituanie, Malte, la Pologne, la République tchèque, la Slovaquie et la Slovénie. En 2007, la Bulgarie et la Roumanie y adhèrent à leur tour. En 2013, la Croatie devient le 28e pays membre de l'UE.

▶ Le système de gouvernance mis en place en 1992 montre pourtant très vite ses limites. Le *traité d'Amsterdam* qui entre en vigueur en 1999 et le *traité de Nice* qui entre en vigueur en 2003 se devaient de simplifier le fonctionnement des institutions européennes. En 2005, une synthèse est proposée dans le cadre d'un *traité établissant une constitution pour l'Europe*. Mais ce texte, voulant établir une confédération européenne, est rejeté par référendum en France et aux Pays-Bas. À défaut, en 2009, les États européens mettent en œuvre le *traité de Lisbonne* qui se veut une solution pérenne mais toujours complexe à la crise de gouvernance de l'Union européenne.

2 Les difficultés de l'Union européenne

a. Une construction européenne en crise(s)

▶ Il y a tout d'abord des questions liées à la zone euro. Seuls 19 pays membres de l'Union européenne utilisent cette monnaie unique. Ainsi, le Danemark, le Royaume-Uni, la Suède n'ont pas souhaité y adhérer. D'autres pays comme la Hongrie ou la Roumanie sont en attente. En effet, pour pouvoir l'adopter, il faut respecter cinq critères de convergence (ex. : un déficit public inférieur à 3 % du PIB) prescrits dans le *traité de Maastricht*. C'est d'ailleurs pour avoir menti quant au respect de ces critères que la Grèce entre en crise en 2010 avant d'entraîner d'autres pays européens (Chypre, Espagne, Irlande, Portugal). Plus généralement, tout le système financier européen est affecté dans le cadre de la crise systémique mondiale de 2007-2009.

Citations

« L'Europe se fera par la monnaie ou ne se fera pas. »

Jacques Rueff, haut-fonctionnaire et économiste français, 1949.

« L'euro ne remplacera jamais le dollar et sera toujours une illusion technocratique ».

Milton Friedman, économiste américain, prix Nobel d'économie, 2002.

▶ Par ailleurs, l'euroscepticisme est grandissant. L'Union européenne apparaît souvent comme une Europe des États contre une Europe des citoyens. Ce fut notamment le cas à la suite du rejet par deux peuples du *traité établissant une constitution pour l'Europe* en 2005 (le *traité de Lisbonne* en est très largement une reprise). L'abstention aux élections européennes est également symptomatique : en moyenne, un citoyen européen sur deux ne vote pas à cette occasion. À l'occasion des élections de 2019, les partis nationalistes et souverainistes ont quant à eux progressé. Enfin, le Brexit, voté au Royaume-Uni en 2016 et effectif en 2020, peut être considéré comme l'acmé de cette europhobie.

>>

b. Les défis à relever

Si l'Union européenne est un pôle économique et commercial majeur à l'échelle mondiale, cela n'est pas le cas dans les domaines politique et diplomatique. Malgré sa participation à plusieurs institutions internationales (G7, G20), elle ne parvient pas à parler d'une seule voix. Ainsi, face à l'éclatement par des guerres de l'ex-Yougoslavie entre 1991 et 2001, les grandes puissances européennes ont des intérêts divergents : la France et le Royaume-Uni soutiennent plutôt la Serbie tandis que l'Allemagne plaide davantage pour la Croatie. Il en est de même lors de la seconde guerre du Golfe lancée en 2003 par les États-Unis contre l'Irak : le Royaume-Uni, l'Espagne, l'Italie ou encore la Pologne affichent leur soutien transatlantique tandis que la France ou l'Allemagne se veulent un axe pacifique.

À l'interne, les gouvernements doivent réconcilier leurs peuples avec l'UE. Les institutions européennes sont accusées d'être technocratiques et éloignées des préoccupations quotidiennes des Européens. Il est vrai que 20 % des lois françaises sont des transpositions en droit français de directives européennes. Ainsi, deux visions de la construction européenne se font face : une Europe des coopérations et une Europe fédéraliste. La première s'est traduite par des projets industriels comme Airbus, Ariane ou des projets universitaires comme Erasmus. La seconde, mise en œuvre depuis 1992, semble davantage en échec.

Savoir-faire

Identifier et expliciter les dates et acteurs des grands événements

Un événement, ici historique, se veut un point de rupture avec un « avant » et un « après ». Il peut ainsi faire l'objet d'un récit, celui d'un fait avec ses causes et ses conséquences, mais aussi avec ses protagonistes (personnes, États, organisations, opinion publique, etc.).

Exercice

★★ 45 min **En analysant le document, vous mettrez tout d'abord en évidence que la construction européenne est une dynamique, puis vous montrerez que cette Europe semble être en panne.**

Pierre KROLL, caricature publiée dans le journal belge *Le Soir*, 6 janvier 2007.

HISTOIRE

La République française

Cours

1 La Vᵉ République, un régime stable qui s'adapte

a. Des évolutions constitutionnelles

▶ Depuis 1958, la Constitution a été révisée à 24 reprises avec une accélération du rythme à partir des années 1990. En effet, entre 1992 et 2008, la loi fondamentale a été amendée 19 fois. À plusieurs reprises, cela consistait à mettre en adéquation la gouvernance en France et les évolutions institutionnelles de la construction européenne. Plus généralement, les réformes de la République témoignent aussi d'un effort pour mettre en place une gouvernance mondiale face aux défis contemporains avec la reconnaissance de la Cour pénale internationale (1999) ou la constitutionnalisation de la *Charte de l'Environnement* (2004).

▶ Mais l'évolution de la constitution la plus importante est sans aucun doute, en lieu et place du septennat, l'instauration du quinquennat à la suite d'un référendum voulu par **Jacques Chirac** en 2000. Cette réduction du mandat présidentiel à cinq ans se veut être un moyen de limiter le risque de cohabitation puisque le chef de l'État aligne son temps d'exercice du pouvoir sur celui des députés. D'autres modifications ont également cherché à moderniser la fonction présidentielle comme **Nicolas Sarkozy**, en 2008, avec la limitation à deux mandats consécutifs.

b. Des principes fondamentaux réaffirmés : l'exemple de la laïcité

▶ Selon sa Constitution, la France est une République laïque. Cela signifie que la République française respecte la liberté de conscience et toutes les croyances de manière égale mais sans en reconnaître aucune. Cette neutralité de l'État rejette toutes les formes de discrimination en raison de son sexe, de son origine ou de sa religion. Toutefois, ce principe est réinterrogé à partir de la fin des années 1980. Ainsi, le regard en France sur la religion musulmane change d'autant plus que l'islamisme politique progresse à l'échelle mondiale. Ici, la religion ne relève plus de la liberté de conscience mais d'une identité communautariste accusée de vouloir se séparer de l'universalisme républicain.

▶ Cette crise est particulièrement prégnante dans le domaine scolaire. Des polémiques souvent très médiatisées mettent en exergue le cas de jeunes filles de religion musulmane exclues de leurs établissements scolaires pour le port d'un « voile islamique ». En 2004, une loi sur les signes religieux dans les écoles publiques est votée. Sans interdire le port de signes religieux discrets, elle interdit leur manifestation ostensible dans les établissements scolaires. En 2013, une *Charte de la laïcité à l'école* vient confirmer ce principe républicain plus que centenaire.

2 La République face aux transformations de la société française

a. Une mutation de la gouvernance : l'approfondissement de la décentralisation

▶ Initiée au début des années 1980 par le président **François Mitterrand**, la décentralisation peut se définir comme un transfert de certaines compétences de l'État centralisé vers ses territoires de proximité que sont les communes, les départements et les régions. Elle se veut un moyen de rapprocher les citoyens de la décision dans une période où l'action politique est de plus en plus discréditée. Depuis cet « Acte I », ces collectivités territoriales ont progressivement acquis une autonomie juridique et financière. En 2003, avec **Jacques Chirac**, la décentralisation devient un principe constitutionnel. Cet « Acte II » est suivi d'un « Acte III » voulu en 2015 par **François Hollande** avec la réduction du nombre de régions métropolitaines (de 22 à 13) et la *loi portant la nouvelle organisation territoriale de la République* (loi NOTRe) qui définit notamment le rôle des intercommunalités.

Citation

« La décentralisation, ce n'est pas qu'une démarche administrative, pas uniquement un dispositif institutionnel. C'est un souffle, un élan, pour l'unité de la République, sa cohésion, l'efficacité de son action. Pour être plus forte, la République a besoin de renforcer ses territoires. »
Manuel Valls, Premier ministre, 29 octobre 2014.

▶ Tableau de synthèse des collectivités territoriales en France

Nom de la collectivité territoriale (nombre en 2019)	Commune (34 968)	Département métropolitain (95)	Région métropolitaine (13)
Assemblée délibérative (composition)	Conseil municipal (conseillers municipaux)	Conseil départemental (conseillers départementaux)	Conseil régional (conseillers régionaux)
Élections au suffrage universel direct	Élections municipales (tous les 6 ans)	Élections départementales (tous les 6 ans)	Élections régionales (tous les 6 ans)
Personne élue par l'assemblée délibérative	Maire	Président du Conseil départemental	Président du Conseil régional
Quelques exemples de compétences	Construction et rénovation des écoles primaires Transports urbains Police municipale	Construction et rénovation des collèges Action sociale (ex. : RSA) SDIS	Construction et rénovation des lycées TER Apprentissage

b. Les combats pour l'égalité

▶ Dans les années 1990, la place des femmes reste encore extrêmement minoritaire tant dans les institutions gouvernementales que parlementaires. Initialement porté par les mouvements féministes, ce combat pour l'introduction de la **parité hommes/femmes en politique** devient aussi celui de la République. Cela contribue, en 1999, à la **révision de la Constitution** et, en 2000, au vote de la *loi sur la parité*. Cette dernière, se veut à la fois incitative et contraignante. Par exemple, un parti politique doit présenter autant d'hommes que de femmes lors des élections sous peine de pénalités financières. Toutefois, son application donne des **résultats mitigés** selon les assemblées : par exemple, près de 40 % de femmes ont été élues député en 2017 alors qu'au Parlement européen la parité est atteinte pour la France aux élections de 2019.

Citation

« La parité, c'est un instrument d'égalité. Il n'y a pas à la justifier philosophiquement puisque c'est un moyen. Le principe, c'est l'égalité entre les hommes et les femmes. »

Déclaration de Geneviève Fraisse (philosophe) à l'Assemblée nationale, 11 décembre 1998.

▶ L'égalité des droits passe aussi par l'**égalité civile**. En témoigne l'évolution du mariage et, plus généralement, de la vie de couple. Instauré en 1999, le **PACS** (pacte civil de solidarité) est un contrat conclu entre deux personnes majeures de sexe différent ou de même sexe pour organiser leur vie commune. Néanmoins, le PACS est différent du mariage notamment pour les questions liées à la filiation, à l'adoption et à la succession. C'est pourquoi il ne permet pas une égalité en droits, d'où le vote de la **loi dite du « mariage pour tous »** en 2013. La France devient alors le 9e pays européen et le 14e pays au monde à autoriser le mariage homosexuel.

Savoir-faire

Savoir lire, comprendre et critiquer une série statistique

L'analyse de chiffres ne consiste pas à les commenter les uns à la suite des autres. Il faut tout d'abord mettre en évidence des tendances générales sur la période concernée. Puis, il faut expliquer des spécificités par ligne ou par colonne grâce à des connaissances factuelles.

Exercice

★★ 45 min **En analysant le document, vous démontrez que les évolutions constitutionnelles de la République française ne parviennent pas toujours à s'adapter aux évolutions de la société.**

Évolution de l'abstention aux différents scrutins en France depuis le milieu des années 1990

Scrutins / Année	Présidentiel (1)	Législatif (1)	Municipal (1)	Départemental (1 et 2)	Régional (1)	Européen	Référendaire
1995	20,98		31,30				
1997		30,55					
1998				42,39	42,03		
1999						53,24	
2000							69,81
2001			33,28	39,13			
2002	24,34	37,63					
2004				34,80	36,75	57,24	
2005							30,63
2007	16,13	39,80					
2008			34,13	39,82			
2009						59,37	
2010					51,22		
2011				55,45			
2012	20,08	43,69					
2014			37,16			57,57	
2015				49,92	45,84		
2017	23,83	54,33					
2019						49,88	

(1) Moyenne des deux tours
(2) Jusqu'en 2015, les élections départementales se nomment élections cantonales avec des renouvellements par moitié.

SYNTHÈSE

Le monde, l'Europe et la France depuis les années 1990, entre coopérations et conflits

Nouveaux rapports de puissance et enjeux mondiaux

La fin de la guerre froide (1989-1991)

Un monde multipolaire
- Les **États-Unis**, une hyperpuissance
- L'affirmation de l'**Union européenne**
- Les **pays émergents**, de nouvelles puissances dont les BRICS

Une diversité de conflits
- De moins en moins de conflits **interétatiques**
- La multiplication des **guerres civiles**, des **crimes de masse** et des **génocides**
- L'expansion du **terrorisme islamiste**

La mise en place d'une gouvernance mondiale?
- La réaffirmation du **rôle de l'ONU** (ex. : création du TPI)
- La création ou le renforcement d'**institutions intergouvernementales** (ex. : OMC, G20)
- Les **défis** qui restent à relever (ex. : réchauffement climatique, réfugiés)

La construction européenne entre élargissement, approfondissement et remises en question

Le *traité de Maastricht* (Union européenne, 1992)

L'approfondissement
- La mise en place d'une **citoyenneté européenne**
- La création d'une monnaie unique, l'**euro** (2002)
- Le renforcement des **politiques supranationales** (ex. : PESC)

L'élargissement
- L'intégration de **nouveaux pays** (1995, 2004, 2007, 2013)

Une Europe en crises (depuis les années 2000)
- Une crise de la gouvernance
- Une crise de la zone euro
- Une montée de l'euroscepticisme (Brexit)

La République française

La Ve République, un régime stable

Par la réaffirmation de grands principes républicains
- La **laïcité** en 2004

Par des évolutions institutionnelles dans la gouvernance
- Le passage du septennat au **quinquennat** présidentiel en 2000
- L'approfondissement de la **décentralisation** dans les années 2000 et 2010
- Les adaptations constitutionnelles à la construction européenne

Par la prise en compte des évolutions de la société
- La **parité hommes/femmes** en politique depuis les années 2000
- Du PACS (1999) au **« mariage pour tous »** (2013)

je me teste !

1 Quels pays émergents sont nommés par l'acronyme anglosaxon « BRICS » ?

- ☐ **a.** Brazil, Russia, Indonesia, China, South Africa.
- ☐ **b.** Brazil, Rwanda, India, China, South Africa.
- ☐ **c.** Brazil, Russia, India, China, South Africa.

2 Qu'est-ce que le « G20 » ?

- ☐ **a.** Le groupe des 20 pays les plus peuplés au monde.
- ☐ **b.** Le groupe des principaux pays industrialisés et émergents.
- ☐ **c.** Le groupe des principaux pays émergents.

3 Comment peut-on définir un génocide ?

- ☐ **a.** Un crime de masse.
- ☐ **b.** Une extermination de manière intentionnelle et systématique d'un peuple.
- ☐ **c.** Une guerre civile.

4 Par qui est mis en place une justice internationale dans les années 1990 ?

☐ **a.** L'ONU. ☐ **b.** L'OMC. ☐ **c.** Le FMI.

5 Pourquoi peut-on dire que le terrorisme islamiste est une forme de guerre asymétrique ?

- ☐ **a.** Il oppose deux États.
- ☐ **b.** Il oppose un État à un ennemi identifié mais non visible militairement.
- ☐ **c.** Il oppose un État à un peuple.

6 Comment se nomme le traité qui crée l'Union européenne en 1992 ?

- ☐ **a.** Le traité de Rome.
- ☐ **b.** Le traité de Maastricht.
- ☐ **c.** Le traité de Lisbonne.

7 En quelle année est mise en circulation l'euro, la monnaie unique européenne ?

☐ **a.** 1992. ☐ **b.** 1999. ☐ **c.** 2002.

8 Après le départ du Royaume-Uni, combien de pays membres compte l'Union européenne ?

☐ **a.** 27. ☐ **b.** 28. ☐ **c.** 30.

9 Quel pays de la zone euro est entré en crise financière en 2010 ?

☐ **a.** La Grèce. ☐ **b.** L'Irlande. ☐ **c.** L'Italie.

10 Qu'est-ce que l'euroscepticisme ?

- ☐ **a.** La méfiance vis-à-vis de la construction européenne.
- ☐ **b.** La mise en place d'une Europe fédéraliste.
- ☐ **c.** Le nom d'un programme supranational européen.

11 En quoi la révision constitutionnelle de 2000 en France marque-t-elle une évolution de la fonction présidentielle ?

- ☐ **a.** Le président de la République ne peut pas se présenter plus de deux fois de manière consécutive.
- ☐ **b.** Le président de la République est élu pour cinq ans, et non plus pour sept ans.
- ☐ **c.** Le président de la République peut dorénavant s'exprimer devant le Congrès.

12 Qu'est-ce que le principe constitutionnel de laïcité en France ?

- ☐ **a.** L'interdiction des religions.
- ☐ **b.** Une forme d'athéisme.
- ☐ **c.** La neutralité de l'État.

13 Comment peut-on définir le processus de décentralisation en France ?

- ☐ **a.** Le transfert de compétences de l'État vers les collectivités territoriales.
- ☐ **b.** La déconcentration de services de l'État dans les communes, les départements et les régions.
- ☐ **c.** Le renforcement des pouvoirs de l'État.

14 Quel est l'objectif de la parité en France ?

- ☐ **a.** Défavoriser par la loi l'accès des hommes aux fonctions politiques.
- ☐ **b.** Favoriser par la loi l'égalité juridique.
- ☐ **c.** Favoriser par la loi l'égal accès des hommes et des femmes aux fonctions politiques.

15 De quand date la loi dite du « mariage pour tous » en France ?

☐ **a.** 2013. ☐ **b.** 2004. ☐ **c.** 1999.

Réponses

1 : c - **2** : b - **3** : b - **4** : a - **5** : b - **6** : b - **7** : c - **8** : a - **9** : a - **10** : a - **11** : b - **12** : c - **13** : a - **14** : c - **15** : a

Mers et océans : vecteurs essentiels de la mondialisation

Cours

1 Les mers et océans vecteurs des flux matériels, immatériels et humains

a. Le mode de transport privilégié de la mondialisation

▶ Les mers et océans mettent en relation les différents espaces terrestres du monde. Le transport maritime est le mode qui permet de transporter des marchandises en grande quantité et à moindre coût sur de très longues distances. Les mers et océans assurent environ 90 % du trafic de marchandises dans le monde en volume. En 20 ans, les flux de marchandises transportées par la mer ont doublé pour atteindre, en 2018, 11 milliards de tonnes.

À savoir

Il existe 5 océans (Atlantique, Pacifique, Indien, Arctique et Austral) et un peu moins de 100 mers dans le monde, qui couvrent 71 % de la surface terrestre.

▶ La flotte mondiale compte environ 50 000 navires de commerce, spécialisés en fonction de la nature de la cargaison : porte-conteneurs, rouliers, pétroliers, méthaniers, etc. On distingue deux catégories de marchandises, celles circulant en vrac (céréales, charbon, minerais, hydrocarbures, etc.) et celles circulant dans des conteneurs (produits textiles, produits manufacturés, etc.).

▶ Les espaces maritimes sont également parcourus par de très nombreux câbles. Environ 430 câbles sous-marins sont en service actuellement. Ces câbles, déposés au fond des mers et océans par des navires câbliers, assurent 99 % des flux de communications intercontinentales (téléphonie, Internet).

b. Les mers et océans et la circulation des hommes

▶ Les mers et océans servent aussi aux mobilités humaines. Ils permettent de relier le continent et une île avec des ferrys. Ils sont de plus en plus utilisés pour transporter des touristes pour des croisières avec d'immenses paquebots.

c. Ports, routes maritimes et seuils

▶ De nombreuses routes maritimes parcourent les mers et océans de la planète. Les plus importantes routes maritimes relient les grands centres de la mondialisation, qui correspondent aux principales aires de puissances : l'Amérique du Nord, l'Europe et l'Asie orientale. Elles concentrent les flux et les principaux ports.

▶ Les ports servent à charger et décharger les cargaisons. Quelques ports assurent l'essentiel du trafic mondial, 25 ports assurent 50 % des flux mondiaux. Sur les 10 premiers ports mondiaux, 9 sont asiatiques et 7 chinois. En effet, le Pacifique est devenu le centre de gravité du commerce maritime mondial devant l'Atlantique.

▶ Les routes maritimes empruntent des seuils. Ils constituent des passages stratégiques du transport maritime. Ces seuils peuvent provoquer des goulets d'étranglement, car le passage des navires est ralenti par la densité du trafic voire interrompu suite à un incident (collision, tensions géopolitiques).

À savoir

Les seuils sont des points de passage qui relient deux espaces maritimes différents. Ce sont soit des détroits, c'est à dire d'étroits passages maritimes naturels entre deux terres comme le détroit de Malacca, soit des canaux creusés par l'homme pour réduire les routes maritimes comme le canal de Suez.

2 Les mers et océans, des espaces riches en ressources

a. Les ressources halieutiques et biochimiques

▶ Les ressources halieutiques, qui sont liées à la pêche, sont un enjeu majeur pour l'alimentation mondiale. Les mers et océans nourrissent un quart de l'humanité. La pêche est également une activité économique importante qui crée des richesses et des emplois. Selon la FAO, chaque travailleur en mer crée 4 à 5 emplois à terre. Les quantités pêchées ont été multipliées par 5 en 50 ans.

▶ Aujourd'hui, les mers et océans sont menacés par la surpêche et partout les stocks d'espèces diminuent. Les techniques de pêche industrielle ont un effet destructeur sur les écosystèmes maritimes. Des solutions alternatives, comme l'aquaculture se développent. La mer a également un potentiel biochimique très important mais méconnu, qui permet déjà d'utiliser 5 000 molécules dans différents domaines comme la santé. Par exemple des anticancéreux inspirés du milieu marin ont été développés par des laboratoires.

b. Les ressources énergétiques et minérales

▶ Le fond et le sous-sol des mers et océans abritent des gisements de matières premières. Actuellement, l'exploitation d'hydrocarbures offshore (au large) représente le tiers de la production mondiale et environ un tiers des réserves découvertes. Avec l'augmentation de la demande et les progrès techniques des gisements de plus en plus profonds peuvent-être exploités.

▶ Les fonds marins représentent également une part très importante des réserves de minerais. Elles prennent la forme de nodules polymétalliques (galet composé de plusieurs métaux) déposés au fond des principaux océans. Enfin, les espaces maritimes ont d'importantes potentialités en matière de production d'énergies renouvelables en exploitant les courants, les marées, les vents, la chaleur.

Savoir-faire

Nommer et localiser les grands repères géographiques

a. Que sont les grands repères géographiques ?

▶ Il existe une grande variété de repères géographiques. Ce sont soit des **lieux**, soit des **espaces** qui ont un intérêt particulier. On peut distinguer des **repères physiques** (continents, océans, fleuves, grands reliefs, principales zones climatiques, etc.) ; des **repères liés à la présence humaine** (foyers de peuplement, métropoles, États, régions, etc.) ; ou encore des **repères liés aux activités humaines** (port, espaces touristiques, espaces agricoles, etc.).

▶ Nommer les repères, c'est les identifier mettre en évidence les éléments distinctifs d'un lieu ou d'un espace. Ce qui permet de le singulariser, de le différencier. La localisation des repères peur se faire sur une **carte** ou dans un développement.

b. Pourquoi maîtriser les grands repères géographiques ?

Ces repères sont indispensables pour **se situer dans l'espace**, pour **avoir une meilleure connaissance des territoires**. Ils ont également une importance pour réussir les exercices de géographie. Les repères servent à la **réalisation de croquis**, à donner des exemples dans une **réponse problématisée** et à comprendre les documents proposés en **analyse**.

c. Comment maîtriser les grands repères géographiques ?

L'apprentissage des repères est réalisé au fur et à mesure de la scolarité. C'est un **processus cumulatif**. On peut améliorer sa maîtrise des repères en observant attentivement les cartes qui accompagnent les cours. En refaisant certaines cartes sous forme de **schémas simplifiés**. À chaque fois qu'un lieu ou un espace est abordé, il faut rechercher sa localisation si elle n'est pas indiquée. Ainsi, progressivement, on peut se constituer une **banque de repères** chapitre par chapitre. Il est possible d'utiliser des ressources pour mieux appréhender les repères : atlas, les sites *Google Earth*, *géoportail*, *Espace mondial* (atlas de Sciences-Po), etc.

Exercice

★ 10 min **Placez sur le planisphère les repères indiqués ci-dessous :**

a. Localisez 5 ports importants : Rotterdam, Shanghai, Singapour, Nouvelle Orléans, Nagoya.

b. Inscrivez le nom des océans suivants : Océan Atlantique, Océan Pacifique, Océan Indien.

c. Tracez la principale route maritime planétaire.

d. Placez le détroit de Gibraltar, détroit de Malacca, détroit d'Ormuz, détroit de Béring, le canal de Suez, le canal de Panama.

Si vous ne savez pas localiser les repères, utilisez les ressources proposées dans le savoir-faire.

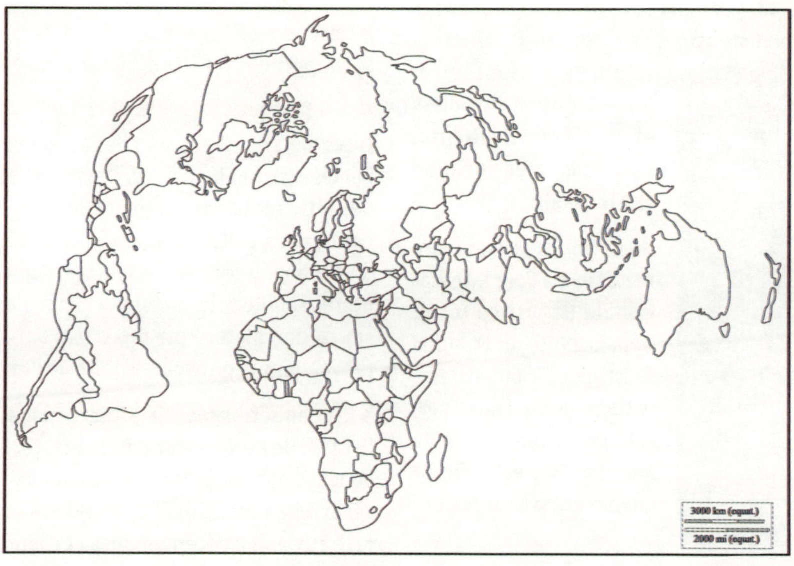

Mers et océans : entre appropriation, protection et liberté de circulation

Cours

1 Les mers et océans, appropriation et conflits

a. La territorialisation des mers et océans

En 1982, après 10 ans de négociation, la conférence des Nations unies de Montego Bay (Jamaïque) aboutit à la signature d'une convention. La convention des Nations unies sur le droit de la mer (CNUDM) définit les régimes juridiques des espaces maritimes. À ce jour, 133 pays sur 193 l'ont signée. En simplifiant, il existe trois types d'espaces maritimes différents :

– La mer territoriale ou eaux territoriales s'étend de la côte jusqu'à une distance maximale de 12 milles nautiques (22 km). Dans cet espace, l'État côtier exerce une souveraineté totale.

– La zone économique exclusive (ZEE) est une zone comprise entre la côte et au maximum 200 milles nautiques (370 km) mer territoriale comprise. Dans sa ZEE, un État côtier peut exercer une souveraineté et une exploitation des eaux, des sols et du sous-sol marins. Il est possible d'étendre une ZEE du plateau continental (partie la moins profonde de la mer et la plus riche en ressources).

– Les espaces maritimes internationaux ou eaux internationales, correspondent aux eaux situées au-delà des 200 milles nautiques. La règle est le principe de liberté (de pêche, de navigation, de recherche, etc.) Cependant des conventions internationales sont établies pour protéger certaines espèces menacées (baleine, thon, etc.).

b. Une appropriation source de tensions et de conflits

▶ Actuellement, 70 litiges dans le monde concernent le tracé de la ZEE ou son extension. En effet, les États ont la volonté de s'approprier les ressources des mers et des fonds marins, comme en mer de Chine méridionale.

▶ Les litiges peuvent être réglés par la Cour internationale de justice (CIJ). Depuis 1996, un tribunal spécifique (Tribunal international du droit de la mer) créé par la convention de Montego Bay est officiellement entré en fonction.

À savoir

La mer de Chine méridionale est un espace maritime de 3,5 millions de km² bordé par le Viêtnam à l'ouest, la Malaisie, l'Indonésie et Singapour au sud, les Philippines et Brunei à l'est et Taïwan et la Chine au nord. Les huit États côtiers de la mer de Chine méridionale revendiquent chacun une partie de l'espace maritime ou bien encore les îles Spratleys ou Paracels. La Chine estime que cette mer est historiquement sa propriété. Elle occupe les 2/3 de sa superficie au détriment des autres États riverains.

2 L'importance géostratégique des mers et océans

a. Les mers et océans comme vecteurs de la puissance militaire

▶ Les mers et océans sont le moyen par lequel un État peut projeter sa puissance militaire. Les porte-avions et les sous-marins nucléaires sont les équipements qui permettent cette capacité à intervenir loin de son territoire, sur n'importe quel point du globe. Dans ce domaine, les États-Unis ont une avance considérable. Ils possèdent 18 sous-marins nucléaires, 11 porte-avions et disposent de flottes présentes sur toutes les mers et océans du globe.

▶ La Chine, la France, la Russie, le Royaume-Uni, l'Inde, le Japon sont des puissances maritimes militaires de second rang. Elles possèdent un moins grand nombre de sous-marins nucléaires et de porte-avions.

b. Assurer la sécurité des mers et océans

▶ Les puissances maritimes contrôlent et surveillent les principales routes maritimes pour assurer la liberté de circulation et garantir la sécurité des navires de commerce. Certains espaces maritimes comme le golfe arabo-persique, proches de zones de conflits et d'instabilité font l'objet d'une présence militaire permanente et sont au cœur des enjeux actuels.

▶ Avec l'essor du commerce maritime, les actes de piraterie se multiplient. Trois zones principales concentrent l'essentiel des attaques : l'Asie du Sud-est, le golfe d'Aden et le golfe de Guinée. Les navires sont interceptés pillés ou détournés pour obtenir une rançon.

▶ Les mers et océans sont aussi le lieu de trafics. Ils sont le support des flux de drogues et de migrants clandestins.

c. La protection des mers et océans

▶ Les mers et océans sont des espaces de plus en plus pollués par les activités humaines. L'essentiel de la pollution provient des activités terrestres et des déchets produits sur les continents. Cette pollution ainsi que la surpêche sont responsables d'une diminution des ressources. Régulièrement des marées noires souillent les littoraux comme en 2010, avec l'explosion d'une plateforme pétrolière dans le golfe du Mexique provoquant la pire marée noire de l'histoire des États-Unis.

▶ L'Organisation maritime internationale, créée en 1948 dans le cadre de l'ONU, regroupe 172 États. Elle tente, grâce à des conventions, de préserver les milieux marins et d'assurer la sécurité en mer. Toutefois, cette agence a peu de pouvoir face aux enjeux économiques et commerciaux.

Savoir-faire

Transposer un texte en croquis

L'exercice du croquis consiste à passer d'un texte à une **production cartographique**, c'est-à-dire en localisant les phénomènes présentés dans le texte. Cet exercice, comprend un **titre**, un **texte** qui présente une situation géographique et un **fond de carte.**

a. Comprendre le sujet

Il faut lire attentivement le sujet et le texte pour identifier les **limites géographiques** et la **nature** du sujet. Au brouillon, relever les informations importantes et leurs localisations.

b. Réaliser la légende

▶ À partir de la liste d'informations relevées au brouillon, il faut les classer dans deux ou trois thèmes, qui formeront les **parties de la légende**.

▶ Le nombre d'informations est volontairement limité, rarement plus d'une dizaine, un trop grand nombre d'informations peut réduire la lisibilité de la production graphique. Pour chaque idée de la légende, il faut choisir un **figuré**.

c. Réalisation graphique

Il est préférable de commencer par les figurés **de surface** puis ajouter les figurés **ponctuels** et **linéaires.**

À savoir

Un croquis réussi doit-être lisible et esthétique. Il doit-être démonstratif, c'est-à-dire répondre au sujet. Il doit être précis, notamment pour les localisations. Le croquis doit comprendre un titre et une nomenclature, c'est-à-dire les noms des éléments présents (villes, fleuves, États, etc.) et ceux qui permettent de situer les phénomènes représentés (mer, océans, etc.).

Exercice

★★★ 1 heure **À partir du texte proposé, réalisez un croquis sur le sujet : « Les tensions en mer de Chine méridionale ».**

a. Lisez attentivement le texte et relevez au brouillon les informations qui permettent de traiter le sujet.

b. Construisez la légende

c. Réalisez le croquis

Doc. 1 La mer de Chine, une mer très convoitée

La mer de Chine méridionale est un espace maritime bordé par le Viêtnam à l'ouest, la Malaisie, l'Indonésie et Singapour au sud, les Philippines et Brunei à l'est, et Taiwan et la Chine au nord. Les 8 États côtiers de la mer de Chine méridionale revendiquent chacun une partie de l'espace maritime ou ses îlots. La Chine estime qu'elle a des droits historiques sur la plus grande partie de cette mer. À la fin de la Seconde Guerre mondiale, elle délimite l'espace maritime qu'elle revendique par une ligne en 9 traits. L'espace ainsi délimité représente environ les deux tiers de la mer de Chine. Des tensions existent à propos des îles Paracels, occupées par la Chine, mais revendiquées par le Viêtnam et Taïwan. C'est également le cas des îles Spratleys, sous autorité chinoise mais réclamées par les Philippines, Brunei, la Malaisie, Taïwan et le Viêtnam. Les ressources de la Mer de Chine Méridionale, sont particulièrement importantes. La pêche et la présence de réserves d'hydrocarbures sont des éléments qui renforcent les convoitises. La situation stratégique de la mer de Chine méridionale sur la principale route maritime mondiale augmente encore les revendications.

Doc. 2 Fond de carte

La France : une puissance maritime ?

Cours

1 Le deuxième domaine maritime mondial

a. Un domaine maritime hérité du passé colonial

▶ La France a une superficie terrestre de 640 000 km² (France métropolitaine et territoires d'outre-mer), soit 0,43 % des terres du globe. Cependant, elle dispose de 18 500 km de côtes et d'un domaine maritime de 11 millions de km². Le domaine maritime français se compose des eaux territoriales et surtout d'une vaste zone économique exclusive. C'est le deuxième domaine maritime mondial derrière les États-Unis et devant l'Australie.

▶ L'importance du domaine maritime est liée à l'histoire coloniale de la France et aux territoires qui sont restés français après la décolonisation : les 5 départements et régions d'outre-mer (DROM) et les collectivités d'outre-mer (COM).

▶ En 2015, la France a agrandi son domaine maritime d'environ 500 000 km², soit une étendue équivalente à la superficie de la métropole. Cet agrandissement est lié à l'extension de la ZEE autour de la Martinique et de la Guadeloupe, de la Guyane, de la Nouvelle-Calédonie et des îles Kerguelen. La France pourrait encore étendre ce domaine d'environ un million de km², notamment autour de Saint-Pierre-et-Miquelon, où le sous-sol marin pourrait abriter des ressources en hydrocarbures.

b. Une présence dans tous les océans

▶ Le domaine maritime de la France métropolitaine, Corse comprise, représente 345 000 km², soit 3 % du domaine maritime total. Le territoire métropolitain ouvre sur 4 façades maritimes : la mer du Nord, la Manche, l'Atlantique et la mer Méditerranée.

▶ L'immense majorité du domaine maritime français (97 %) se situe en outre-mer.
– La plus grande partie des territoires maritimes se trouvent dans le Pacifique avec la Polynésie, qui représente près de 40 % de la ZEE française, la Nouvelle-Calédonie, Wallis-et-Futuna et Clipperton.
– L'océan Indien est le 2e ensemble. Il se compose de la Réunion, Mayotte et des terres australes (îles Kerguelen, îles Crozet, etc.)
– L'océan Atlantique et la mer des Caraïbes complètent le domaine avec les Antilles (Martinique, Guadeloupe, etc.) et Saint-Pierre-et-Miquelon à proximité des côtes canadiennes.
– La terre Adélie permet également à la France d'avoir une présence dans l'océan Austral.

2 Les mers et océans, un enjeu pour la France

a. Un enjeu économique

▶ L'économie bleue, c'est-à-dire les activités liées à la mer, représente 14 % du PIB français et emploie environ 800 000 personnes. Les secteurs les plus importants sont le tourisme balnéaire, la pêche, l'industrie nautique, la construction et les activités navales.

▶ Bien que la construction navale ait fortement déclinée avec la concurrence de l'Asie. Certains chantiers navals restent compétitifs. A Saint Nazaire, les chantiers se sont recentrés dans la construction de navires de croisière de très grandes tailles. A Cherbourg l'arsenal produit des navires militaires notamment une nouvelle génération de sous-marins.

▶ Les activités touristiques et de loisir présentent également un très grand intérêt économique. À titre d'exemple, Marseille est devenue une escale pour les bateaux de croisière qui sillonnent l'ouest de la Méditerranée.

▶ La France ne dispose pas de très grands ports, car les volumes traités sont faibles par rapport aux concurrents européens (Anvers, Rotterdam, Hambourg, etc.) ou asiatiques. Toutefois, il existe 11 grands ports en France. Le Havre et Marseille, les deux premiers ports français, sont respectivement aux 56e et 107e rangs mondiaux en 2018.

À savoir
• Le port du Havre est le premier port français pour le traitement des conteneurs.
• Le port de Marseille arrive au premier rang quand on comptabilise l'ensemble des marchandises traitées (hydrocarbures, minerais et conteneurs).

▶ La flotte de commerce française compte environ 1 200 navires. Le groupe CMA CGM, basé à Marseille, est la troisième compagnie mondiale de transport maritime.

▶ La flotte de pêche représente un peu plus de 7 000 navires produisant 640 000 tonnes/an de prises et emploie 50 000 personnes. Ce secteur connaît d'importantes difficultés économiques.

▶ D'autres ressources maritimes non exploitées existent, sur les fonds marins notamment des champs de nodules polymétalliques en Polynésie.

b. Un enjeu stratégique

▶ L'extension du domaine maritime et sa présence sur les trois principaux océans permettent à la France d'avoir >>

>> une présence planétaire et de pouvoir intervenir loin de son territoire. En plus de ses territoires d'outre-mer, la France dispose de bases navales installées dans d'autres pays. La plus ancienne à Djibouti, au sud de la mer Rouge, lui permet de surveiller une des routes maritimes les plus importantes au monde, qui relie la mer Méditerranée à l'océan Indien. Une seconde plus récente à Abu Dabi, dans le golfe persique, se situe dans une région stratégique haut lieu de production d'hydrocarbures.

▶ La France dispose d'une marine de guerre moderne et opérationnelle. Elle possède plusieurs sous-marins atomiques et un porte-avion, qui sont des éléments essentiels pour projeter sa puissance loin de son territoire. Les forces navales françaises assurent des missions variées : surveillance du domaine maritime et de ses ressources, sécurisation des routes maritimes vitales à son économie, protection des infrastructures françaises sensibles (ports, centrale nucléaires, etc.), intervention sur des théâtres d'opération extérieure.

Savoir-faire

Savoir lire, comprendre et critiquer une photographie

▶ **Présenter et localiser** la photographie : préciser le territoire présent sur la photo (situation dans le pays ou le continent), l'objet de la photo, le type de photographie (au sol, aérienne oblique, aérienne verticale), la date et l'auteur s'ils sont précisés.

▶ **Prendre connaissance** de la consigne, pour comprendre la manière dont la photo doit-être exploitée.

▶ **Observer et prélever** les informations qui permettent de traiter la consigne. Relever dans la photo des éléments précis en utilisant les différents plans (1er plan, arrière-plan, etc.) ou ensembles.

▶ **Expliquer** les informations prélevées en fournissant des éléments du cours et des connaissances. Dégager l'intérêt du phénomène abordé et mettre en évidence les limites de la photo.

GÉOGRAPHIE

Exercice

★★ 30 min **Analysez le document à partir de la consigne suivante : « À l'aide de la photographie, présentez les activités et l'organisation du port du Havre. »**

a. Identifiez les mots-clés de la consigne.

b. Observez le document et relevez sur le document les informations qui permettent de traiter la consigne.

c. Réalisez un plan détaillé sous forme de tableau.

Doc. 1 Vue aérienne du port du Havre

SYNTHÈSE

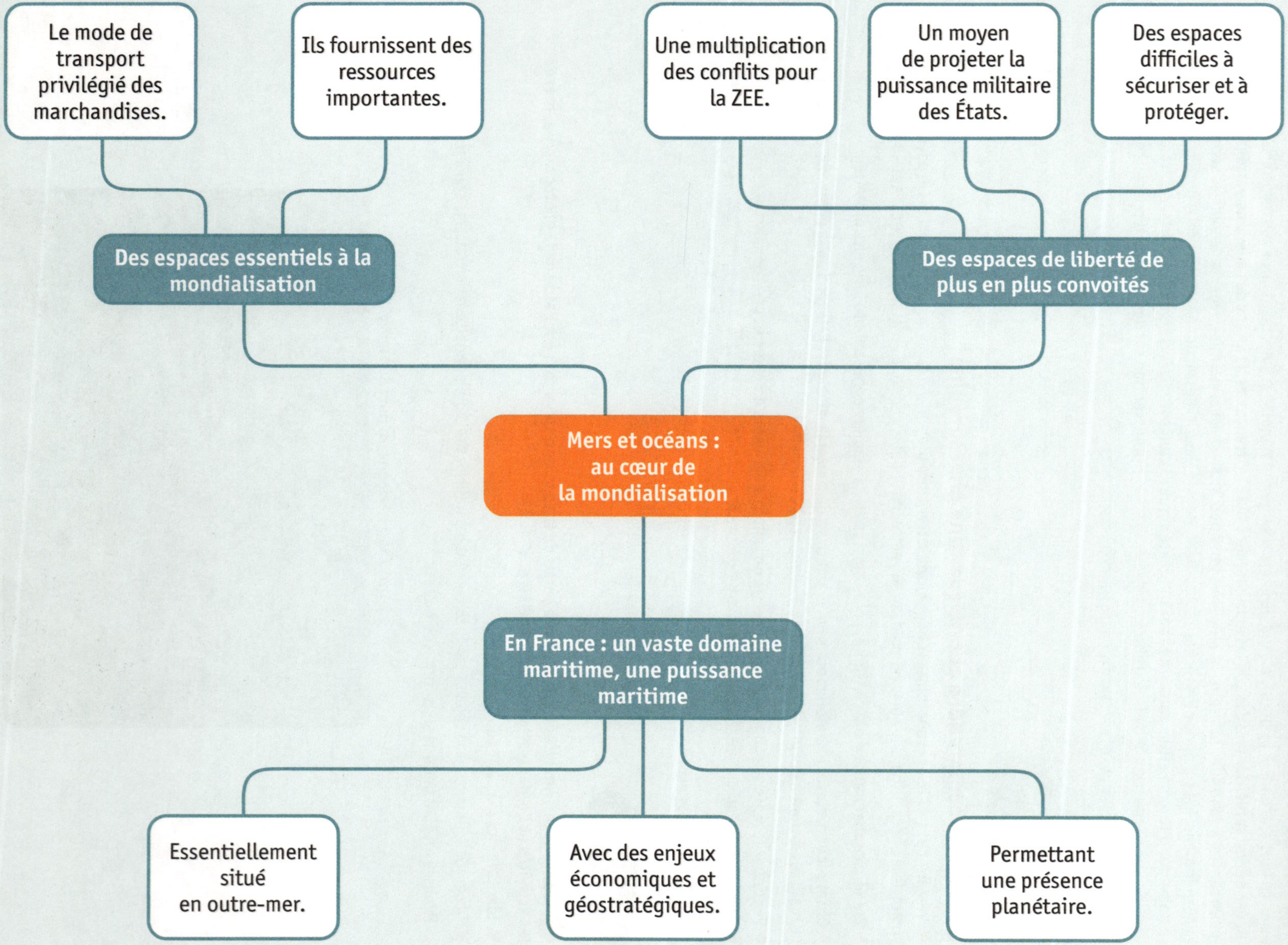
Mers et océans : au cœur de la mondialisation
Des espaces essentiels à la mondialisation
Le mode de transport privilégié des marchandises.
Ils fournissent des ressources importantes.
Des espaces de liberté de plus en plus convoités
Une multiplication des conflits pour la ZEE.
Un moyen de projeter la puissance militaire des États.
Des espaces difficiles à sécuriser et à protéger.
En France : un vaste domaine maritime, une puissance maritime
Essentiellement situé en outre-mer.
Avec des enjeux économiques et géostratégiques.
Permettant une présence planétaire.

je me teste !

1 **Quelle est la part des mers et océans à la surface de la terre ?**
- ☐ **a.** 61 %.
- ☐ **b.** 71 %.
- ☐ **c.** 81 %.

2 **Combien compte-t-on d'océans dans le monde ?**
☐ **a.** 3. ☐ **b.** 4. ☐ **c.** 5.

3 **Quelle est la part du trafic de marchandises réalisée par les mers et océans ?**
- ☐ **a.** 70 %.
- ☐ **b.** 80 %.
- ☐ **c.** 90 %.

4 **Quel pays compte 7 ports parmi les 10 premiers ports mondiaux ?**
- ☐ **a.** La Chine.
- ☐ **b.** Les États-Unis.
- ☐ **c.** Le Japon.

5 **Lequel de ces seuils maritimes n'est pas un détroit ?**
- ☐ **a.** Gibraltar.
- ☐ **b.** Malacca.
- ☐ **c.** Panama.

6 **Quelle est la part de la population mondiale qui dépend des ressources halieutiques pour sa nourriture ?**
☐ **a.** 1/4. ☐ **b.** 1/3. ☐ **c.** 1/2.

7 **Quand a eu lieu la conférence des Nations unies de Montego Bay ?**
- ☐ **a.** 1972.
- ☐ **b.** 1982.
- ☐ **c.** 1992.

8 **Quel type d'espace maritime est créé par la conférence des Nations unies de Montego Bay ?**
- ☐ **a.** Eaux territoriales.
- ☐ **b.** ZEE.
- ☐ **c.** Eaux internationales.

9 **À quelle distance de la côte la limite de la ZEE est-elle fixée ?**
- ☐ **a.** 20 milles nautiques.
- ☐ **b.** 200 milles nautiques.
- ☐ **c.** 2000 milles nautiques.

10 **Quelle est la 1re puissance militaire maritime ?**
- ☐ **a.** La France.
- ☐ **b.** La Chine.
- ☐ **c.** Les États-Unis.

11 **Lequel de ces espaces maritimes concentre le plus d'attaques de piraterie ?**
- ☐ **a.** Le golfe d'Aden.
- ☐ **b.** Le golfe Persique.
- ☐ **c.** Le golfe du Mexique.

12 **Quelle est la superficie du domaine maritime français ?**
- ☐ **a.** 1 million de km^2.
- ☐ **b.** 11 million de km^2.
- ☐ **c.** 22 million de km^2.

13 **Quel océan abrite la part la plus importante du domaine maritime français ?**
- ☐ **a.** L'océan Pacifique.
- ☐ **b.** L'océan Atlantique.
- ☐ **c.** L'océan Indien.

14 **Quel est le 1er port français pour le traitement des conteneurs ?**
- ☐ **a.** Marseille.
- ☐ **b.** Le Havre.
- ☐ **c.** Saint-Nazaire.

15 **Lequel de ces trois États n'accueille pas de base navale de la marine française ?**
- ☐ **a.** Côte d'Ivoire.
- ☐ **b.** Djibouti.
- ☐ **c.** Abu Dabi.

Réponses !

1 : b – **2** : c – **3** : c – **4** : a – **5** : c – **6** : a
7 : b – **8** : b – **9** : b – **10** : c – **11** : a – **12** : b
13 : a – **14** : b – **15** : a.

Des territoires inégalement intégrés dans la mondialisation

Cours

1 À l'échelle planétaire, une modification des centres d'impulsion de la mondialisation

a. Les pays développés dominants mais en perte de vitesse

▶ D'un point de vue économique, les pays développés assurent une part importante du commerce mondial, sont à l'origine de nombreuses innovations, contrôlent les trois principales monnaies mondiales (dollar, euro, yen) et la majorité des firmes transnationales.

▶ D'un point de vue politique, ils président et accueillent les grandes institutions internationales (OMC, ONU, FMI, Banque mondiale, etc.) et forment de puissantes associations régionales comme l'UE.

▶ Toutefois, leur puissance diminue. Ainsi, ils ne produisent plus que 45 % de la richesse mondiale, alors qu'ils en assuraient près de 60 % avant 2004.

À savoir

Les pays développés comprennent des pays anciennement développés : Europe de l'Ouest, Amérique du Nord, Australie, Nouvelle Zélande, Japon ; et les nouveaux pays industrialisés (NPI) : Corée du Sud, Taïwan et Singapour.

b. Le poids grandissant des pays émergents

▶ Les pays émergents, une trentaine d'États, s'affirment comme nouveaux centres d'impulsion et connaissent une croissance économique soutenue et une amélioration de leur niveau de développement. Ils bénéficient des investissements (IDE) et des délocalisations industrielles des pays développés. Ils exportent des produits agricoles, énergétiques et manufacturés.

▶ Parmi eux, les BRICS (Brésil, Russie, Inde, Chine, Afrique du Sud) font figure de puissances émergentes et produisent environ 30 % du PIB mondial. Pour intégrer les pays émergents à la gouvernance mondiale, le G20, forum qui réunit les 19 pays développés et émergents les plus puissants du monde plus l'UE, a été créé en 1999 et renforcé en 2008.

2 À l'échelle régionale et locale, les territoires très intégrés à la mondialisation

a. Les centres urbains

▶ Les métropoles et en particulier les villes mondiales (une trentaine) polarisent l'essentiel des flux matériels, immatériels et humains. Elles concentrent les activités tertiaires supérieures, les infrastructures de transport et de communication et les centres de décision. Elles fonctionnent en réseau et constituent l'archipel métropolitain mondial (AMM).

Étude de cas

En Russie, les villes sont les territoires les mieux intégrés à la mondialisation. Ainsi, Moscou produit un tiers de la richesse Russe. C'est la métropole la plus dynamique du pays. Elle compte 12 millions d'habitants et concentre les pouvoirs politique et économique. La 2e métropole de Russie, Saint Pétersbourg, se développe rapidement. Elle est devenue un centre touristique et culturel majeur.

▶ Dans certaines régions, de vastes ensembles urbains composés de plusieurs métropoles, étendus sur plusieurs centaines de kilomètres, peuplés de plusieurs dizaines de millions d'habitants et au rayonnement planétaire se sont développées : les mégalopoles. Il en existe trois principales : la mégalopolis au nord-est des États-Unis, la mégalopole européenne et la mégalopole japonaise.

Le centre des affaires de Moscou, un territoire connecté à la mondialisation

b. Les interfaces

▶ La mondialisation a renforcé le phénomène de littoralisation des activités et des hommes. Il existe trois façades maritimes ou interfaces littorales principales : l'Amérique du nord-est, l'Europe du nord-ouest et l'Asie orientale.

▶ Les frontières sont des interfaces terrestres. Elles limitent des territoires, permettent des différences de réglementation et de niveau de développement, constituent des lieux d'échanges et d'activités économiques (frontière entre les États-Unis le Mexique par exemple).

c. Des territoires avec une forte spécialisation

Certains territoires se spécialisent dans un secteur et exploitent leurs avantages pour s'intégrer dans la mondialisation. C'est le cas des paradis fiscaux, des zones franches, des technopoles (Silicon Valley), de certains espaces agricoles (vignobles, grandes exploitations) ou de certaines destinations touristiques.

>>

3 Les territoires moins intégrés ou en marge de la mondialisation

a. Une faible intégration en raison de contraintes géographiques

Des territoires sont peu intégrés à la mondialisation, car ils sont isolés, en raison de leur enclavement (absence d'accès à la mer). Dans certains États, même très bien intégrés à la mondialisation, des territoires sont en marge en raison de la distance et la faiblesse de réseaux de communication (zones de montagnes, espaces ruraux, zones de forêt, etc.).

b. Une faible intégration pour des raisons économiques

La pauvreté limite les échanges et la présence des acteurs économiques. Les pays les moins avancés (PMA) par exemple ont un très faible accès à la mondialisation. À l'échelle des villes, les métropoles sont confrontées à la ségrégation socio spatiale (ghetto dans les pays développés, bidonvilles dans les pays en développement).

À savoir

Les **pays les moins avancés (PMA)**, actuellement au nombre de 47, ont été définis en 1971 par l'ONU. Ils cumulent toutes les difficultés et disposent des indicateurs de développement les plus mauvais.

c. Une marginalisation pour des raisons politiques

- Quelques États recherchent un isolement politique (Corée du Nord). D'autres, en raison des conflits, sont de fait exclus des échanges mondiaux par les acteurs économiques et les organismes internationaux qui estiment que la sécurité est insuffisante pour développer des activités (Afghanistan, Syrie).
- Dans d'autres cas, des espaces naturels considérés comme fragiles sont volontairement mis à l'écart de la mondialisation pour les protéger. En 1991, protocole de Madrid interdit ainsi l'exploitation et les activités militaires en Antarctique.

GÉOGRAPHIE

Savoir-faire

Réaliser des productions cartographiques dans le cadre d'une analyse

- Il est possible dans l'exercice de **réponse à une question problématisée** en géographie d'intégrer une production cartographique pour venir appuyer une analyse et préciser la localisation de phénomènes spatialisés.
- Aucun fond de carte n'est fourni, il faut **tracer les contours** du territoire qu'on veut représenter **schématiquement,** sans viser la précision des localisations mais en présentant les structures, les dynamiques, l'organisation d'un territoire.
- La production cartographique doit-être **lisible** et proprement réalisée. Elle sert à montrer sa capacité à **localiser** et **identifier** des espaces géographiques et à **synthétiser** des informations.
- La production cartographique s'intègre **dans le développement** de la réponse à la question problématisée, à la suite du paragraphe concerné **ou à la fin de la réponse** si elle sert de synthèse.
- Sa réalisation suit la même méthode que celle du croquis. Il faut **sélectionner** les informations les plus importantes, les **organiser** dans deux ou trois thèmes, qui formeront les parties de la légende, choisir des **figurés** pour chaque information, enfin **dessiner les contours** de l'espace concerné et placer les figurés.

À savoir

La **production cartographique** répond aux mêmes exigences que le croquis. Elle comprend un titre, une légende organisée et une nomenclature.

Exercice

★★ 20 min **À partir du cours, réalisez une production cartographique qui porte sur « Les centres d'impulsion de la mondialisation dans le monde ».**

a. Tracez sur une feuille les contours simplifiés du planisphère en vous inspirant de l'exemple proposé ci-dessous.

b. Relevez dans le cours les informations et organisez la légende.

c. Réalisez la production graphique.

d. Complétez la nomenclature.

Dans la production cartographique, vous pouvez organiser la légende en regroupant les centres d'impulsion par thème.

Coopérations, tensions et régulations aux échelles mondiale, régionale et locale

Cours

1 Des formes de coopération variées

a. Une coopération internationale dans le cadre de l'ONU

L'Organisation des Nations Unies (ONU), créée le 26 juin 1945 (charte de San Francisco), est la principale structure de coopération planétaire pour maintenir la paix et la sécurité, favoriser la coopération internationale et harmoniser les efforts des nations dans des objectifs communs, à travers 15 agences spécialisées dans des domaines précis : la santé (OMS), la culture et l'éducation (Unesco), l'enfance (Unicef), etc.

Siège de l'ONU à New York

À savoir

- L'ONU siège à New York et compte aujourd'hui 193 États membres.
- Le Fonds monétaire international siège à Washington et regroupe 189 pays.

b. Les associations régionales

▶ Les États se regroupent également par continent, sous-continent ou région, constituant ainsi de simples forums de discussion ou des structures disposant de pouvoirs supranationaux L'Organisation des États américains (OEA), créée en 1948, regroupe les 35 États indépendants d'Amérique.

▶ L'Union européenne (27 États membres), l'Accord États-Unis — Mexique — Canada (AEUMC, ex ALENA), le Mercosur (5 États d'Amérique du Sud), l'ASEAN (10 États d'Asie du Sud-Est), constituent les principales associations régionales, avant tout zones de libre-échange, mais aussi de régulation des problèmes politiques, environnementaux, judiciaires, etc.

c. Les groupes et sommets informels

En 1964, le G77 (groupe des 77) est créé dans le cadre de l'ONU par des pays en développement pour promouvoir leurs intérêts économiques et politiques. En 1975, les 7 premières puissances industrielles (États-Unis, Japon, Allemagne, France, Royaume-Uni, Italie et Canada) fondent le G7. Depuis 1999, le G20 intègre les pays émergents. Ces groupes se retrouvent tous les ans pour aborder les grands problèmes planétaires et définir des politiques communes.

2 Les tensions

a. Des tensions économiques

▶ La Chine et d'autres pays émergents sont accusés par les pays développés d'avoir des coûts de production très faibles (réglementations sociale ou environnementale réduites ou inexistantes). À l'inverse, les pays en développement accusent les pays développés d'aider leurs entreprises et leurs agriculteurs par des subventions, ce qui introduit une concurrence déloyale.

▶ Dans le domaine commercial, La « guerre de la banane » a opposé l'Europe aux pays d'Amérique latine et aux États-Unis de 1993 à 2009. Depuis 2018, la Chine et les États-Unis taxent chacun les produits de l'autre.

b. Des tensions géopolitiques

▶ Les guerres intra ou interétatiques génèrent des tensions internationales en fonction des intérêts et des alliances. Dans la guerre civile syrienne, la Russie est l'alliée du régime de Bachar el Assad, la Turquie s'y oppose et les occidentaux veulent combattre les groupes djihadistes et arment les Kurdes syriens opposés au régime et ennemis des Turcs.

▶ Les tensions internationales et la pauvreté favorisent les mobilités humaines. Les populations fuient les régions pauvres ou en crise et se dirigent vers les régions plus stables et plus riches. La fermeture des frontières est adoptée par certains États pour éviter les migrations clandestines (mur de D. Trump).

3 La régulation de la mondialisation

a. La régulation économique

▶ Deux institutions internationales, créées en 1944, sont chargées d'encadrer le système financier mondial. Le Fonds monétaire international (FMI) assure la stabilité du système monétaire international et la gestion des crises monétaires et financières (intervention en Grèce en 2010). La Banque mondiale accorde des prêts aux pays en développement.

▶ La réduction des obstacles au libre-échange et l'arbitrage des différends commerciaux entre États est le résultat de la politique menée par L'Organisation mondiale du commerce (OMC), ex-Accord général sur les tarifs douaniers (GATT, de 1945 à 1995). Aujourd'hui, l'OMC dont le siège est à Genève compte 164 États membres.

b. La régulation géopolitique

La régulation géopolitique est notamment du ressort du Conseil de sécurité de l'ONU, composé de 5 membres perma- >>

nents disposant d'un droit de veto (États-Unis, Russie, Chine, Royaume-Uni et France) et de 10 membres renouvelés tous les 2 ans. Le Conseil de sécurité peut décider des sanctions, voire autoriser l'emploi de la force pour maintenir ou rétablir la paix et la sécurité internationales. L'application de ses décisions n'est pas toujours suivie dans les faits.

c. La régulation environnementale

En 1972, le Programme des nations unies pour l'environnement (PNUE) est créé et le 1er sommet de la Terre, qui se réunit tous les 10 ans, est organisé à Stockholm par L'ONU. Depuis le sommet de Rio (Brésil) en 1992, la question climatique est devenue centrale. En 1995, la communauté internationale instaure la Conférence des parties (COP), qui se réunit tous les ans pour limiter le réchauffement climatique (limitation à 2 degrés depuis la COP 21 de Paris en 2015). Toutefois, les mesures sont toujours insuffisantes pour réduire les gaz à effet de serre (GES) et les États-Unis ont quitté la COP en 2017.

Savoir-faire

Mettre en œuvre l'analyse à différentes échelles (multiscalaire) en géographie

- Le terme « échelle » est polysémique. En géographie, il signifie le **rapport entre un espace réel et sa représentation sur une carte**. Cette échelle peut-être plus ou moins grande. Plus elle est grande, plus l'espace représenté est de petite dimension (échelle locale) plus elle est petite plus cet espace est vaste (échelle planétaire).
- Les échelles s'emboîtent les unes dans les autres en allant **de la plus grande à la plus petite ou inversement** (ville, région, pays, continent, monde).
- L'analyse multiscalaire sert à bâtir un **plan de réponse à une question problématisée**, chaque partie abordant l'analyse du phénomène à une échelle différente. Elle peut également aider au moment de l'**analyse de document**, en identifiant les différentes échelles abordées par l'auteur.

À savoir

Il existe deux manières de représenter une échelle sur une carte ou un croquis. Une échelle graphique très visuelle (un segment sur la carte représente une distance dans la réalité) ou une échelle arithmétique, qui est exprimée par un rapport 1/200 000 (1 cm sur la carte représente 200 000 cm sur le terrain).

GÉOGRAPHIE

Exercice

★★ 30 min **À partir du texte proposé, proposez un tableau d'analyse multiscalaire.**

a. Lisez attentivement le texte et relevez au brouillon les différentes implications de la politique arctique de la Chine.

b. Classez ces informations dans un tableau en fonction de l'échelle d'analyse.

L'intérêt des Chinois pour l'Arctique

Le changement climatique renforce aujourd'hui la convoitise pour les régions polaires. La Chine veut s'implanter durablement en Arctique et profiter de ces nouvelles potentialités. Le projet de nouvelle route de la soie, qui doit relier l'Empire du milieu à ses principaux clients, comporte un tracé qui emprunte la route maritime de l'Arctique. Il faut dire que le passage maritime du Nord-Est qui permet de relier l'Europe à l'Asie en longeant les côtes russes, raccourcit les liaisons maritimes de 5 à 7000 kms et d'une à deux semaines. Cette région est également convoitée par Pékin pour ses importantes ressources, notamment énergétiques. Le gouvernement chinois multiplie les investissements et les accords de coopération avec certains États Arctiques. C'est le cas de la petite ville Norvégienne de Kirkenes qui pourrait profiter de la politique Arctique de la Chine et devenir un des grands ports de nord de l'Europe. Cette bourgade de Laponie à la frontière avec la Russie serait un des centres névralgique des routes commerciales chinoises. Les marchandises en provenance d'Asie seraient déchargées avant de rejoindre le reste de l'Europe par la route ou par le rail. En effet, plusieurs projets sont lancés ou envisagés pour désenclaver le nord de l'Europe et la relier au cœur du continent. C'est notamment le cas du projet ferroviaire Rail Baltica, qui reliera les pays baltes à Varsovie et pourrait permettre, à termes, de relier Hambourg à Kirkenes en 24 heures, au lieu de quatre jours et demi en bateau actuellement.

Cependant, cette présence chinoise dans l'Arctique ne réjouit pas tous les États de la région. Lors du dernier Conseil de l'Arctique qui s'est tenue en Finlande, Mike Pompéo, secrétaire d'État américain, a manifesté son inquiétude à propos du renforcement de la présence chinoise dans la zone. Il craint « que l'océan Arctique se transforme en une nouvelle mer de Chine du Sud, grouillant d'activités militaires et de revendications territoriales rivales ». Pour lui, la Chine n'a aucun droit sur l'Arctique.

La France : un rayonnement international différencié et une inégale attractivité dans la mondialisation

Cours

1 Le rayonnement international de la France

a. Une des premières puissances économiques mondiales

▶ Le PIB de la France s'élève à 2 775 milliards de dollars en 2018, ce qui la situe au sixième rang mondial. Cette richesse est produite par une économie diversifiée et ouverte sur le monde. Tout d'abord, la France dispose d'une agriculture puissante, au 1er rang européen (production estimée à 73 milliards d'euros en 2019). Si l'agriculture ne représente que 3,5 % du PIB français, elle alimente des industries agro-alimentaires (Danone, Lactalis), qui contribuent aux exportations françaises.

À savoir

Le rayonnement économique de la France est lié à des firmes transnationales dynamiques (FTN) : Total (hydrocarbures), BNP Paribas (secteur bancaire), Axa (assurance), Carrefour (grande distribution), LVMH (industrie du luxe), L'Oréal (cosmétique), Renault et PSA (automobile), Airbus (aéronautique), Veolia (environnement), etc. Au total, on compte 29 FTN françaises dans les 500 premières FTN mondiales.

▶ Ensuite, l'industrie française, qui subit de profondes transformations (délocalisations des productions les moins rentables), reste très compétitive dans certains domaines (aéronautique, spatial, pharmacie, construction navale, secteur du luxe, etc.).

▶ Enfin, le secteur des services (banques, assurances, transports, commerce, tourisme) domine l'activité économique française. Il exporte et permet un important excédent.

b. Une influence géopolitique réelle

▶ La France dispose d'une puissance militaire importante. Elle possède depuis 1960 l'arme nucléaire. Ses dépenses militaires la placent au 5e rang. Elle entretient une armée de métier bien équipée, qui participe à plusieurs opérations extérieures (Mali, Syrie, Irak, etc.). Les bases françaises implantées dans les DROM, les COM et dans plusieurs pays (Sénégal, Côte d'Ivoire, Tchad, Gabon, Djibouti et Abou Dhabi) permettent d'intervenir rapidement sur de nombreux territoires.

▶ La diplomatie française est influente, elle s'appuie sur un réseau d'ambassades et de consulats étendu, le deuxième au monde derrière celui des États-Unis. Elle fait également partie des 5 membres permanents du Conseil de sécurité de l'ONU et dispose à ce titre d'un droit de veto. Plusieurs organisations internationales ont leur siège en France : l'Unesco et l'OCDE à Paris.

c. Le rayonnement culturel de la France

En 2019, pour la seconde fois, la France occupe la 1re place en matière de soft power. Le rayonnement de la France est notamment lié à la francophonie. Le français est une langue internationale et officielle dans plusieurs organisations (ONU, Union européenne, Comité internationale olympique). Aujourd'hui, c'est la cinquième langue la plus parlée au monde (274 millions de locuteurs, essentiellement en Afrique). L'Organisation internationale de la francophonie (OIF), ainsi que l'Alliance française, promeuvent la langue française et les valeurs de la France. La France entretient un réseau d'environ 500 établissements scolaires à l'étranger et des médias internationaux francophones (radio RFI, TV5 Monde, France 24.

À savoir

Le soft power ou puissance douce est la capacité d'un État à jouer un rôle dans le monde sans utiliser de méthode contraignante.

2 Une inégale attractivité de la France dans la mondialisation

a. Un territoire attractif

▶ La qualité des infrastructures, le niveau de formation de la main-d'œuvre, la qualité de la recherche et sa situation en Europe font de la France un territoire attractif pour les entreprises étrangères. En 2018, plus de 28 000 entreprises étrangères sont installées et emploient 2,2 millions de salariés. Depuis 2016, les investissements directs étrangers (IDE) dans l'hexagone augmentent régulièrement. La France est au 2e rang européen derrière l'Allemagne, avec 1 323 projets d'investissements étrangers réalisés en 2018.

▶ La France est également une importante destination touristique (90 millions de touristes en 2018), ce qui la place au

Le musée du Louvre (Paris) est le plus fréquenté au monde, avec 9,6 millions de visiteurs en 2019, dont 75 % d'étrangers.

1er rang des pays pour le nombre de touristes. Cette attractivité est liée par la diversité de l'offre touristique : tourisme balnéaire et hivernal, culturel (festivals, patrimoine, mode, gastronomie, etc.).

▶ En 2018, la France a accordé 255 000 titres de séjours, et 120 000 demandes de statuts de réfugiés ont été déposées. Elle reste attractive pour les étudiants étrangers (343 400 en 2018, +4,5 % par rapport à 2017).

b. Une inégale attractivité du territoire

▶ Économiquement, l'Île-de-France attire la part la plus importante des IDE. La région profite notamment du Brexit et du redéploiement d'activités d'entreprises installées à Londres. Elle est devenue en 2018 la première destination mondiale des investissements en recherche et développement (R&D). Politiquement, elle accueille le siège de l'OCDE et l'Unesco, culturellement, elle organise de grands évènements internationaux (jeux Olympiques de 2024). C'est également, la 1re région de salons et de congrès en Europe.

▶ Les autres métropoles françaises (Lille, Lyon, Toulouse, Marseille, Nantes, Strasbourg) attirent d'importants IDE (installation de sièges sociaux de compagnies étrangères). Les territoires frontaliers constituent des espaces attractifs, notamment le Nord-est (proximité de l'Allemagne, du Luxembourg et de la Suisse).

Savoir-faire

Savoir lire, comprendre et critiquer une carte

a. Présenter la carte

Repérer le territoire représenté et son échelle (planisphère, continent, État, région), la nature de la carte (analytique, par anamorphose, synthèse), le titre, l'ancienneté des données et leur source, éventuellement l'auteur et les destinataires.

b. Lire la légende

Relever la nature des données : quantitative (taux de chômage, PIB) ou qualitative (aéroport, mégalopole), les figurés utilisés (ponctuels, de surface ou linéaires), l'organisation de la légende.

c. Observer le contenu de la carte

Partir du plus général au plus précis. Par exemple pour une carte de la présence de l'armée française dans le monde, relever l'inégale répartition des troupes françaises à l'échelle planétaire, puis localiser les zones qui accueillent les effectifs les plus significatifs et celles où les troupes françaises ne sont pas.

d. Expliquer la carte

Tout d'abord, définir les données présentées. Par exemple, pour une carte sur les investissements directs étrangers (IDE), définir cet indicateur. Ensuite, il faut apporter des éléments factuels pour comprendre les localisations. Par exemple, l'importance des IDE dans le Nord-est de la France s'explique par la proximité de pays européens qui investissent en France Allemagne et Suisse.

e. Critiquer la carte

Mettre en évidence l'objectif de l'auteur. La critique peut être externe c'est-à-dire porter sur le mode de représentation (choix des figurés, des couleurs) ou interne (nature des données, des seuils retenus, des sources).

GÉOGRAPHIE

Exercice

★★ 30 min

En analysant la carte de l'Alliance française, vous montrerez le rayonnement du français dans le monde et ses limites.

a. Présentez la carte.

b. Lisez la légende et précisez les différents éléments.

c. Analysez la carte et répondez à la consigne.

© Alliance française, *Le journal data*, 2018.

Les alliances françaises dans le monde

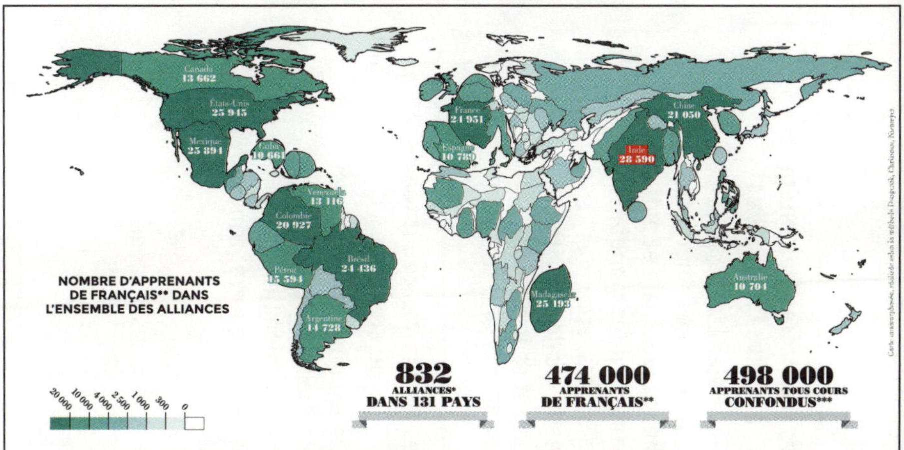

Les chiffres de ce rapport sont issus du questionnaire 2018 adressé par la Fondation aux Alliances Françaises.

* Total des Alliances du réseau dont 781 ayant répondu au questionnaire 2018.

** Cours de français grand public, aux entreprises ou institutions, hors assistance pédagogique.

*** Tous cours de français et autres cours, hors assistance pédagogique.

Dynamiques territoriales, coopérations et tensions

Une inégale intégration des territoires dans la mondialisation

Des territoires très intégrés à toutes les échelles

- Échelle planétaire : pays développés, pays émergents.
- Échelles régionale et nationale : interfaces, villes mondiales, mégalopoles, etc.
- Échelle locale : territoires fortement spécialisés.

Des territoires peu intégrés ou en marge

- Échelle planétaire : pays en développement et PMA.
- Échelle régionale et nationale : territoires en guerre, zones enclavées.
- Échelle locale : quartiers pauvre, espaces protégés.

Coopérations, tensions et régulations aux échelles mondiale, régionale et locale

- Coopération internationale : ONU, association régionale (ex : UE), groupes (ex G20)
- Des tensions internationales : économiques et géopolitiques
- Une régulation : économiques (ex : FMI, OMC), politique (Conseil de sécurité de l'ONU), environnementale (Sommet de la Terre, COP)

La France

Un rayonnement international différencié

- Un rayonnement économique : économie diversifiée, FTN.
- Un rayonnement géopolitique : puissance militaire, rôle diplomatique.
- Un rayonnement culturel : le rôle du français, francophonie.

Une inégale attractivité dans la mondialisation

- Forte attractivité pour les entreprises étrangères, les touristes, les migrants.
- Des territoires plus attractifs que d'autres : Ile de France, grandes métropoles, territoires frontaliers.

je me teste !

1 **À quelle catégorie de pays la France appartient-elle ?**
- ▢ **a.** Pays en développement
- ▢ **b.** Pays développés.
- ▢ **c.** Pays émergents.

2 **Quelle est la part de la richesse mondiale assurée par les pays développés en 2019 ?**
- ▢ **a.** 45 %.
- ▢ **b.** 55 %.
- ▢ **c.** 65 %.

3 **Quel pays est désigné par un « S » dans l'acronyme BRICS ?**
- ▢ **a.** Suède.
- ▢ **b.** Somalie.
- ▢ **c.** Afrique du Sud.

4 **Quelle est la part du PIB réalisée par les BRICS ?**
▢ **a.** 15 %. ▢ **b.** 30 %. ▢ **c.** 45 %

5 **Quand le G20 a-t-il été créé ?**
- ▢ **a.** 1975.
- ▢ **b.** 1999.
- ▢ **c.** 2008.

6 **Comment s'appellent les grands centres urbains qui dominent la mondialisation ?**
- ▢ **a.** Les villes internationales.
- ▢ **b.** Les mégalopoles.
- ▢ **c.** Les villes mondiales.

7 **Qu'est-ce que l'enclavement ?**
- ▢ **a.** Un territoire sans accès à la mer.
- ▢ **b.** Un territoire isolé.
- ▢ **c.** Un territoire dont les frontières sont fermées.

8 **Sur quel continent trouve-t-on le plus grand nombre de PMA dans le monde ?**
- ▢ **a.** Amérique.
- ▢ **b.** Asie.
- ▢ **c.** Afrique.

9 **Laquelle de ces associations régionales regroupe des pays d'Amérique du Sud ?**
- ▢ **a.** ASEAN.
- ▢ **b.** AEUMC.
- ▢ **c.** MERCOSUR.

10 **Quel organisme est chargé de régler les conflits commerciaux ?**
- ▢ **a.** ONU.
- ▢ **b.** FMI.
- ▢ **c.** OMC.

11 **Combien de membres le conseil de sécurité de l'ONU compte-t-il ?**
- ▢ **a.** 5.
- ▢ **b.** 10.
- ▢ **c.** 15.

12 **Où s'est déroulé le 1er sommet de la Terre organisé par l'ONU en 1972 ?**
- ▢ **a.** Stockholm.
- ▢ **b.** Rio de Janeiro.
- ▢ **c.** Paris.

13 **Combien de FTN françaises se classent dans les 500 premières FTN mondiales ?**
- ▢ **a.** 19.
- ▢ **b.** 29.
- ▢ **c.** 39.

14 **Quel continent compte le plus grand nombre de locuteurs français ?**
- ▢ **a.** Europe.
- ▢ **b.** Afrique.
- ▢ **c.** Amérique.

15 **Quel rang la France occupe-t-elle au classement mondial des pays accueillant le plus de touristes étrangers ?**
▢ **a.** 1er. ▢ **b.** 2e. ▢ **c.** 3e.

Réponses !

1 : b - **2** : a - **3** : c - **4** : b - **5** : b - **6** : c
7 : a - **8** : c - **9** : c - **10** : c - **11** : c - **12** : a.
13 : b - **14** : b - **15** : a.

Des politiques européennes entre compétitivité et cohésion des territoires

Cours

1 L'Union européenne, une grande diversité de territoires

a. Un espace globalement riche et développé malgré des différences importantes

▶ À l'échelle mondiale, l'Union européenne peut être considérée comme un pôle de puissance au PIB important et à l'IDH élevé.

Attention

Il ne faut pas confondre le PIB (produit intérieur brut) qui mesure l'ensemble des richesses produites dans un pays et l'IDH (indice de développement humain).
Le second est un indice statistique (entre 1 et 0) qui se calcule à partir de trois critères : le PIB par habitant, l'espérance de vie à la naissance et le taux de scolarisation.

▶ Mais les États membres ont des situations très différentes. Ainsi, selon Eurostat, en 2017, la richesse par habitant est 12 fois moins élevée en Bulgarie qu'au Luxembourg, les deux extrêmes. Plus généralement, les États d'Europe centrale et orientale sont moins intégrés dans les domaines économiques et sociaux que les États d'Europe de l'Ouest. Cela s'explique bien souvent par leur modèle de développement particulier entre la fin de la Seconde Guerre mondiale et la chute du bloc communiste à la fin des années 1980.

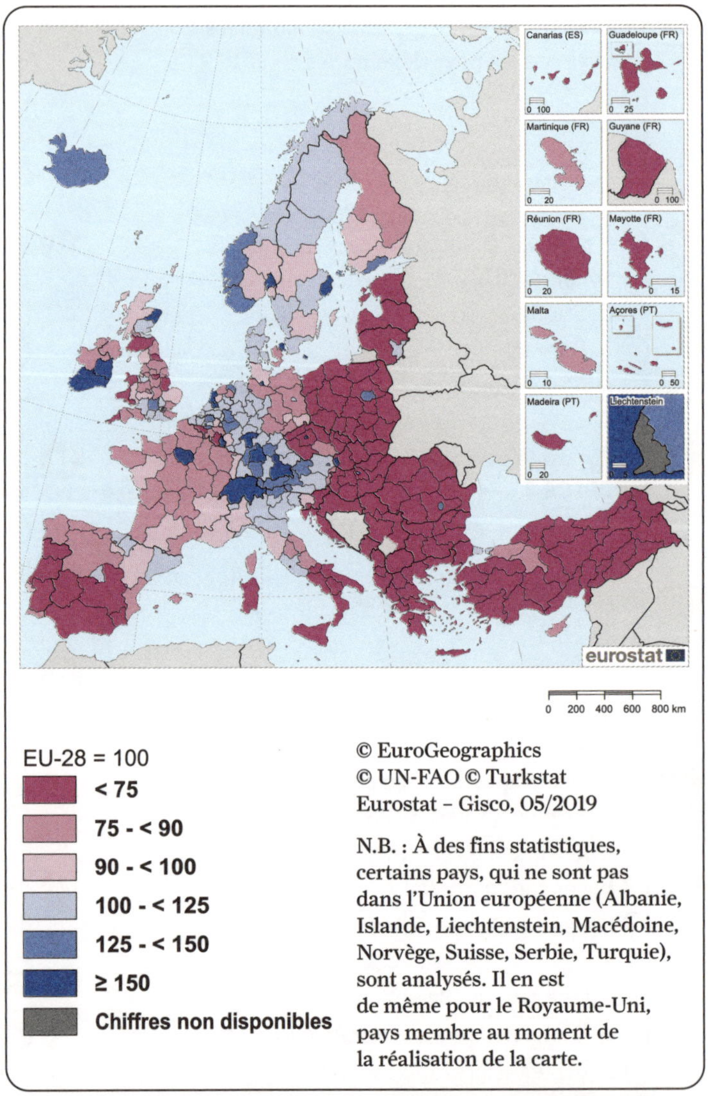

Carte des inégalités de richesse (PIB par habitant) dans l'Union européenne, Eurostat, chiffres de 2017.

b. Des inégalités socio-spatiales à l'échelle régionale

▶ C'est le cas de l'Allemagne, par exemple, qui est pourtant la première puissance continentale. Ses territoires sont inégalement intégrés dans la mondialisation. En effet, la réunification n'a pas gommé les différences économiques. Ainsi, l'Allemagne de l'Est concentre très peu d'activités industrielles et de production. On les retrouve plutôt à l'Ouest, dans la vallée du Rhin, et, au Sud, en Bavière. De plus, Berlin est certes la capitale politique, mais les principales métropoles sont Munich, Cologne, Francfort-sur-le-Main (où se trouve d'ailleurs le siège de la Banque centrale européenne) et le port d'Hambourg.

▶ Les contrastes peuvent ainsi se lire à l'intérieur des États : un tiers des régions européennes concentre les deux tiers du PIB européen. Outre la mégalopole européenne, les régions les plus riches sont donc généralement les métropoles et, en particulier, les capitales et leurs périphéries. À l'inverse, les zones rurales, les bassins industriels en reconversion et les territoires ultramarins sont très en retard. Ils cumulent les mauvais indicateurs comme un taux de chômage plus important, une espérance de vie à la naissance plus faible, un niveau d'études supérieures moins élevé ou encore un accès à Internet plus difficile.

>>

2 Les objectifs des politiques européennes

a. La réduction des inégalités territoriales

▶ Afin de lutter contre ses disparités internes, l'Union européenne a développé des politiques communautaires. La plus ancienne est la politique agricole commune (PAC). Mise en place à partir des années 1960, elle a permis d'assurer la sécurité alimentaire du continent et de moderniser son agriculture. Elle représente encore de nos jours le principal poste de dépenses du budget européen même s'il a tendance à se réduire. Mais la PAC est de plus en plus contestée car les agriculteurs souhaiteraient davantage vivre de leurs productions que des aides européennes. De plus, elle profite davantage aux pays riches de l'Union européenne : la France est d'ailleurs l'État membre qui en bénéficie le plus.

▶ Plus généralement, afin d'assurer une unité économique et sociale entre les pays membres, l'Union européenne a également mis en place une politique de cohésion territoriale à partir des années 1970. Elle consiste en des aides financières appelées Fonds structurels européens comme le FEDER (Fonds européen de développement régional) qui cofinance des projets avec les États et les collectivités territoriales ou le FSE (Fonds social européen) qui contribue à l'insertion professionnelle des chômeurs.

b. La valorisation des atouts des territoires des États membres

▶ En tant qu'acteur du développement des territoires, l'Union européenne peut aussi contribuer à leur ouverture, à leur solidarité et à leur compétitivité. C'est notamment le cas avec la politique des transports qui se décide souvent au niveau européen car elle doit faciliter et garantir la libre circulation des personnes, des marchandises, des services et des capitaux. Elle doit aussi contribuer au désenclavement des régions périphériques et améliorer ainsi les communications entre les régions européennes. Enfin, il s'agit de favoriser la mise en œuvre de mobilités durables. Le réseau transeuropéen de transport (RTE-T) a ainsi pour objectif de développer des infrastructures multimodales.

▶ Une agglomération industrielle ou technologique peut également être valorisée. En France, c'est par exemple le cas de Grenoble dans la région Auvergne-Rhône-Alpes. Des programmes européens y financent des projets tournés vers l'innovation et la transition énergétique dans le cadre d'un cluster, c'est-à-dire un pôle de compétitivité regroupant des entreprises, des laboratoires de recherche et des établissements de formation.

Savoir-faire

Identifier les contraintes et les ressources d'une situation géographique

Contraintes et ressources sont souvent liées. Une contrainte est un élément qui limite une activité humaine. Elle peut être naturelle mais pas seulement. Une contrainte peut toutefois devenir une ressource si elle est mise en valeur et si elle correspond à un besoin.

Exercice

★★ 45 min **En analysant le document, vous mettrez en évidence les difficultés rencontrées par certaines régions de l'Union européenne, puis l'action de l'Union européenne sur ses territoires.**

Les régions ultrapériphériques – Régions d'Europe, d'atouts et d'opportunités

Le traité sur le fonctionnement de l'Union européenne (TFUE) reconnaît à travers ses articles 349 et 355, nommément la Guadeloupe, la Guyane française, la Martinique, la Réunion, Saint-Barthélemy, Saint-Martin, les Açores, Madère et les Canaries comme des régions faisant partie intégrante de l'Union européenne à travers le statut de régions ultrapériphériques (RUP).
Ce statut de RUP reconnaît les spécificités qui leur sont propres par rapport au reste de l'UE et qui ont une incidence sur leur développement économique : éloignement, insularité, relief et climat difficile et dépendance vis-à-vis de quelques productions (sucre, bananes ...). Néanmoins ces régions possèdent également des potentialités et des atouts majeurs pour leur rayonnement propre et pour celui de l'Europe : laboratoires privilégiés pour étudier et lutter contre les effets du changement climatique, biodiversité et écosystèmes marins remarquables, potentiel majeur pour le développement des énergies renouvelables, recherche agroenvironnementale de pointe, etc.

Les régions ultrapériphériques – Régions d'Europe, d'atouts et d'opportunités, Commission européenne, direction générale de la politique régionale. © Union européenne, 2010.

L'Union européenne, un espace plus ou moins ouvert sur le monde

Cours

1 L'Union européenne, un espace très intégré à la mondialisation

a. Le premier pôle commercial au monde

▶ L'Union européenne est aujourd'hui considérée comme la première puissance commerciale du monde, devant la Chine et les États-Unis. Elle exporte et importe dans le monde entier, essentiellement avec les États-Unis, la Chine, la Russie, la Suisse, la Turquie et le Japon. On retrouve ici la hiérarchie des territoires engendrée par la mondialisation puisque les principaux partenaires sont ceux de la « Nouvelle Triade » et des pays émergents. Par ailleurs, parmi les États membres, c'est l'Allemagne qui arrive largement en tête avec près du tiers des exportations européennes et une balance commerciale positive.

▶ Il convient néanmoins de noter que le départ du Royaume-Uni de l'Union européenne en 2020 a et aura des conséquences sur ces données statistiques qu'il est encore difficile de mesurer. Par exemple, en tant que deuxième puissance économique européenne derrière l'Allemagne, son PIB pesait plus de 15 % du total communautaire.

b. Des atouts non négligeables

▶ L'Union européenne est un espace productif majeur. Son agriculture, très productiviste, est la deuxième au monde. Il en est de même dans le secteur industriel pour lequel elle dispose d'une grande variété de productions (et de firmes transnationales parmi les plus importantes au monde) comme le raffinage des hydrocarbures (Royal Dutch Shell, Total), l'automobile (Volkswagen), l'aéronautique (Airbus) ou encore le nucléaire (Areva).

▶ Des facteurs culturels peuvent également participer à son rayonnement à l'échelle mondiale. Ainsi, le continent européen est la première zone touristique au monde. De plus, l'anglais, l'espagnol, le français et le portugais sont parmi les langues les plus parlées au monde.

2 Des tensions externes et internes

a. L'exemple des frontières : entre effacement et renforcement

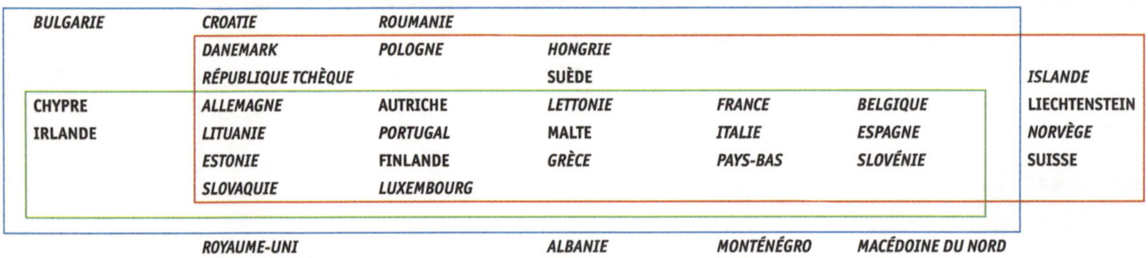

Dans le cadre bleu, les pays membres de l'Union européenne.
Dans le cadre rouge, les pays membres de l'espace Schengen.
Dans le cadre vert, les pays membres de la zone euro. Les micro-États européens (Andorre, Monaco, Saint-Marin, Vatican) utilisent l'euro avec l'accord de l'UE.
En lettres italiques, les pays européens membres de l'OTAN.

Une Europe à géométrie variable ou à plusieurs vitesses ?

▶ Depuis 1992 et le *traité de Maastricht*, l'Union européenne forme un marché unique. La suppression des taxes douanières entre les États membres a permis une intensification des échanges intra-européens : dans cet espace sans frontières, chacun peut librement vendre, acheter ou investir. Il ne faut toutefois pas le confondre avec la zone euro puisque seuls 19 des 27 États de l'Union européenne ont adopté cette monnaie commune et unique. Depuis 1995, il existe également l'espace Schengen qui permet une libre circulation des personnes. Mais il ne recouvre pas non plus les frontières de l'Union européenne : il compte 26 pays, dont 4 qui ne sont pas membres de l'Union européenne (Islande, Liechtenstein, Norvège, Suisse).

>>

>> ▶ Face à cette ouverture des frontières intérieures, on assiste dans le même temps à une consolidation des frontières extérieures. Ainsi, les entrées dans l'espace Schengen sont très contrôlées. Afin de limiter les migrations clandestines, les frontières sont physiquement consolidées par des murs, des barbelés, des systèmes de surveillance. D'autre part, l'Agence européenne de garde-frontières et de garde-côtes, Frontex, a été mise en place en 2005.

b. Des défis à relever

▶ Dans le domaine politique et militaire, l'Union européenne peine à parler d'une seule voix malgré l'instauration d'une politique de sécurité et de défense commune (PSDC) et l'existence d'un Eurocorps, embryon d'une armée européenne. En effet, quand des troupes européennes interviennent, elles le font le plus souvent dans le cadre de l'OTAN. D'ailleurs, les États-Unis n'ont pas hésité à intégrer à leur Alliance atlantique d'anciens pays du bloc de l'Est (Hongrie, Pologne, République tchèque). De plus, bien souvent, les intérêts des États membres divergent. Par exemple, lors du déclenchement de la guerre en Irak en 2003, l'Espagne ou l'Italie soutiennent les États-Unis alors que l'Allemagne ou la France non.

▶ Dans le domaine fiscal, les disparités entre les États membres sont très importantes. Ainsi, les recettes fiscales varient d'un État à l'autre avec parfois un objectif de dumping fiscal et social comme en Irlande où le taux d'imposition des entreprises est plus faible d'où des délocalisations. Or, la fiscalité n'est pas une compétence européenne sauf si elle remet en cause les libertés inhérentes au marché unique. De plus, la question de l'harmonisation nécessite une unanimité des pays membres. On peut aussi le constater à travers l'incapacité à mettre en œuvre depuis 2011 un projet de taxe sur les transactions financières.

▶ Il en est de même pour les questions migratoires où deux camps s'opposent. D'un côté, l'Allemagne, la Croatie, la Finlande, la France, l'Irlande, la Lituanie, le Luxembourg et le Portugal se sont mis d'accord en 2019 sur un « mécanisme de solidarité » dans la répartition des migrants sauvés en Méditerranée. De l'autre, on trouve les pays du groupe de Visegrád (la Hongrie, la Pologne, la République tchèque et la Slovaquie) qui se sont opposés au principe même des quotas dès 2015.

Savoir-faire

S'approprier un questionnement historique et géographique

Il s'agit ici de s'initier aux méthodes de travail d'un historien ou d'un géographe. Cela peut passer par des mots interrogatifs (quand, où, qui, comment, pourquoi…) afin de cerner un phénomène dans sa complexité. Le raisonnement se veut donc surtout déductif et critique.

Exercice

★★ 45 min **En analysant les documents, vous montrerez les différents aspects, parfois contradictoires, des frontières de l'Union européenne.**

À la frontière entre la Serbie et la Hongrie (septembre 2015).

À la frontière entre l'Espagne et le Portugal (novembre 2018).

La France : les dynamiques différenciées des territoires transfrontaliers

Cours

1 De l'espace frontalier au territoire transfrontalier

▶ Un espace frontalier peut se définir comme la partie d'un État à la limite d'une frontière avec un autre État. À ce titre, on peut dire que la France métropolitaine possède des espaces frontaliers terrestres avec huit autres États : la Belgique, le Luxembourg, l'Allemagne, la Suisse, l'Italie, Monaco, l'Espagne et Andorre. On peut y ajouter, en outre-mer, la Guyane, qui a des frontières avec le Suriname et surtout avec le Brésil. Cela représente près de 25 millions de personnes dont l'emploi se trouve à moins d'une heure de voiture du pôle français ou étranger.

▶ L'espace frontalier est donc double, de part et d'autre de la frontière. La construction européenne avec le marché unique et l'espace Schengen a intensifié les échanges et les flux jusqu'à créer des territoires transfrontaliers. En effet, les populations et les États concernés se sont appropriés ces espaces qui sont devenus moteurs de l'intégration européenne. Ils peuvent correspondre à une zone, à une agglomération urbaine voire à une région administrative.

▶ L'objectif de l'Union européenne est d'apporter aux régions transfrontalières un cadre institutionnel qui permet de surmonter des obstacles liés aux inégalités socio-économiques, aux différences de législation (fiscalité, droit du travail) entre la France et ses États voisins. Financés essentiellement par le FEDER, ce sont précisément les programmes de coopération territoriale européenne transfrontaliers (Interreg A) qui peuvent donner naissance à des eurorégions (à l'échelle régionale transfrontalière) et à des eurodistricts (à l'échelle d'une agglomération transfrontalière).

2 Les territoires transfrontaliers français dans le cadre de l'Union européenne

Ainsi la France a participé, entre 2014 et 2020, à 9 projets métropolitains et 5 projets ultramarins aux objectifs variés :
– le programme « POCTEFA » entre la France, l'Espagne et Andorre, pour l'intégration économique et sociale ;
– le programme « Rhin supérieur » entre la France et l'Allemagne, pour le développement d'une région économique intégrée ;
– le programme « Italie – France maritime » entre les littoraux français et italiens, pour l'accessibilité et la valorisation des ressources naturelles et culturelles ;
– le programme « ALCOTRA » entre la France et l'Italie, pour améliorer la qualité de vie des populations ;
– le programme « Deux-mers » entre le Royaume-Uni, la France, la Belgique et les Pays-Bas, pour unifier les régions littorales de la Manche et de la Mer du Nord ;
– le programme « France – Suisse », pour développer le partenariat dans l'arc jurassien ;
– le programme « France – Wallonie – Flandres » entre la France et la Belgique, pour améliorer et soutenir la collaboration transfrontalière ;
– le programme « France (Manche) – Angleterre », pour faire émerger un espace de citoyenneté commune à l'identité spécifique ;
– le programme « Grande Région » entre la France, le Luxembourg, la Belgique et l'Allemagne, pour favoriser les projets locaux et régionaux entre les différents acteurs de ses territoires ;
– le programme « Mayotte – Comores – Madagascar », pour utiliser les ressources de manière responsable et préserver la biodiversité ;
– le programme « Saint-Martin », pour assurer à la population de l'île franco-néerlandaise les infrastructures de base et une gestion des risques majeurs ;
– le programme « Caraïbes » entre la Guadeloupe, la Guyane, la Martinique, Saint-Barthélemy et Saint-Martin ;
– le programme « Amazonie » entre la Guyane, le Brésil, le Suriname et le Guyana, pour cofinancer des projets d'innovation, de cohésion sociale et de développement durable ;
– le programme « Océan indien » entre l'île de la Réunion, les Comores, Madagascar, l'île Maurice et les Seychelles.

3 Typologie des dynamiques différenciées des territoires transfrontaliers pour la France

Ces programmes favorisent sans aucun doute les recompositions spatiales avec des échanges structurés et durables. Pour la France, comme ailleurs, cela ne signifie pas que tous les territoires transfrontaliers en profitent de la même manière. Il peut y avoir des relations inégales, de réciprocité voire très peu de relations.

a. L'intégration par polarisation

C'est notamment le cas pour le programme « Grande Région » qui favorise la concentration des flux transfrontaliers humains et financiers vers un pôle, un centre, en l'occurrence ici le Luxembourg (principe du dominant/dominé). On estime que près d'un travailleur frontalier sur deux au Luxembourg serait un Français. Cela s'explique notamment par des salaires plus élevés, des offres d'emplois plus attractives et plus nombreuses qu'en Lorraine, bassin industriel en reconversion.

>>

b. L'intégration par osmose

C'est par exemple le cas pour le programme « France – Wallonie – Flandres » qui a permis l'émergence d'une vaste Eurométropole, Lille – Courtrai – Tournai, la plus grande métropole transfrontalière de l'Union européenne. Même si c'est la capitale des Hauts-de-France, le centre métropolitain principal, les flux sont bidirectionnels dans une logique de complémentarité en trois tiers : le travail et les études, les achats et les services, les loisirs et les autres activités.

c. L'intégration par spécialisation

Nous pouvons ici citer le programme « POCTEFA ». Sur le plateau de Cerdagne, zone faiblement peuplée entre le département français des Pyrénées-Orientales et la province de Catalogne, un hôpital commun transfrontalier a ouvert en 2014 côté espagnol. Dans le même temps, de manière autonome, sans lien de cause à effet, à Perpignan, des projets européens essayent de renforcer l'attractivité à la fois économique, universitaire et touristique de l'agglomération.

Savoir-faire

Procéder à l'analyse critique d'un document selon une approche historique ou géographique

La critique est d'abord externe car il s'agit de s'interroger sur la provenance du document (source, auteur, date, contexte) et des altérations qu'il a pu connaître. Quant à la critique interne, elle s'intéresse au contenu du document, à son argumentation et à ses destinataires.

Exercice

★★ 45 min

En analysant les documents, vous montrerez comment un territoire transfrontalier est révélateur de la mondialisation mais aussi des inégalités territoriales qui en découlent.

Doc. 1 L'Eurodistrict Strasbourg-Ortenau

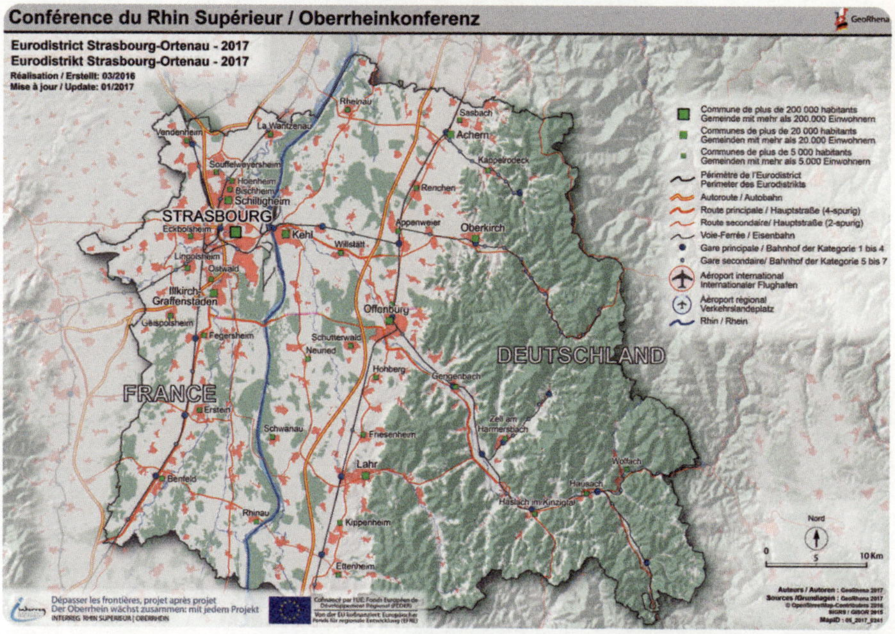

GeoRhena / Eurodistrict Strasbourg-Ortenau 2017

Doc. 2 Strasbourg – Kehl : une relation privilégiée

Par des projets concrets et proches du citoyen, Strasbourg et Kehl développent une coopération dense à tous les niveaux pour favoriser l'émergence d'une agglomération transfrontalière.
Travailleurs frontaliers, consommateurs, résidents, étudiants et apprentis mais aussi simples touristes : de nombreux flux relient les villes de Strasbourg et de Kehl. Malgré une population et des poids économiques très différents (Strasbourg compte 279 000 habitants et Kehl 35 000 dont près de 2 200 résidents français), les deux villes ont développé de longue date une coopération transfrontalière ambitieuse répondant aux besoins des populations qui vivent l'Europe au quotidien.

www.strasbourg.eu

L'Union européenne dans la mondialisation : des dynamiques complexes

Des politiques européennes entre compétitivité et cohésion des territoires

- Pour **lutter contre les inégalités socio-économiques** mesurées par des indices statistiques (PIB, IDH…)
  - **À l'échelle continentale :** Europe de l'Ouest ≠ Europe centrale et orientale
  - **À l'échelle régionale :** mégalopole, métropoles ≠ espaces ruraux, bassins industriels en reconversion, territoires ultramarins
- Dans une perspective de cohésion des **deux objectifs**
  - **La réduction des inégalités territoriales :** politique agricole commune, Fonds structurels européens (FEDER, FSE)
  - **La valorisation des atouts des territoires :** politique de transports, programmes européens

L'Union européenne, un espace plus ou moins ouvert sur le monde

- **Premier pôle commercial mondial**
  - Nouvelle triade
    Pays émergents
    Exportations/Importations
  - Incidences du Brexit ?
- **Entre ouverture et repli**
  - **Frontières intérieures :** marché commun, zone euro, espace Schengen (effacement)
  - **Frontières extérieures :** agence Frontex, lutter contre les migrations clandestines (renforcement)
  - **Défis :**
    - Harmonisation des fiscalités entre les pays
    - Politique de sécurité et de défense commune (PSDC)
    - Enjeux migratoires extra-européens

La France : les dynamiques différenciées des territoires transfrontaliers

- Espace frontalier → **Intégration européenne** → Territoire transfrontalier
  - Par polarisation (dominant/dominé)
  - Par osmose (complémentarité)
  - Par spécialisation (autonomie)

je me teste !

1 Où se situent les territoires les plus intégrés dans l'Union européenne ?
- ☐ **a.** En Europe de l'Ouest.
- ☐ **b.** En Europe centrale et orientale.
- ☐ **c.** Dans les territoires ultramarins.

2 À l'échelle régionale, quels sont les territoires les plus intégrés ?
- ☐ **a.** Les métropoles et les régions capitales.
- ☐ **b.** Les zones rurales.
- ☐ **c.** Les bassins industriels en reconversion.

3 Quel est l'objectif principal des politiques communautaires européennes ?
- ☐ **a.** Unifier les politiques fiscales.
- ☐ **b.** Favoriser les territoires déjà fortement mondialisés.
- ☐ **c.** Lutter contre les disparités socio-économiques internes.

4 Qu'est-ce que la PAC ?
- ☐ **a.** La politique administrative commune.
- ☐ **b.** La politique agricole commune.
- ☐ **c.** La politique agricole concertée.

5 Comment se nomment les deux principaux Fonds structurels européens ?
- ☐ **a.** Le FEDER et le RTE-T.
- ☐ **b.** Le FEDER et le FSE.
- ☐ **c.** Le RTE-T et le FSE.

6 En comptant le Royaume-Uni, quelle place occupe l'Union européenne dans le commerce mondial ?
- ☐ **a.** La première.
- ☐ **b.** La deuxième.
- ☐ **c.** La troisième.

7 Qu'est-ce que le marché unique européen ?
- ☐ **a.** Un espace de libre circulation des marchandises.
- ☐ **b.** Un espace de libre circulation des capitaux.
- ☐ **c.** Un espace de libre circulation des marchandises et des capitaux.

8 En 2020, combien de pays membres de l'Union européenne font partie de la zone euro ?
- ☐ **a.** 12.
- ☐ **b.** 19.
- ☐ **c.** 27.

9 Comment peut-on définir l'espace Schengen ?
- ☐ **a.** La libre circulation des personnes dans tous les pays membres de l'Union européenne.
- ☐ **b.** La libre circulation des personnes dans certains pays membres de l'Union européenne.
- ☐ **c.** La libre circulation des personnes dans certains pays membres de l'Union européenne et quelques autres.

10 Quel nom donne-t-on à l'Agence européenne en charge de la surveillance des frontières européennes ?
- ☐ **a.** Eurocorps.
- ☐ **b.** PSDC.
- ☐ **c.** Frontex.

11 Avec combien d'États européens la France a-t-elle une frontière commune ?
- ☐ **a.** 6.
- ☐ **b.** 8.
- ☐ **c.** 10.

12 Par quel nom désigne-t-on les programmes de coopération territoriale européenne transfrontaliers ?
- ☐ **a.** Eurorégions.
- ☐ **b.** Eurodistricts.
- ☐ **c.** Interreg A.

13 Que permet un territoire transfrontalier ?
- ☐ **a.** Un développement égal des deux côtés de la frontière.
- ☐ **b.** Une augmentation des flux.
- ☐ **c.** Une concentration des activités productives.

Réponses

1 : a - **2** : a - **3** : c - **4** : b - **5** : b - **6** : a -
7 : c - **8** : b - **9** : c - **10** : c - **11** : b -
12 : c - **13** : b

Les lignes de force du territoire français

Cours

1 Les facteurs d'intégration européenne et mondiale du territoire français

a. L'intégration par la métropolisation

▶ Le territoire français est organisé selon un modèle centre/périphérie. Ainsi, les métropoles jouent un rôle majeur car elles sont attractives et prennent les décisions. Elles concentrent la population, la richesse mais surtout des activités économiques, financières, culturelles, scientifiques et politiques dans les territoires urbains les plus dynamiques. Elles représentent plus de la moitié du PIB français et regroupent plus de 90 % des fonctions métropolitaines supérieures. Mais les métropoles sont inégalement réparties sur le territoire. Hormis Paris et Lyon, les plus dynamiques se localisent en général sur les littoraux ou les régions frontalières.

▶ Toutefois, Paris est la seule ville mondiale en France. Ses fonctions de commandement et son poids démographique lui permettent d'avoir une influence mondiale. Cette macrocéphalie parisienne peut se mesurer de diverses manières. D'un point de vue économique, le « Grand Paris » fournit plus du tiers de la richesse produite en France. D'un point de vue démographique, le deuxième pôle urbain, Lyon, est six fois moins peuplé que l'agglomération parisienne. D'un point de vue touristique, sur les 90 millions de touristes étrangers accueillis en France en 2018, plus de 50 millions ont visité la capitale.

b. L'intégration par les réseaux

▶ Les transports organisent le territoire. Ils sont à la fois liés à des aménités environnementales et à une action volontariste des autorités françaises. L'axe PLM (Paris, Lyon, Marseille) est sans aucun doute le plus structurant. Facilité par l'existence de vallées, ce couloir de circulation majeure combine les voies fluviales (Seine, Rhône), les axes autoroutiers et les lignes ferroviaires à grande vitesse. Il débouche d'une part sur le port du Havre/Rouen dans la Manche et d'autre part, sur le port de Fos-sur-Mer/Marseille en Méditerranée. Cette ouverture littorale participe grandement à l'intégration de la France à la mondialisation des échanges. Il faut ajouter également le rôle de grands tunnels (alpins, pyrénéens ou sous la Manche) qui connectent la France avec ses voisins européens.

> **À savoir**
>
> En géographie, il faut éviter le **déterminisme** : « La nature propose, l'Homme dispose ». Par exemple, la présence d'atouts naturels favorables (**aménités**) peut faciliter des aménagements mais ne les conditionnent pas nécessairement.

▶ Ce sont donc les métropoles qui profitent le plus de ces transports. Elles bénéficient d'une meilleure accessibilité à la fois par des gares, des ports et des aéroports. Ces nœuds de transports sont également des hubs car ils permettent une répartition des personnes et des marchandises de manière multimodale sur des territoires plus vastes. Toutefois, les métropoles sont avant tout reliées à Paris, ce qui renforce ici aussi son poids métropolitain aux échelles nationale, européenne et mondiale. Il ne faut pas non plus négliger le rôle grandissant des réseaux immatériels avec le développement des technologies de l'information et de la communication (Internet).

2 Une accentuation des contrastes entre les territoires

▶ On estime la population française à 67 millions en 2020. Mais son augmentation constante qui fait figure d'exeption en Europe n'est pas homogène sur le territoire. La population jeune se situe plutôt au Nord et à l'Est, ainsi qu'en Outre-mer. L'accroissement naturel est beaucoup plus faible, nul voire négatif au Centre et au Sud d'où, mécaniquement, un vieillissement de la population.

▶ Il en est de même dans les dynamiques du peuplement. On peut ici opposer une France du plein à une France du vide avec un double déséquilibre induit par les facteurs d'intégration européenne et mondiale du territoire français. D'une part, il y a le « Grand Paris » et le reste de la France : 2 % du territoire métropolitain concentre 20 % de la population. D'autre part, on peut opposer les régions littorales ou métropolisées aux vieilles régions industrielles en reconversion. C'est pourquoi le solde migratoire est négatif notamment pour le Nord-Est, tandis que les Midis sont attractifs.

▶ Les inégalités territoriales sont aussi liées aux transformations du système productif. Si la France est considérée comme la 5e ou 6e puissance industrielle mondiale, il n'en demeure pas moins qu'elle est dans ce domaine fragile et incomplète. La désindustrialisation de certaines régions sidérurgiques ou textiles s'effectue souvent au bénéfice d'une littoralisation des activités liées à l'approvisionnement mondial en matières premières et ressources énergétiques, ou d'une métropolisation des activités liées à de nouvelles formes d'industrie (technopôles) ou à une tertiarisation de l'économie.

>>

▶ Enfin, à une échelle locale, il convient de distinguer les dynamiques des espaces urbains de celles des espaces ruraux. Ces derniers sont en transition et connaissent une fragmentation. Les espaces périurbains ont des liens forts et directs avec la ville tandis que les espaces hyper-ruraux apparaissent comme plus oubliés, plus pauvres, plus isolés. Toutefois, dans le même temps, la France est une grande puissance agricole européenne et un grand exportateur à l'échelle mondiale grâce à la modernisation importante de ce secteur depuis la fin de la Seconde Guerre mondiale.

Savoir-faire

Savoir lire, comprendre et apprécier une carte

▶ Une **carte** est une représentation du globe terrestre, ou d'une partie de celui-ci, sur une surface plane. Elle permet de localiser, d'analyser mais elle n'est jamais objective. Comme tout document, elle donne donc à voir un point de vue qui peut être critiqué.

▶ Outre la précision de sa source, une carte doit donc répondre à des **normes** :
- un **titre**,
- une **échelle**,
- une **orientation**,
- une **légende organisée**.

Exercice

★★ 45 min **En analysant le document, vous montrerez que les transports sont un facteur essentiel d'explication des dynamiques actuelles de peuplement de la France.**

Axes et pôles des réseaux de transport en France

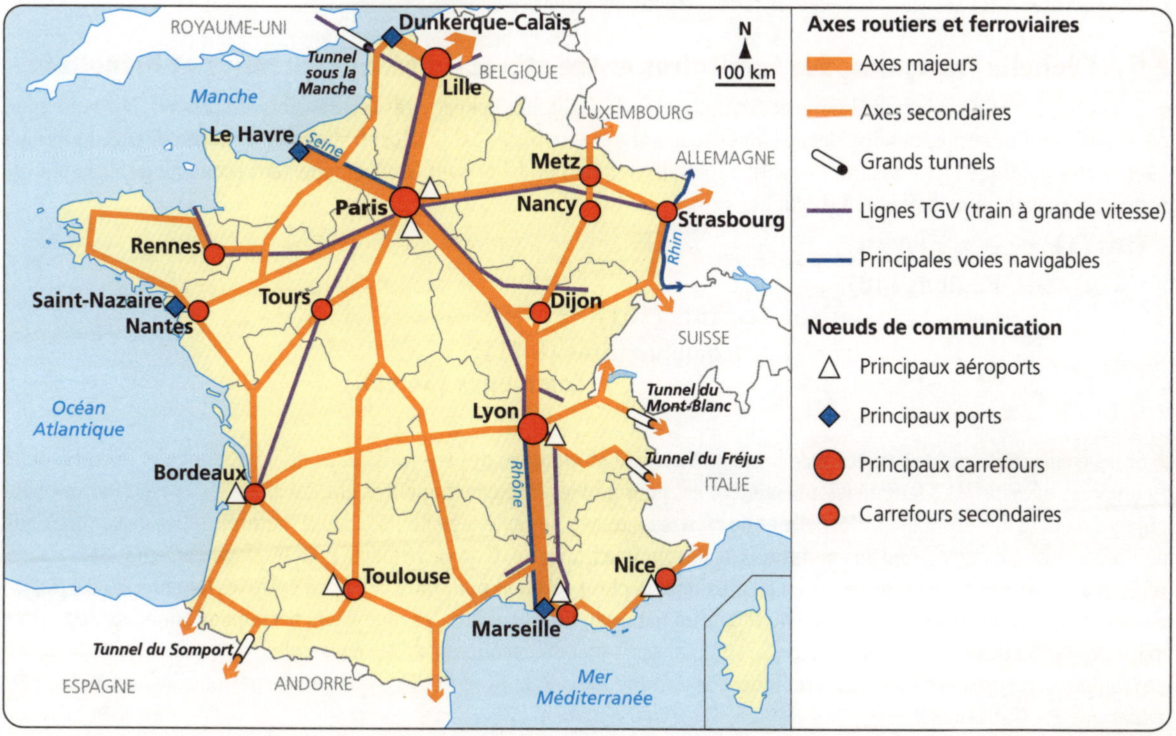

11 LA FRANCE ET SES RÉGIONS DANS L'UNION EUROPÉNNE ET DANS LA MONDIALISATION

Des recompositions territoriales à toutes les échelles, entre attractivité, concurrence et inégalités

Cours

1 À l'échelle mondiale, des territoires français entre attractivité et concurrence

▶ Les FTN (firmes transnationales) sont les acteurs majeurs de la mondialisation. En effet, leur puissance repose sur leur capacité à mettre des territoires en concurrence. L'économie française est ouverte sur le monde : elle est la 10e destination mondiale des flux d'IDE (investissements directs à l'étranger) et la première destination européenne (avec 10 % des flux destinés à l'Union européenne). Dans le même temps, les intérêts français dans le monde ne sont pas négligeables : la France demeure le troisième investisseur mondial (IDE sortants), derrière les États-Unis et la Chine.

▶ Cela a des répercussions sur les recompositions du territoire français. Des systèmes productifs très compétitifs se sont développés. Ce sont essentiellement des pôles de compétitivité qui associent, sur un territoire donné, des entreprises, des centres de recherche et des universités afin de développer des productions innovantes. On en trouve dans toutes les régions et dans tous les domaines, tels que la santé (« Lyonbiopôle ») ou les transports (« i-Trans » dans les Hauts-de-France). Mais cela accentue souvent la fragmentation socio-spatiale au sein des espaces urbains, ou entre les espaces urbains et les espaces ruraux.

2 À l'échelle européenne, des territoires français entre concurrence et inégalités

▶ L'Union européenne est l'acteur structurant de l'économie française puisque cette dernière représente 20 % de la production industrielle du continent et y réalise 60 % de ses exportations. Dans de nombreux domaines, la France a choisi l'échelle européenne pour se développer. C'est par exemple le cas avec l'aéronautique (Airbus), l'industrie spatiale (EADS) ou la finance (Euronext). Il en est de même avec les aides de la politique agricole commune qui profitent encore abondamment aux agriculteurs français.

▶ Par sa position géographique, la France peut être considérée comme une interface entre l'Europe du Nord et l'Europe du Sud. Toutefois, les élargissements successifs à l'Est de l'Union européenne ont pour conséquence de faire basculer le centre de gravité vers l'Europe médiane. Dès lors, les politiques européennes prennent en France tout leur sens avec leur double objectif : rendre les territoires plus compétitifs, comme avec les aides à la réalisation de la ligne ferroviaire Lyon-Turin, et réduire les inégalités territoriales avec les fonds structurels.

3 À l'échelle française, des territoires entre attractivité, concurrence et inégalités

▶ En France, à côté du rôle traditionnel et centralisateur de l'État, des collectivités territoriales ont progressivement émergées. Elles sont devenues des acteurs de l'aménagement des territoires par la décentralisation, engagée depuis les années 1980. Cette politique vise à assurer l'égalité des territoires tout en favorisant le développement économique. Cela peut se concevoir comme un emboitement d'échelles :

État (1)
Régions (18)
Départements (101)
Intercommunalités (9 711)
Communes (34 968)

▶ Si les communes sont le territoire de proximité préféré et identifié des Français, elles ne possèdent pas les ressources financières nécessaires à leur développement. C'est pourquoi les intercommunalités ont été mises en place. Elles ont pour objectif de faire des économies d'échelle et de mettre en œuvre des aménagements locaux. Toutefois, elles ne sont pas non plus à l'échelle qui correspond aux mutations de l'économie française. Il en va de même pour les départements. Dès lors, les régions apparaissent comme le territoire de proximité le plus pertinent pour faire la liaison entre les logiques d'intégration européenne et mondiale et la cohésion du territoire national. Cela peut être les régions du découpage administratif (13 en métropole et 5 ultramarines). Mais on pourrait aussi envisager un découpage en six ensembles régionaux correspondant à des logiques territoriales plus géographiques : le « Grand Paris », le Nord et l'Est, Lyon et ses périphéries, les Midis, l'Arc atlantique et l'Outre-mer.

Savoir-faire

Savoir appliquer une méthode pour l'étude de la région de votre lycée

L'objectif de ce dernier travail de l'année est de mobiliser les connaissances acquises sur la France en les appliquant à une autre échelle d'analyse plus pertinente, à savoir votre **territoire de proximité régionale** afin de mettre en évidence les **divers aspects de son attractivité.**

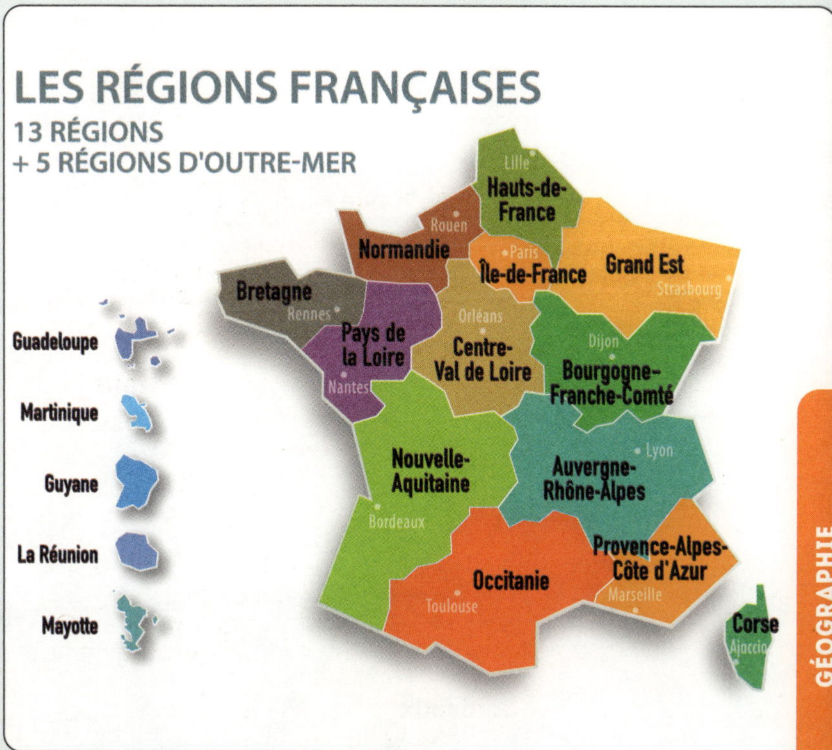

a. Quels questionnements ?

▶ **Situation de ma région en France, en Europe et dans le monde :**
- caractéristiques spécifiques de ma région (géographie, histoire),
- attractivité de ma région (points forts),
- fragilité de ma région (points faibles face aux autres).

▶ **Dynamiques et disparités du territoire de ma région :**
- typologie des espaces (centre, périphéries intégrées, périphéries en marge),
- fonctions des espaces (productifs, mise en valeur, protection),
- lignes de force (infrastructures, organisation spatiale).

▶ **Recompositions dans le cadre des intégrations européenne et mondiale :**
- politiques menées pour rendre la région attractive,
- acteurs des politiques régionales.

b. Quels documents ?

▶ **Collecte des informations :**
- dans mon manuel de classe,
- dans les cours travaillés durant l'année, notamment ce thème conclusif,
- sur Internet : sites institutionnels (préfecture, région), sites statistiques (INSEE à l'échelle française, EUROSTAT à l'échelle européenne).

▶ **Documents cartographiques :**
- atlas géographiques,
- site Internet GEOPORTAIL.

Exercice

★★★ 60 min **À l'aide de la méthode et du corrigé pour la région Hauts-de-France, procédez à l'analyse de la région de votre lycée.**

Les territoires français et leur intégration dans l'Union européenne et la mondialisation

Des contrastes territoriaux liés aux transformations du système productif

- Espaces attractifs et fortement intégrés
- Espaces dynamiques
- Espaces industriels en reconversion
- Espaces agricoles modernes et exportateurs
- Espaces ruraux peu ou pas attractifs
- Littoraux touristiques

Des facteurs d'intégration

- Métropole mondiale
- Métropoles régionales
- Autres pôles urbains
- Technopôles et/ou pôles de compétitivité

Des réseaux de transports structurants

- Axes de transports majeurs
- Autres axes importants
- Aéroports internationaux
- Principaux ports maritimes

je me teste !

1 **Quels sont les territoires décisionnaires en France ?**

- ☐ **a.** Les espaces ruraux.
- ☐ **b.** Les métropoles.
- ☐ **c.** Les littoraux.

2 **Pourquoi parle-t-on de macrocéphalie parisienne ?**

- ☐ **a.** Car c'est la capitale.
- ☐ **b.** Car elle a une influence mondiale.
- ☐ **c.** Car elle est bien plus peuplée et bien plus riche que toutes les autres métropoles françaises.

3 **Quel est l'axe majeur qui structure le territoire français ?**

- ☐ **a.** PLM.
- ☐ **b.** TGV.
- ☐ **c.** LGV.

4 **Quels sont les éléments qui déterminent la constitution d'un réseau de transport ?**

- ☐ **a.** L'environnement naturel.
- ☐ **b.** La politique d'aménagement du territoire.
- ☐ **c.** Les conditions naturelles et la politique d'aménagement du territoire.

5 **Qu'est-ce qu'un hub ?**

- ☐ **a.** Un aéroport.
- ☐ **b.** Un ensemble de moyens de transport et de réseaux connectés.
- ☐ **c.** Un réseau Internet.

6 **Où en France la population est-elle plutôt jeune ?**

- ☐ **a.** Sur les littoraux.
- ☐ **b.** À l'Ouest et au Sud.
- ☐ **c.** Au Nord-Est et en Outre-mer.

7 **Où la population est-elle plutôt vieillissante en France ?**

- ☐ **a.** Dans le Centre et au Sud.
- ☐ **b.** En Outre-mer.
- ☐ **c.** Au Nord-Est.

8 **Comment se nomment les entreprises qui structurent un territoire dans le cadre de la mondialisation ?**

- ☐ **a.** Les FTN.
- ☐ **b.** Les PME.
- ☐ **c.** Les TPE.

9 **Quels sont les acteurs publics de l'intégration européenne et mondiale de la France ?**

- ☐ **a.** L'État.
- ☐ **b.** L'État et l'Union européenne.
- ☐ **c.** L'État, l'Union européenne et les collectivités territoriales.

10 **Combien la France compte-t-elle au total de régions administratives ?**

- ☐ **a.** 6.
- ☐ **b.** 13.
- ☐ **c.** 18.

Réponses !

1 : b - **2** : c - **3** : a - **4** : c - **5** : b - **6** : c - **7** : a - **8** : a - **9** : c - **10** : c

HISTOIRE

1 Page 79

1

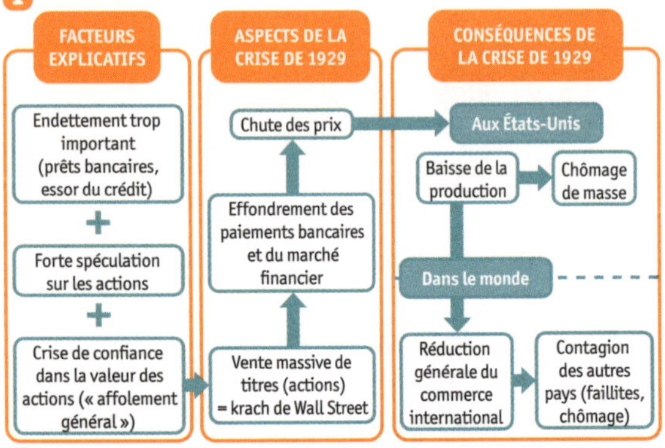

2 **a.** Face à la crise de 1929, la Grande-Bretagne a d'abord mis en œuvre une politique restrictive. Le texte évoque en effet un repli sur l'empire colonial vers lequel « le commerce extérieur est réorienté en partie ». De plus, le gouvernement met d'abord en place une politique de réduction des dépenses : entre 1931 et 1934, il réduit les revenus de l'assurance-chômage de 10 %. On peut ajouter que cette politique de restriction budgétaire aggrave les effets de la crise (misère sociale).

b. Mais ensuite, les réformes mises en œuvre s'inspirent des théories de Keynes pour relancer l'économie. Le document en donne en effet trois exemples. D'abord, qu'à partir de 1934, la protection sociale est développée (rétablissement d'allocations chômage plus élevées, système de pensions et de retraites). De plus, « une série de dispositions prises de 1930 à 1935 » permet la multiplication de logements individuels. Enfin, en 1937 le gouvernement généralise les congés payés. Il s'agit bien d'interventions de l'État (donc une pratique keynésienne) qui permettent de soutenir la consommation et donc de limiter les effets négatifs de la crise (l'auteur parle en effet de « redressement anglais »).

2 Page 81

1 Malgré des points communs, l'URSS et l'Allemagne nazie présentent des différences. C'est le cas tout d'abord, dans le domaine idéologique : alors que l'idéologie communiste en URSS a un objectif d'égalité entre travailleurs (suppression du système capitaliste), le nazisme repose sur une idéologie fondamentalement raciste (inégalités des races, notamment rejet des juifs mais aussi des tziganes, par exemple). Les différences s'observent aussi dans leur situation internationale : alors que l'URSS jour un rôle secondaire jusqu'au pacte germano-soviétique de 1939, l'Allemagne nazie se lance dans une politique de remilitarisation et d'expansion européenne agressive dès 1934.

2 **a.** Le document présenté est un article tiré d'une encyclopédie italienne, parue en 1932. Par sa nature, ce document pourrait donc sembler fiable, puisqu'il s'agit d'une encyclopédie, dont le but est de réunir des connaissances rigoureuses présentées par des spécialistes. Or, en 1932, le contexte italien est celui de la dictature fasciste : le pays est sous le contrôle d'une idéologie totalitaire qui cherche à influencer la population par la propagande. On peut donc se demander si le contenu de cette encyclopédie ne serait pas influencé par le fascisme alors au pouvoir.

b. L'analyse des auteurs de l'article confirme la première supposition. En effet, l'article est signé par Mussolini qui est le chef du parti fasciste et le dirigeant du régime totalitaire. Même si celui-ci n'a fait que signer l'article, ce dernier a été rédigé par un militant fasciste, Giovanni Gentile. L'avantage est que ce point de vue sera particulièrement utile pour comprendre le fascisme puisqu'il est validé par Mussolini lui-même : c'est une source très utile. Mais l'inconvénient c'est que la source ne sera absolument pas neutre : le texte donnera forcément un point de vue favorable sur le fascisme, et il faut donc s'en méfier et savoir la critiquer pour l'utiliser.

c. L'article montre une forte critique contre la démocratie : il rejette en effet le « suffrage universel » utilisé à travers « une consultation périodique » et « les régimes démocratiques » en niant que « [le] nombre puisse gouverner ». Mais cette critique n'est pas objective puisque les fascistes sont opposés à la démocratie par principe. Les arguments ne sont donc pas pertinents : par exemple, l'article estime que la démocratie ne donne que « l'illusion de la souveraineté ». Or, le système fasciste n'est pas meilleur de ce point de vue puisqu'il estime donner « la puissance à la vie tout entière du peuple ». Ce système valorise « l'inégalité [...] des hommes » et repose sur la violence, la censure et la propagande, ce qui ne garantit pas l'expression libre de la souveraineté.

3 Page 83

1

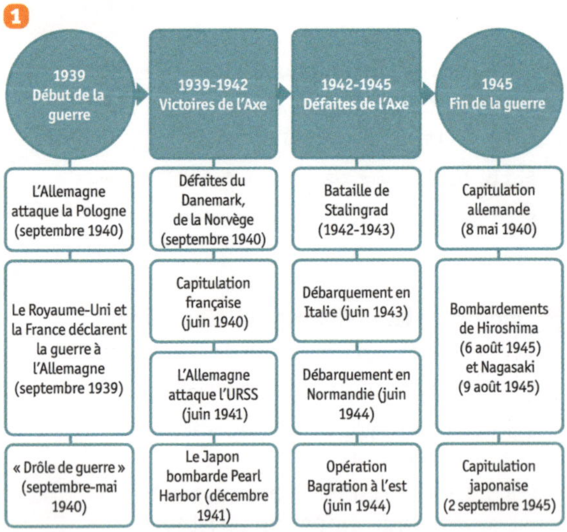

2 **a.** Le document est une image diffusée par le gouvernement français en 1941. Or, le contexte est celui de la défaite française face à l'Allemagne : le pouvoir appartient au maréchal Pétain qui impose un régime autoritaire. Puisque le document provient du gouvernement de Vichy, il n'est pas neutre : il est très possible qu'il s'agisse d'un document de propagande.

b. Le personnage représenté est le maréchal Pétain, qui est alors le chef du gouvernement de Vichy. Il est représenté tourné vers le spectateur, sa main droite le pointant du doigt. Il s'agit ainsi d'impliquer fortement la personne qui regarde l'affiche. Sa main gauche est posée sur un bureau, le poing fermé : c'est un symbole de force. Le but est donc de créer une confiance du spectateur pour le personnage qui doit inspirer un lien direct et la confiance dans sa force.

c. Le texte fait référence au contexte de la défaite et de l'occupation de la France par l'Allemagne. En effet, il conteste l'idée que les Français seraient « trahis » ou « abandonnés » : au moment où Pétain vient d'accepter l'armistice et engage une politique de collaboration avec l'Allemagne nazie, il s'agit donc de convaincre que ces choix ne sont pas une trahison du pays. L'appel aux « Français », écrit en rouge et en grandes majuscules complète bien l'image qui cherche à impliquer le spectateur.

d. Cette affiche traduit le culte du chef dans la mesure où elle insiste sur l'image exclusive du chef du régime, le maréchal Pétain, qui est représenté seul ici et occupe la moitié de l'image. De plus, les mots employés en guise de slogan sont mis dans la bouche de Pétain lui-même : tout est représenté comme partant de lui. Ces mots insistent sur la « confiance » à avoir dans le personnage, seule justification à l'obéissance au chef.

4 Page 87

Ce texte renvoie au « coup de Prague ». Cet événement s'est déroulé en février 1948 comme nous le rappelle la date du texte. Une manœuvre politique pilotée par l'URSS aboutit à l'installation, en Tchécoslovaquie, pays du bloc de l'est, d'un régime où le parti communiste est dominant. Le remplacement du gouvernement républicain s'est déroulé sous la pression militaire (« les canons de fusil de la police de sécurité du ministère de l'Intérieur communiste constituaient depuis lundi matin une menace évidente »). Le démocrate Edvard Beneš doit céder les rênes du pouvoir au communiste Gottwald, nommé Premier ministre ; il reste quelque temps président de la République, ce qui permet de sauver les apparences.

5 Page 89

Durant l'année 1968, en Occident comme dans le bloc de l'est, souffle un vent de contestation contre les pouvoirs en place. Mais les causes et l'expression de cette contestation sont très différentes selon les pays. Ainsi la **guerre du Vietnam** est-elle à la source d'une vague de révolte au sein d'une partie de la jeunesse américaine qui refuse de participer ou de cautionner un conflit qui implique le massacre de très nombreux civils. Le **mouvement hippie** qui se répand en Occident chez les jeunes rejette d'une manière générale les valeurs traditionnelles. Dans certains pays occidentaux, comme la France ou le Mexique, des **révoltes étudiantes** contre les gouvernements en place conduisent parfois à des affrontements violents avec la police. Une autre forme de contestation éclate en 1968 aux États-Unis en raison de la **fracture raciale** divisant la société : Martin Luther King, leader de la revendication pour les droits civiques en faveur de la communauté noire américaine, est assassiné et des émeutes ravagent les **ghettos**. En Tchécoslovaquie dominée par l'URSS, une aspiration à davantage de liberté est écrasée par l'intervention des chars soviétiques dans la capitale : le **Parti Communiste** tchécoslovaque doit renoncer à son désir de libéraliser le pays lors du « **Printemps de Prague** ».

6 Page 91

a. Lorsque Pierre Mendès-France s'exprime, les députés de l'Assemblée Nationale s'apprêtent à voter pour ou contre la désignation (ou investiture) du général de Gaulle comme nouveau président du Conseil de la IVe République. **b.** Pierre Mendès-France incarne le régime de la IVe République, ayant été lui-même plusieurs fois ministre et président du Conseil. Il défend le système parlementaire caractéristique de la IVe République. **c.** Pierre Mendès-France fait allusion au passé de résistant du général de Gaulle. Malgré le respect qu'il porte à l'homme de l'appel du 18 juin, Mendès-France s'oppose à son investiture car il sait que de Gaulle veut instaurer une nouvelle République. **d.** Le débat auquel a pris part Pierre Mendès-France s'est terminé par l'investiture du général de Gaulle. Cette décision aboutit à la mise en place de la Ve République après approbation d'une nouvelle constitution par référendum.

7 Page 95

Le monde a subi deux chocs pétroliers dans le courant de la décennie 1970. Un choc pétrolier correspond à une modification brutale de l'offre de pétrole consistant en une augmentation très importante de son prix, ce qui implique inévitablement d'importantes répercussions sur l'évolution économique des pays consommateurs. Le pétrole constitue en effet l'une des énergies utilisées couramment dans le monde industriel. Le premier choc pétrolier trouve sa source dans la guerre du Kippour de 1973 : l'Égypte et la Syrie attaquent Israël qui repousse rapidement ces deux voisins arabes, lesquels peuvent néanmoins compter sur la solidarité des pays de l'OPEP (Organisation des Pays Producteurs de Pétrole). En effet, celle-ci, à titre de représailles, triple les prix du pétrole, ce qui impacte fortement les économies des pays d'Occident, où la production baisse et le chômage augmente. Certes, ces pays capitalistes continuent de connaître une croissance positive mais celle-ci est amoindrie par rapport à la période précédente des Trente Glorieuses.
En 1979, un second choc pétrolier vient mettre encore plus à mal les économies occidentales mais aussi celles des pays en développement non producteurs de pétrole. En effet, en 1979, la révolution qui chasse le Shah d'Iran met au pouvoir un régime islamique qui se proclame ennemi de l'Occident et qui entame en 1980 une guerre avec son voisin irakien. L'Iran étant un des principaux pays producteur de pétrole, il décide de doubler le prix du pétrole, ce qui a pour conséquence de maintenir la faible croissance de l'économie des pays occidentaux, touchés également par une forte inflation. Cette situation, nommée stagflation, se double d'un fort taux de chômage, devenu structurel. Dans le monde entier, la croissance économique est freinée de manière sensible en raison de l'augmentation du coût de l'or noir.

8 Page 97

Dans les années 1970 et 1980, la France mène une véritable politique culturelle passant par l'ouverture de grandes structures dont le prestige rejaillit sur leur principal promoteur, à savoir le chef de l'État au pouvoir lors de la décision de leur édification. **Georges Pompidou** a été président de la République entre 1969 et 1974 : il est à l'origine de la construction du musée national d'Art moderne-Centre Pompidou, particulièrement novateur. Son successeur, **Valéry Giscard d'Estaing**, qui dirige la France entre 1974 et 1981, a lancé quant à lui trois grands chantiers : celui du Musée d'Orsay, celui de l'Institut du Monde Arabe et celui de la Cité des sciences de La Villette. Mais c'est **François Mitterrand**, qui a effectué deux septennats (1981-1995), qui apparaît comme le chef d'État français qui aura mis en route le plus de chantiers culturels : son nom reste en effet notamment attaché à la rénovation du Grand Louvre, à la construction de l'Opéra Bastille et de la Grande Arche de la Défense. Depuis, les présidents de la V° République (**Jacques Chirac, Nicolas Sarkozy, François Hollande, Emmanuel Macron**) ne se sont plus autant distingués dans le domaine des grands chantiers culturels. En effet, au lieu de se concentrer sur quelques projets-phares enracinés généralement dans la capitale, l'accent est davantage mis sur la multiplication des offres culturelles sur l'ensemble du territoire national ainsi que sur le soutien à la création, dans le cadre d'une politique marquée par la décentralisation. Le but étant d'assurer une démocratisation culturelle maximale.

9 Page 101

Dans une première partie, à l'aide de la légende, on peut remarquer qu'il existe une typologie des puissances qui reprend celle du chapitre. En effet, la puissance dans le monde est partagée entre plusieurs pôles : les États-Unis (dans tous les domaines), l'Union européenne (plutôt dans le domaine économique et commercial) et enfin des pays émergents dont les BRICS. Toutefois, il n'y a pas d'unité géographique ou temporelle pour ces derniers. En effet, la Russie et la Chine sont des puissances politiques anciennes (arme nucléaire, conseil de sécurité de l'ONU) alors que le Brésil et l'Afrique du Sud sont devenus plus récemment des usines du monde et des fournisseurs de matières premières.
Dans une seconde partie, il faut démontrer que cette diversité crée un désordre mondial qui favorise les tensions. Les États-Unis ne sont plus nécessairement les « gendarmes du monde » même s'ils interviennent (ex-Yougoslavie dans les années 1990, Irak dans les années 2000). De plus, de nouveaux ennemis invisibles ont fait leur apparition dans le cadre de guerres asymétriques avec le terrorisme islamiste. Enfin, les populations civiles sont de plus en plus touchées par des crimes de guerre ou des génocides (ex. Rwanda, 1994).

10 Page 103

Dans une première partie, on peut mettre en avant le processus d'élargissement. Dans l'illustration qui évoque 1957, donc le *Traité de Rome*, on voit les six pays fondateurs (Allemagne, Belgique, France, Italie, Luxembourg, Pays-Bas). Dans l'illustration qui évoque 2007, on constate que la construction européenne s'est ouverte à de nouveaux États et que le processus s'est accéléré, après la fin de la guerre froide et à la suite du *Traité de Maastricht* en 1992. Ainsi, l'Union européenne comprend en 2007 27 pays.
Dans une seconde partie, la double caricature permet de mettre en évidence les contradictions entre cet élargissement et l'approfondissement. En effet, la mise en place d'une gouvernance supranationale nécessite une coordination réelle entre les pays membres. Or, ce n'est pas toujours le cas : ici la serveuse est confrontée à des langues et à des choix de boissons différents, ce qui n'était pas le cas en 1957. Le refus de la *Constitution européenne* en 2004 peut aussi apparaître comme une cause de cette situation.
Ce document montre donc bien que l'Union européenne marque un événement historique avec un « avant » et un « après ».

11 Page 105

Dans un premier temps, on constate que l'abstention, c'est-à-dire le fait de ne pas aller voter, augmente en France quelque soit l'élection depuis le début des années 1990. Toutefois, selon l'élection concernée, on peut établir des différences remarquables. L'élection présidentielle est celle où l'abstention est la moins forte (en moyenne, autour des 20%) : cela s'explique par le rôle essentiel du président de la République dans les institutions de la Ve République. Cela n'empêche pas des exceptions : ainsi, le référendum de 2000 sur le passage du septennat au quinquennat est celui où l'abstention fut la plus forte. Le vote reste également important aux élections municipales (en moyenne, les 2/3) : le maire apparaît comme l'élu de proximité préféré des Français.
Dans un second temps, on peut s'interroger sur la contradiction apparente entre la montée de l'abstention et les évolutions constitutionnelles. Par exemple, malgré l'approfondissement de la décentralisation, les élections départementales et régionales n'enregistrent pas de dynamiques dans le vote, au contraire même (près de 50% d'abstention en moyenne). Il en est de même des référendums liés à la construction européenne, ce qui démontre aussi une forme d'euroscepticisme en France. Enfin, la prise en compte de revendications de la société civile (parité, mariage homosexuel) ne se retrouve pas dans l'engagement civique.

GÉOGRAPHIE

1 Page 109

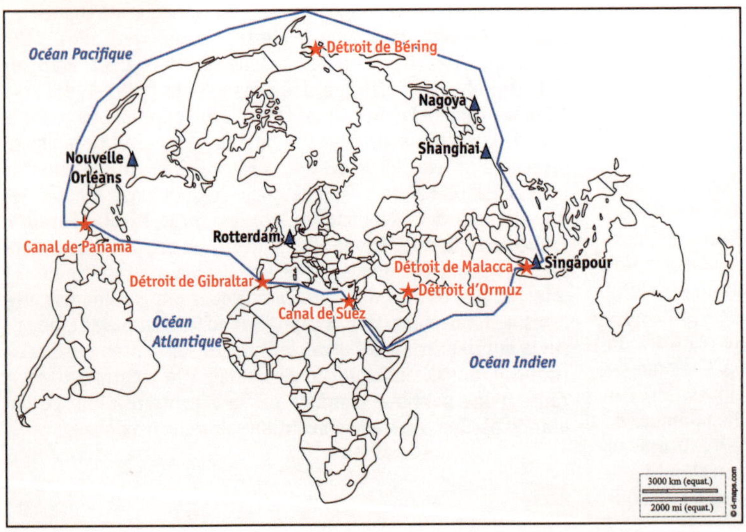

Ports importants.
Principale route maritime planétaire.
Détroits et canaux.

2 Page 111

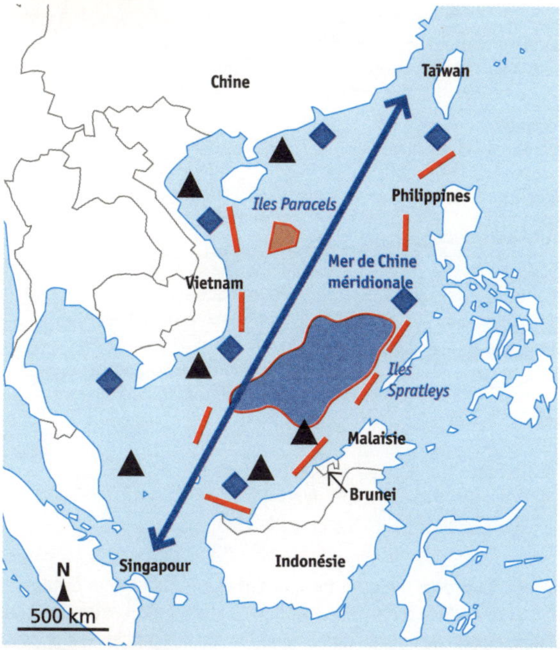

La mer de Chine méridionale, une mer très convoitée

1. Une mer au cœur d'enjeux divers

Chine État bordier de la mer de Chine

- Ressources halieutiques
- Ressources en hydrocarbures exploitées ou identifiées.
- Route maritime majeure

2. L'opposition à la politique chinoise d'appropriation

- « Ligne des 9 traits » qui délimite l'espace maritime revendiqué par la Chine.
- Iles Paracels occupées par la Chine, revendiquées par le Vietnam et Taïwan
- Iles Spratleys, sous autorité chinoise mais revendiquées par les Philippines, Brunei, la Malaisie, Taïwan et le Viêtnam

3 Page 113

Parties de la réponse	Éléments du document	Connaissance à apporter
Les activités du port du Havre	– Une activité portuaire liée aux conteneurs : porte conteneur compagnie MSC, portique de manutention des conteneurs et zone de stockage. – Une activité portuaire liée aux hydrocarbures : navires à quai ; cuves de stockage. – Une activité portuaire liée aux céréales : silos de stockage en béton – Une activité portuaire de croisière : un paquebot à quai.	– Le conteneur, des marchandises manufacturées. Le Havre est le 1er port de conteneurs en France. **Les activités du port du Havre** – Les hydrocarbures, des importations pour alimenter l'économie française. – Les céréales des marchandises en vrac. Des exportations de blé et maïs. Importation de soja depuis le Brésil – Un port d'embarquement pour des croisières vers le nord de l'Europe ou d'escale. En 2018, 145 paquebots et 419 000 passagers ont été accueillis. → Des activités portuaires diversifiées.
L'organisation du port du Havre.	– 1er plan port de conteneur. – 2e plan port pétrolier – 3e plan port de croisière – Arrière-plan ville du Havre.	– Port 2000, partie du port la plus récente, qui permet d'accueillir les plus gros navires. Une zone logistique avec des équipements importants. – Port pétrolier à l'écart – Terminal de croisière proche de la ville. Permet au passager de faire une escale dans la ville.

4 Page 117

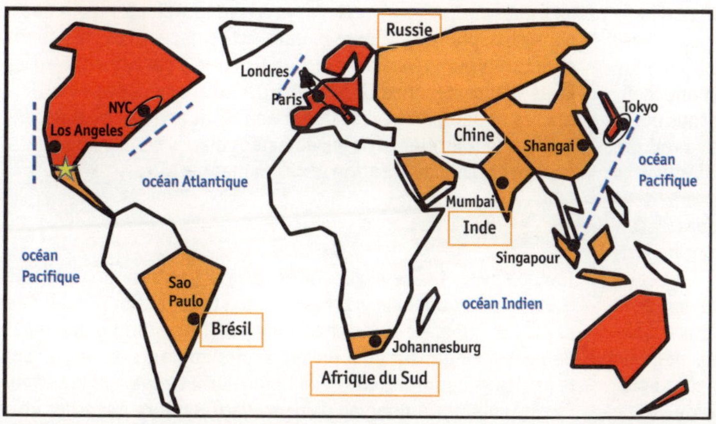

Les centres d'impulsion de la mondialisation dans le monde

1. Des États au centre de la mondialisation

- Pays développés
- Pays émergents
- Brésil — Dont les BRICS

2. Les centres d'impulsion urbains

- Ville mondiale
- Mégalopoles

3. Les interfaces

- Frontière active
- Façade maritime

5 Page 119

	Éléments du texte
Échelle locale (Kirkenes Norvège)	– Kirkenes « pourrait profiter de la politique Arctique de la Chine et devenir un des grands ports de nord de l'Europe ». – Kirkenes serait « un des centres névralgique des routes commerciales chinoises »
Échelle nationale (Chine)	– « La Chine veut s'implanter durablement en Arctique « – « Le projet de nouvelle route de la soie, qui doit relier l'Empire du milieu à ses principaux clients, comporte un tracé qui emprunte la route maritime de l'Arctique. – Pékin est intéressé par l'arctique « pour ses importantes ressources, notamment énergétiques. » – « Le gouvernement chinois multiplie les investissements et les accords de coopération avec certains États Arctiques ».
Échelle continentale (Europe)	– « Plusieurs projets sont lancés ou envisagés pour désenclaver le nord de l'Europe et la relier au cœur du continent ». – « le projet ferroviaire Rail Baltica » permettra de relier « les pays baltes à Varsovie et pourrait permettre, à termes, de relier Hambourg à Kirkenes en 24 heures, au lieu de quatre jours et demi en bateau actuellement ».
Échelle régionale (arctique)	– La « présence chinoise dans l'Arctique ne réjouit pas tous les États de la région » – L'Amérique a « manifesté son inquiétude à propos du renforcement de la présence chinoise dans la zone. » – Les États-Unis refusent « que l'océan Arctique se transforme en une nouvelle mer de Chine du Sud, grouillant d'activités militaires et de revendications territoriales rivales » – Pour les États-Unis « la Chine n'a aucun droit sur l'Arctique ».
Échelle planétaire	– « Le changement climatique renforce aujourd'hui la convoitise pour les régions polaires. » – « Le passage maritime du Nord-Est qui permet de relier l'Europe à l'Asie en longeant les côtes russes, raccourcit les liaisons maritimes de 5 à 7000 kms et d'une à deux semaines. »

6 Page 121

a. Ce document est une carte produite par la fondation Alliance française. C'est une organisation française chargée de promouvoir le français et la culture française dans le monde. Cette carte a été éditée en 2018 et elle présente le nombre d'apprenants de français inscrits dans les l'ensemble des Alliances. C'est un planisphère par anamorphose, c'est-à-dire que la superficie des pays est proportionnelle au nombre d'apprenants. **b.** La légende comprend une seule donnée, un dégradé de couleurs vertes qui indique le nombre d'apprenants par pays. Plus la couleur est foncée plus le nombre est important. Il y a trois autres indications chiffrées mais elles ne figurent pas sur la carte. **c.** Tout d'abord, la carte proposée par l'Alliance française permet d'aborder le rayonnement du français dans le monde En effet, ce document nous apprend que l'Alliance française est présente dans 131 États dans le monde sur 193 soit plus des deux tiers. Cette organisation de promotion du français et de la culture française est implantée sur tous les continents, en particulier en Amérique, en Europe et en Asie. Par exemple, 9 des 15 États ayant le plus d'apprenants de français dans le monde se trouvent sur le continent américain. Toutefois, c'est en Inde que le nombre d'apprenant est le plus important. De plus, l'Alliance française dispose d'un important réseau de 832 alliances, qui permet dans certains pays d'avoir plusieurs centres disséminés sur leur territoire. Enfin, les cours dispensés par les Alliances permettent quasiment à 500 000 individus d'apprendre le français en 2018. Cela témoigne de l'intérêt de certaines populations pour le français. En effet, cette langue est un outil de communication international et permet une meilleure intégration dans la mondialisation pour les individus qui la maîtrise. Elle exerce un attrait. Cependant, cette carte produite par la fondation Alliance française permet de montrer les limites du rayonnement du français dans le monde. Effectivement, dans un tiers des États du monde, l'Alliance française n'est pas installée. Ces États apparaissent en blanc sur la carte. Ils sont majoritairement en Afrique (Algérie, Libye, etc.) au Moyen-Orient et en Asie centrale (Oman, Iran, etc.). De plus, à l'échelle du monde le nombre d'apprenants est plutôt réduit. En effet, l'Alliance française permet à 28 590 Indiens d'apprendre le français dans un État qui compte 1,3 milliard d'habitants majoritairement anglophones. De surcroît, la carte n'indique pas l'évolution de ce chiffre, s'il progresse ou diminue. Enfin, on observe la faiblesse du nombre d'apprenants en Afrique, alors même que c'est le continent dans lequel le nombre de locuteurs français est le plus important. Le manque d'infrastructures, le coût des cours ou la concurrence d'autres langues peuvent en partie expliquer le faible rayonnement de l'Alliance française en Afrique.

7 Page 125

Dans une première partie, il faut donc mettre en évidence les difficultés des régions ultramarines périphériques (RUP) afin de les définir. Elles sont dépendantes d'un certain nombre de contraintes géographiques comme l'éloignement du continent européen, l'insularité, la dépendance vis-à-vis des territoires métropolitains qui sont donc les centres de décision. À cela s'ajoutent la multiplication des risques naturels dans un contexte global de réchauffement climatique. Cela a des répercussions socio-économiques : ce sont, en général, les territoires de l'Union européenne où le niveau de richesse (PIB) et le niveau de développement (IDH) sont les plus faibles.

L'objectif principal de l'Union européenne dans ces territoires est donc de transformer ces contraintes en atouts et ainsi de lutter contre les disparités internes. Ainsi, le caractère « exotique » des paysages peut être valorisé par le tourisme, de même que la biodiversité naturelle. Il en est de même avec les conditions climatiques pour développer les énergies renouvelables (éoliennes, panneaux photovoltaïques). Dans ces perspectives, les fonds structurels européens avec le FEDER peuvent participer, avec les États d'appartenance, à la construction d'aménagements portuaires et aéroportuaires. Quant au FSE, il peut aussi aider des actifs à se réinsérer dans les domaines d'activités comme l'agriculture et sa modernisation (ex. bananes bio).

8 Page 127

Tout d'abord, on peut constater qu'une frontière marque une rupture plus ou moins visible dans le territoire. Sur la première photo, on constate l'existence d'un mur (provisoire) et de forces de police hongroises pour empêcher des migrants de rentrer sur le territoire hongrois, donc de l'Union européenne, par la Serbie. Ce document met donc en évidence la fermeture des frontières

voulue par certains pays membres, surtout situés en Europe centrale et orientale, dans le contexte de la crise migratoire que connaît l'Europe depuis 2015. À l'échelle européenne, pour contrôler les frontières extérieures de cet espace, il existe pourtant une agence appelée Frontex mais au champ d'action limité par le manque de concertation entre les pays membres.
Mais, dans le même temps, l'Union européenne cherche à faire disparaître les frontières. Sur le document 1 d'ailleurs, on voit très bien que le « blocage » n'est pas inscrit dans le paysage : il existe une route qui témoigne des flux de marchandises et de personnes. Cela est encore plus évident dans le document 2. La frontière semble inexistante entre le Portugal et l'Espagne. À l'exception du panneau routier, rien n'indique le changement d'État. Par exemple, le poste de douane n'est plus en activité. Cela est lié à la mise en place à la fois du Marché unique avec le *Traité de Maastricht* en 1992 et de l'Espace Schengen en 1995.

9 Page 129

D'une part, ces deux documents d'origine institutionnelle nous présentent un territoire transfrontalier à deux échelles : une région et une agglomération. Ils tendent à démontrer une intensification des flux humains (travailleurs frontaliers, consommateurs, résidents, étudiants et apprentis, touristes) mais aussi indirectement des flux de marchandises (Rhin et voies fluviales, gares et voies ferrées, aéroports, routes et autoroutes). Un territoire transfrontalier est donc ici un moteur de la construction européenne. Il participe sans aucun doute au développement économique d'une région.
D'autre part, la comparaison de ces deux documents permet de nuancer ou de confirmer le propos. Ainsi, la carte est issue du programme Interreg et indique un financement avec le FEDER. Or, l'un des objectifs des fonds structurels européens est bien de lutter contre les inégalités socio-économiques. On peut les percevoir, dans le texte, où le poids économique de Strasbourg est indiqué comme supérieur à celui de sa « ville-jumelle » allemande de Kehl ou, sur la carte, en comparant la taille des deux aéroports. Quant au poids démographique différent, on peut toutefois le voir dans les deux documents. Il y a donc une polarisation du territoire transfrontalier au profit de Strasbourg qui s'explique également par son statut de ville européenne.

10 Page 133

D'un côté, les réseaux de transport facilitent certaines dynamiques de peuplement du territoire français. Tout d'abord, ils mettent en évidence la macrocéphalie de la région parisienne puisque les grands axes notamment routiers convergent vers la capitale. Cela est confirmé par l'axe structurant PLM. Cette sur-représentation de Paris est également confortée par les lignes TGV. En réduisant les temps de parcours, les grandes métropoles de province peuvent ainsi devenir une « banlieue » parisienne comme Lille (1 heure) ou Lyon (2 heures). Cela renforce donc aussi la métropolisation puisque, par définition, ce sont les grandes villes qui sont desservies. Enfin, les transports mettent également en évidence l'importance de la littoralisation des activités et des zones frontalières qui sont parmi les plus peuplées et les plus attractives du territoire français. Les tunnels permettent de renforcer l'intégration de la France à l'Union européenne, tout comme les principaux ports et aéroports renforcent l'intégration à la mondialisation.
Toutefois, les transports renforcent l'enclavement ou la marginalisation de certains territoires. La carte met en évidence ce phénomène géographique, mais en creux. Ces territoires sont souvent des espaces ruraux de moins en moins peuplés où les axes de communication sont peu développés. Ces espaces isolés ne sont donc pas attractifs pour les populations qui veulent accéder à la formation, à l'emploi ou à des services, d'où un cercle vicieux. L'ensemble démographique le plus en déclin couvre alors une zone qui peut correspondre plus ou moins au Massif central ; et cela se retrouve par l'absence de nœuds de communication importants dans cet espace. De plus, l'échelle de cette carte ne permet pas de mettre en évidence la fragmentation socio-spatiale des espaces urbains représentés. En effet, les banlieusards sont très dépendants de la voiture et des transports en commun. Or, cet enjeu n'est pas analysable ici.

11 Page 135

Dans la région Hauts-de-France, il y a 6 millions d'habitants : c'est la troisième région la plus peuplée de France. D'un point de vue économique, elle est souvent associée à la désindustrialisation avec les mines fermées et les friches industrielles. Son taux de chômage en 2019 est à 10,8 % de la population active, soit deux points supérieurs à la moyenne nationale. Le taux de pauvreté est de 18,3 %, 2e taux national derrière l'Île-de-France. Le taux de formation est également inférieur à la moyenne nationale : par exemple, un tiers des jeunes sortent du système scolaire sans diplôme.
Pour autant, la main d'œuvre est qualifiée. Cela permet notamment une reconversion industrielle, certes inachevée, de certains bassins avec deux mono-activités principales : l'automobile (Toyota, Renault, Peugeot-Citroën) et le ferroviaire (Alstom, Bombardier). Toutefois, le système productif se modernise avec le développement de pôles de compétitivité dans ce domaine, tel que les transports terrestres et logistiques avec « i-Trans ». Souvent, ces pôles se situent à proximité ou autour de métropoles. Outre Lille, on peut citer Lens-Douai, Valenciennes, Amiens, Calais-Dunkerque, Beauvais et Compiègne. Il ne faut pas non plus négliger l'importance du secteur agricole surtout céréalier, plutôt dans le Pas-de-Calais, mais aussi au sud de la région (ancienne Picardie).
En situation de carrefour européen, dans un triangle situé entre Londres, Bruxelles et Paris qui regroupe plus de 100 millions de personnes, la région profite du dynamisme transfrontalier. Cela se retrouve dans l'organisation des réseaux de transports avec des autoroutes parmi les plus fréquentées d'Europe (l'A1), les lignes ferroviaires à grande vitesse (TGV, Eurostar, Thalys), des aménagements structurants comme le tunnel sous la Manche ou le canal Seine-Nord-Europe en voie de finalisation.
L'organisation spatiale de la région met en évidence une double métropolisation. D'une part, l'Eurométropole lilloise polarise les activités, ce qui fait d'Euralille le troisième quartier d'affaires français. D'autre part, l'attractivité parisienne reste incontournable pour les zones septentrionales de la région (Beauvais, Compiègne, voire Amiens). Entre les deux, des périphéries plus ou moins intégrées se dessinent, mais dont il est difficile de mettre en évidence une identité géographique.

ENSEIGNEMENT SCIENTIFIQUE

L'atmosphère terrestre et la vie

Cours

1 Atmosphère primitive

▶ La Terre s'est constituée suite à l'agglomération de gaz et d'éléments de toutes tailles qui entrent en collision, fusionnent et augmentent progressivement de taille. C'est l'accrétion. S'ensuit un fort bombardement météoritique libérateur de chaleur à l'origine de sa fusion initiale. Il y a 4,6 Ga (Ga ou gigaannée = 10^9 ans ou milliard d'années) se forme la croûte continentale et le manteau. À la suite du dégazage du manteau, lié à un volcanisme intense, l'atmosphère primitive se forme et sera retenue par la gravité terrestre. Les météorites qui bombardent la Terre libèrent aussi les molécules qu'elles contiennent dont une forte quantité d'eau. Leur étude a permis de déterminer la composition de l'atmosphère terrestre primitive, car elles ont le même âge que la Terre. Elle était initialement composée de CO_2, N_2, H_2O (à 80 %) et dans une moindre mesure de gaz acides, d'ammoniac et de méthane. Le dioxygène y était totalement absent.

▶ La forte réduction du bombardement météoritique a provoqué une baisse de la température, permettant à la vapeur d'eau de précipiter. Cette formation d'eau liquide a accéléré le refroidissement de notre planète et a abouti à la formation de l'hydrosphère vers – 4,2 Ga.

2 Des relations étroites entre l'atmosphère et le vivant

▶ Les premières formes de vie sont apparues dans les océans car les UV, nocifs en surface, sont arrêtés par l'eau. Dans ce milieu réducteur, les procaryotes anaérobies se développent avant – 3,8 Ga.

▶ Un accroissement en carbone 12 dans les sédiments archéens datés de – 3,7 Ga prouve la présence de microorganismes photosynthétiques. Des microfossiles de cyanobactéries (bactéries photosynthétiques), responsables de formations carbonatées, les stromatolithes, confirment leur présence. De telles formations existent toujours.

▶ Le rejet d'O_2 par photosynthèse oxyde le milieu aqueux, comme le montre le passage progressif de fer réduit Fe^{2+} soluble dans l'eau à des fers oxydés Fe^{3+} entre – 2,2 et – 1,9 Ga. D'abord les sédiments marins sont oxydés, quand il n'y a plus de possibilité de fixer cet O_2, celui-ci s'accumule dans l'eau. Lorsque le taux de solubilité est arrivé à saturation, l'O_2 s'échappe dans l'atmosphère. Les organismes au métabolisme respiratoire se développent au détriment de ceux qui n'utilisent pas le dioxygène. Vers – 1,5 Ga, des êtres eucaryotes commencent à apparaître.

▶ L'action des UV sur l'O_2 est à l'origine de la formation de la couche d'ozone, à environ 30 km d'altitude. Cette couche d'ozone protège la surface terrestre des effets mutagènes des UV. On constate, en comparant les spectres d'absorption de l'ozone et de l'ADN, que l'ozone permet de bloquer la totalité des UVC et la majorité des UVB. Grâce à cela, l'ADN des animaux qui quittent le milieu aquatique ne subit plus de mutations irréversibles et la vie commence à s'installer sur les continents entre – 419 et – 359 Ma (Ma ou million d'années = 10^6 ans).

Comparaison des spectres d'absorption des UV par l'ozone atmosphérique et par l'ADN. Les UVC de longueur d'onde plus faible sont totalement absorbés par l'ozone.

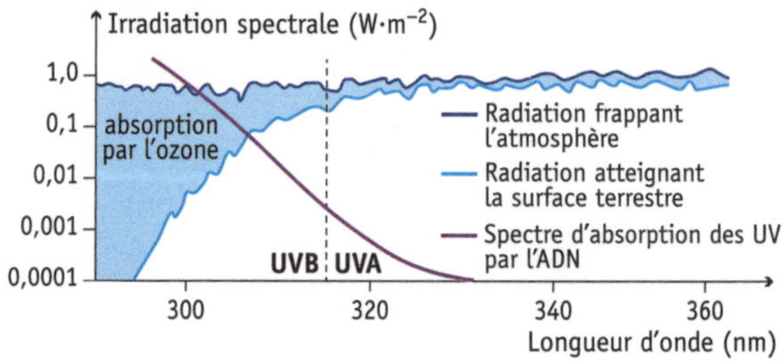

▶ Il y a 500 Ma environ, la concentration atmosphérique actuelle de 21 % en O_2 a été atteinte. Le CO_2 dominant dans l'atmosphère terrestre primitive a été dissous dans les eaux et intégré dans les roches carbonatées et chez les êtres vivants. Il subsiste toutefois en petite quantité (0,04 %) et est en partie responsable de l'actuel effet de serre.

Évolution de l'atmosphère terrestre au cours des temps géologiques

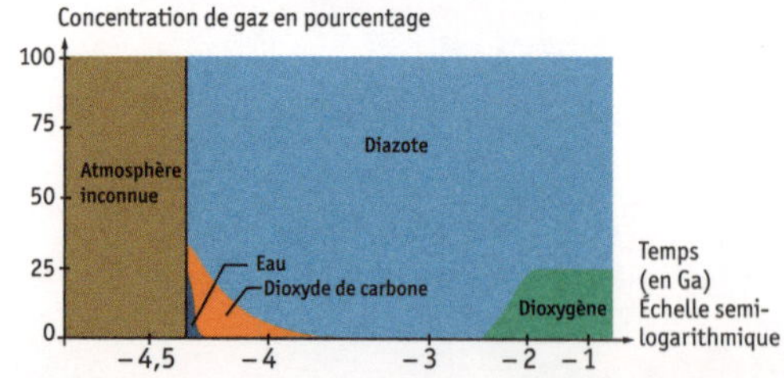

Pour aller plus loin

À partir de 1985, les satellites indiquent une réduction de 50 % de l'ozone en Antarctique, qualifiée de trou dans la couche d'ozone. Sa superficie est maximale en 2006. En 2019, le trou dans la couche d'ozone n'a jamais été aussi faible et sa décroissance est régulière.

Méthode

Déterminer pourquoi l'eau existe sous forme liquide à la surface de la Terre

On estime qu'au début de son existence (4,6 Ga) la pression atmosphérique était environ 260 fois plus élevée qu'aujourd'hui et que la température du globe était de l'ordre de quelques milliers de degrés. Très rapidement (en 150 millions d'années), la Terre s'est refroidie ; on estime que vers 4,45 Ga sa température était de l'ordre de 375 °C en surface. La température n'a ensuite cessé de diminuer.

Diagramme de phases de l'eau (H_2O)

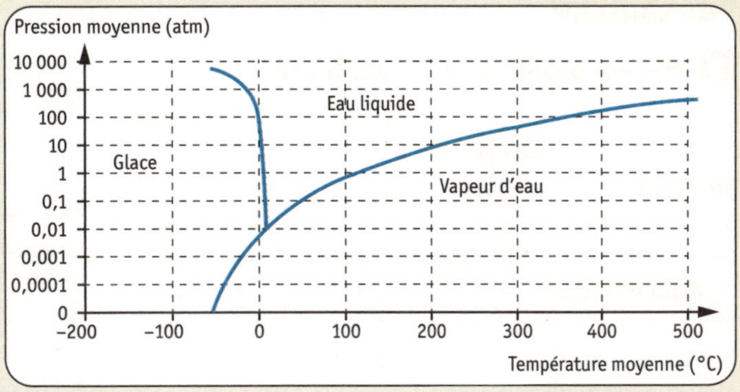

a. Montrer à l'aide du diagramme que l'état de l'eau dépend de deux facteurs, la température et la pression.

À une pression de 1 atmosphère, qui correspond à la pression actuelle sur Terre, on voit que le changement d'état « Glace - Eau liquide » se fait à 0 °C et « Eau liquide - Vapeur d'eau » à 100 °C.

b. Exploiter à l'aide du diagramme les données chiffrées issues d'un texte.

À 260 atmosphères et quelques milliers de degrés, l'eau est probablement à l'état gazeux.

À 260 atmosphères et 375 °C, l'eau est à l'état liquide.

c. Conclure pour répondre à la question posée.

À la suite du refroidissement de l'atmosphère terrestre de quelques milliers à 375 °C, l'eau est passée de l'état gazeux à liquide (car la pression est encore à cette époque de 260 atmosphères). Cette eau liquide est à l'origine de la formation des océans.

Exercices

1 ★ 10 min **Pour chaque affirmation, dire si elle est vraie ou fausse. Si la proposition est fausse, justifier.**

a. La vie s'est installée sur Terre dans une atmosphère réductrice.
b. La diminution de la pression atmosphérique est à l'origine de l'apparition de l'eau sur Terre.
c. Une plante chlorophyllienne respire la nuit et fait la photosynthèse le jour.
d. Sans dioxygène dans l'atmosphère, la vie n'aurait pas pu s'installer sur la terre ferme.

2 ★★★ 30 min **À partir des documents et de ses connaissances, expliquer ce qui a pu permettre le passage progressif d'une atmosphère avec moins de 0,2% de dioxygène avant – 2,2 Ga à 3% de dioxygène après 1,9 Ga.**

Doc. 1

– L'uraninite est une roche continentale. C'est un minerai d'uranium stable dans un milieu réducteur, sans oxygène. En présence de dioxygène, il devient très soluble.

– D'origine marine, le fer rubané est une alternance de couches rouge brique de fer oxydé ferrique Fe^{3+} qui précipite en présence d'oxygène et de fer gris vert, réduit donc ferreux Fe^{2+}.

– Les couches rouges correspondent à des sédiments continentaux riches en oxydes de fer Fe^{3+}.

Décrire le document et utiliser les indices fournis pour répondre au problème à résoudre.

Doc. 2 Les marqueurs géologiques de la grande oxydation vers – 2 Ga

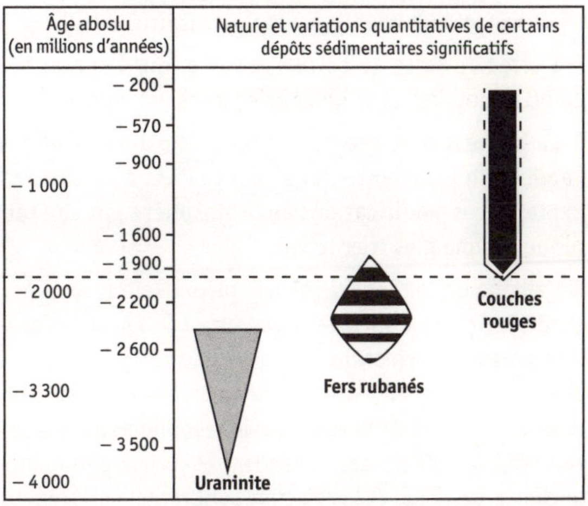

ENSEIGNEMENT SCIENTIFIQUE

La complexité du système climatique

Cours

1 Météorologie et climatologie

▶ Une étude météorologique dépasse rarement la semaine. Elle se définit au niveau local, en s'appuyant surtout sur la prévision de la température, de l'ensoleillement donc de la nébulosité et des précipitations. Ceci est rendu possible par les données de stations de mesure au sol, de satellites, de ballons-sondes. Des mesures des vents, des pressions atmosphériques ainsi que l'exploitation de modèles informatiques permettent de limiter les erreurs prédictives.

▶ Le climat s'étudie sur une durée longue, après des observations de plusieurs dizaines d'années, sur de grandes surfaces, voire à l'échelle planétaire. Parmi les valeurs moyennes qui entrent en compte, avant tout, il y a la répartition annuelle de l'ensoleillement et de la pluviosité. On étudie aussi les grandes associations végétales et animales, ou biomes, et leurs variations à long terme. Au cours des temps géologiques, les climats ont changé. Ils sont soumis aux variations de l'orbite terrestre et aux modifications de la circulation des courants océaniques et atmosphériques liés à des phénomènes géologiques (tectonique des plaques...).

2 Connaissances des climats du passé

a. Des repères de très lointains changements

▶ En appliquant le principe d'actualisme qui énonce que des événements anciens ressemblant à des événements actuels ont les mêmes causes et les mêmes effets, on pense qu'entre – 145 et – 66 Ma, au Crétacé, le climat était plus chaud qu'aujourd'hui.

▶ En pétrologie, la richesse des évaporites, des bauxites, des charbons indique des conditions tropicales.

▶ L'importance des dépôts de calcaire (craie / Crétacé) confirme une très forte teneur en CO_2 atmosphérique qui favorise la précipitation des carbonates : $CO_2 + Ca(OH)_2$ (hydroxyde de calcium) $\rightarrow CaCO_3$ (calcaire) + H_2O.

▶ L'effet de serre de cette époque a fait disparaître les calottes polaires et le niveau des mers est monté.

▶ La faune dominante des dinosaures est associée à une végétation luxuriante qui s'adapte bien à ce climat. On explique ces modifications de la biosphère par une tectonique des plaques très active.

▶ L'albédo est le rapport entre le rayonnement solaire reçu et réfléchi par une surface. La valeur va de 1 si la surface est totalement réfléchissante à 0 pour une surface totalement absorbante. Sur un glacier, l'albédo proche de 1 fait que les températures restent basses car le rayonnement solaire est très réfléchi. Au Crétacé, l'albédo est beaucoup plus faible car le climat est chaud et les glaciers sont rares. Les océans, en recouvrant les continents, favorisent une baisse de l'albédo donc un réchauffement.

b. Des repères depuis 800 000 ans

▶ Un glacier laisse des traces d'érosion dans le paysage : vallée en auge (U), moraines (débris rocheux striés, transportés par les glaciers) et tillites (moraines consolidées), roches erratiques (blocs rocheux isolés, de nature géologique différente des roches environnantes). La présence de ces traces indique que la région a connu un climat très froid.

▶ Les cristaux de glace piègent l'air de l'époque de leur formation. Grâce à ces bulles, on peut connaître l'évolution de la composition de l'atmosphère, dont les gaz à effet de serre, au cours de ces 800 000 dernières années. Leur évolution confirme les changements climatiques révélés par d'autres observations.

▶ Dans les carottes de glace, on dose aussi un isotope de l'oxygène, le ^{18}O. Plus il fait froid, plus le rapport $\delta\ ^{18}O/^{16}O$ est faible. Ces mesures confirment les changements climatiques récents avec une périodicité d'environ 10 000 ans.

Variation du δ 18O en fonction de la température annuelle moyenne

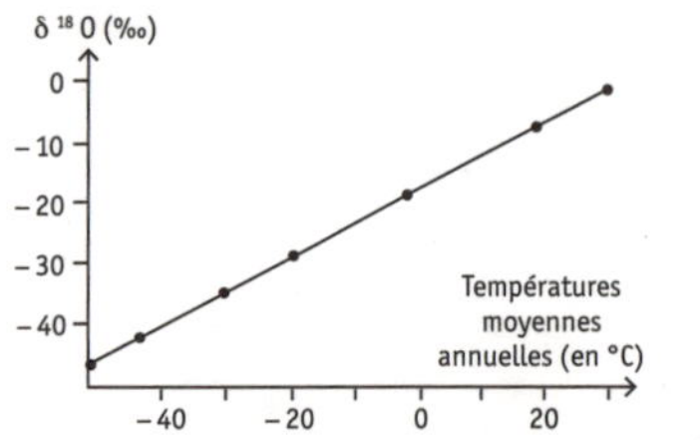

▶ Les fossiles aussi témoignent du climat du lieu de dépôt. Ainsi, chaque végétal possède un pollen aux formes caractéristiques. Chaque pollen fossile est donc un bio-indicateur du climat. C'est le cas également de la coquille calcaire de certains foraminifères, animaux planctoniques, qui ont des exigences climatiques précises. L'un des intérêts de ces microfossiles c'est qu'ils sont nombreux donc une étude statistique est faisable et la précision est excellente.

3 Les modifications récentes

▶ La surface de la Terre absorbe l'énergie lumineuse et s'échauffe. Elle réémet alors un rayonnement infrarouge. Ce dernier peut à son tour être absorbé par certains gaz de

Variation du CO_2 atmosphérique mesuré puis estimé au cours du temps

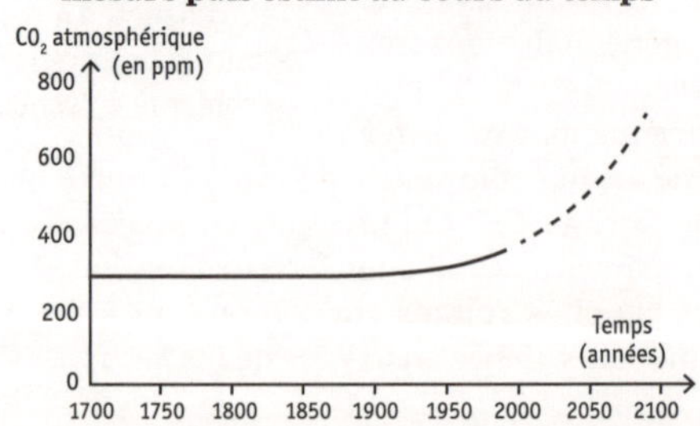

>>

>> l'atmosphère, les gaz à effet de serre. Ces gaz réchauffent l'air et le sol en absorbant le rayonnement infrarouge émis par la Terre.

▶ Depuis la fin du XIXe siècle, la concentration atmosphérique des gaz à effet de serre (CO_2, CH_4, N_2O et O_3) augmente et cette augmentation s'accélère depuis 1970.

▶ L'équilibre radiatif est perturbé malgré un stockage de carbone dans les océans, dans la biosphère et dans les sols. L'augmentation de la température terrestre moyenne provoque une dilatation des océans, une fonte des glaciers (donc un albédo qui baisse). Ceci entraîne un dégel partiel du permafrost, sol gelé en permanence, ce qui libère du CH_4. D'autres rétroactions positives favorisent cette hausse des températures comme l'acidification des océans limitant leur rôle amortisseur dans la dissolution du carbone. Ainsi, ces modifications anthropiques influencent les conditions de vie de notre planète.

Rappel

L'intégralité de l'énergie issue du rayonnement solaire et absorbée par la Terre est réémise vers l'espace sous forme de rayonnement infrarouge, d'où un équilibre radiatif à l'origine d'une température terrestre théoriquement stable.

Pour aller plus loin

Au début de l'année 2020, l'épidémie de coronavirus a provoqué une forte chute des transports aériens, une baisse mondiale des activités industrielles (dont celles de la Chine) et donc une baisse de plus de 30 % du CO_2 rejeté dans l'atmosphère.

Méthode

Exploiter un diagramme pollinique pour visualiser un changement climatique

▶ Un diagramme pollinique fait figurer, sur l'axe des abscisses, le pourcentage de pollens récoltés dans un prélèvement (comptage) et, en ordonnée, l'âge du prélèvement.

▶ Grâce au principe de l'actualisme, on rapporte le pollen aux conditions de vie de l'espèce aujourd'hui, ce qui permet de déduire le climat de l'époque.

▶ Une analyse pollinique correspond à un lieu précis et n'illustre en rien les changements climatiques au niveau global. Il faut plusieurs arguments dans plusieurs endroits très éloignés, dans plusieurs milieux, pour s'autoriser à certaines conclusions.

▶ Un document peut proposer plusieurs pollens non indicateurs car peu variables en fonction du climat. Il faut choisir les espèces indicatrices.

Diagramme pollinique à Rogers Lake, États-Unis

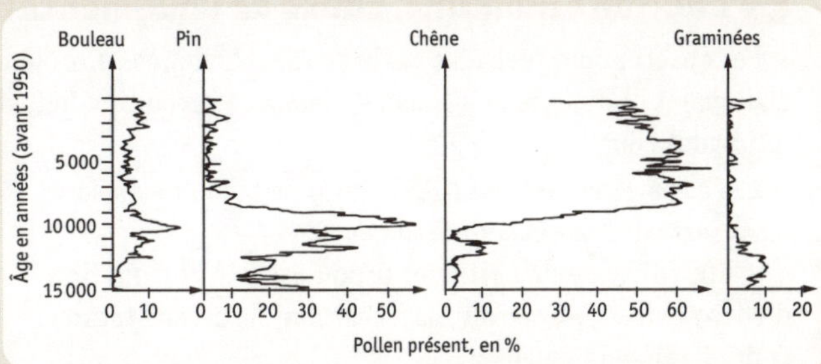

Exercices

1 ★ 10 min **Répondre aux questions suivantes.**

a. En quoi le $\delta^{18}O$ de l'eau de la glace permet-il d'avoir une approche des climats du passé ?

b. Pourquoi la fonte du permafrost agit-elle sur le réchauffement atmosphérique ?

2 ★★ 30 min **Le tableau suivant indique les préférences thermiques de quelques végétaux actuels.**

a. Comment expliquer l'absence d'arbres dans le bas du prélèvement sur le diagramme pollinique de la méthode ci-dessus ?

b. À partir du tableau des préférences thermiques et du diagramme pollinique, tirer toutes les conclusions qui s'imposent des variations climatiques.

c. Comment interpréter ces variations ?

Préférences \ Espèces actuelles	Graminées	Pin	Bouleau	Chêne
Entre +5 et -10 °C	✗	✗	✗	
Entre +3 et +18 °C	✗	✗	✗	✗

Le climat du futur

Cours

1 Modèles numériques et analyse du climat

▶ De nombreux paramètres interviennent dans l'évolution des climats : l'effet de serre, la puissance solaire reçue et absorbée, la température, l'albédo (pouvoir réfléchissant d'une surface), l'humidité de l'air, la pression atmosphérique…

▶ La mise en équations des mécanismes essentiels qui agissent sur le système Terre permet de construire des modèles numériques dont les résultats sont comparés avec les données actuelles mais également avec les paléoclimats. Ils ont permis d'anticiper les évolutions des dernières décennies. Actuellement, ils estiment les variations climatiques globales et locales à venir sur des décennies ou des siècles.

▶ L'étude de l'évolution du CO_2 atmosphérique durant le dernier million d'années montre un lien clair avec les variations de la température à la surface de la Terre. Par exemple, la brusque augmentation actuelle du CO_2 bien visible sur le document ci-contre (410 ppm en 2019) a entraîné une augmentation de 1 °C (voir le zoom sur la courbe rouge).

Info

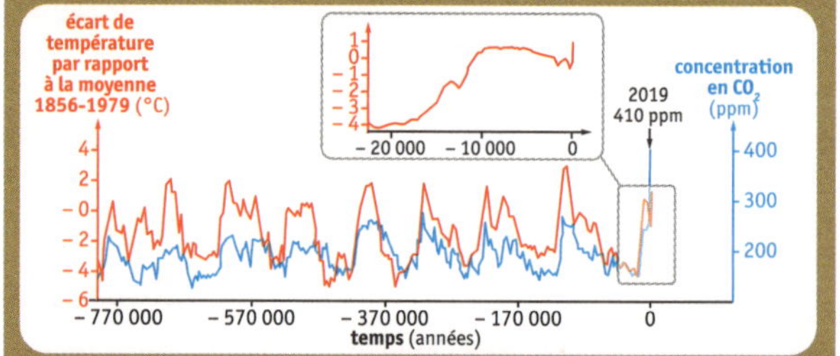

Comparaison de l'évolution de la température et de la concentration en CO_2 depuis les 800 000 dernières années.

2 L'activité humaine, cause de l'augmentation de la température sur Terre

▶ Les observations réalisées sur le terrain combinées aux éléments théoriques et les modélisations numériques montrent clairement l'influence de l'Homme, depuis la révolution industrielle, sur l'augmentation de la température et donc l'évolution des climats.

▶ Les gaz à effet de serre (GES) d'origine humaine en sont les principales causes, et notamment :
- le CO_2 (dioxyde de carbone) produit par la combustion d'énergies fossiles (pétrole, gaz, charbon), la déforestation, la production de ciment ;
- le CH_4 (méthane) produit par les fuites de gaz naturel, la fermentation dans les décharges, certaines activités agricoles (fermentation liée à la digestion des animaux, déjections des animaux, culture du riz) ;
- le N_2O (protoxyde d'azote) issu des déjections animales et de l'utilisation des engrais.

Contribution des différents gaz à effet de serre aux émissions globales en 2010 (IPCC - 2014)

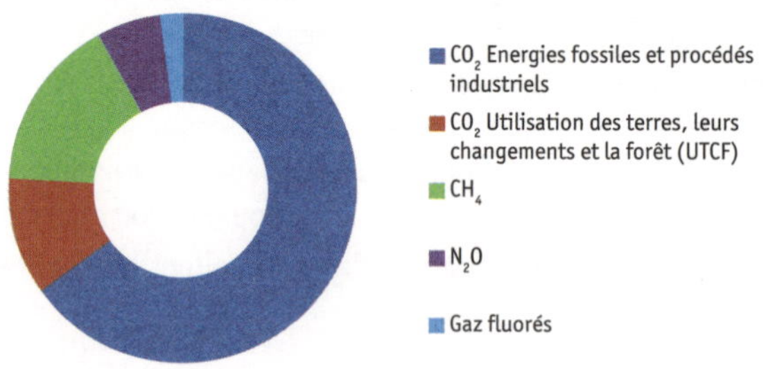

3 Les prévisions des modèles

▶ En fonction de l'évolution de l'émission des GES dans l'atmosphère, les modèles s'accordent à prévoir :
- une augmentation de 1,5 à 5 °C de la température moyenne entre 2017 et la fin du XXIe siècle ;
- une élévation du niveau moyen des océans entre le début du XXIe siècle et 2100 pouvant atteindre le mètre ;
- des modifications des régimes de pluie et des événements climatiques extrêmes ;
- une acidification des océans ;
- un impact majeur sur les écosystèmes terrestres et marins.

Pour aller plus loin

Dans le futur, la biodiversité risque d'être profondément bouleversée. La désertification, les inondations, l'exploitation intensive de la planète vont bouleverser les écosystèmes en entraînant la disparition, la migration, la modification de la répartition de nombreuses espèces végétales et animales. Les mangroves et barrières de corail vont dépérir. En parallèle, les ressources agricoles et en eau potable vont diminuer, le développement de maladies infectieuses augmenter…

Méthode

Analyser les résultats de projections climatiques

Pour analyser les résultats de projections, il faut comparer les prévisions données par le modèle aux données actuelles et passées.

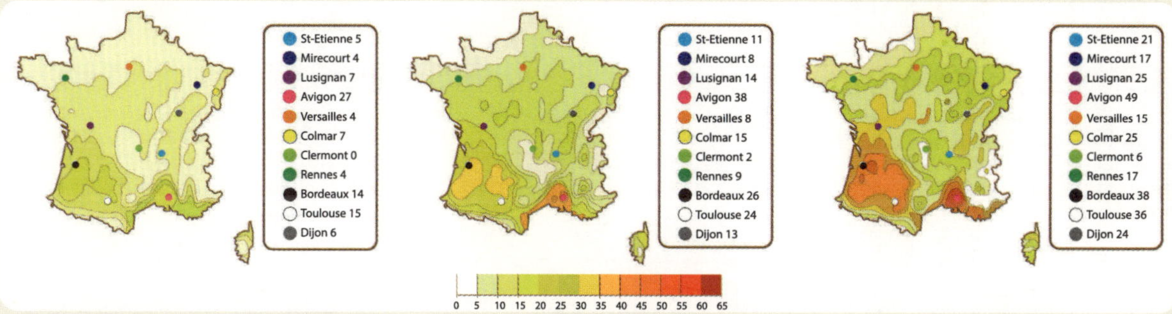

Moyenne des valeurs : 1971-2000 **2020-2050** **2070-2100**

Ici, la projection prévoit l'évolution du nombre de jours échaudants (dont la température maximale est supérieure à 25 °C) au printemps (avril-mai-juin). À titre indicatif, les valeurs sont données pour certaines villes.

Futur proche : au niveau du nombre de jours échaudants au printemps, le scénario montre une augmentation significative de l'ordre de 10 jours.

Futur lointain : accroissement important du nombre de jours échaudants au printemps, avec plusieurs régions, au sud-ouest et au sud-est, présentant des jours échaudants sur quasiment la moitié de la période printanière (49 jours par exemple à Avignon). Ces résultats peuvent ensuite être exploités pour étudier par exemple les conséquences de ces prévisions sur un écosystème ou sur les cultures, par exemple...

Exercices

1 ★ 10 min **Préciser, si la projection sur l'évolution du nombre de jours échaudants (voir « Méthode » ci-dessus) s'avère exacte, quelles peuvent en être les conséquences :**

a. sur la date des vendanges dans le sud-est de la France ;

b. sur la répartition en France du chêne vert.

Justifier.

Aires de répartition actuelle du chêne vert (à gauche) et à la fin du XXIe siècle (à droite)

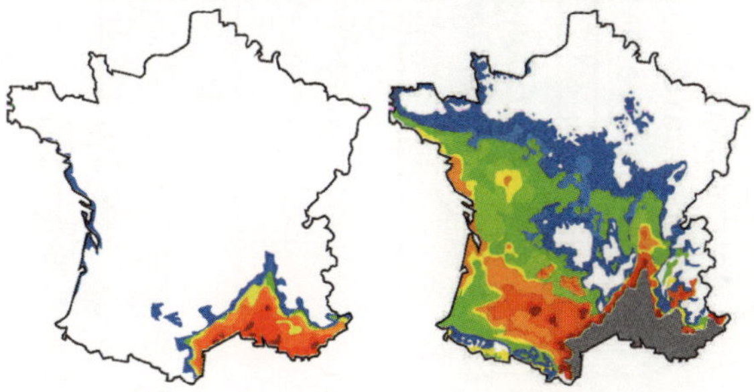

2 ★★ 15 min **Lors de son retour de migration vers la France, l'hirondelle rustique remonte en fonction de la température. Dès que la zone où elle passera l'été dépasse 10 °C, elle est visible. À cette température les insectes commencent à voler et elles peuvent donc se nourrir.**

a. Expliquer l'évolution linéaire (correspond à une moyenne) de la date d'arrivée des hirondelles rustiques en France.

b. Préciser à quoi peuvent être dus les écarts de dates, par rapport à la moyenne, de 2000 et 2007.

Évolution de l'arrivée des hirondelles au cours du temps

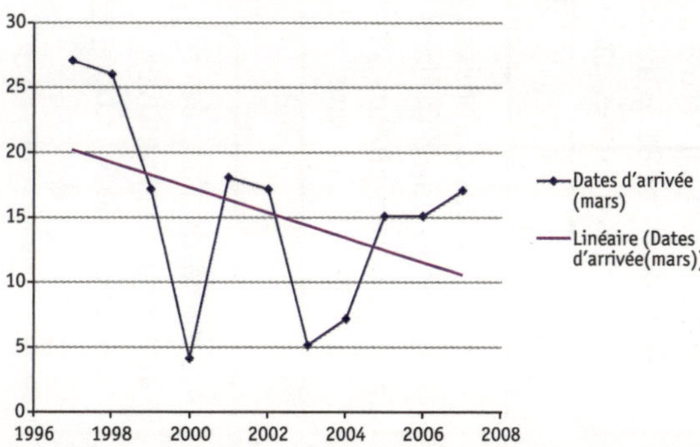

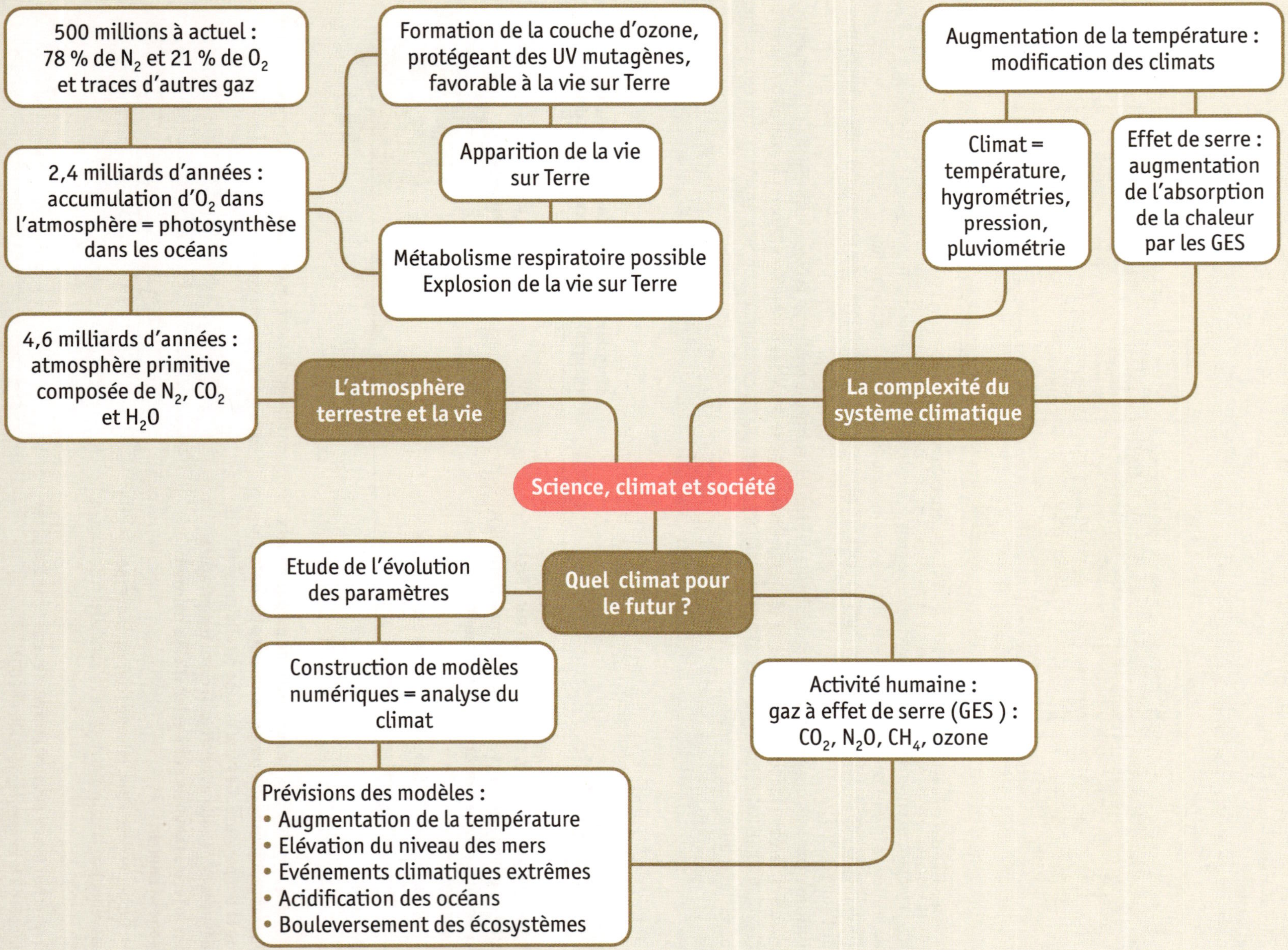
Science, climat et société
L'atmosphère terrestre et la vie
4,6 milliards d'années : atmosphère primitive composée de N_2, CO_2 et H_2O
2,4 milliards d'années : accumulation d'O_2 dans l'atmosphère = photosynthèse dans les océans
500 millions à actuel : 78 % de N_2 et 21 % de O_2 et traces d'autres gaz
Formation de la couche d'ozone, protégeant des UV mutagènes, favorable à la vie sur Terre
Apparition de la vie sur Terre
Métabolisme respiratoire possible Explosion de la vie sur Terre
La complexité du système climatique
Climat = température, hygrométries, pression, pluviométrie
Effet de serre : augmentation de l'absorption de la chaleur par les GES
Augmentation de la température : modification des climats
Quel climat pour le futur ?
Etude de l'évolution des paramètres
Construction de modèles numériques = analyse du climat
Prévisions des modèles :
• Augmentation de la température
• Elévation du niveau des mers
• Evénements climatiques extrêmes
• Acidification des océans
• Bouleversement des écosystèmes
Activité humaine : gaz à effet de serre (GES) : CO_2, N_2O, CH_4, ozone

je me teste !

1 **L'atmosphère actuelle... :**

- ▢ **a.** est quasiment identique à celle d'il y a 500 millions d'années.
- ▢ **b.** contient environ 21 % de N_2 et 78 % de O_2.
- ▢ **c.** contient du dioxygène issu du dégazage de la planète.
- ▢ **d.** est issue de la photosynthèse réalisée par les cyanobactéries.

2 **L'atmosphère terrestre primitive a pour origine :**

- ▢ **a.** les gaz qui ont été attirés par la gravité terrestre.
- ▢ **b.** le dégazage lié à l'activité volcanique.
- ▢ **c.** les gaz contenus dans les météorites.
- ▢ **d.** le dégazage lié à l'activité volcanique et les gaz contenus dans les météorites.

3 **Un climat... :**

- ▢ **a.** est défini par un ensemble de moyennes de grandeurs atmosphériques observées sur l'ensemble de la surface de la Terre.
- ▢ **b.** est défini par deux grandeurs qui sont le degré d'hygrométrie et la pluviométrie.
- ▢ **c.** est étudié par un météorologue.
- ▢ **d.** peut changer à long terme.

4 **La température à la surface de la Terre est amplifiée par :**

- ▢ **a.** le dégel du permafrost qui entraîne une absorption plus importante des rayons infrarouges.
- ▢ **b.** une augmentation de la libération de dioxygène.
- ▢ **c.** l'augmentation de l'albédo terrestre suite à la fonte des glaces.
- ▢ **d.** l'augmentation de la vapeur d'eau dans l'atmosphère.

5 **Les modèles numériques... :**

- ▢ **a.** permettent de prévoir les climats du passé ou paléoclimats.
- ▢ **b.** utilisent différents paramètres comme l'albédo, la température, l'humidité de l'air.
- ▢ **c.** permettent de prévoir les économies réalisables en tonne équivalent pétrole.
- ▢ **d.** prévoient une diminution du niveau des océans.

6 **L'augmentation du CO_2 atmosphérique... :**

- ▢ **a.** est principalement due à des causes naturelles.
- ▢ **b.** est à l'origine de l'effet de serre, cause principale de la diminution de la température sur Terre.
- ▢ **c.** est due à l'utilisation des énergies fossiles (pétrole, gaz, charbon).
- ▢ **d.** entraîne une augmentation de la température en absorbant les rayonnements infrarouges.

7 **Les principaux gaz à effet de serre sont :**

- ▢ **a.** l'ozone, le dioxyde de carbone et le diazote.
- ▢ **b.** le dioxyde de carbone, le méthane et le protoxyde d'azote.
- ▢ **c.** le dioxyde de carbone, le méthane et le diazote.

8 **Les modèles numériques prévoient :**

- ▢ **a.** une augmentation de 10 à 15 °C de la température moyenne entre 2017 et la fin du XXIe siècle.
- ▢ **b.** une diminution du niveau moyen des océans entre le début du XXIe siècle et 2100 pouvant atteindre un mètre.
- ▢ **c.** des modifications des régimes de pluie et des événements climatiques extrêmes.
- ▢ **d.** une basification des océans.

9 **Histoire de la Terre.**

- ▢ **a.** Il y a 4,2 Ga s'est formée l'hydrosphère.
- ▢ **b.** Il y a 3,7 Ga apparaissait la respiration.
- ▢ **c.** Les premiers êtres vivants se développent après 3,8 Ga.
- ▢ **d.** Il y a 500 Ma environ, la concentration atmosphérique actuelle de 2,1 % en O_2 a été atteinte.

Réponses !

1:a - **2**:d - **3**:d - **4**:d - **5**:b - **6**:d - **7**:b - **8**:c - **9**:a, c

Deux siècles d'énergie électrique

Cours

Le développement des sociétés humaines s'accompagne d'une forte consommation d'énergie. Depuis la révolution industrielle, il s'est largement appuyé sur les combustibles fossiles dont l'utilisation est la principale cause du changement climatique. Produire de l'énergie, et notamment de l'électricité, sans contribuer au changement climatique ou à la dégradation de l'environnement est devenu un enjeu majeur.

1 Conversion d'énergie mécanique en énergie électrique

▶ L'**alternateur** est un dispositif électrique qui fournit à ses bornes une tension alternativement positive et négative. Il est toujours constitué de deux éléments principaux :
– une partie fixe, le **stator** (statique, immobile) ;
– une partie mobile, le **rotor** (en rotation).

▶ Une rotation complète du rotor correspond à **une période (T)**. Le nombre de périodes se produisant en une seconde définit la **fréquence f** de la tension, exprimée en **Hertz (Hz)**.

Alternance de tension positive et négative

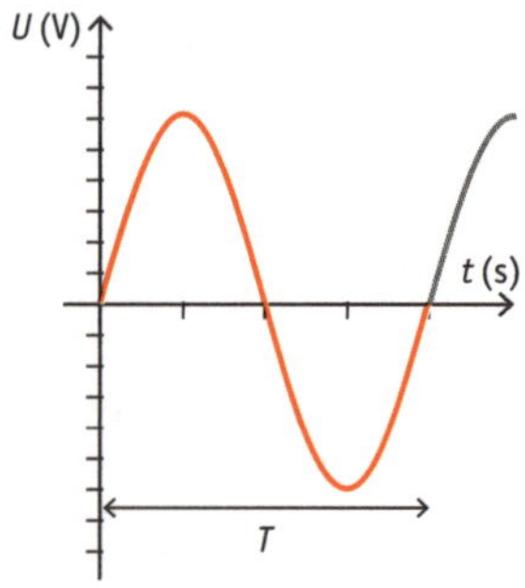

▶ En général, le stator est une bobine de fil en cuivre. Le rotor est une source de **champ magnétique** (un aimant ou un électroaimant). Parfois les rôles sont inversés : l'aimant est le stator et la bobine le rotor.

▶ Un alternateur permet d'obtenir de l'énergie électrique à partir d'un mouvement, il convertit donc une **énergie mécanique** en **énergie électrique**. Le déplacement de l'aimant, donc de son champ magnétique, induit une tension aux bornes de la bobine. C'est le phénomène d'**induction électromagnétique** découvert par Faraday au XVIIIe siècle et modélisé au XIXe par **Maxwell**.

Conversion d'énergie opérée par un alternateur

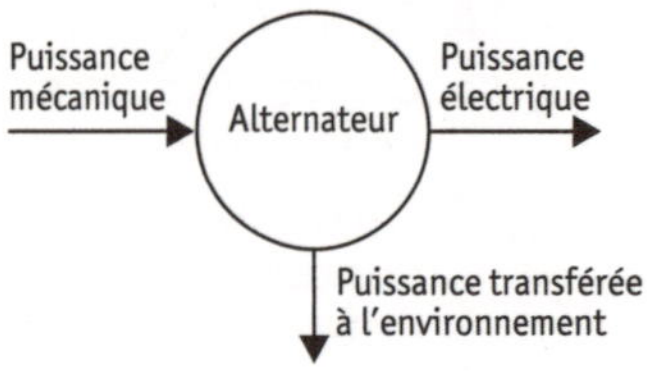

▶ Pour produire de l'électricité, les sources d'énergie mécanique doivent mettre en rotation un aimant ou un électroaimant, en faisant appel éventuellement à des turbines.

Parmi ces sources, on a :
– l'eau d'un cours d'eau ou d'une chute d'eau, l'eau des océans mise en mouvement lors des marées ;
– la vapeur d'eau sous pression produite dans les centrales thermiques ou nucléaires ;
– le vent qui fait tourner les pales des éoliennes.

▶ Le **rendement** d'un alternateur, noté **η**, est une grandeur sans dimension qui reflète son efficacité énergétique. C'est le rapport entre la puissance électrique produite et la puissance mécanique utilisée. En raison des pertes inévitables, il est nécessairement inférieur à 1. Il augmente avec la vitesse de rotation du rotor.

$$\eta = \frac{P_{\text{électrique}}}{P_{\text{mécanique}}}$$

2 Conversion d'énergie radiative en énergie électrique

a. L'effet photovoltaïque

Edmond Becquerel a découvert en 1839 l'**effet photovoltaïque** : quand un matériau **semi-conducteur** est exposé à un rayonnement solaire suffisant, des électrons sont arrachés, générant alors un courant électrique continu. Afin d'expliquer l'effet photoélectrique, Albert Einstein a postulé en 1905 que la lumière était constituée de particules individuelles : des **photons**. Seuls les photons ayant une énergie suffisante sont capables d'arracher des électrons.

b. Choix du matériau semi-conducteur

▶ La comparaison entre le spectre d'absorption d'un matériau semi-conducteur et le spectre solaire permet de déterminer s'il convient pour fabriquer un capteur photovoltaïque. Les cellules photovoltaïques les plus répandues sont constituées de **silicium cristallin**. Il est toutefois possible d'utiliser du **silicium amorphe**, du tellurure de cadmium (CdTe)... Un capteur photovoltaïque absorbe l'**énergie radiative** (énergie de rayonnement) et la convertit en **énergie électrique**.

Pour aller plus loin

Le marché photovoltaïque a triplé en France entre 2020 et 2023 et son avenir est prometteur car les rendements des panneaux solaires ne cessent d'augmenter tandis que les coûts de fabrication sont à la baisse.

Méthode

1 Identifier les éléments d'un alternateur de bicyclette et expliquer son fonctionnement

Compléter le schéma ci-dessous avec les termes : axe, aimant, bobine, rotor, stator, galet.

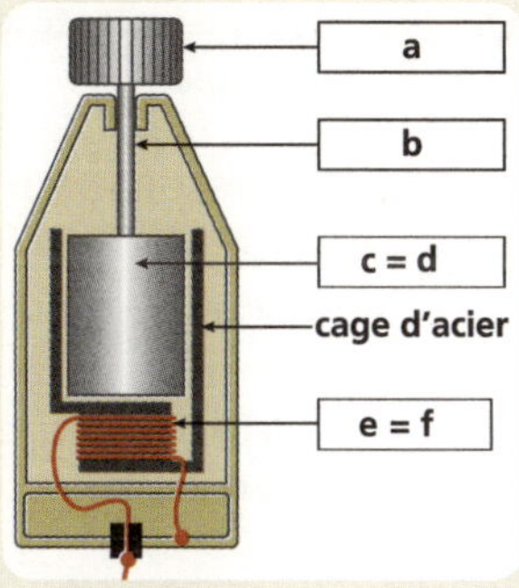

- Le **galet a** est entraîné par la rotation de la roue de vélo. Il est relié à l'**axe b**.
- Repérer la **bobine : e**. Elle est fixe, il s'agit du **stator : f**.
- Repérer **l'aimant : c.** Il est mobile, c'est le **rotor : d**.
- Lorsque la roue du vélo tourne, le galet entraîne l'axe solidaire de l'aimant qui est ainsi mis en rotation.

Comme le champ magnétique de l'aimant est en mouvement, il apparaît une tension électrique aux bornes de la bobine. Celle-ci est reliée à une ampoule qui s'allume.

2 Relier la vitesse de rotation du rotor et la fréquence du courant électrique

Le galet d'un alternateur de bicyclette a une vitesse de rotation de 200 tours par minute. En déduire la fréquence du courant produit par l'alternateur.

- Pour un alternateur muni de deux pôles, la fréquence de la tension est égale à la vitesse de rotation de l'aimant en tours par seconde :

$$f = \frac{200}{60} = 3{,}3 \text{ Hz}$$

Exercices

1 ★ 10 min **On considère un alternateur de voiture qui convertit de l'énergie mécanique en énergie électrique. La puissance mécanique est de 1 720 W, la puissance électrique est de 1 170 W.**

a. Calculer le rendement η de l'alternateur.

b. Calculer la puissance perdue P_p.

2 ★★ 10 min **Les capteurs photovoltaïques équipent de plus en plus de logements en France.**

a. Expliquer pourquoi le silicium cristallin est le semi-conducteur le plus utilisé pour équiper un capteur photovoltaïque.

b. Une des possibilités explorées pour augmenter le rendement des cellules photovoltaïques est d'empiler deux ou trois semi-conducteurs différents. Expliquer l'intérêt d'une cellule photovoltaïque constituée par exemple d'un empilement d'une couche de silicium amorphe et d'une couche de silicium cristallin.

Spectre d'absorption de trois semi-conducteurs

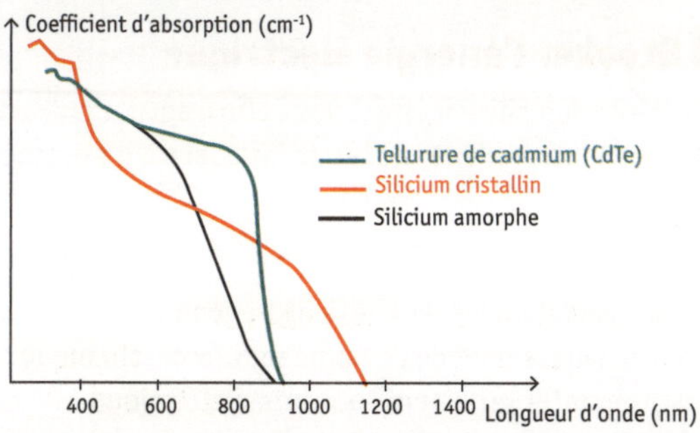

Spectre solaire

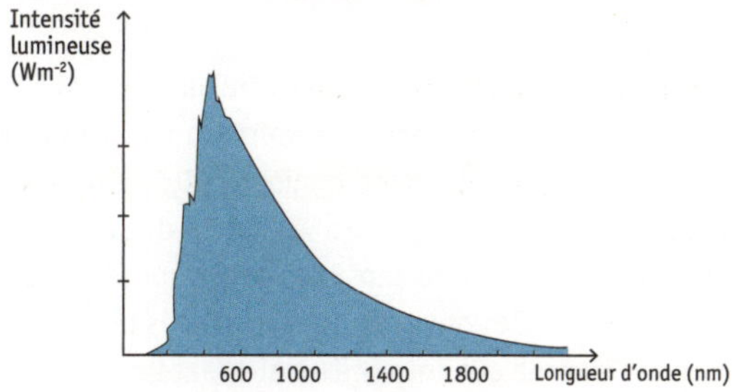

3 ★★ 15 min **Après 6 mois de travaux, une nouvelle centrale solaire a été mise en service par le groupe Voltalia en janvier 2024 près de Colmar, en Alsace. Ce parc photovoltaïque dispose de 21 384 panneaux solaires et est implanté sur une ancienne décharge dont le sous-sol est contaminé.**
Selon Voltalia, l'installation de 12,1 MW devrait produire l'équivalent de la consommation en électricité d'environ 6 000 habitants.

Argumenter autour de la mise en place de cette installation (avantages, inconvénients) en vous appuyant sur le texte introductif, mais aussi sur vos connaissances personnelles.

Conversion et transport de l'énergie électrique

Cours

L'énergie électrique joue aujourd'hui un rôle central et présente plusieurs avantages : une distribution sûre, des réseaux de distribution étendus et des convertisseurs de bon rendement permettant d'obtenir l'énergie électrique ou de la transformer en d'autres formes d'énergie. L'existence de procédés d'obtention d'énergie électrique sans combustion justifie son importance actuelle et future.

1 Produire de l'énergie électrique

a. La conversion d'énergie mécanique

▶ Dans une centrale thermique à flamme, la combustion du fioul, du gaz, du charbon (sources d'énergies fossiles) ou encore de la biomasse (déchets ménagers ou végétaux) permet de produire de la vapeur d'eau qui met en rotation une turbine reliée à un alternateur. Il existe cependant d'autres modes de production d'énergie électrique, qui ne nécessitent pas de combustion.

▶ Dans une centrale nucléaire, la vapeur d'eau est produite en utilisant la chaleur dégagée par la fission des noyaux d'uranium 235.

▶ Les centrales solaires thermiques utilisent la chaleur du soleil, reçue et concentrée par des miroirs, pour produire de la vapeur d'eau. Les centrales géothermiques haute température produisent de l'électricité grâce à la chaleur du sous-sol qui transforme l'eau contenue dans les nappes souterraines en vapeur d'eau. Dans les deux cas, la vapeur sous pression fait tourner une turbine qui entraîne un alternateur.

▶ D'autres sources d'énergie mécanique peuvent directement actionner des turbines : l'eau (barrages hydroélectriques), le vent (éoliennes), les marées ou les courants marins (usines marémotrices et hydroliennes).

b. La conversion d'énergie radiative

La production directe d'électricité à partir de l'énergie radiative reçue du soleil est effectuée par des panneaux photovoltaïques.

c. La conversion électrochimique

▶ Dans une pile se produit une transformation chimique qui entraîne un mouvement d'électrons d'une électrode à l'autre. Une partie de l'énergie chimique des réactifs est convertie en énergie électrique. C'est la consommation des réactifs qui entraîne « l'usure » de la pile.

▶ Une batterie ou accumulateur fonctionne sur le même principe, mais son fonctionnement est réversible. En appliquant une tension à ses bornes, on force la transformation chimique à se dérouler dans l'autre sens : les réactifs sont régénérés.

▶ Dans une pile à hydrogène, c'est la réaction chimique entre le dihydrogène H_2 et le dioxygène O_2 qui produit de l'énergie électrique.

d. L'impact sur l'environnement

Si les méthodes pour obtenir de l'énergie électrique sans combustion ont l'avantage de ne pas produire directement de dioxyde de carbone, elles peuvent néanmoins avoir des impacts sur l'environnement ou présenter des risques spécifiques : déchets nucléaires, nuisances sonores, pollution chimique...

2 Transporter l'énergie électrique

▶ Une ligne électrique peut être modélisée de manière simple par un circuit électrique constitué d'un conducteur ohmique, de résistance *r*. Au cours du transport, une partie de l'énergie électrique, dissipée dans l'environnement par effet Joule, ne parvient pas à l'utilisateur.

Rappel

On appelle « effet Joule » le dégagement de chaleur qui accompagne le passage d'un courant électrique dans un matériau conducteur lui opposant une résistance. L'effet Joule correspond à la transformation d'énergie électrique en énergie thermique.

▶ L'utilisation de la haute tension (entre 225 000 et 400 000 V) dans les lignes électriques limite les pertes par effet Joule, pour une même puissance transportée.

▶ Le réseau de transport de l'électricité est maillé au niveau européen. En cas de déséquilibre entre l'offre et la demande, il est nécessaire de mobiliser des réserves d'énergie, de diminuer la consommation ou la production, ou de stocker de l'énergie.

Remarque

L'une des deux dernières centrales à charbon en France, située à Saint-Avold, en Moselle, n'est utilisée qu'une vingtaine de jours par an, lors des épisodes de grand froid.

3 Stocker l'énergie électrique

L'électricité doit pouvoir être stockée afin d'ajuster production et consommation d'énergie, et de faire face à d'éventuelles pénuries.

a. Sous forme chimique

▶ Les accumulateurs et les piles à hydrogène sont des dispositifs qui emmagasinent de l'énergie sous forme chimique pour la restituer ultérieurement sous forme électrique.

>>

b. Sous forme potentielle

L'eau retenue dans un barrage possède de l'énergie potentielle de pesanteur du fait de son élévation. Une station de transfert d'énergie par pompage (STEP) comprend un lac supérieur et une retenue d'eau inférieure. En période de faible demande d'électricité, l'usine fait fonctionner des pompes qui remontent l'eau. En période de forte demande d'électricité, l'eau redescend en passant par la turbine et l'usine produit de l'énergie électrique.

Exemple

La station de transfert d'énergie par pompage de Grand'Maison est l'aménagement hydroélectrique le plus puissant de France (1 800 MW à débit maximal). Elle permet une circulation de l'eau entre deux bassins : la retenue de Grand'maison, située en altitude, et la retenue du Verney, 800 mètres plus bas, au niveau de la centrale.

c. Sous forme de charges électriques

Un supercondensateur est constitué de deux électrodes séparées par un isolant. L'application d'une tension permet l'accumulation de charges positives d'un côté, négatives de l'autre. Un supercondensateur constitue ainsi un réservoir d'énergie électrique.

Méthode

Calculer le rendement global d'un système de conversion d'énergie

▶ Le barrage d'Aussois, en Savoie, forme une retenue d'eau de 4 millions de m³, qui permet de stocker l'énergie de l'eau sous forme d'énergie potentielle : $E_p = 3{,}4 \times 10^{13}$ J. Lorsque les vannes sont ouvertes, l'eau subit une chute de 861 m et fait tourner une turbine qui actionne un alternateur. L'énergie électrique produite si la retenue d'eau est entièrement vidée est $E_{él} = 2{,}3 \times 10^{13}$ J. Calculer le rendement global de cette centrale.

▶ Donner l'expression générale du rendement :

$$\eta = \frac{E_{exploitable}}{E_{entrée}}$$

L'énergie exploitable est ici l'énergie électrique et l'énergie d'entrée est l'énergie potentielle de l'eau donc $\eta = \frac{E_{él}}{E_p}$.

▶ Faire l'application numérique : $\eta = \frac{2{,}3 \times 10^{13}}{3{,}4 \times 10^{13}} = \frac{2{,}3}{3{,}4} = 0{,}68$.

Le rendement de cette centrale est de 68%.

Exercices

1 ★ 15 min

Quelques propriétés d'un câble électrique.

La résistance d'un câble de longueur 1,0 km est $r = 1{,}1\ \Omega$.

Données : puissance électrique :
$P = U \times I$ (P en W, U en V et I en A)

Puissance perdue par effet Joule :
$P_J = r \times I^2$ (r résistance en Ω et I intensité en A)

a. Calculer l'intensité nécessaire pour alimenter un sèche-linge de puissance $P = 2{,}8$ kW sous une tension $U = 230$ V.

b. En déduire la puissance dissipée par effet Joule dans le câble de 1 km de long qui alimente l'appareil précédent.

c. Refaire les calculs précédents avec une tension de 1,5 kV.

d. Justifier le choix d'EDF de faire circuler le courant sous très haute tension (400 kV) pour les longues distances.

2 ★★★ 20 min

Le tableau suivant illustre les performances de deux dispositifs de stockage d'énergie.

Exemple de lecture : 130 Wh · kg⁻¹ signifie qu'une batterie de 1 kg permet de stocker une énergie de 130 Wh.

	Durée de charge	Puissance massique ($W \cdot kg^{-1}$)	Énergie massique ($Wh \cdot kg^{-1}$)
Batterie lithium-ion	Plusieurs heures	105	130
Supercondensateur	Quelques secondes	3 000	10

a. La masse de la batterie lithium-ion d'une voiture électrique est de 275 kg. Calculer la masse des supercondensateurs qui auraient la même capacité de stockage que la batterie. Commenter le résultat.

b. Une entreprise française est à l'origine d'une solution innovante qui consiste à remplacer les batteries des bus électriques par des supercondensateurs. Chaque arrêt de bus est équipé d'un « totem » permettant de recharger les supercondensateurs.
Justifier dans ce cas le choix de supercondensateurs.

ENSEIGNEMENT SCIENTIFIQUE

Énergie, choix de développement et futur climatique

Cours

1 Les sources et utilisations de l'énergie dans le monde

▶ Les sources d'énergies primaires sur Terre sont diverses. Elles sont disponibles :
– sous forme de stock : combustibles fossiles essentiellement issus du pétrole, du charbon et du gaz, uranium pour le nucléaire, par définition non renouvelables ;
– sous forme de flux : flux radiatif solaire pour l'éolien et le photovoltaïque, flux géothermique (chaleur de la Terre).

▶ Elles sont utilisées essentiellement pour l'industrie, le transport et l'habitat et dans une moindre mesure pour l'agriculture. Leur consommation a doublé durant les 40 dernières années.

La consommation mondiale d'énergie en 2020

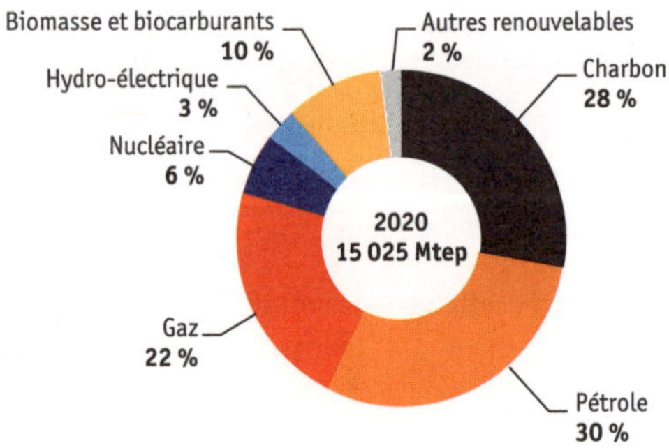

2 Un équilibre fragile

a. Les réservoirs de carbone

▶ La lithosphère est le plus important des réservoirs de carbone. Le stockage se fait sous forme de roches sédimentaires ($CaCO_3$ et $MgCO_3$) et de roches carbonées fossiles (charbon, pétrole...). En surface, issu de la dégradation de la matière organique des êtres vivants résultant de la réduction du CO_2 par photosynthèse, il y a l'humus.

▶ L'eau des océans permet de solubiliser le CO_2 atmosphérique. Mais des relargages vers l'atmosphère ont lieu, en fonction de la température de l'eau (augmentation si réchauffement climatique).

▶ La biosphère est un grand réservoir grâce aux végétaux.

▶ De concentration modeste, le dernier réservoir est l'atmosphère.

b. Des échanges entre réservoirs

▶ Les échanges annuels de carbone entre ces réservoirs sont des flux.

▶ La quantité de carbone mise en jeu dans ces flux varie beaucoup selon le mécanisme qui l'engendre. Ainsi, il y a des flux rapides comme la respiration ou la photosynthèse entre la biosphère et soit l'atmosphère, soit l'hydrosphère. D'autres sont plus lents, comme l'altération de la lithosphère par les agents atmosphériques. Enfin, certains sont très lents comme la formation de roches carbonées à partir de la biosphère, la fossilisation.

▶ Si ces échanges préservent des taux constants, le cycle du carbone est équilibré. Mais actuellement, par ses actions, l'homme agit en déséquilibrant ce cycle. Ainsi, les combustibles fossiles stockés depuis plusieurs dizaines à plusieurs centaines de millions d'années sont libérés dans l'atmosphère. Leur flux de formation est si lent par rapport à leur exploitation qu'on considère que ces sources ne sont pas renouvelables, même si les réserves sont énormes.

À savoir

On parle de source pour un producteur de l'élément concerné. Ainsi, par sa photosynthèse, un végétal chlorophyllien est une source d'oxygène. De même, un feu de forêt est une source de carbone. Un puits est un lieu où arrive la matière : un animal qui respire est un puits d'oxygène. Lorsque la matière séjourne dans un lieu, on qualifie ce site de réservoir.

3 La combustion des carburants

▶ Une combustion consomme un combustible et du dioxygène, rejette du dioxyde de carbone et de l'eau tout en produisant de l'énergie. Cette réaction chimique est rarement complète et émet d'autres produits tels que des oxydes d'azote (NO, NO_2 et N_2O), de l'ozone (O_3), des particules fines et des produits soufrés qui sont polluants.

▶ La combustion affecte également la qualité de l'air. Elle augmente l'effet de serre, à l'origine du réchauffement climatique.

▶ L'empreinte carbone d'une personne ou d'une activité est la masse de dioxyde de carbone CO_2 produite directement ou indirectement par sa consommation d'énergie et/ou de matière première et est par exemple plus faible pour une personne empruntant les transports en communs plutôt que sa voiture.

4 Les conséquences de la pollution

▶ Les conséquences sur la santé peuvent être immédiates (irritations, crises d'asthme) ou à long terme (développement de pathologies respiratoires et cardio-vasculaires, baisse de la fertilité, perturbation des défenses immunitaires, du système nerveux). Une diminution des taux de particules fines dans l'air améliorerait notre espérance de vie et diminuerait la mortalité.

▶ Des scénarios évaluent les changements liés à notre surconsommation d'énergie. Des projections prévoient >>

>> une augmentation importante du niveau de la mer suite à la fonte des calottes glaciaires. Les conséquences sur les écosystèmes (diminution de la taille des populations, chute de la biodiversité) et les conditions de vie des habitants (disparition des habitats côtiers actuels), notamment les plus vulnérables, seraient importantes. Les projections fournies permettent de définir les éléments qui échappent, au moins en partie, à notre contrôle (tempêtes, inondations, incendies...) et peuvent orienter les prises de décision.

5 Le mix énergétique

▶ Les choix énergétiques doivent tenir compte de nombreux critères et paramètres. Il faut d'abord évaluer les besoins, puis faire le bilan des ressources disponibles afin de les mettre en adéquation.

▶ Les effets climatiques, écologiques, sanitaires, agricoles sont pris en compte, ainsi que les conséquences économiques et sociales (création d'emplois par exemple).

▶ Les risques liés aux choix énergétiques effectués doivent être identifiés, évalués, traités.

▶ L'analyse de tous ces éléments conduit le plus souvent à une recherche de diversification des ressources énergétiques, que ce soit au niveau local ou national. Cette diversification est appelée mix énergétique.

6 Les impacts du choix du nucléaire en France

▶ Dès les années 1960, la France a fait le choix du « tout nucléaire ». Le nucléaire permet d'économiser les ressources fossiles de la planète telles que le pétrole, le gaz, le charbon et émet très peu de CO_2. En effet, l'énergie ne provient pas d'une réaction de combustion, mais de la fission d'un noyau d'uranium 235 en d'autres noyaux plus petits, par exemple :

$$^{235}_{92}U + ^{1}_{0}n \rightarrow ^{94}_{38}Sr + ^{139}_{54}Xe + 3^{1}_{0}n$$

où $^{1}_{0}n$ est le symbole d'un neutron.

Un gramme d'uranium 235 fournit la même énergie que 3,5 tonnes de charbon.

▶ Cependant, l'industrie nucléaire présente des risques spécifiques, liés aux substances radioactives qu'elle utilise. Les accidents ont des conséquences majeures (exemples de Tchernobyl en 1986 et de Fukushima en 2001). De plus, ce mode de production d'électricité nécessite d'extraire le minerai contenant de l'uranium (en général dans des gisements à ciel ouvert), de l'enrichir en uranium 235, et cela n'est pas sans impact environnemental.

▶ Les déchets nucléaires contiennent des noyaux radioactifs ayant des temps de demi-vie pouvant être très longs (16 millions d'années pour l'iode 129 par exemple). Ces déchets doivent être conditionnés, transportés, stockés dans des conditions garantissant, dans le temps, la protection de l'homme et de l'environnement.

> **Rappel**
> Le temps de demi-vie est la durée nécessaire pour que la moitié des noyaux d'un échantillon radioactif se soient désintégrés.

7 La transition écologique des sociétés

▶ La transition écologique est le passage de notre mode actuel de production et de consommation vers un modèle répondant aux enjeux suivants : le changement climatique, la rareté des ressources, la diminution de la biodiversité et l'augmentation des risques sanitaires et environnementaux.

▶ Les principaux objectifs de cette transition sont :

– la diminution de notre empreinte carbone en privilégiant les énergies renouvelables et en diminuant notre consommation d'énergie ;

– une meilleure gestion et répartition des ressources ;

– la protection des écosystèmes.

▶ La transition écologique repose également sur l'évolution des comportements individuels et collectifs. Elle nous invite à repenser notre modèle de consommation, de déplacement. Le consommateur apparaît comme l'un des acteurs décisifs du développement durable, à la fois parce que ses modes de consommation ont des effets environnementaux, mais aussi parce qu'il peut, par ses achats, orienter les activités en amont vers des processus moins néfastes pour l'environnement.

▶ La transition écologique des sociétés repose sur la créativité scientifique et technologique. Le dihydrogène, par exemple, apporte de nouvelles solutions pour stocker l'électricité, se déplacer plus proprement. Le recours au dihydrogène s'articule en deux étapes :

– La production de dihydrogène. Le procédé d'électrolyse permet de produire de l'hydrogène par décomposition de la molécule d'eau à partir d'un courant électrique.

– L'utilisation du dihydrogène. Lorsque cela est nécessaire, on peut produire de l'électricité pour alimenter un moteur ou tout autre usage électrique à partir d'une pile à hydrogène.

Pour aller plus loin

Ne pas confondre l'ozone stratosphérique, situé entre 20 et 40 km d'altitude, qui protège la surface de la Terre des rayons ultraviolets dangereux pour les êtres vivants, et l'ozone troposphérique libéré au niveau du sol par la combustion des carburants, qui est nocif pour la santé en déclenchant chez certaines personnes des problèmes respiratoires.

Méthode

1 Analyser un schéma sur le cycle du carbone

Le cycle du carbone

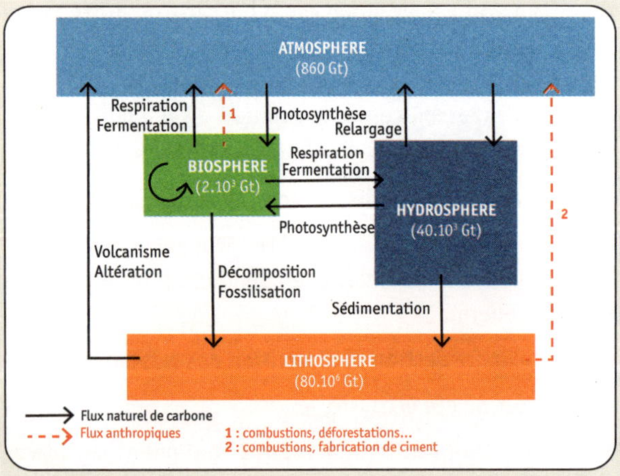

a. Localisez les réservoirs et les flux entre ces réservoirs.

Il y a 4 réservoirs : l'atmosphère, la biosphère, l'hydrosphère et la lithosphère.

Respiration et fermentation permettent de récupérer de l'énergie. La photosynthèse assure l'autotrophie par synthèse de matières organiques à partir de matières minérales.

Dans l'eau, le CO_2 se dissout mais peut être relargué dans l'atmosphère.

Le volcanisme émet du dioxyde de carbone comme l'altération des roches par l'eau.

Par la sédimentation, le carbone retourne à la lithosphère (coquilles, squelettes, carbonates).

La décomposition assure le retour à l'état minéral de la matière organique et la fossilisation conserve des traces de cette matière organique transformée.

b. Retrouvez les flux naturels et les flux anthropiques.

Par les actions humaines (anthropiques), ce cycle est perturbé avec un retour vers l'atmosphère (pointillés orange). Les autres flèches sont des processus naturels.

c. Si des valeurs chiffrées sont proposées (en Gt, 1 gigatonne de carbone = 10^9 tonnes), on peut comparer les stocks, les vitesses des flux, les quantités concernées.

Lors de ces comparaisons chiffrées, donnez des ordres de grandeur (flux *x* fois plus fort, réservoir *y* fois plus faible...).

2 Évaluer l'empreinte carbone de l'électricité en France

La production d'électricité génère l'émission de dioxyde de carbone CO_2, et ce même s'il n'y a pas de combustion. En effet, il faut tenir compte des émissions de CO_2 liées à la mise à disposition de l'énergie primaire à la centrale électrique (lors de l'extraction, de la transformation, du transport...) et des émissions engendrées par la construction des infrastructures.

Calculer la masse de dioxyde de carbone générée par la production de 1 kWh d'électricité en France.

Doc. 1 Masse « en équivalent CO_2 » d'un kWh électrique selon le mode de production

	Masse en grammes de CO_2 émis par kWh d'électricité produite
Nucléaire	10
Gaz	406
Charbon	1 038
Fioul	704
Éolien	9
Photovoltaïque	56
Hydroélectrique	13
Biomasse	230

Doc. 2 Production d'électricité en France en 2018

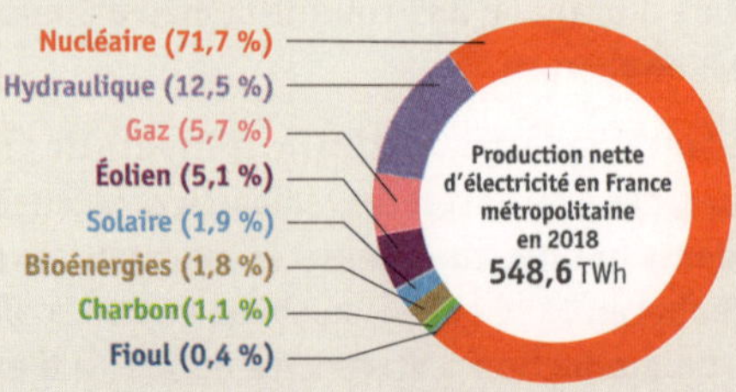

▶ En utilisant les données provenant des deux documents, calculer la masse de CO_2 émise par chaque mode de production et tout additionner :

$10 \times 71,7 + 406 \times 5,7 + 1\,038 \times 1,1 + 704 \times 0,4$
$+ 9 \times 5,1 + 56 \times 1,9 + 13 \times 12,5 + 230 \times 1,8$
$= 5183$ g de CO_2 pour 100 kWh soit 52 g de CO_2 par kWh.

3 Analyser les impacts de choix énergétiques

En Allemagne, la production de 1 kWh d'électricité est responsable de l'émission de 459 g de CO_2. À l'aide des documents et de vos connaissances, expliquer la différence constatée par rapport à la France.

▶ À l'aide du document 1, remarquer que la source d'énergie largement privilégiée en France pour produire de l'électricité est l'énergie nucléaire, suivie de l'énergie hydroélectrique. Ces deux modes de production d'électricité sans combustion n'émettent que très peu de CO_2.
En Allemagne (doc. 3), presque la moitié de la production électrique provient toujours du charbon et du gaz (24,1 + 13,9 + 7,4 = 45,4 %). La moyenne d'émission de CO_2 en France est donc plus faible qu'en Allemagne.

Doc. 3 Production d'électricité en Allemagne en 2018

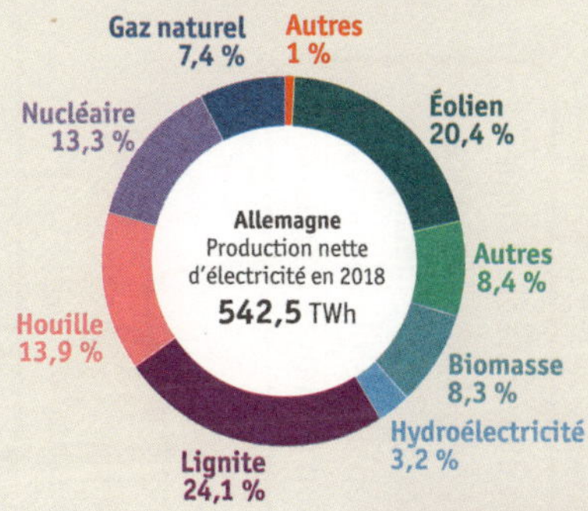

À savoir

La lignite et la houille sont différentes sortes de charbon.

Exercices

1 ★ 10 min Ajuster l'équation de la réaction chimique d'oxydation du butane par le dioxygène.

Le butane de formule C_4H_{10} est un gaz, contenu dans le gaz de ville, utilisé pour cuisiner ou se chauffer. Sa combustion nécessite du dioxygène de formule O_2. Suite à sa combustion, il se transforme en dioxyde de carbone CO_2 et en eau H_2O.

2 ★★ 20 min

La première centrale solaire thermodynamique d'Amérique du Sud a été officiellement inaugurée en 2019. Elle a été construite au cœur du désert d'Atacama au Chili. Elle est constituée de 10 600 héliostats, des miroirs plans mobiles qui réfléchissent et concentrent les rayons du soleil vers une tour centrale, culminant à 250 mètres de haut. La concentration des rayons chauffe un fluide caloporteur (des sels fondus). Ce sel fondu atteint des températures supérieures à 500 °C pour ensuite transférer cette chaleur à de l'eau (grâce à des échangeurs thermiques) afin de produire de la vapeur à haute pression et générer de l'électricité. Mais cette chaleur peut aussi être stockée dans les sels pour une utilisation ultérieure, ce qui permet la production d'électricité même en l'absence de soleil. Sa puissance est de 110 MW.

a. Pourquoi avoir installé cette centrale solaire dans le désert de l'Atacama ?

b. Pourquoi les héliostats sont-ils mobiles ?

c. Expliquer comment cette centrale peut continuer à fonctionner même la nuit.

d. Cette centrale est complétée par une centrale photovoltaïque plus conventionnelle de 110 MW également, grâce à 392 000 panneaux solaires. Donner des différences et des points communs entre la centrale solaire thermodynamique et la centrale solaire photovoltaïque.

3 ★★★ 20 min En 2017, la production d'électricité en France était de 529,4 TWh.

a. Définir ce qu'est une énergie renouvelable.

b. Relever dans le schéma les énergies non renouvelables en justifiant son choix.

c. Calculer en tonnes les économies de pétrole réalisées par la France grâce à ses énergies renouvelables en une année (365 jours).

La production française d'électricité en 2017

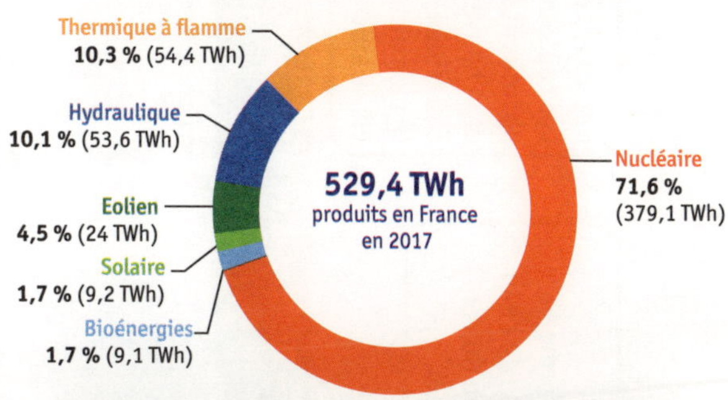

Aide

1 kWh = $3{,}60 \times 10^6$ J
1 tep (tonne équivalent pétrole) = $4{,}1868 \times 10^{10}$ J
1 TWh (terawattheure) = 10^9 kWh.

Le futur des énergies

Deux siècles d'énergie électrique

- *Depuis le XIXe siècle*
  L'alternateur, transforme l'énergie mécanique (de l'eau, de la vapeur d'eau ou du vent) en énergie électrique.
- *Depuis le XXe siècle*
  Les capteurs photovoltaïques, absorbent l'énergie radiative et la convertissent en énergie électrique. Le matériau le plus utilisé pour ces capteurs est le silicium cristallin.

Conversion et transport de l'énergie électrique

- L'utilisation de la haute tension pour transporter l'électricité limite les pertes par effet Joule.
- La production d'énergie électrique sans combustion est possible grâce à :
  - la conversion d'énergie mécanique
  - la conversion d'énergie radiative
  - la conversion d'énergie chimique.
- Le stockage de l'énergie peut se faire sous forme :
  - chimique
  - potentielle
  - électrostatique.

Choix de développement et futur climatique

- Transition écologique
  - Évaluation des changements affectant les écosystèmes et les conditions de vie des êtres humains (augmentation de la température, élévation du niveau des mers...).
  - Repose sur la créativité scientifique et technologique et l'évolution des comportements individuels et collectifs.
  - Les choix de développement doivent prendre en compte les effets climatiques, écologiques et les risques
    - Exemple du nucléaire en France.

Énergies

- Renouvelables (énergies de flux).
- Fossiles (énergies de stock).
  - Combustion
    - Dioxyde de carbone CO_2
      - Effet de serre
    - Oxydes d'azote, oxydes de soufre, particules fines, ozone.
      - Effets sur la santé

je me teste!

1 Un alternateur permet de... :

- ▢ **a.** transformer une énergie électrique en une énergie mécanique.
- ▢ **b.** transformer une énergie mécanique en une énergie électrique.
- ▢ **c.** fournir une tension continue.

2 La source d'énergie qui émet le moins de gaz à effet de serre par kWh produit est :

- ▢ **a.** le charbon.
- ▢ **b.** le gaz naturel.
- ▢ **c.** le nucléaire.

3 Une énergie intermittente est une énergie :

- ▢ **a.** dont les ressources ne sont pas illimitées.
- ▢ **b.** qu'on ne peut pas stocker.
- ▢ **c.** pour laquelle les sources ne sont pas disponibles en permanence.

4 L'augmentation du CO_2 atmosphérique :

- ▢ **a.** est principalement due à des causes naturelles.
- ▢ **b.** est à l'origine de l'effet de serre, cause principale de la diminution de la température sur Terre.
- ▢ **c.** est due à l'utilisation des énergies fossiles (pétrole, gaz, charbon).
- ▢ **d.** entraîne une augmentation de la température en absorbant les rayonnements infrarouges.

5 L'empreinte carbone d'une personne... :

- ▢ **a.** est la masse de CO_2 consommée par une personne pour sa production d'énergie et/ou de matière première.
- ▢ **b.** augmente lorsqu'elle emprunte le bus plutôt que sa voiture pour se déplacer.
- ▢ **c.** diminue si elle se déplace à bicyclette plutôt qu'en autobus.

6 L'un des objectifs de la transition écologique est la diminution de notre empreinte carbone :

- ▢ **a.** en privilégiant les énergies non renouvelables et en diminuant notre consommation d'énergie.
- ▢ **b.** en privilégiant les énergies de flux et en diminuant notre consommation d'énergie
- ▢ **c.** en privilégiant les énergies de stock et en diminuant nos économies d'énergie.

7 Quel est le principal problème de l'énergie nucléaire ?

- ▢ **a.** Les déchets.
- ▢ **b.** Les rejets de CO_2 dans l'atmosphère.
- ▢ **c.** L'épuisement des ressources d'uranium.
- ▢ **d.** Le coût élevé du kWh.

8 L'électricité est produite grâce au phénomène d'induction électromagnétique :

- ▢ **a.** dans une centrale photovoltaïque.
- ▢ **b.** dans une centrale nucléaire.
- ▢ **c.** dans une éolienne.

9 L'électricité d'origine éolienne... :

- ▢ **a.** est une énergie intermittente.
- ▢ **b.** est une énergie renouvelable.
- ▢ **c.** a un bilan carbone nul si l'on considère uniquement son fonctionnement.
- ▢ **d.** peut avoir localement un impact environnemental négatif.

10 Le silicium... :

- ▢ **a.** est un matériau semi-conducteur.
- ▢ **b.** peut être utilisé pour fabriquer un aimant.
- ▢ **c.** peut être utilisé pour fabriquer une cellule photovoltaïque.

11 Les pertes par effet Joule sont... :

- ▢ **a.** nulles dans les lignes électriques à basse tension.
- ▢ **b.** plus importantes dans les lignes électriques à basse tension.
- ▢ **c.** plus importantes dans les lignes électriques à haute tension.

12 La combustion complète du propane admet pour équation :

- ▢ **a.** $C_3H_{8(g)} + O_{2(g)} \rightarrow 3\,CO_{2(g)} + 4\,H_2O_{(g)}$
- ▢ **b.** $C_3H_{8g)} + 5\,O_{2(g)} \rightarrow 3\,CO_{2(g)} + 4\,H_2O_{(g)}$
- ▢ **c.** $C_3H_{8(g)} + 5\,O_{2(g)} \rightarrow 3\,CO_{2(g)} + H_2O_{(g)}$

Réponses

1 : b - **2** : c - **3** : c - **4** : c, d - **5** : c - **6** : b - **7** : a - **8** : b, c - **9** : a, b, c, d - **10** : a, c - **11** : b - **12** : b

La biodiversité et son évolution

Cours

1 Mesurer la biodiversité

▶ Les techniques d'échantillonnages permettent d'estimer la biodiversité dans un écosystème en y mesurant le nombre d'espèces présentes. On peut ainsi évaluer l'abondance d'une population, d'une espèce ou du nombre d'espèces appartenant à un même taxon.

▶ La technique de « capture-marquage-recapture » consiste à capturer un échantillon d'animaux, à les marquer puis, dans un second temps, dans le même lieu, à recapturer un autre échantillon de ces animaux. Elle suppose que la proportion d'individus marqués d'un échantillon de départ est identique dans l'échantillon de recapture et dans la population totale. On peut ainsi déterminer son effectif N par le calcul de la quatrième proportionnelle.

▶ En utilisant un intervalle de confiance, l'effectif d'une population peut aussi être déterminé à partir d'un seul échantillon. Plus la taille de l'échantillon est grande, plus l'estimation sera précise.

À retenir

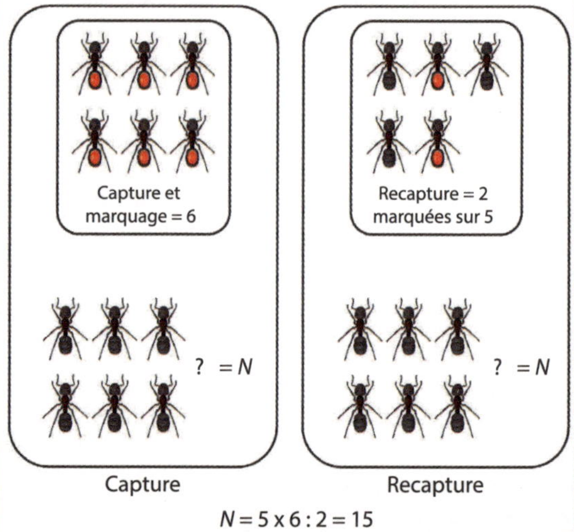

La technique de « Capture-marquage-recapture »

2 La stabilité génétique d'une population

▶ Le modèle de l'équilibre d'Hardy-Weinberg stipule que la fréquence des allèles au sein d'une population importante, d'effectif fermé, est stable.

▶ Des écarts existent entre les fréquences calculées et la réalité. Ils sont dus aux mécanismes évolutifs tels que les mutations, la sélection, la dérive génétique, les migrations, qui modifient cette stabilité génétique.

Rappel

Génotype	Fréquence
$a^+//a^+$	p^2
$a//a$	q^2
$a^+//a$	$2pq$

Le modèle d'Hardy-Weinberg

Fréquence des génotypes d'un gène dans une population (a^+ et a, deux allèles du gène de fréquences respectives p et q). La somme de ces fréquences est égale à 1.

3 L'action de l'être humain sur la biodiversité

▶ L'être humain interagit de manière négative avec sa planète :
- en polluant son atmosphère (pollution liée entre autres à la combustion des énergies fossiles) ce qui entraîne une modification profonde des climats
- en polluant les sols ;
- en surexploitant les espèces pour son alimentation et son industrie ;
- en important des espèces invasives…

▶ Ses activités ont de graves conséquences sur la biodiversité : forte diminution des populations animales et végétales, extinction d'espèces, destruction d'écosystèmes…

▶ En fragmentant certains écosystèmes tels que les forêts tropicales, l'être humain divise la taille des populations qui les habitent. Cela entraîne un appauvrissement de la diversité de ces populations et peut accélérer leur disparition.

▶ Mieux connaître et gérer les écosystèmes permettra de prendre des mesures adéquates (limitation de la consommation de certaines ressources, sanctuarisation de certaines zones…) et d'y préserver la biodiversité.

Pour aller plus loin

On estime le nombre d'espèces animales et végétales sur Terre à environ 8 millions et seulement 1,7 million ont été décrites et nommées. Il semblerait toutefois que le nombre d'espèces de microorganismes soit beaucoup plus élevé que prévu. En fonction des études, on parle de 100 millions à 1 000 milliards d'espèces.

Méthode

Calculer un intervalle de confiance

Un **intervalle de confiance** permet de déterminer la marge d'erreur d'un échantillon, afin d'estimer ce qu'aurait été le résultat réel, en l'encadrant dans une fourchette.

Pour un niveau de confiance de 95 %, si l'effectif de l'échantillon est de n et la fréquence du caractère étudié de f, l'intervalle, exprimé en % est situé entre

$$f - \frac{1}{\sqrt{n}} \text{ et } f + \frac{1}{\sqrt{n}}$$

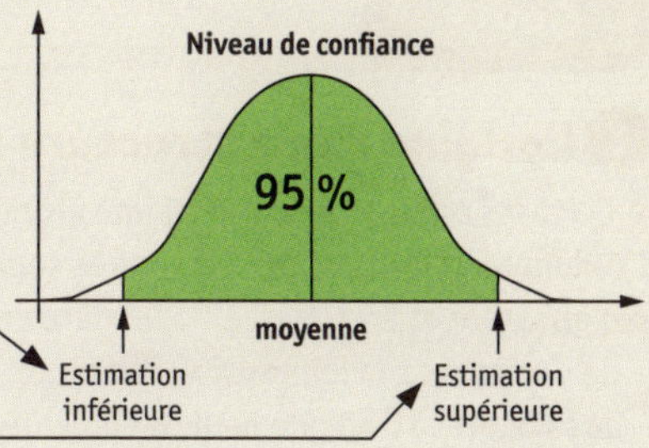

Exercices

1 ★★ 15 min **On constate, dans une forêt exploitée où domine le plus souvent une seule espèce d'arbre, que la biodiversité des champignons est plus faible que dans une forêt non exploitée.**

> Les forêts exploitées présentent le plus souvent une seule espèce d'arbre majoritaire. Les bois sont nettoyés ce qui diminue fortement le nombre de micro-habitats (bois morts, souches d'arbres...) de certaines espèces. Leur sol souffre du passage des machines ce qui ne permet pas une bonne stabilisation des espèces.

Préciser pourquoi un amateur de champignon privilégiera pour sa recherche les forêts non exploitées.

Une mycorhize est une symbiose (association à bénéfices réciproques) entre une plante et un champignon. En général, une plante, un arbre par exemple, s'associe avec un champignon bien spécifique.

Réseaux mycorhiziens en forêt

2 ★★ 10 min

La loque américaine est une maladie bactérienne largement répandue dans les ruches. Elle est considérée comme l'une des plus graves maladies des abeilles et cause d'importantes pertes économiques aux apiculteurs.

Sur 1 213 abeilles prélevées dans une ruche, 158 sont porteuses de cette maladie.
Estimer l'intervalle de confiance pour un niveau de confiance de 95 %.

3 ★★★ 15 min **Chez l'être humain, il existe d'autres systèmes sanguins que le système A, B, O. Le système MN en est un. On a compté dans une population d'Aborigènes d'Australie le nombre d'individus porteurs des différents génotypes possibles.**

Génotypes	MM	MN	NN
Aborigènes porteurs du génotype	79	138	61

a. Calculer la fréquence de chacun des allèles.

b. Préciser si la répartition des différents génotypes dans la population d'Aborigènes est conforme au modèle de Hardy-Weinberg.

c. Nommer deux mécanismes pouvant provoquer une modification de l'équilibre de Hardy-Weinberg et expliquer comment.

L'évolution comme grille de lecture du monde

Cours

1 L'origine d'une structure anatomique : l'œil

▶ Certains organes présentent une étonnante complexité.
L'œil humain possède des structures sophistiquées permettant :
– d'absorber et transformer la lumière en message nerveux, la rétine ;
– de s'adapter à la luminosité, l'iris ;
– de s'adapter à l'éloignement de l'objet regardé, le cristallin ;
– de faire converger la lumière sur le cristallin, la cornée.
Ces adaptations évolutives permettent à l'œil humain d'être en concordance avec le rôle qu'il joue.

▶ Ces organes peuvent aussi présenter des particularités surprenantes qui n'optimisent pas son fonctionnement :
– Les photorécepteurs de la rétine sont orientés vers l'intérieur de l'œil et les neurones véhiculant l'information forment plusieurs couches qui la recouvrent. La lumière est donc obligée de traverser l'ensemble des couches avant de stimuler les cellules réceptrices.

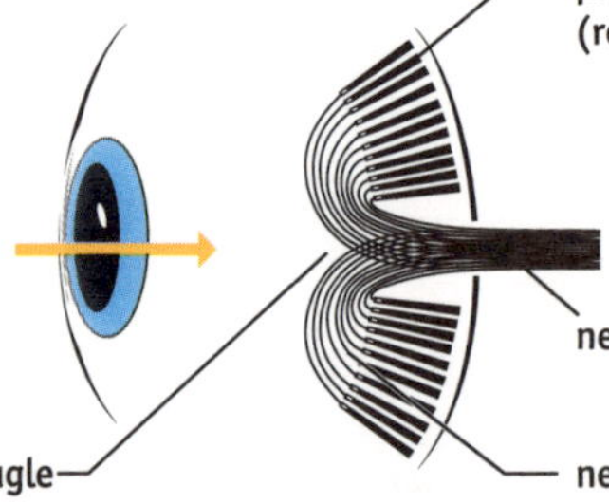

L'œil humain

– Pour aller vers le nerf optique, les prolongements des cellules nerveuses se rassemblent en un point de la rétine où il ne peut pas y avoir de photorécepteurs ce qui forme une tache aveugle.

▶ Les mutations de l'ADN liées au hasard, en subissant l'action de la sélection naturelle lorsqu'elles sont avantageuses, sont à l'origine des structures anatomiques plus ou moins complexes formant les êtres vivants.

2 Des caractères anatomiques hérités de leur histoire évolutive

▶ De nombreuses caractéristiques anatomiques présentent des « accidents » d'adaptation s'avérant inutiles ou gênants mais qui sont relatifs à leur évolution. Ils peuvent être liés à :
– des contraintes historiques : apparu chez un vertébré ancestral dépourvu de cou, le nerf innervant le larynx passait sous la crosse aortique. Avec l'apparition du cou chez certains vertébrés, il n'a pu « rebrousser chemin » et doit faire un détour important chez certains animaux (4 mètres chez la girafe, par exemple).
– des contraintes de construction : mis en place très tôt lors du développement embryonnaire, les tétons sont présents chez l'homme alors qu'il n'allaite pas.
– des compromis sélectifs : pour marcher, il faut un bassin étroit, mais pour accoucher il doit être large. La largeur du bassin chez la femme est issue de ces deux pressions de sélection opposées.
– des régressions en cours : la taille de notre mâchoire est en diminution. Les dents de sagesse deviennent de trop. Environ 20 % de la population n'en posséderait pas, ce qui devient un avantage.

3 Une sélection artificielle involontaire et risquée

▶ Les antibiotiques deviennent de moins en moins efficaces. Les bactéries qu'ils sont censés détruire développent, à la suite de mutations, des adaptations les rendant résistantes.

▶ L'utilisation intensive en agriculture de produits phytosanitaires, permettant d'éliminer plantes et ravageurs indésirables, crée une sélection naturelle des plus résistants. Cela a un impact important sur la biodiversité et son évolution.

Pour aller plus loin

Certaines théories concernant l'histoire évolutive de caractères sont parfois critiquables et peuvent être l'objet d'une étude épistémologique en philosophie. Par exemple, de nombreuses théories existent pour expliquer le rapport entre les difficultés pour accoucher chez la femme et la largeur de son bassin.

Méthode

Comprendre une résistance

▶ Les antibiotiques permettent d'éliminer les bactéries à l'origine de maladies. Utilisés à grande échelle pour soigner l'être humain mais aussi les animaux d'élevages, leur prescription trop importante a entraîné des résistances.

▶ Les bactéries peuvent muter très rapidement au sein d'une même population. Si elles sont soumises à un antibiotique, certaines, dont le **hasard** des **mutations** va permettre de développer une **résistance**, vont subir l'action de la **sélection naturelle** et survivre. Au cours du temps, l'utilisation régulière d'un même antibiotique va permettre une augmentation de la résistance au sein de la population de bactéries : il deviendra moins efficace et les doses prescrites de plus en plus fortes.

▶ Le mécanisme est le même pour les plantes et les ravageurs (insectes, champignons...) vis-à-vis des produits phytosanitaires (herbicides, insecticides...).

Exercices

1 ★★ 20 min **La structure de l'œil humain des couches présente deux principales contraintes diminuant son « efficacité ».**

a. Rappeler les deux contraintes anatomiques que présente l'œil humain et leurs conséquences.

b. Légender le schéma de l'œil humain et de celui de la pieuvre.

c. Expliquer, en utilisant les schémas, pourquoi l'œil de la pieuvre ne présente pas ces contraintes.

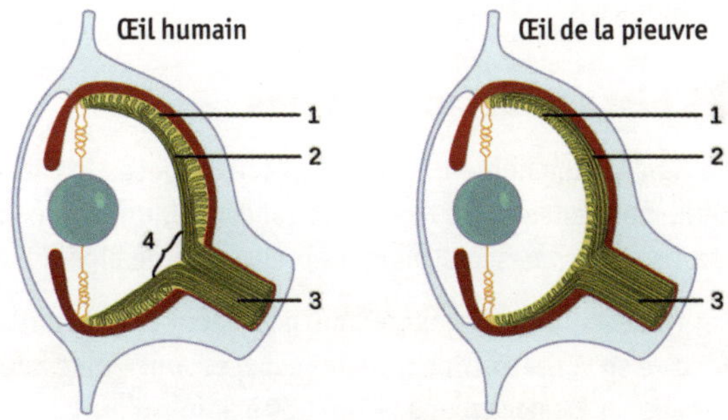

Anatomie de l'œil

2 ★★★ 30 min **Des populations différentes de moustiques sont exposées à des doses croissantes d'un insecticide, la perméthrine. Le taux de mortalité de 3 populations A, B et C de moustiques est mesuré en fonction de la dose d'insecticide qu'elles reçoivent.**

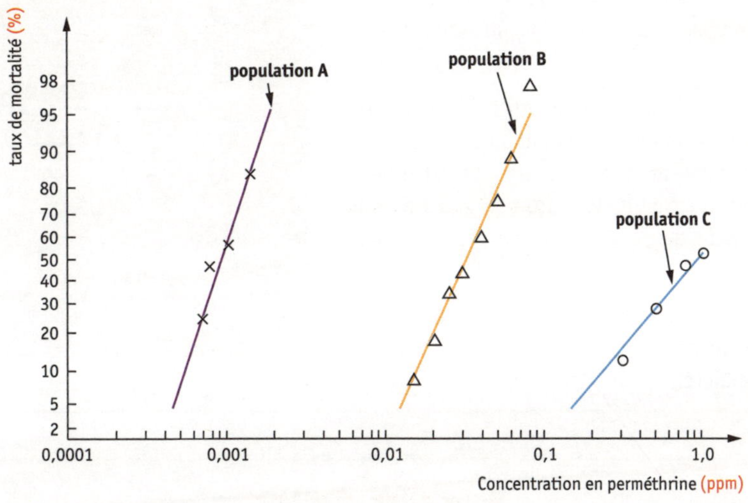

a. Préciser comment chacune des populations résiste à l'insecticide. Justifier sa réponse.

b. Compléter le texte suivant :

« La population ... se situe dans une région infestée de moustiques qui a régulièrement été traitée à la perméthrine. La population ... est en bordure de cette région. La population ... provient d'une zone qui n'a jamais été traitée avec cet insecticide ».
À l'aide des connaissances, justifier les choix.

L'évolution humaine

Cours

1 Homo sapiens, un primate apparenté aux grands singes

▶ Les espèces sont classées entre elles en fonction des caractères morpho-anatomiques qu'elles partagent et de leur proximité génétique :
– des innovations évolutives sont à l'origine de l'apparition de caractères morphologiques dérivés qui sont utilisés par les scientifiques pour ce classement. Plus deux espèces vont avoir de caractères dérivés communs, plus elles seront apparentées et plus leur ancêtre commun sera récent ;
– au cours du temps, pour un même gène, suite aux mutations, des différences s'accumulent entre les espèces. Plus les différences sont faibles, plus l'ancêtre commun entre deux espèces est proche.

▶ La présence des caractères dérivés « ongle » et « pouce opposable » permet de classer l'être humain parmi les primates. La présence d'un coccyx (pas de queue) l'apparente aux grands singes. Les analyses génétiques montrent une similitude de 98,79 % de l'être humain avec le chimpanzé, avec qui il partage donc l'ancêtre commun le plus proche (daté entre 8 et 10 millions d'années).

2 L'histoire de nos origines

▶ La lignée humaine regroupe toutes les espèces fossiles (Australopithèques, Homo...) présentant principalement une bipédie permanente. Un trou occipital centré, un bassin large et étroit, une colonne vertébrale à plusieurs courbures sont certains des critères anatomiques preuves d'une bipédie.

▶ Les représentants du genre Homo possèdent en plus une aptitude à la course, un développement cérébral important et une mâchoire en V. Les trois principales espèces sont Homo habilis (2,4 à 1,5 millions d'années), Homo erectus (1,9 à 0,1 million d'années) et Homo sapiens (- 300 000 à aujourd'hui).

3 Notre histoire récente

▶ Homo sapiens est le seul représentant actuel du genre Homo, mais il a cohabité avec deux autres espèces : les Néandertaliens (– 130 000 à – 40 000 ans) en Europe et dans la partie ouest de l'Asie, et les Dénisoviens (– 400 000 à – 40 000 ans) dans la partie est de l'Asie.

▶ La possibilité d'extraire et d'analyser de l'ADN de ces fossiles récents (Homo denisovensis dont on ne connaît qu'une molaire et une phalange doit sa découverte et son classement à cette seule analyse) a permis la construction de leur arbre phylogénétique mais aussi de montrer qu'un métissage entre ces espèces a probablement eu lieu.

▶ Des caractères non génétiques sont aussi utilisés pour réaliser notre phylogénie : fabrications d'outils, apparition de l'art et du langage, étude du microbiote...

Rappel

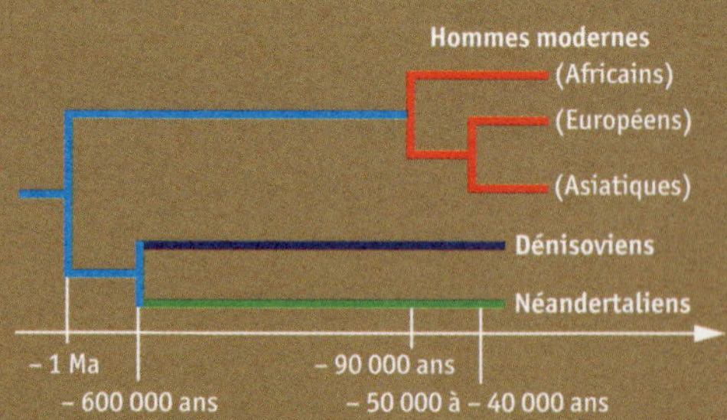

Arbre phylogénétique des représentants les plus récents du genre Homo, construit à partir de la comparaison de leur génome

Pour aller plus loin

La reconstitution de l'histoire de l'évolution de l'Homme est délicate car continuellement remise en cause par de nouvelles découvertes. C'est le cas, par exemple, des fossiles d'Australopithecus sediba découverts en 2008 et 2013 en Afrique du Sud, qui présentent des caractéristiques d'Australopithèque mais aussi d'Homo (dents de petite taille, bassin large...) ; et d'Homo naledi qui présente des caractéristiques d'Homo mais aussi d'Australopithèque (petit cerveau de 500 cm^3, articulation de la hanche d'Australopithèque...).

Méthode

Réaliser un arbre phylogénétique

Un arbre phylogénétique peut être réalisé à partir :

– de données anatomiques présentées le plus souvent dans un tableau de données. Sa construction est basée sur le partage de caractères dérivés. Deux espèces partageant un même caractère dérivé possèdent un ancêtre commun plus proche ;

Données anatomiques

	Espèce A	Espèce B	Espèce C
Caractère 1	État ancestral	État ancestral	État ancestral
Caractère 2	État ancestral	État dérivé	État dérivé
Caractère 3	État ancestral	État ancestral	État dérivé

Arbre phylogénétique

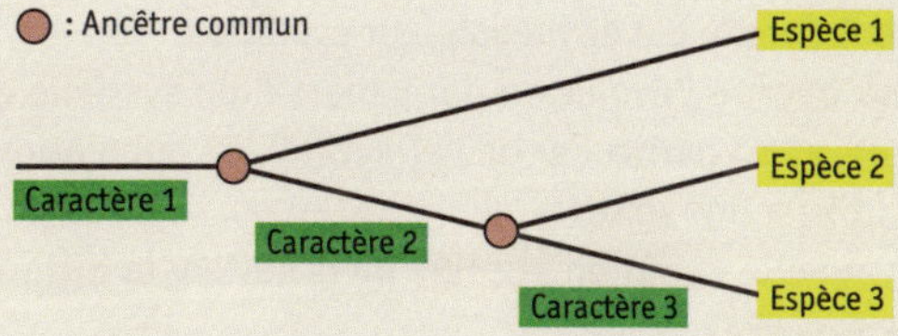

– de données génétiques. La comparaison de séquences d'ADN d'un même gène permet de construire une matrice des distances dans laquelle figurent les différences entre les espèces étudiées. Plus le nombre de bases différentes est faible, plus les espèces sont proches. Son exploitation permet de tracer l'arbre.

Exercices

1 ★★ 10 min **À partir de la comparaison des trois crânes, expliquer pourquoi l'Australopithèque appartient à la lignée humaine mais pas au genre Homo.**

Plus le trou occipital est centré, meilleure est l'adaptation à la marche.

Chimpanzé
Capacité crânienne moyenne :
400 cm³

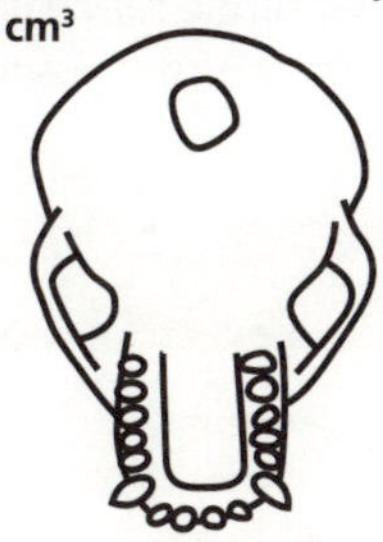

Australopithèque
Capacité crânienne moyenne :
450 cm³

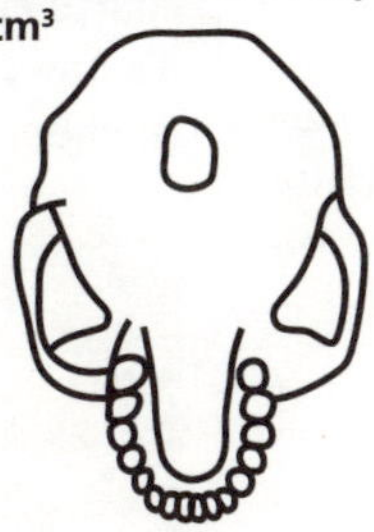

Homme
Capacité crânienne moyenne :
1400 cm³

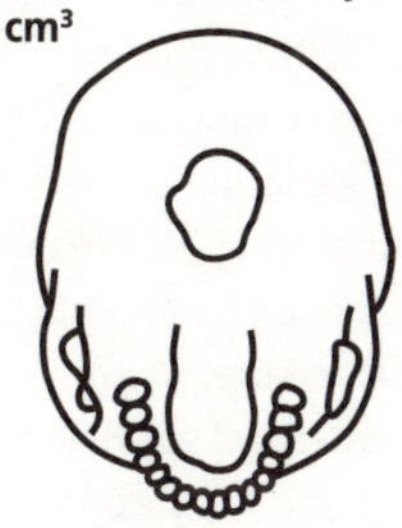

2 ★★★ 30 min **Construire un arbre phylogénétique**

a. Donner les caractères dérivés qui sont les critères d'appartenance aux primates.

b. Construire l'arbre phylogénétique à partir des données anatomiques (doc. 1).
Justifier en rappelant quel est le principe de construction d'un arbre phylogénétique à partir de données anatomiques.

c. Construire à l'aide de la matrice des distances (doc. 2) l'arbre phylogénétique des animaux proposés.
Justifier la réponse.

d. Préciser quel est l'apport des données génétiques.

Doc. 1 Quelques données anatomiques

	Terminaisons des doigts	Pouce	Queue	Orbites	Narines
Tarsier	Ongles	Opposable	Présente	Ouvertes	Ecartées
Macaque	Ongles	Opposable	Présente	Fermées	Rapprochées
Gorille	Ongles	Opposable	Absente	Fermées	Rapprochées
Chimpanzé	Ongles	Opposable	*Absente*	Fermées	Rapprochées
Homme	Ongles	Opposable	*Absente*	Fermées	Rapprochées

Doc. 2 Matrice des distances : elle présente le nombre de bases différentes d'un même gène

	Homme	Chimpanzé	Gorille	Macaque	Tarsier
Homme	0	65	68	117	135
Chimpanzé		0	64	121	141
Gorille			0	116	137
Macaque				0	140
Tarsier					0

Les modèles démographiques

Cours

1 Démographie et modélisation mathématique

▶ La **démographie** est l'étude de la dynamique des populations, souvent dans le but de prévoir leur évolution.

▶ Pour décrire l'évolution par paliers d'un système quelconque, et en particulier de l'effectif d'une population, on peut utiliser une **suite**.

▶ On appelle **variation absolue** de la suite u la différence $u(n+1)-u(n)$.

▶ On appelle **variation relative**, ou **taux d'accroissement**, ou encore **taux de variation** de la suite u le quotient

$$\frac{u(n+1)-u(n)}{u(n)}.$$

2 Le modèle linéaire

▶ Une suite u est **arithmétique** si la variation absolue est constante pour tout entier naturel n. La valeur constante de la variation absolue entre deux paliers consécutifs est la **raison** r de la suite. Ainsi, on a : $u(n+1)=u(n)+r$.

▶ Si u est une suite arithmétique de raison r, alors on a, pour tout entier naturel n, $u(n)=u(0)+nr$.

▶ Dans ce cas, les points de coordonnées $(n\,;\,u(n))$ sont alignés sur une droite.

▶ Dans la réalité, on utilise ce modèle pour un phénomène dont la variation absolue observée est presque constante. On peut alors **ajuster le nuage de points** représentant l'évolution de ce phénomène par une droite. On parle alors de modèle linéaire.

▶ Ce modèle est souvent peu adapté pour représenter l'évolution d'une population, mais il peut s'avérer réaliste pour l'évolution de certaines ressources, notamment alimentaires.

Rappel

Augmenter une quantité de t % revient à la multiplier par $1+t$ %.
Diminuer une quantité de t % revient à la multiplier par $1-t$ %.

3 Le modèle de Malthus

▶ Une suite u est dite **géométrique** si le quotient $\frac{u(n+1)}{u(n)}$ est constant pour tout entier naturel n. Ce quotient q est la raison de la suite. Ainsi, on a $u(n+1)=u(n)\times q$.

Biographie

C'est en 1798 que le pasteur chargé des nécessiteux **Thomas Malthus (1766-1834)** publie son *Essai sur le principe de population*. Il y présente un modèle démographique exponentiel et émet l'hypothèse d'une croissance arithmétique des ressources, ce qui aboutirait à des pénuries et nécessite donc la recherche de solutions.

▶ Si u est une suite géométrique de raison q, alors on a, pour tout entier naturel n, $u(n)=u(0)\times q^n$.

▶ On dit qu'une suite u varie de manière **exponentielle** (ou géométrique) en fonction de n si la variation absolue $u(n+1)-u(n)$ est proportionnelle à sa valeur courante $u(n)$. Dans ce cas, sa variation relative est constante et la suite u est géométrique.

▶ Le **modèle démographique de Malthus** est un modèle exponentiel. Selon ce modèle, la population finit par s'éteindre si le taux de mortalité est supérieur au taux de natalité et croît vers l'infini si le taux de natalité est supérieur au taux de mortalité.

▶ Ce modèle est souvent efficace sur une échelle de temps courte mais s'avère faux sur le long terme car beaucoup d'autres paramètres entrent en jeu (limitation des ressources, conditions sanitaires, conflits, etc.).

Info

Lors de l'épidémie de Covid-19 de 2020, on a pu observer dans chaque pays que le nombre de décès suivait un modèle exponentiel sur les premiers jours de propagation du virus.

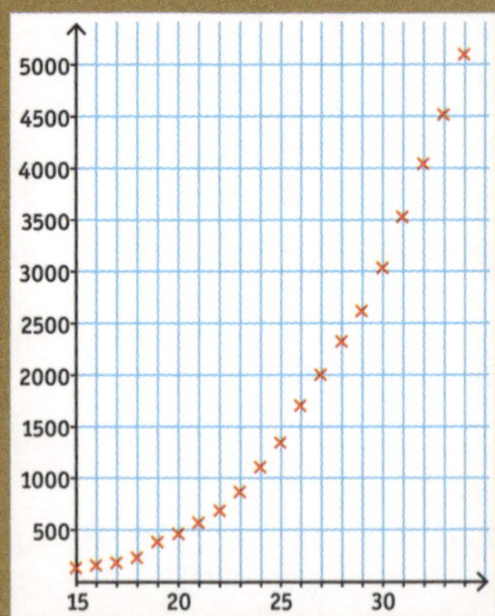

Cumul quotidien des décès attribués au Covid-19 en France à l'hôpital à partir du 15 mars 2020.

Pour aller plus loin

Fin 2022, l'ONU estimait que la population humaine comptait un peu plus de 8 milliards d'individus. Des modèles démographiques récents prévoient qu'elle en comptera environ 10 milliards en 2050. Ces prévisions, même incertaines, jouent un rôle fondamental pour des questions d'ordre économique, humanitaire ou sanitaire comme la gestion des ressources en eau potable, par exemple.

Méthode

1 Exploiter un modèle linéaire

Le tableau ci-dessous donne la production de patates douces du Gabon en tonnes.

Année	2010	2011	2012	2013	2014	2015	2016	2017	2018
Production	3219	3345	3500	3700	3907	3816	3963	4097	4215

a. Représenter les données par un nuage de points. Quel modèle semble pertinent pour représenter cette situation ?

RÉSOLUTION

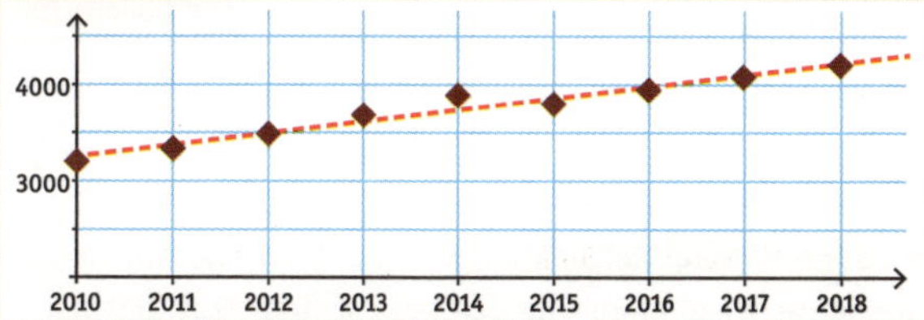

Les points semblent presque alignés, donc on peut utiliser un modèle linéaire (ou une suite arithmétique).

b. Déterminer l'équation d'une droite d'ajustement de ce nuage de points et en déduire une prévision de la quantité de patates douces produite au Gabon en 2030.

RÉSOLUTION

On peut obtenir une équation d'une droite d'ajustement à l'aide de la calculatrice.
Sur Casio : On saisit les données dans le menu `STAT`, on appuie sur `CALC`, on procède aux réglages si besoin dans `SET`, puis on appuie sur `REG`, `X`, et `ax+b`.
Sur TI : On appuie sur `stats`, `EDIT`, `Modifier` puis on saisit les données. On appuie ensuite sur `stats`, `CALC`, `RégLin(ax+b)` et on effectue les réglages si besoin.

On trouve alors comme équation $y = 121{,}37x - 240\,681$.
On peut estimer que la production de patates douces au Gabon en 2030 sera de : $121{,}37 \times 2030 - 240\,681 = 5\,700$ tonnes.

2 Exploiter un modèle exponentiel

De 1900 à 1910, la population du Japon est passée de 44,8 à 50,7 millions d'habitants.

a. Calculer le taux d'évolution de la population japonaise de 1900 à 1910 à 0,01 % près.

RÉSOLUTION

Le taux d'évolution est : $\dfrac{50{,}7 - 44{,}8}{44{,}8} \approx 13{,}17\ \%$.

b. On modélise la croissance de la population japonaise par une suite géométrique telle que $u(0) = 44{,}8$ et $u(1) = 50{,}7$. Donner l'expression de $u(n)$ en fonction de n.

RÉSOLUTION

La raison q de la suite est égale à $\dfrac{50{,}7}{44{,}8} \approx 1{,}1317$.

On a donc $u(n) = u(0) \times q^n \approx 44{,}8 \times 1{,}1317^n$.

c. La population japonaise comptait 105 millions d'habitants en 1970 et 129 millions en 2010. Que penser de la validité du modèle étudié ici ?

> **Info**
> On a aussi $q = 1 + t\ \%$.

RÉSOLUTION

On a $u(7) = 44{,}8 \times 1{,}1317^7 = 106{,}5$
et $u(11) = 44{,}8 \times 1{,}1317^{11} = 175$.

On peut considérer que le modèle est encore valide en 1970, mais qu'il ne l'est plus du tout en 2010.

Exercices

1 ★★ 20 min **Le graphique ci-contre donne le nombre d'habitants du Nigéria (en millions) depuis 1960.**

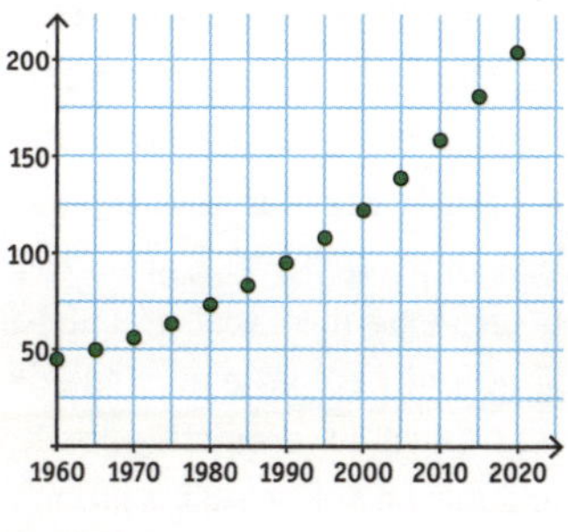

a. Expliquer pourquoi la situation semble suivre un modèle géométrique plutôt qu'arithmétique.

b. On note $u(n)$ la population du Nigéria en $1960 + n$ en millions d'habitants. On estime que $u(0) = 45{,}1$ et $u(60) = 204{,}4$. On suppose que la suite u est géométrique. Déterminer une valeur approchée à 10^{-4} près de la raison q de la suite géométrique u.

c. Si ce modèle reste valide, en quelle année la population nigériane aura doublé son effectif de 2020 ?

d. Un journaliste affirme que la population nigériane aura quintuplé avant la fin du XXIe siècle. Que faut-il en penser ?

2 ★★ 10 min **En 1993, les quatre hippopotames du narcotrafiquant Pablo Escobar ont été relâchés dans la forêt colombienne (où il n'y en avait alors aucun). En 2023, on en comptait 140. Une journaliste a écrit qu'il pourrait y en avoir 4 000 au milieu du siècle.**

Quel modèle a été choisi pour réaliser cette estimation ? Expliquer ce choix.

ENSEIGNEMENT SCIENTIFIQUE

De la machine de Turing à l'intelligence artificielle

Cours

1 Machines et programmes

a. Aperçu historique

▶ Les origines de l'informatique, c'est-à-dire du traitement automatique de l'information, sont anciennes. Dès la fin du XVIIe siècle, Gottfried Leibniz défend l'existence d'une langue formelle universelle permettant de transcrire tous les discours rationnels et tente d'imaginer des machines pouvant résoudre des problèmes de façon mécanisée. Après Blaise Pascal en 1642, il conçoit également une machine à calculer en 1673.

▶ Jusqu'au début du XXe siècle, les machines construites permettent de traiter des tâches prédéterminées. Ces machines (comme les métiers à tisser) utilisent souvent des cartes perforées.

▶ En 1936, **Alan Turing** est le premier à proposer un concept de machine universelle. Cette idée est mise en œuvre par **John Von Neumann** en 1945.

Biographie

Alan Turing (1912-1954) est un mathématicien britannique, pionnier de l'informatique, connu pour avoir joué un rôle majeur dans le déchiffrement des transmissions codées nazies, contribuant ainsi à raccourcir la Seconde Guerre mondiale. Condamné à suivre un traitement chimique en raison de son homosexualité, il se suicide par empoisonnement. Il a été réhabilité par la reine Élisabeth II en 2013.

b. Organisation d'un ordinateur

▶ L'organisation générale d'un ordinateur, connue sous le nom d'architecture de Von Neumann, n'a pas changé depuis la fin des années 1940. Elle est composée d'un processeur et d'une mémoire.

▶ Un programme décrit des calculs à effectuer sur des données. Il est codé dans la mémoire au même titre que les autres données.

▶ La mémoire est composée de milliards de dispositifs électroniques permettant de maintenir deux états (souvent représentés par 0 ou 1). Cette unité de mémoire à deux états est un bit.

▶ Un octet est un mot de 8 bits. Chaque bit pouvant prendre deux valeurs, un octet permet de coder $2^8 = 256$ valeurs différentes.

Unité	Valeur en octets	Ordre de grandeur approximatif
Ko : kilooctet	1 000	fichier texte
Mo : mégaoctet	1 000 000	fichier image
Go : gigaoctet	1 000 000 000	fichier vidéo
To : téraoctet	10^{12}	capacité d'un disque dur
Po : pétaoctet	10^{15}	

2 Intelligence artificielle, apprentissage automatique et inférence bayésienne

▶ D'après Yann Le Cun (prix Turing 2019), l'intelligence artificielle (IA) est un ensemble de techniques permettant à des machines d'accomplir des tâches et de résoudre des problèmes normalement réservés aux humains.

▶ L'IA peut viser à reproduire des activités humaines comme : reconnaître ou localiser un objet dans une image, jouer à un jeu de stratégie, conduire une voiture, traduire des textes, établir un diagnostic, prévoir des comportements de consommateurs, dialoguer, etc.

▶ L'apprentissage automatique ou apprentissage machine est une branche commune de l'IA et des statistiques. Il consiste en des programmes capables d'ajuster leur comportement à des données d'entraînement.

▶ Par exemple, pour apprendre à une machine à reconnaître une image de chat, on lui fournit un grand nombre d'images en lui indiquant si elles représentent un chat ou non : c'est la phase d'apprentissage. Une fois la machine entraînée, on lui demande si une nouvelle image est celle d'un chat ou non : c'est la phase d'inférence. À cette étape, une interprétation trop rapide des données et un amalgame entre corrélation et causalité peuvent aboutir à des résultats erronés. Là où moins d'une dizaine d'images suffisent à un enfant pour effectuer cette tâche, il en faut plusieurs milliers pour une machine.

▶ L'apprentissage automatique repose sur le traitement de très grandes quantités de données ; c'est ce que l'on appelle le *big data*.

▶ La qualité des données d'entraînement est essentielle pour éviter que des biais se retrouvent amplifiés dans les résultats.

▶ L'inférence bayésienne est une méthode de calcul des probabilités des causes à partir des probabilités de leurs effets. Elle est utilisée en apprentissage automatique pour détecter des anomalies à partir d'un test imparfait. Cela peut être utile pour établir un diagnostic médical par exemple.

▶ Dans le cas d'un test médical, on appelle sensibilité du test la probabilité S_e qu'une personne malade réagisse positivement au test et spécificité du test la probabilité S_p qu'une personne non malade réagisse négativement au test. La valeur prédictive positive (VPP) d'un test dans une population donnée est la probabilité qu'un individu de cette population qui réagit positivement au test soit effectivement malade. Avec la formule de Bayes : $\text{VPP} = \dfrac{pS_e}{pS_e + (1-p)(1-S_p)}$

où p est la probabilité qu'une personne de la population soit malade.

Pour aller plus loin

Le traitement et la possession de nombreuses données personnelles par des entreprises ou des États dans le cadre de l'IA posent de grands problèmes éthiques. Il en va de même dans le domaine du diagnostic médical. Si l'IA devient un décideur effectif dans ce domaine, à la place d'un radiologue par exemple, se pose alors la question de la responsabilité en cas d'erreur. Est-ce celle du médecin ayant utilisé l'IA qui est engagée ou bien celle des concepteurs ? De même, la conception de véhicules autonomes est à l'origine de dilemmes pour lesquels aucune réponse tranchée ne fait consensus aujourd'hui.

Méthode

Exploiter un tableau de contingence

Dans une certaine population, on estime qu'une maladie touche une personne sur 1 000. On crée un test pour la dépister. La sensibilité du test est de 99 % et sa spécificité est de 98 %.

a. Dresser un tableau de contingence résumant la situation pour une population de 100 000 personnes ayant passé le test.

RÉSOLUTION

	Test positif	Test négatif	Total
Malades	99	1	100
Non malades	1 998	97 902	99 900
Total	2 097	97 903	100 000

La maladie touche une personne sur 1 000 donc il y a 100 malades parmi les 100 000 personnes. Parmi ces 100 malades, 99 réagissent positivement au test. Parmi les 99 900 personnes qui ne sont pas malades, 98 %, soit 97 902, réagissent négativement au test.

b. Calculer la valeur prédictive positive du test.

RÉSOLUTION

La formule de Bayes donne : $\text{VPP} = \dfrac{pS_e}{pS_e + (1-p)(1-S_p)}$.

Ici, on a : $\text{VPP} = \dfrac{0{,}001 \times 0{,}99}{0{,}001 \times 0{,}99 + (1-0{,}001)(1-0{,}98)} \approx 4{,}7\ \%$.

Avec les résultats du tableau, on a : $\dfrac{99}{2\,097} \approx 0{,}047 \approx 4{,}7\ \%$.

La probabilité qu'une personne positive soit réellement malade n'est que de 4,7 %. Malgré une sensibilité et une spécificité élevées, ce test n'est donc pas pertinent dans cette population.

Exercices

1 ★ 10 min **En 2018, Joy Buolamwini, chercheuse en informatique au MIT (*Massachusetts Institute of Technology*) s'est intéressée aux logiciels de reconnaissance faciale car elle avait constaté que certains d'entre eux ne fonctionnaient pas bien pour elle. Après de nombreux tests, elle a montré que ces logiciels faisant appel à des techniques d'intelligence artificielle fonctionnaient moins bien avec des femmes noires.**

a. Peut-on dire que l'intelligence artificielle utilisée ici est raciste ou sexiste ? Expliquer.

b. Comment limiter ces biais à l'avenir ?

2 ★★ 20 min **Un test salivaire permet de détecter des porteurs du VIH. Sur 10 000 patients infectés, 9 803 ont un test positif. Sur 100 000 personnes non infectées, 260 ont un test positif.**

a. Calculer la sensibilité et la spécificité de ce test.

b. Les proportions respectives de porteurs du VIH au Lesotho et au Brésil sont de 25 % et 0,60 %.
À l'aide d'un tableau, calculer la valeur prédictive positive de ce test dans ces deux pays.

c. Calculer la valeur prédictive négative de ce test au Brésil, c'est-à-dire la probabilité qu'un individu réagissant négativement au test soit sain.

3 ★★ 10 min **Lors de la Seconde Guerre mondiale, les militaires américains remarquèrent que les impacts de balles sur les avions qui rentraient de mission n'étaient pas répartis uniformément. Les résultats sont donnés dans le tableau ci-dessous.**

Partie de l'avion	Nombre d'impacts par mètre carré
Moteur	12
Fuselage	18,6
Réservoirs et circuit de carburant	16,7
Autres parties	19,4

Les militaires souhaitaient obtenir une protection acceptable avec un minimum de blindage. Où fallait-il poser le blindage en priorité ?

La résolution de ce problème est due à Abraham Wald, un mathématicien juif ayant fui les persécutions nazies.

ENSEIGNEMENT SCIENTIFIQUE

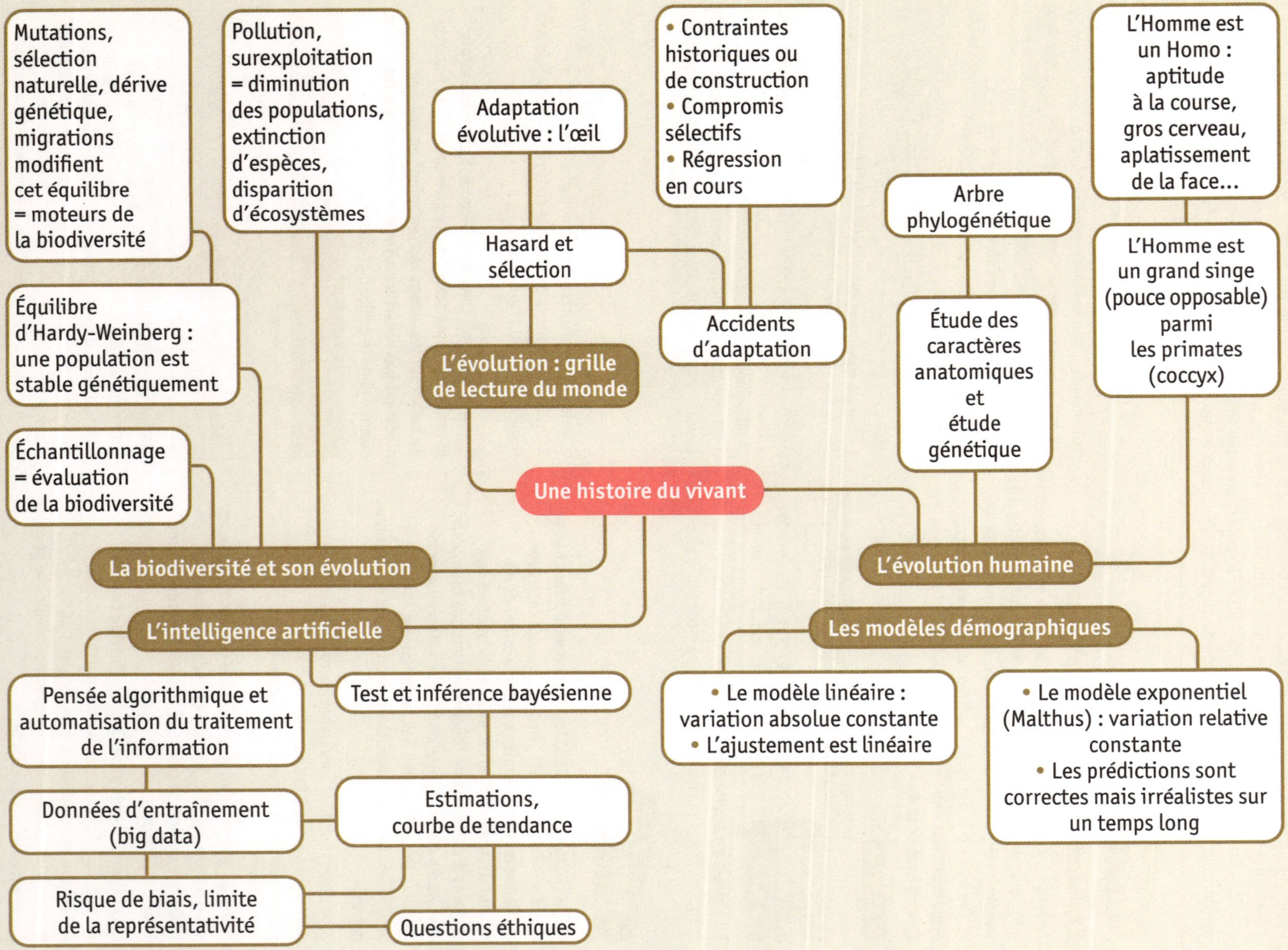
Une histoire du vivant
L'évolution : grille de lecture du monde
Hasard et sélection
Adaptation évolutive : l'œil
Accidents d'adaptation
• Contraintes historiques ou de construction
• Compromis sélectifs
• Régression en cours
L'évolution humaine
Étude des caractères anatomiques et étude génétique
Arbre phylogénétique
L'Homme est un grand singe (pouce opposable) parmi les primates (coccyx)
L'Homme est un Homo : aptitude à la course, gros cerveau, aplatissement de la face...
La biodiversité et son évolution
Pollution, surexploitation = diminution des populations, extinction d'espèces, disparition d'écosystèmes
Mutations, sélection naturelle, dérive génétique, migrations modifient cet équilibre = moteurs de la biodiversité
Équilibre d'Hardy-Weinberg : une population est stable génétiquement
Échantillonnage = évaluation de la biodiversité
L'intelligence artificielle
Pensée algorithmique et automatisation du traitement de l'information
Données d'entraînement (big data)
Risque de biais, limite de la représentativité
Test et inférence bayésienne
Estimations, courbe de tendance
Questions éthiques
Les modèles démographiques
• Le modèle linéaire : variation absolue constante
• L'ajustement est linéaire
• Le modèle exponentiel (Malthus) : variation relative constante
• Les prédictions sont correctes mais irréalistes sur un temps long

je me teste !

1 **Dans les conditions de l'application de la loi de Hardy et Weinberg, si p est la fréquence de l'allèle A et q la fréquence de l'allèle B... :**

- ▢ **a.** la fréquence des homozygotes AA est q^2.
- ▢ **b.** la fréquence des homozygotes AA est pq.
- ▢ **c.** la fréquence des homozygotes AA est p^2.

2 **Parmi les propositions suivantes, indiquer celle qui fait partie des conditions d'application de la loi de Hardy et Weinberg.**

- ▢ **a.** L'absence de mutation.
- ▢ **b.** La faible population de l'échantillon.
- ▢ **c.** La sélection naturelle.

3 **Parmi ces propositions, laquelle est un exemple de régression en cours.**

- ▢ **a.** L'augmentation de la largeur du bassin.
- ▢ **b.** La présence des dents de sagesse.
- ▢ **c.** La disparition des dents de sagesse.

4 **La présence de tétons chez l'homme est :**

- ▢ **a.** un compromis sélectif.
- ▢ **b.** une contrainte de construction.
- ▢ **c.** une régression en cours.

5 **La résistance d'une bactérie à un antibiotique... :**

- ▢ **a.** est due au hasard.
- ▢ **b.** est due à la sélection naturelle d'une mutation favorable.
- ▢ **c.** est due à une mutation provoquée par l'antibiotique.

6 **Homo sapiens... :**

- ▢ **a.** est le seul représentant du genre Homo.
- ▢ **b.** appartient au genre Homo car il possède une aptitude à la course, un développement cérébral important et une mâchoire en V.
- ▢ **c.** est apparenté aux grands singes car il ne possède pas de coccyx.

7 **La probabilité qu'une personne malade réagisse positivement à un test médical est :**

- ▢ **a.** la sensibilité du test.
- ▢ **b.** la fiabilité du test.
- ▢ **c.** la valeur prédictive positive du test.

8 **Le seul facteur qui n'intervient pas sur la valeur prédictive positive d'un test médical est :**

- ▢ **a.** sa sensibilité.
- ▢ **b.** sa spécificité.
- ▢ **c.** la taille de la population.

9 **Le tableau ci-dessous donne l'évolution de la population d'éléphants dans le parc Kruger en Afrique du Sud.**

Année	1923	1930	1939	1945	1950
Effectif	13	29	450	980	3010

On peut affirmer que l'évolution de cette population... :

- ▢ **a.** suit un modèle linéaire et la droite d'ajustement associée a pour équation $y = 95x - 183069$.
- ▢ **b.** suit un modèle exponentiel.
- ▢ **c.** ne suit ni un modèle linéaire, ni un modèle exponentiel.

10 **Parmi les affirmations suivantes, laquelle est fausse ?**

- ▢ **a.** Un modèle exponentiel décrit une hausse spectaculaire.
- ▢ **b.** On peut appliquer un modèle exponentiel si la variation relative est quasiment constante.
- ▢ **c.** Le modèle de Malthus est un modèle exponentiel.

11 **Parmi les affirmations suivantes, laquelle est vraie ?**

- ▢ **a.** Augmenter une quantité de 0,5 % consiste à la multiplier par 1,05.
- ▢ **b.** Si u est une suite géométrique de raison 1,2 telle que $u(0) = 100$, alors $u(15) = 118$.
- ▢ **c.** Deux baisses successives de 10 % équivalent à une baisse globale de 19 %.

12 **L'architecture moderne des ordinateurs est le fruit des travaux de :**

- ▢ **a.** Gottfried Leibniz et Charles Babbage.
- ▢ **b.** Alan Turing et John von Neumann.
- ▢ **c.** Yann Le Cun et Elon Musk.

13 **Parmi les affirmations suivantes, laquelle est fausse ?**

- ▢ **a.** Les biais dans les données d'entrée peuvent être amplifiés en sortie.
- ▢ **b.** L'apprentissage machine est souvent plus efficace que le cerveau humain.
- ▢ **c.** L'apprentissage machine repose sur des corrélations.

Réponses !

1 : c - **2** : a - **3** : c - **4** : b - **5** : b - **6** : b -
7 : a - **8** : c - **9** : b - **10** : a - **11** : c - **12** : b
- **13** : b

1 Page 147

1 Proposition exacte c. (a) La vie s'est installée sur Terre (atmosphère) dans une atmosphère oxydante. (b) C'est la diminution de la température (la pression est à cette époque de 260 atmosphères et la température de 375 °C) qui est à l'origine de l'apparition de l'eau à l'état liquide. (c) Une plante chlorophyllienne respire de jour comme de nuit mais éclairée elle fait une photosynthèse dont les échanges gazeux camouflent les échanges respiratoires. (d) Ce qui importe c'est la couche d'ozone qui empêche les UV de détruire les êtres vivants sur la terre ferme (dans l'eau, la vie est protégée de ces UV).

2 Aujourd'hui, l'atmosphère contient 21% d'O_2. Comment celle-ci s'est-elle formée ? La présence d'uraninite depuis plus de 3,5 Ga indique que l'atmosphère terrestre était réductrice. Sa disparition vers – 2,4 Ga montre que celle-ci est devenue oxydante. Comment est-ce possible ? Les dépôts marins de fer rubané de – 2,8 à – 1,8 Ga indiquent que du dioxygène apparaît progressivement dans l'eau. Ainsi, l'activité photosynthétique des cyanobactéries (dont les stromatolithes fossilisés sont une preuve de leur existence) oxyde l'eau. Le dioxygène dégagé est fixé par le fer. Quand tout le fer est oxydé et que le dioxygène ne peut plus se dissoudre dans l'eau, il s'échappe dans l'atmosphère, arrêtant ainsi la formation d'uraninite. Les couches rouges de sédiments terrestres oxydés à partir de – 2 Ga confirment la présence de dioxygène atmosphérique. Donc, c'est la photosynthèse qui est à l'origine de la formation de notre atmosphère oxydante.

2 Page 149

1 **a.** L'isotope 16 de l'oxygène se déposant plus lentement que l'isotope 18, le $\delta^{18}O$ permet d'apprécier la température relative de l'environnement de l'époque du dépôt de neige.

b. En fondant, le permafrost libère beaucoup de méthane, gaz à effet de serre, responsable, comme le CO_2, du réchauffement climatique.

2 **a.** L'absence d'arbres dans le bas du prélèvement (vers –13 000 ans) témoigne de températures très froides où dominent les graminées.

b. Vers –10 000 ans, l'installation dominante du pin et du bouleau indique un réchauffement climatique puis vers –8 000 ans la dominance du chêne confirme ce réchauffement. Le pin semble plus exigeant au froid que le bouleau puisqu'il disparaît pratiquement à partir de –7 000 ans, contrairement au bouleau.

c. Ces variations correspondent à des modifications climatiques naturelles, dont l'être humain n'est pas responsable.

3 Page 151

1 **a.** Plus il va y avoir de jours échaudants durant le printemps, plus l'année risque d'être chaude. On voit sur la carte que dans le sud-est, ce nombre augmentera fortement (une vingtaine de jours en plus prévus pour 2070–2100). La chaleur va accélérer la croissance des cultures et les vendanges vont donc être plus précoces. C'est d'ailleurs ce que l'on a déjà constaté depuis plusieurs décennies. On estime qu'elles se déroulent en moyenne 18 jours plus tôt qu'il y a 40 ans.

b. Le chêne vert est une espèce qui nécessite un climat chaud et sec d'après sa répartition actuelle qui est essentiellement méditerranéenne. On peut voir que les cartes actuelles et futures de sa répartition sont calquées sur celles de l'évolution du nombre de jours échaudants au printemps. Cette augmentation du nombre de jour échaudants qui visualise un réchauffement plus global va être, selon les prévisions, à l'origine d'une augmentation de l'aire de répartition du chêne vert en France (on peut donc supposer que cela correspondra aussi à la future extension du climat méditerranéen en France).

2 **a.** Entre 1997 et 2007, on observe une arrivée en France de plus en plus précoce des hirondelles rustiques : arrivée moyenne le 20 mars en 1998 et le 10 mars en 2008. La température moyenne de 10 °C était donc atteinte au 20 mars en 1998 et le 10 mars en 2008. Cette migration plus précoce des hirondelles visualise des hivers plus cléments dont la température remonte plus tôt au-dessus de 10°C, ce qui est une preuve du réchauffement climatique.

b. En 2000, l'arrivée des hirondelles est extrêmement précoce (le 4 mars). La valeur des 10 °C a donc été atteinte très tôt dans l'année preuve d'un hiver très doux. En 2007, au contraire, l'arrivée tardive (17 mars) montre un hiver plus rigoureux.

4 Page 155

1 **a.** $\eta = \dfrac{P_{\text{électrique}}}{P_{\text{mécanique}}} = \dfrac{1170}{1720} = 0{,}68$ soit un rendement de 68 %.

b. $P_P = P_{\text{mécanique}} - P_{\text{électrique}} = 1720 - 1170 = 550$ W

2 **a.** Le silicium cristallin est capable d'absorber des radiations correspondant à une grande plage de longueurs d'onde : toute la lumière visible (de 400 à 800 nm) et la lumière infrarouge jusqu'à une longueur d'onde de 1100 nm.

b. Grâce à cette structure multicouches, davantage de photons sont absorbés. On associe les qualités du silicium cristallin (rendement élevé, grande partie du spectre solaire converti en électricité) aux avantages du silicium amorphe (moins cher à produire, moins dépendant à la température et qui fonctionne même si la luminosité est faible). Pour une même surface de panneaux, la production d'électricité sera plus élevée.

3 Cette centrale utilise une source d'énergie alternative, renouvelable et gratuite pour produire de l'électricité. Elle a été placée sur un terrain contaminé que l'on ne pouvait exploiter et permet de le valoriser. Elle produit de l'électricité en silence, sans émettre de dioxyde de carbone. Les panneaux solaires ont une durabilité de plus de 25 ans et demandent peu d'entretien. Cependant, une centrale photovoltaïque présente également des inconvénients, notamment des coûts initiaux élevés et bien sûr une dépendance aux conditions météorologiques.

5 Page 157

1 a. D'après $P = U \times I$, on a $I = \frac{P}{U} = \frac{2{,}8 \times 10^3}{230} = 12$ A.

b. La puissance perdue par effet Joule est :

$P_J = r \times I^2 = 1{,}1 \times 12^2 = 1{,}6 \times 10^2$ J.

c. Pour une tension de 1,5 kV, on a $I = \frac{P}{U} = \frac{2{,}8 \times 10^3}{1{,}5 \times 10^3} = 1{,}9$ A.

La puissance perdue par effet Joule est :

$P_J = r \times I^2 = 1{,}1 \times 1{,}9^2 = 4{,}0$ J.

d. Plus la tension est élevée, plus les pertes par effet Joule sont faibles. L'effet joule est responsable d'une dissipation d'énergie lors du passage du courant dans les lignes électriques.

2 a. Calculons l'énergie que peut stocker une batterie lithium-ion de 275 kg.

$E = 275 \times 130 = 35\,750$ Wh.

Sachant que 1 kg de supercondensateurs peut stocker 10 Wh, il faut x kg de supercondensateurs pour stocker 35 750 Wh.

$x = \frac{35\,750}{10} = 3\,575$ kg, soit 3,5 tonnes. Cela serait énorme (sachant qu'une voiture pèse en moyenne 1,5 tonne). Utiliser des supercondensateurs ne serait donc pas adapté.

b. Avec les supercondensateurs, le bus dispose de davantage de puissance (3 000 W · kg^{-1} contre 105 W · kg^{-1} pour une batterie). De plus, les supercondensateurs ne se chargent qu'en quelques secondes.

6 Page 161

1 L'équation équilibrée de la réaction est :

$2\,C_4H_{10}$	+	$13\,O_2$	→	$8\,CO_2$	+	$10\,H_2O$
butane		dioxygène		dioxyde de carbone		eau

2 a. Le rayonnement solaire est très élevé dans le désert de l'Atacama. C'est une zone plate, sans ombrage, à près de 1200 mètres d'altitude, ce qui augmente l'exposition solaire, et le soleil brille presque tous les jours.

b. Les héliostats sont orientables en fonction de la position du soleil dans le ciel.

c. Lorsqu'on n'a pas besoin de beaucoup d'énergie, on peut stocker les sels chauds fondus pour une utilisation ultérieure, la nuit par exemple.

d. Ces deux centrales ont la même puissance, elles convertissent toutes les deux de l'énergie solaire en énergie électrique. Dans la centrale photovoltaïque, la conversion est directe par l'intermédiaire d'un matériau semi-conducteur comme le silicium. Dans la centrale solaire thermique, le courant est produit par un alternateur couplé à une turbine entraînée par de la vapeur d'eau. La centrale photovoltaïque ne fonctionne pas la nuit.

3 a. Une énergie renouvelable est une source d'énergie qui se renouvelle assez rapidement et donc qui ne s'épuise pas. Le plus souvent, elle ne pollue pas. Ce sont ici l'éolien, l'hydraulique et le solaire qui ne polluent pas, mais également les bioénergies (bois, bioéthanol...) qui, elles, sont polluantes car leur production d'énergie est issue d'une combustion.

b. Le nucléaire et le thermique à flamme sont des énergies non renouvelables car elles utilisent des stocks prélevés dans le sol et donc non renouvelés. Pétrole, gaz naturel et charbon pour le thermique à flamme, uranium pour le nucléaire.

c. Calcul de la quantité de pétrole économisée en une journée :

Éolien 24 TWh + Hydraulique 53,6 TWh + Solaire 9,2 TWh + Bioénergies 9,1 TWh = 95,9 TWh = 95,9 × 10^9 kWh

Calcul de la quantité de pétrole économisée en une année :

Un an = 365 × 24 = 8760 heures

8760 × 95,9 × 10^9 = 840,01 × 10^{12} kWh économisés, soit 840,01 × 10^{12} × 3,60 × 10^6 = 3024,04 × 10^{18} joules

En équivalent pétrole :

$\frac{3\,024{,}04 \times 10^{18}}{4{,}1868 \times 10^{10}} = 722{,}28 \times 10^8$ tep (tonne équivalent pétrole)

7 Page 165

1 Le plus souvent, un champignon est en mycorhize avec un type d'arbre bien spécifique. Donc, plus il y aura de variétés d'arbres dans une forêt, plus il y aura de variétés de champignons ; ce qui est le cas dans une forêt non exploitée. De plus, certains champignons vivent sur les bois morts, les souches d'arbres, éléments qui sont absents dans les forêts exploitées régulièrement nettoyées. Enfin, le passage des engins empêche une bonne stabilisation des espèces et ne permet pas le développement des champignons avec lesquelles elles réalisent une mycorhize. Pour toutes ces raisons, un amateur de champignons privilégiera pour sa recherche les forêts non exploitées.

2 On sait que pour un niveau de confiance de 95 %, si l'effectif de l'échantillon est de $n = 1\,213$, la fréquence

du caractère étudié est de $f = \frac{158}{1213} = 0{,}13$.

L'intervalle, exprimé en %, est situé entre :

$f - \frac{1}{\sqrt{n}} = 0{,}13 - \frac{1}{\sqrt{1213}} = 0{,}13 - 0{,}068 = 0{,}062$ soit 6,2%

et $f + \frac{1}{\sqrt{n}} = 0{,}13 + \frac{1}{\sqrt{1213}} = 0{,}13 + 0{,}068 = 0{,}198$ soit 19,8%

Dans une ruche, entre 6,2 et 19,8 % des abeilles sont atteintes de la maladie.

3 a. Calcul des fréquences alléliques

$p = (2 \times 79) + 138 / (2 \times 278) = 0{,}532$
$q = 1 - q = 0{,}468$

b. Calcul des effectifs génotypiques attendus
P = population totale = 278
$MM = p^2 \times P = 0{,}532^2 \times 278 = 78{,}8$
$MN = 2pq \times P = 0{,}532 \times 0{,}468 \times 278 = 138{,}7$
$NN = q^2 \times P = 0{,}468^2 \times 278 = 60{,}8$
Les résultats sont conformes.

c. Les mutations, car en créant de nouveaux allèles elles modifient la fréquence des allèles déjà présents.

La sélection naturelle, car elle augmente la fréquence des allèles favorables et diminue celle des défavorables.

8 Page 167

1 a. Les deux contraintes sont :
– l'inversion de la rétine : les photorécepteurs de la rétine sont tournés vers l'intérieur de l'œil et les neurones véhiculant l'information forment plusieurs couches qui la recouvrent. La lumière est donc obligée de traverser l'ensemble avant de stimuler les cellules réceptrices.
– La tache aveugle : pour aller vers le nerf optique, les prolongements des cellules nerveuses se rassemblent en un point de la rétine où il ne peut y avoir de photorécepteurs.

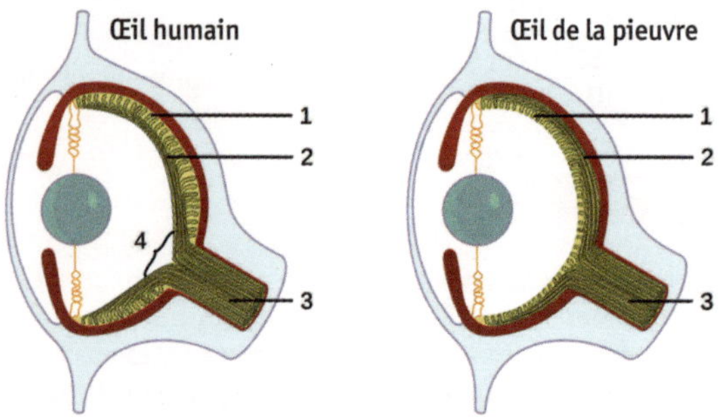

Anatomie de l'œil

b. Œil humain
1 : rétine
2 : neurones et leurs fibres nerveuses
3 : nerf optique
4 : tache aveugle.

Œil de pieuvre
1 : rétine
2 : neurones et leurs fibres nerveuses
3 : nerf optique.

c. Chez la pieuvre, on peut voir sur le schéma que les cellules de la rétine ne sont pas recouvertes par les neurones et sont donc en contact direct avec la lumière. En conséquence, les neurones sont derrière la rétine et il n'y a pas de tache aveugle au niveau du nerf optique.

2 a. On peut considérer que plus la concentration en perméthrine nécessaire à la disparition de la quasi-totalité de la population est importante, plus cette population est résistante à l'insecticide. La destruction de 98 % de la population A nécessite une concentration d'environ 0,002 ppm de perméthrine et d'environ 0,1 ppm pour la B. Avec une concentration de 1 ppm, 50 % seulement de la population est détruite. La population C est donc la plus résistante et la A la moins résistante.

b. « La population C se situe dans une région infestée de moustique qui a régulièrement été traitée à la perméthrine. La population B est en bordure de cette région. La population A provient d'une zone qui n'a jamais été traitée avec cet insecticide ».

Les individus de la population C ayant été régulièrement traités ont subi la sélection naturelle. Ceux porteurs d'allèles permettant une meilleure résistance à l'insecticide ont été sélectionnés. Le nombre d'individus résistants va donc augmenter au cours des générations et il faudra des doses de plus en plus importantes pour les éliminer. La population B, étant en bordure de la zone traitée, la sélection naturelle va s'exercer plus faiblement car lors de chaque traitement tous les individus ne seront pas forcement touchés par l'insecticide et une partie de la population ne subira pas la sélection naturelle. La dose nécessaire à l'élimination de cette population sera plus faible. N'étant pas traitée, la population A ne subira pas la sélection naturelle et ne va donc pas acquérir de résistance à l'insecticide dont de faibles doses seront nécessaires pour l'éliminer.

9 Page 169

1 L'Australopithèque appartient à la lignée humaine car son trou occipital se recentre (bipédie) contrairement à celui du chimpanzé qui est vers l'arrière et sa mâchoire est en V contrairement à celle du chimpanzé qui est en U. Il n'appartient pas au genre Homo car il possède un petit volume crânien (450 cm³).

2 a. Les caractères dérivés « ongle » et « pouce opposable » sont les critères d'appartenance aux primates.

b. On utilise pour faire cet arbre les caractères dérivés qui sont issus d'innovations évolutives. Plus deux espèces vont avoir de caractères dérivés communs, plus elles seront apparentées et plus leur ancêtre commun sera récent.

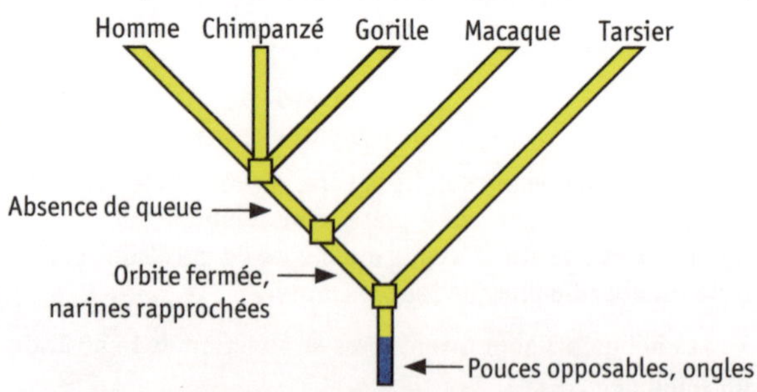

c. Au cours du temps, pour un même gène, le nombre de mutations augmentent entre deux espèces. Ainsi, plus ce nombre est important, plus leur ancêtre commun est éloigné. Par exemple, il y a plus de différence entre le gorille et l'Homme qu'entre le chimpanzé et l'Homme. Le gorille est donc plus éloigné de l'Homme que ne l'est le chimpanzé.

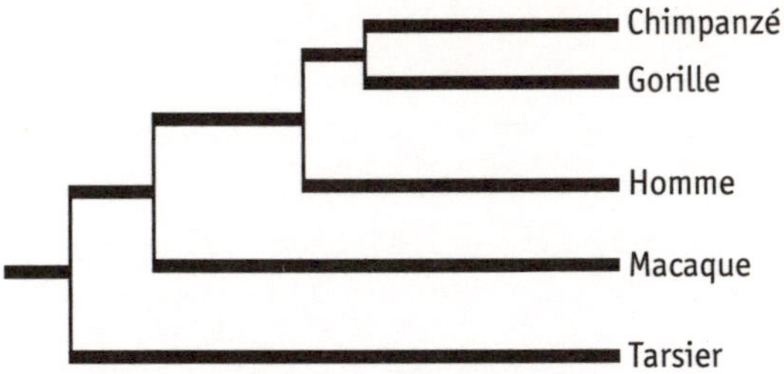

d. Les critères génétiques permettent d'affiner la classification. Avec les seuls critères anatomiques nous n'arrivions pas à classer l'Homme, le chimpanzé et le gorille les uns par rapport aux autres, alors que la comparaison de leur ADN le permet.

10 Page 171

1 a. Les points ne sont pas alignés et la variation absolue est de plus en plus forte. On peut donc pencher pour un modèle géométrique.

b. On a $u(60) = u(0) \times q^{60}$ donc $q^{60} = \dfrac{u(60)}{u(0)} = \dfrac{204,4}{45,1}$.

Ainsi, on a : $q = \sqrt[60]{\dfrac{204,4}{45,1}} = \left(\dfrac{204,4}{45,1}\right)^{\frac{1}{60}} \approx 1,0255$.

c. On cherche le plus petit entier n tel que u(n) soit supérieur au double de $u(60)$, soit environ 408,8. On peut dresser un tableau de valeurs à la calculatrice en saisissant l'expression $Y = 45,1 \times 1,0255^x$ ou bien mener une recherche par tâtonnements. On trouve alors $u(87) \approx 403,3$ et $u(88) \approx 413,5$.
Selon ce modèle, la population aura doublé en
$1960 + 88 = 2048$.

d. De même, on peut constater qu'en 2084, on aura
$u(124) \approx 1023,8 > 5 \times u(60)$.
Selon ce modèle, la population aura quintuplé avant la fin du siècle. Cependant, même si ce modèle est particulièrement pertinent entre 1960 et 2020, il a sans doute une durée de validité restreinte et bien des facteurs peuvent influer sur les prévisions. L'affirmation du journaliste est donc hasardeuse.

2 La forte augmentation de l'effectif peut faire penser à une explosion exponentielle et donc au modèle de Malthus. On peut le vérifier par le calcul. Sur les 30 premières années, l'effectif a été multiplié par 35, donc, si $u(n)$ représente le nombre d'hippopotames n années après 1993, la raison de cette suite géométrique serait $q = 35^{\frac{1}{30}}$. L'année 2050 correspond à $n = 57$ et on a $u(57) = 4 \times (35^{\frac{1}{30}})^{57} \approx 3\,434$. L'ordre de grandeur est bien celui annoncé par la journaliste.

On peut se demander si le modèle sera toujours valide jusque-là. Dans ce cas précis, plusieurs biologistes pensent que cela pourrait bien être le cas, car ces hippopotames évoluent dans un nouveau milieu présentant très peu de contraintes pour eux. La gestion de cette population pose beaucoup de questions au niveau local.

11 Page 173

1 a. On ne peut pas dire que l'intelligence artificielle est raciste ou sexiste : une intelligence artificielle ne pense pas. Ses réponses ne sont souvent que le reflet des données dont elle dispose. Les concepteurs de ces logiciels ont sans doute fourni sans mauvaises intentions des données proches de leur environnement habituel et les entreprises dans lesquelles ils travaillent compte plus d'hommes que de femmes et plus de personnes blanches que de personnes de couleur.

b. Connaissant les biais observés, on peut tenter de modifier les données de base ou indiquer au logiciel comment mieux les traiter, mais cela reste compliqué car d'autres biais peuvent apparaître ou subsister. L'idéal est de diversifier le profil des personnes qui conçoivent les intelligences artificielles en employant une population la plus représentative possible de la population susceptible d'utiliser l'intelligence artificielle en question.

2 a. La sensibilité de ce test est : $S_e = \dfrac{9\,803}{10\,000} = 98,03\ \%$.
Sur 100 000 personnes non infectées, 260 on un test positif, donc 99 740 ont un test négatif.
La spécificité de ce test est : $S_p = \dfrac{99\,740}{100\,000} = 99,74\ \%$.

b. Voici le tableau de contingences correspondant si on prend une population d'un million de personnes (par exemple).

	Test positif	Test négatif	Total
Malades	245 075	4 925	250 000
Non malades	1 950	748 050	750 000
Total	247 025	752 975	1 000 000

On a $\text{VPP} = \dfrac{245\,075}{247\,025} \approx 99,21\ \%$.

c. Voici le tableau de contingences correspondant si on prend une population d'un million de personnes (par exemple).

	Test positif	Test négatif	Total
Malades	5 881,8	118,2	6 000
Non malades	2 584,4	991 415,6	994 000
Total	8 466,2	991 533,8	1 000 000

On a $\text{VPP} = \dfrac{5\,881,8}{8\,466,2} \approx 69,47\ \%$.

3 L'étude présentée est porteuse d'un biais : elle ne porte que sur les avions qui sont revenus. Les endroits fortement impactés sur ces appareils ne semblent donc pas remettre fondamentalement en cause la réussite de leur mission. Ce sont les avions principalement touchés à d'autres endroits qui ne sont pas revenus. Il faut donc blinder le moteur en priorité.

LANGUES

Identités et échanges

Méthode

1 Préparer le contenu d'une évaluation orale

▶ Même si le support de l'expression orale est un document inconnu (iconographie ou citation), la **qualité de la présentation** dépendra de la **préparation en amont**, notamment l'anticipation des enjeux liés à la thématique et du lexique utile.

▶ Pour chaque axe, il est souhaitable de réaliser une **synthèse des enjeux et problématiques** possibles (partir de ce qui a été vu en première et en terminale et élargir la réflexion).

▶ Pour chacun, recenser les **arguments et contre-arguments**, ainsi que le **lexique transférable utile.** Avoir anticipé les idées essentielles et le vocabulaire pour les exprimer lève un obstacle essentiel le jour J. Il est possible de procéder par **carte mentale.**

Globalisation & greater interactions between the countries

- short term
  - *Gap year*
  - *Au pairs & temporary work permits*
  - *Student Exchange programmes*
- long term
  - *Immigration & mass tourism*
  - *Economic competition*
  - *Development of the U.S. soft power*

▶ Vocabulaire utile :
– pour parler des entreprises : *to relocate, to adapt, to compete*, etc. ;
– pour parler des individus : *to mix and interact, enriching experience, homesick*, etc.

2 S'entraîner à la présentation orale

▶ Une des difficultés majeures consiste en l'improvisation ou l'absence de temps de préparation le jour J. L'angoisse que peut générer cette présentation ne peut être levée que par un **entraînement régulier.**

▶ On peut se procurer pour chaque axe un certain nombre d'images ou de citations (Internet est une mine). Il faut **prendre l'habitude de parler à haute voix** de façon cohérente, le plus longtemps possible et à partir de ces **supports** (voir au chapitre suivant la méthodologie de la présentation du document : description - analyse).

Cours

1 Enjeux

▶ *To what extent has the world become americanised?*
▶ *Is globalisation threatening local identities?*
▶ *Does mass tourism endanger indigenous communities?*

Info

In 1979, a photograph was taken of Leonid Brezhnev (then Soviet leader) kissing Erich Honecker (communist East German president and ally).
This "fraternal kiss" between the two Cold War-era communist leaders was immortalised in a famous piece of graffiti on the Berlin Wall, which the mural representing D. Trump kissing V. Putin implicitly hints at.

Make Everything Great Again is a street art mural representing Donald Trump kissing Vladimir Putin, on the wall of a restaurant in Lithuania. It was made by artists Dominykas Čečkauskas and Mindaugas Bonanu in 2016.

>>

2 Grammaire

a. Verbes prépositionnels : généralités

▶ De nombreux verbes en anglais sont transitifs indirects, c'est-à-dire qu'ils s'emploient avec une préposition ; c'est parfois également le cas en français, comme *depend on something* = dépendre de quelque chose. Parfois, au contraire, cela correspond à des verbes transitifs directs en français.
Ex. : *look at something* = regarder quelque chose ; *listen to someone* = écouter quelqu'un

Inversement, des verbes transitifs directs en anglais peuvent correspondre à des verbes transitifs indirects en français.
Ex. : *to obey somebody* = obéir à quelqu'un

Mots clés

- *be in fierce /fɪəs/ competition with somebody = challenge somebody*
- *exert /ɪgˈzɜːt/ one's power over somebody = spread one's influence on somebody*
- *flock into a country = arrive as a massive group*
- *a homogeneous /ˌhɒməˈdʒiːniəs/ population = group of similar people*
- *interact /ˌɪntərˈækt/ with locals = socialise /ˈsəʊʃəlaɪz/ with the residents*
- *preserve /prɪˈzɜːv/ indigeneous /ɪnˈdɪdʒənəs/ traditions = keep local habits*
- *suppress local identities = eliminate singularities*

▶ Le sens de base des verbes et des prépositions est souvent maintenu (*over* → sur, *at* → à, *for* → pour, *with* → avec, etc.) et la préposition est rattachée au syntagme nominal qu'elle introduit (on peut reprendre son souffle entre le verbe et la préposition, mais pas entre la préposition et son complément). Ce sont les deux points principaux qui différencient les verbes prépositionnels des *phrasal verbs* dont la particule, collée au verbe, modifie le sens complet de ce dernier (voir le chapitre 3 pour plus d'informations).
Ex. : Le *phrasal verb* « *to give up* » ne veut pas dire « donner vers le haut », mais « laisser tomber ».

Si un complément est ajouté, la pause se fait entre la particule et le complément.
Ex. : *to give up / smoking*

b. Ordre des mots avec un verbe prépositionnel

▶ Dans une phrase affirmative ou négative, la préposition suit normalement le verbe et précède le complément.
Ex. : *Economically-speaking, many countries depend on the U.S.*

▶ À la forme interrogative, il ne faut pas oublier cette préposition, souvent en fin d'énoncé.
Ex. : *Which country do they depend on* ?

▶ Dans les propositions subordonnées relatives qui portent sur le complément prépositionnel, la préposition peut se placer soit avant le pronom relatif en *wh-* (*which* pour un antécédent inanimé et *whom* pour un antécédent animé), soit en fin de phrase.
Ex. : *The multiplication of culture clashes, [which people don't like talking about] / [about which people don't like talking], is worrying.*

Exercices

1 ★ 5 min Rapprochez la citation suivante de l'enjeu principal qu'elle exprime (à sélectionner parmi les propositions ci-dessous) et justifiez.

Citation : "*Globalisation will make our societies more creative and prosperous, but also more vulnerable*", Lord Robertson, a Scottish diplomat.

a. *cultural homogenisation and American imperialism*

b. *culture mix and defense of indigenous cultures*

c. *economic benefits and threats to local identities*

2 ★ 5 min Complétez les blancs en utilisant la bonne préposition.

a. Tourists usually look .... exotic places, which are more and more difficult to find.

b. Because of globalisation, most of the countries in the world depend .... one another.

c. Not everybody benefits .... the global economy.

d. Some illegal immigrants are caught by the police as they are moving .... the border.

3 ★★ 5 min Reliez le document iconographique à la notion « Identités et Échanges » et expliquez.

Espace privé et espace public

Méthode

1 Comprendre un document oral

Flashe ce code pour écouter : ***"Equal Pay For Equal Play; The U.S. Women's Soccer Team Tackles Its Next Quest."***

▶ Avant l'écoute : faire des **hypothèses** à partir du titre et de la source, donnés sur le sujet.

▶ S'il s'agit d'une vidéo, s'appuyer sur les **images** (le nom des intervenants est parfois écrit). Les **bruits de fond** peuvent vous aider à déterminer le contexte.

▶ Indiquer les **changements d'intervenants** s'il y en a plusieurs (mettre A au début, puis si quelqu'un d'autre intervient B, C, etc.). Essayer de saisir leur identité soit en notant leur nom, soit en notant leur profession ; cela facilitera la restitution et permettra d'attribuer les propos de façon précise à une personne particulière.

▶ Noter les **mots transparents, répétés** ou **faciles** à comprendre pour saisir le sens général du document. Le **repérage des syllabes accentuées** permet de retrouver les **mots clés**, mots lexicaux nécessaires à la bonne compréhension du message. Comme le montrent les télégrammes, la présence de quelques mots (adjectifs – noms – verbes – adverbes) suffit à rendre compte d'un long message.
Ex. : *Singapore = move easily public space → privately-owned public space (POPS). Boundary = blurred → deeply integrated POPS (pedestrian pathways, stations, parks) = characteristic of city-state.*

▶ Pour la **prise de notes** : ne pas hésiter à utiliser des **abréviations** (tronquer les mots : *system* → *syst*, ou ne garder que des consonnes : *government* → *gvt*).
La syllabe finale peut aussi être abrégée : terminaison en *-tion* → -°, comme *communicat°*, ou mot terminé en *-ment* → - ^{t}, comme *improvem*^{t}.
S'entraîner à utiliser des **symboles** ou signes mathématiques pour gagner du temps : augmenter = ↗ et femmes, hommes = ♀♂.
L'essentiel est d'être **efficace dans la prise de notes** : ne pas copier des phrases entières mais se focaliser sur les informations en elles-mêmes.
Ex. : L'information suivante *"co-housing is expected to grow strongly in the forthcoming years"* figurera simplement comme : *"co-housg = ++↗ in future"*.

▶ À l'issue de la 1re écoute, **relire ses notes** et essayer de les **organiser** : indiquer plus précisément ce que l'on sait des **différents interlocuteurs** et identifier les **informations manquantes** à saisir lors de la **2e et 3e écoute**. En présence de **listes incomplètes** par exemple, dans le cas où seuls les premiers éléments de la liste ont pu être pris en notes faute de temps : **mettre des tirets** devant les informations manquantes pour indiquer où focaliser son attention lors des écoutes suivantes.

2 Restituer le sens en français

▶ Avoir conscience des **trois niveaux de restitution** :
– la **situation d'énonciation** (Qui parle ? Quels sont les rapports entre les intervenants, s'il y en a plusieurs ? Où est (sont)-il (s) ?) ;
– la **finalité** (Quelle est la nature du document ? Son objectif ? Sa cible ? Exprime-t-il un point de vue subjectif ou une réalité neutre ?) ;
– le **contenu informatif** (il s'agit de toutes les informations factuelles) et l'**organisation générale** du message (présentation d'un problème, de ses causes puis de ses conséquences ; expression d'un point de vue puis d'arguments pour le justifier, etc.).

▶ En LVA, rendre compte de l'**implicite** : le ton de l'intervenant ou des propos saccadés peuvent trahir une **émotion**, un débit rapide peut révéler une certaine excitation ou un danger, etc.

Cours

Info

• **The 1995 Declaration and Platform for Action** (taken at the Fourth World Conference on Women in Beijing, China) is the most visionary agenda for the empowerment of women and girls.
Since then, UN Women and Generation Equality have worked to make these targets a reality.

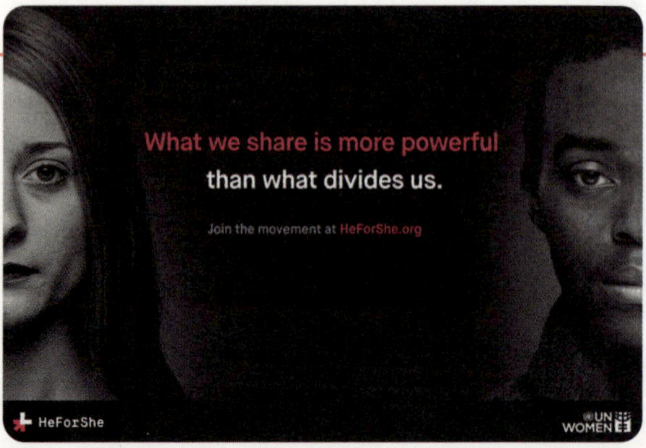

The campaign "He for She" launched by the United Nations in September 2014 promotes global gender equality.

>> 1 Enjeux

▶ *To what extent have new trends (social media – co-housing – new work arrangements) changed our vision of privacy?*
▶ *Is gender equality a reality?*
▶ *Have new work arrangements influenced people's private lives?*

Mots clés

- *achieve work-life balance* /ˌwɜːk laɪf ˈbæləns/ = *have a harmonious combination of work, family and leisure*
- *break the glass ceiling* /ˌglɑːs ˈsiːlɪŋ/ = *to overcome invisible obstacles*
- *hold back from equal participation* = *prevent* /prɪˈvent/ *from participating equally*
- *measures to alleviate* /əˈliːvieɪt/ *work constraints* = *flexible work arrangements* /əˈreɪndʒmənts/
- *tackle gender* /ˈdʒendə(r)/ *inequality* = *try to promote gender equality*

2 Grammaire

a. *Used to* et *would*

▶ Pour parler d'une action récurrente dans le passé (qui en vient presque à caractériser le sujet), il faut employer *would*.
Ex. : *In the 19th century, the disabled* ***would accept*** *to be excluded from mainstream society without questioning it.*

▶ Pour parler d'une habitude qui avait lieu dans le passé mais qui a cessé aujourd'hui, il faut employer *used to* + infinitif (à la forme négative : *did not use to* + infinitif).
Ex. : *Gay politicians* ***used to hide*** *their true selves in public = they* ***did not use to reveal*** *their sexual orientation in public.*

▶ Attention à ne pas confondre cette structure avec l'emploi de *get used to* ou *be used to* + V-*ing*. Cette forme peut s'employer à tous les temps pour exprimer une habitude.
Ex. : *In the future, people will have to* ***get used to working*** *from home* ***and having*** *flextime work arrangements.*

b. Marqueurs de temps et évolution

▶ Une action est souvent circonscrite à un moment précis (... *ago* ou *last*... permettent d'exprimer un instant passé) ou à une période (*for* peut exprimer une durée alors que *during* exprime un cadre pendant lequel une action a eu lieu).
Ex. : *He came out* ***during the holidays, a few years ago****. He admitted that he had been in a relationship with a man* ***for two years****.*

▶ Pour exprimer une évolution plus générale, plusieurs expressions sont utiles. Elles s'utilisent souvent avec un verbe au *present perfect*, puisqu'elles expriment une action qui a commencé dans le passé mais qui se prolonge aujourd'hui.
Ex. : ***Over the years*** / ***Over time*** / ***Throughout history****, people have traditionally traded privacy for fame, wealth or convenience.*

Exercices

1 ★ 5 min **Complétez les blancs suivants en utilisant la forme infinitive ou V-*ing* du verbe.**

a. Some people like "life bloggers" are used to [publicise / publicising] intimate details about their days.

b. My grandparents used to [say / saying] that privacy should be protected at all costs as it is the basis of our freedom.

c. Young people have got used to [flock / flocking] to social networks and [upload / uploading] homemade videos by the millions.

d. People used to [prefer / preferring] living in individual houses. Now more and more opt for communal facilities and co-housing.

2 ★★ 10 min **Traduisez les phrases suivantes.**

a. Auparavant, les femmes se mariaient pour fonder une famille et s'occuper de leurs enfants.

b. Depuis des années, de jeunes adolescentes choisissent des carrières scientifiques et obtiennent des emplois très qualifiés dans les industries de pointe (= *state-of-the-art industries*).

c. Pendant des années, les gens ne mélangeaient pas leur vie privée et leur travail. Ils quittaient leur maison tous les matins pour aller au bureau et rentraient tous les soirs pour retrouver leur famille.

d. Ne t'inquiète pas ! Tu vas t'habituer à vivre autrement.

3 ★★★ 15 min **Écoutez trois fois le document audio de la Méthode et restituez-en le sens en français.**

Méthode

1 Décrire un document iconographique

▶ Suivre une **méthodologie rigoureuse** vous permettra d'avoir toujours quelque chose à dire, même sur un document inconnu comme cela peut être le cas lors d'une évaluation orale.

▶ Commencer par **présenter** le document (**nature**, **source**, **auteur**, **date**).
Ex. : *This document is a... It was made / released in... by...*

▶ Savoir identifier les **différents types** de document iconographique – *a graph* (*a pie chart, a line graph, a bar graph,* etc.), *a representation of a painting, a mural, a poster, an ad* (= *advert or advertisement*), *an infographic, a cartoon, a photograph, a picture,* etc. Indiquer aussi correctement la **date** : *in* + le mois et/ou l'année, mais *on* + un jour.
Ex. : *in 2020, in January 2020, on January 1st*

▶ Poursuivre par une **description générale** ou la présentation des éléments évidents, pour aller vers une **description plus minutieuse** du document (aborder la **composition**, les **couleurs**, les **différents plans**, les **angles de vue,** etc.).
Ex. : *In the background, ... In the foreground, ... The colours which are used are rather bright, which expresses hope and enthusiasm.*

2 Analyser un document iconographique

▶ Cette présentation débouchera sur la formulation d'**hypothèses** et d'une **analyse critique** des éléments représentés ou des choix de l'artiste. L'élève n'est pas censé avoir une connaissance encyclopédique des œuvres, mais il doit **savoir se poser les bonnes questions** et proposer des réponses pertinentes ou des pistes de réflexion.
Ex. : *The use of straight lines suggests... The choice of dim colours expresses... The fact that the picture looks very realistic may emphasise...*

▶ Penser à émettre des hypothèses quant aux **intentions de l'artiste**, en s'appuyant sur des éléments concrets de l'image puis en suggérant des pistes d'interprétation.
Ex. : *The message the artist probably wanted to convey is... What he certainly intended to highlight is... This choice is deliberate and may suggest that...*

▶ La dernière étape de la présentation repose sur les **rapprochements** à faire entre le **document** proposé et l'**axe traité**. Il est possible de faire référence à d'autres documents, non pour éviter de parler de celui qui est proposé, mais pour en soulever les caractéristiques intrinsèques.
Ex. : *I think that this document is quite relevant to express the political role of art, because... It makes me think of another artwork we have studied in class, which is... They both express... but contrary to the other document, the image under study here shows...*

Cours

1 Enjeux

▶ *To what extent should art be used as a tool to convey a political message?*

▶ *Should art remain independent from people's reality?*

Info

Modernism, the collection of artistic movements which spread from the late 19th century to the first part of the 20th century, is based on a desire to break away from traditional social institutions. The rejection of God and centralised political power later influenced major artworks.

Napalm is a powerful print which was made by Banksy in 2004 to denounce American commercialism and imperialism. It reinvented the internationally known photograph from the Vietnam War entitled *The Terror of War*, taken in 1972.

2 Grammaire

a. Les verbes à particule ou *phrasal verbs* : présentation

▶ De nombreux verbes en anglais se combinent avec une particule adverbiale pour produire un verbe dont le sens s'écarte souvent radicalement de la simple combinaison du sens du verbe et de celui de la particule.
Ex. : *to put off* = remettre à plus tard

▶ Ces verbes sont souvent plus courants dans la langue orale et appartiennent à un registre plus informel que leur équivalent d'origine latine.
Ex. : *to give out* = *to distribute* ; *to go on* = *to continue*

▶ Certains de ces verbes sont intransitifs (*to grow apart* = se disputer), d'autres sont transitifs directs (*to let someone down* = laisser tomber quelqu'un) ; d'autres encore se construisent avec un autre complément prépositionnel.
Ex. : *to get on with someone* = bien s'entendre avec quelqu'un ; *to put up with someone* = supporter quelqu'un, ou *to make up for something* = compenser quelque chose

▶ Parfois, le même verbe peut avoir plusieurs constructions en conservant le même sens (*to give up* = abandonner et *to give something up* = abondonner quelque chose). Dans d'autres cas, le sens est différent entre le verbe intransitif (*to make up* = se maquiller ou se réconcilier selon le contexte), et le verbe transitif (*to make up a story* = inventer une histoire).

▶ Contrairement au cas des verbes prépositionnels, la particule des *phrasal verbs* forme un bloc avec le verbe, et est accentuée (voir le 1er chapitre pour plus d'informations).

Mots clés

- *convey a message* /ˈmesɪdʒ/ = *express an idea*
- *counterculture* /ˈkaʊntəkʌltʃə(r)/ = *nonconformist* /ˌnɒnkənˈfɔːmɪst/
- *denounce politicians' abuse* /əˈbjuːs/ *of power*
- *hold an art exhibition* /ˌeksɪˈbɪʃn/ = *display* /dɪˈspleɪ/ *a collection of artworks*
- *isolated from everyday life* = *cut off from reality*
- *a specially commissioned artwork* /ˈɑːtwɜːk/ = *a work of art ordered by someone in power*
- *take on* = *accept (a political role)*
- *a tool for self-expression* /ˌself ɪkˈspreʃn/ = *a means of expression*

b. Les verbes à particule : ordre des mots

▶ Lorsque le verbe est transitif direct, le complément peut souvent se mettre soit entre le verbe et la particule, soit après la particule. En revanche, si le complément est un pronom personnel, il doit se placer avant la particule adverbiale.
Ex. : *In the past, some monarchs* ***backed up*** *artists* = *they backed them up.*

▶ Si le complément est assez long, la particule se met plutôt avant.
Ex. : *The artist* ***gave away*** *all the money he had been offered by the prince.*

Exercices

1 ★ 5 min **Rapprochez la citation suivante du document visuel ci-contre et expliquez la différence de point de vue.**
Citation : *"I don't really believe in political art. I feel in my heart the purpose of art transcends cultural and class and politics"*, Sean Lennon, son of Yoko Ono and John Lennon.

2 ★ 5 min **Traduisez les phrases suivantes en utilisant un verbe à particule. Utilisez le verbe entre parenthèses.**

a. Certains artistes ne sont pas soutenus par les autorités locales. (*to back*)

b. Des personnes au pouvoir inventent parfois des histoires pour discréditer les artistes qui les critiquent. (*to make*)

c. L'exposition a été annulée à cause des manifestations violentes qui sont prévues dans les semaines à venir. (*to call*)

d. Le président ne s'entend pas très bien avec des artistes qui lui témoignent peu de respect dans leurs œuvres. (*to get*)

3 ★★ 5 min **Entraînez-vous pour la présentation orale : décrivez et analysez le document.**

Citoyenneté et mondes virtuels

Méthode

1 Exprimer ses idées et les justifier

▶ Avant de **donner un point de vue**, il est possible d'utiliser des **structures explicites** comme *to me..., I (do) believe..., personally I think..., in my opinion..., to my mind...*, etc. Ces dernières annoncent clairement le caractère **subjectif** de votre affirmation.

▶ Toute prise de position doit être **argumentée** et **justifiée** par une **mise en contexte** ou des **exemples.** L'essentiel dans ce type d'exercice n'est pas l'opinion de l'élève, mais la **qualité de son argumentation** et la façon dont toute prise de position est justifiée.

Ex. : *Personally, I think hashtag activism alone is not really making a change in people's lives. Indeed, I do believe it is a superficial form of activism, not powerful enough to change our laws. At best it can raise awareness, influence politicians and encourage them to make the relevant decisions. This is what actually happened with the hashtag #MeToo.*

2 Interagir de façon efficace

▶ Pour se **donner le temps de réfléchir**, penser à **formuler la question** à laquelle on s'apprête à répondre. En phase d'interaction, il peut être intéressant aussi de **reprendre la question de son interlocuteur** au style indirect.

Ex. : *You are asking me if social media is giving people more control over their lives or not? It is a real question, now that we spend so much time online.*

▶ Lors de la phase d'interaction avec l'interlocuteur, il faut savoir saisir les perches qui sont lancées et ne pas nécessairement rester sur ses positions. Il est tout à fait acceptable de **reconnaître une erreur**, ou de souligner le caractère un peu contestable d'une affirmation auparavant énoncée. Il suffit parfois de **mettre cette idée en perspective** pour la justifier partiellement, ou d'expliquer le contexte particulier dans lequel elle reste valable. Si l'interlocuteur revient sur un point, il est stérile de simplement répéter ce qui a été dit, et il faut accepter soit de reprendre son idée et d'en montrer les limites, soit de trouver de nouveaux arguments plus convaincants. Il faut donc veiller à bien rester **ouvert aux suggestions de son interlocuteur.**

▶ Autant que faire se peut, essayer d'établir une conversation aussi naturelle que possible, qui se rapproche davantage d'un échange d'idées plutôt que d'un interrogatoire. Inutile donc d'être sur la défensive, ou de se laisser déstabiliser si son interlocuteur exprime son désaccord ; le prendre comme une occasion de préciser, développer, améliorer une idée, et non comme une remise en cause radicale. Il n'y a d'ailleurs pas toujours de bonne réponse à certaines questions, mais il y a des façons plus ou moins adaptées de réagir.

Cours

1 Enjeux

▶ *Is social media empowering ordinary citizens?*

▶ *To what extent has social media changed the way people interact?*

▶ *Is hashtag activism strong enough to counter traditional forms of power?*

Info

The term "hashtag activism" appeared for the first time in The Guardian *in 2011 about Occupy Wall Street protests. It now refers to Internet activism.*

"Clicktivism" is another term expressing the use of social media and the Internet to advance social issues.

The now international activist movement Black Lives Matter began in 2013 with the use of the hashtag #BlackLivesMatter. It denounces systemic racism towards black people in the U.S. and has given a voice to ordinary citizens and even the underprivileged.

2 Grammaire

a. Forme interrogative directe et indirecte

▶ Le schéma de base d'une question, lorsque le mot interrogatif n'est pas le sujet, est le suivant :

(Mot interrogatif)	Auxiliaire	Sujet	Verbe et complément
(Where)	*Did*	*the activists*	*meet before the march?*

Il convient d'employer l'auxiliaire avant le sujet, et le verbe ensuite (éventuellement un mot interrogatif en premier). Au présent simple, il faut utiliser l'auxiliaire *do / does* et au prétérit l'auxiliaire *did*.

▶ Lorsque le mot interrogatif est le sujet, il est directement suivi du verbe conjugué.
Ex. : *Who started the movement?*

Mots clés

- *beneficial* /ˌbenɪˈfɪʃl/ *to somebody* ≠ *detrimental* /ˌdetrɪˈmentl/
- *daily interaction* = *exchange* /ɪksˈtʃeɪndʒ/ *on a day-to-day* /ˌdeɪ tə ˈdeɪ/ *basis*
- *defy* /dɪˈfaɪ/ *people in power* = *refuse to obey them*
- *empower* /ɪmˈpaʊə(r)/ *citizens* = *give people more authority and control over their lives*
- *interact* /ˌɪntərˈækt/ *with your peers* = *be in contact with people your age*
- *social media* /ˌsəʊʃl ˈmiːdiə/ = réseaux sociaux
- *take part in grassroots* /ˌɡrɑːsˈruːts/ *movements* = *be a member of an association with ordinary people*

▶ Au style indirect, toutes les questions reprennent l'ordre des mots d'une phrase affirmative soit : (mot interrogatif) – sujet – verbe conjugué – complément.
Ex. : *I don't know where the activists met before the march and who started the movement.*

b. *Question-tags*

▶ Le *tag* est composé d'un des auxiliaires (*be, do* ou *have*) en fonction de la phrase principale et est suivi du sujet, souvent sous la forme d'un pronom personnel. On reprend le même auxiliaire que celui de la phrase principale ; au présent simple, ce sera *do / does* et au prétérit *did*. Si la phrase est affirmative, le *tag* sera à la forme négative et réciproquement.
Ex. : *Many young students in Florida have joined the #WhatIf movement,* ***haven't they?***

▶ Ces structures permettent de transformer une affirmation en une question pour inviter l'interlocuteur à réagir. Prononcé avec une intonation montante, le *tag* demande une réelle confirmation à l'interlocuteur. En revanche, un *tag* prononcé avec une intonation descendante n'attend pas de réelle réponse.

Exercices

1 ★ 5 min **Utilisez la photographie ci-contre pour avancer quatre opinions personnelles, en variant la formulation.**

2 ★★ 10 min **Posez les questions en lien avec éléments soulignés. Ensuite, reformulez-les au style indirect en utilisant l'amorce *I don't know...***

a. The rise of digital media or online activism may shift <u>the traditional balance of power</u>.
b. <u>The development of a cyberspace</u> has given ordinary citizens a remarkable platform.
c. This digital era called the Information Age offers <u>new challenges</u>.
d. Everybody has access to information <u>on social media</u>.

3 ★★★ 10 min **Imaginez un contre-argument exprimant les limites des réseaux sociaux, et comment y réagir.**

Fictions et réalités

Méthode

Document A

The bell that measures time is ringing. Time here is measured by bells, as once in nunneries. As in a nunnery too, there are few mirrors.

I get up out of the chair, advance my feet into the sunlight, in their red shoes, flat-heeled to save the spine and not for dancing. The red gloves are lying on the bed. I pick them up, pull them onto my hands, finger by finger. Everything except the wings around my face is red: the colour of blood, which defines us. The skirt is ankle-length, full, gathered to a flat yoke that extends over the breasts, the sleeves are full. The white wings too are prescribed issue; they are to keep us from seeing, but also from being seen. I never looked good in red, it's not my colour. I pick up the shopping basket, put it over my arm. The door of the room – not my room, I refuse to say *my* – is not locked. In fact, it doesn't shut properly. I go out into the polished hallway, which has a runner down the centre, dusty pink. Like a path through the forest, like a carpet for royalty, it shows me the way.

[...] There remains a mirror, on the hall wall. If I turn my head so that the white wings framing my face direct my vision towards it, I can see it as I go down the stairs, round, convex, a pier-glass, like the eye of a fish, and myself in it like a distorted shadow, a parody of something, some fairy tale figure in a red cloak, descending towards a moment of carelessness that is the same as danger. A Sister, dipped in blood.

Extract from *The Handmaid's Tale*, chapter II, Margaret Atwood, 1985

Document B

Margaret Atwood: *The Handmaid's Tale* feels real in 2019, but the solution won't come from novels

The crimson cloaks and white bonnets of Margaret Atwood's dystopian feminist classic *The Handmaid's Tale* have become a distinctive feature of Trump's America. They've been worn by protestors outside state legislatures across the country, as elected officials attempt to enact laws limiting women's reproductive rights.

Let's face it, there are few costumes in classic or contemporary literature that will immediately tell everybody exactly why you're there. But for the unfamiliar, the cloaks are invariably accompanied by posters with slogans like "The Handmaid's Tale is not an instruction manual" and "Make Margaret Atwood fiction again".

[...] *The Handmaid's Tale* describes a toxic world in which misogyny and environmental degradation has turned the US into a totalitarian theocracy. The fictional republic of Gilead has enforced a system of gender-based violence, enslaving the few women capable of bearing children to serve as "handmaidens" to the ruling class.

[...] Atwood's books paint a speculative or parallel reality. But she is careful to point out that they are also of their own historic moment. They contain nothing that has not already become part of what James Joyce once called the "nightmare of history" – no technology, no atrocity, "nothing goes on that has not already gone on", she says.

Newspaper extract from *The Conversation*, Camilla Nelson, 4 marzo 2019

1 Effectuer les premiers repérages

▶ La compréhension de l'écrit peut prendre appui sur deux textes. Dans ce cas, avant de commencer la lecture, regarder le **paratexte** ou les **sources des deux documents** pour saisir leur **nature** et leur **contexte**. La **finalité des documents** en découle : un article de presse traitera souvent de l'actualité, l'objectif étant informatif. En revanche, un extrait de roman, étant une œuvre fictive, n'offrira pas le même rapport à la réalité, à moins qu'il ne se veuille prémonitoire ou préventif.

▶ La **date de publication** permet de situer chaque document l'un par rapport à l'autre. Ici, l'article de presse a été écrit après le roman et en offre une critique, à plus de 30 ans d'intervalle. Il est essentiel de comprendre ce décalage.

▶ Lors de la lecture de chaque document, saisir **le (les) personnage(s)** mentionnés, leurs **relations**, les **lieux** et les **actions** (considérer les verbes et les temps auxquels ils sont conjugués pour en saisir la chronologie). Une fois le repérage de base effectué et les différents éléments mis en relation, l'étape suivante repose sur l'explication de l'**implicite** (l'état d'esprit / les sentiments / les intentions des personnages et de l'auteur notamment).

2 Comparer les perspectives et restituer le sens

▶ Les documents (lorsqu'il y en a deux) ont été choisis pour offrir une **vision différente sur une thématique commune.** L'enjeu est de mettre à jour leurs similitudes et leurs différences.

▶ Dans le cas d'un extrait littéraire, le type de narrateur est important (*first-person / third-person narrative*) puisqu'il a une incidence sur le **point de vue,** qu'il conviendra de comparer d'un document à l'autre également.

▶ Maîtriser les **structures** adaptées pour exprimer les **points communs** et les **différences.**

Ex. : *Both documents reveal... Document A and document B share the same... Like document A, document B...*

Ex. : *Contrary to document A, document B... Document A shows... On the contrary, document B...*

Cours

1 Enjeux

- To what extent do fiction and reality interact?
- What should we learn from dystopian movies?

Mots clés

- *act as a **cautionary** /ˈkɔːʃənəri/ tale = a **story giving** a **warning***
- *be out of touch /tʌtʃ/ with the real world = be discon**nected** /ˌdɪskəˈnektɪd/ from reality*
- *blur the lines **between fiction** and **reality** = make the **difference** less **distinct***
- *head in the **wrong direction** = go the **wrong way***
- *run a po**tential** risk* = encourir potentiellement un risque
- *pose a threat /θret/ to = **represent** a **danger** /ˈdeɪndʒə(r)/ for*

2 Grammaire

a. Expression du futur avec *will*

- Utiliser *will* + base verbale pour renvoyer de façon neutre au futur. L'expression *be going to* exprime plutôt un futur dont le présent de la situation d'énonciation porte les signes.
Ex. : *The surveillance state **will** reduce our freedom, as shown in G. Orwell's novel* 1984.

- Pour envisager l'action en cours de développement, dans le futur, employer *will* + *be* + V-*ing*.
Ex. : *In the future, people **will** still **be working** when they reach 70.*

- Utiliser *will* + *have* + participe passé pour se concentrer sur le résultat d'une action au futur.
Ex. : *As we can see in many dystopian novels, everybody **will have lost** their hopes before adulthood.*

b. Subordonnées avec *if* et *when*

- Pour exprimer une condition pleinement réalisable, employer *if* + un verbe au présent, et *will* dans la proposition principale.
Ex. : ***If you imagine** the worst-case scenario, you **will** hopefully avoid it.*

The Handmaid's Tale (La Servante écarlate), Série TV, Saison 3, 2019

Info

There is a rich tradition of dystopian tales, some of the most famous writers being Ray Bradbury in the U.S., Margaret Atwood in Canada, and George Orwell or Aldous Huxley in the U.K. The TV drama series adapted from Margaret Atwood's 1985 novel, The Handmaid's Tale, *won numerous awards. The third season was released in June 2019.*

- Pour réaliser une projection dans l'avenir, il est possible de recourir à une subordonnée de temps introduite par *when, as soon as*, etc. Attention à bien employer un présent simple dans la subordonnée, là où le français utilise le futur.
Ex. : *Individuals **will be** powerless **when** dictatorial government **take over*** (= quand un gouvernement dictatorial prendra le contrôle).

Exercices

1 ★ 5 min **Rapprochez le poster d'une des deux problématiques proposées dans la partie « Enjeux », et justifiez le lien.**

2 ★★★ 15 min **Comparez la vision de la réalité offerte par chacun des documents A et B.**

ANGLAIS

Innovations scientifiques et responsabilité

Méthode

1 Connaître les différents formats d'expression

▶ Pour aborder sereinement une évaluation d'expression écrite, connaître les **caractéristiques des principaux formats d'expression guidée** comme :

– l'**article de presse** : penser à un titre accrocheur, une date et un nom de journal, des informations factuelles présentées sous forme de paragraphes ;

– le **blog** : souvent plus informel, avec un titre accrocheur, des paragraphes et parfois des sous-titres. À la fin, penser à encourager le lecteur à vous suivre ou à laisser des commentaires (*a call to action*) ;

Ex. : *Like what you've read? Subscribe to our blog / newsletter* ou *Leave your comments*.

– le **discours** : penser à convaincre et à adapter le registre de langue à l'auditoire ; les figures de style seront utiles, comme la répétition, l'alternance de phrases longues et courtes et une progression dans ce qui est dit pour clore sur un message fort.

▶ La façon de présenter les messages de correspondance, comme les lettres ou les courriers électroniques, est à connaître :

– les **lettres** : penser à l'en-tête en haut à droite (adresse de la personne qui écrit sans son nom, et date en dessous sans le lieu) et maîtriser les formules de salutation comme celles de clôture, selon les registres (formel ou informel) ;

Ex. : *Dear sir or madam* → *Yours faithfully; Dear Peter* → *Best wishes*

– les **courriers électroniques** : respecter la présentation : expéditeur – destinataire – objet avant de rédiger le message. Il faut également respecter les registres de langue en fonction du destinataire et connaître les formules-types.

Ex. : *Look forward to hearing from you. Take care. XXX*

▶ Les **sujets de discussion** doivent se présenter sous la forme d'une très courte **introduction**, d'un développement en plusieurs **paragraphes**, et d'une courte **conclusion** qui devrait se terminer par une **ouverture**. Les idées doivent être ordonnées, la **progression** clairement marquée par des **liens logiques**, et les **arguments** explicités par des **exemples**.

2 Registres de langue

▶ Il convient de **respecter le registre de langue attendu**, formel ou informel. La syntaxe et le vocabulaire en dépendent :

Style formel / neutre	Style informel
Phrases complètes Ex. : *I have just received your mail. I'll speak to you soon.*	**Phrases tronquées**, sans sujet Ex. : *Got your mail. Speak soon.*
Formes pleines des verbes Ex. : *We are sorry to hear that you have been made redundant* (= licencié).	**Formes contractées** Ex. : *Sorry you've lost your job.*
Vocabulaire assez **soutenu** Ex. : *He went out to spend some time with his friends.*	**Vocabulaire** informel et **courant** Ex. : *He's hanging out with his mates.*

Cours

1 Enjeux

▶ *To what extent can scientists solve the climate crisis?*

▶ *Should we promote scientific progress at all costs?*

▶ *Should scientific progress respect ethical considerations?*

Info

The double helix structure of DNA was discovered in 1953. It was a turning-point in the history of science and gave rise to modern molecular biology.

Recent developments in genetic engineering are both very promising and scary.

2 Grammaire

a. Expressions lexicales de probabilité

▶ On peut exprimer la probabilité par des adverbes comme *perhaps, maybe, possibly, presumably* ou *probably* (probabilité moyenne). *Maybe* est plus familier que *perhaps*, et tous deux se placent en tête de phrase.

Ex. : ***Perhaps*** *gene editing will bring a solution to all cancers.*

▶ L'expression *be likely to* indique qu'une action a des chances de se produire. Bien noter la structure différente du français :

Ex. : *In the future, police officers* ***are likely to*** *resort to facial recognition more often than today.* (= Il y a des chances qu'à l'avenir, les officiers de police aient recours à la reconnaissance faciale plus souvent qu'aujourd'hui.)

Mots clés

- *blame* ***someone*** *for something = hold* ***responsible***
- ***carry out*** *some research /rɪˈsɜːtʃ/ / experiment /ɪkˈsperɪmənt/ = complete it*
- *cross the line /* ***threshold*** */ˈθreʃhəʊld/ = go* ***beyond*** *a point*
- *im****prove people****'s standard of* ***living*** */ˌstændəd əv ˈlɪvɪŋ/ = make conditions better*
- ***infringe upon people****'s* ***privacy*** */ˈprɪvəsi/ or /ˈpraɪvəsi/ = limit somebody's* ***legal*** *rights*
- *overdependent /ˌəʊvərdɪˈpendənt/ = addicted to something*
- *solve* ***global*** *issues /ˈɪʃuːz/ = find an answer to a general problem*

▶ Pour indiquer une forte probabilité, il est possible d'employer :
- des adverbes comme *certainly* ou *surely* ;
- des locutions adverbiales comme *in all likelihood, as likely as not, for certain, for sure* ou *no doubt* ;
- des structures verbales comme *be sure to* ou *be certain to*.

Ex. : *Biologists* ***are sure to*** *find a cure to all deadly diseases.*

b. Modaux et expression de la probabilité

▶ Certains modaux sont susceptibles d'être utilisés pour exprimer un degré de probabilité, *must* exprimant le plus probable ou une action quasi certaine, *may* une probabilité moyenne et *might* une faible probabilité.

Ex. : *Uncontrolled technological progress* ***may*** *have caused irreversible damage.*

▶ Il est possible d'estimer le degré de probabilité d'une action présente, passée ou future :
- modal + base verbale = action présente ou future ;

Ex. : *The development of technology* ***might imply*** *more controversial challenges in the future.*
- modal + *be* + V-*ing* = action en cours dans le présent ;

Ex. : *They* ***must be working*** *on AI.*
- modal + *have* + participe passé = action passée.

Ex. : *Medical, scientific and technological progress* ***may have changed*** *our society for the better.*

▶ La forte probabilité qu'une action n'ait pas eu lieu s'exprime par le modal *cannot* (ou *can't*). Cela peut se traduire par : « Il est impossible que… ».

Ex. : *European researchers* ***can't*** *have already cloned a baby.*

Exercices

1 ★ 5 min **Sélectionnez dans la liste suivante les deux mots qui seront utiles à l'analyse de l'image du cours et justifiez votre choix.**

to store in databases – gene manipulation – to track someone – to resort to AI – biometric data – to use an algorithm – to infringe upon people's privacy – a biotech plant – DNA

2 ★ 10 min **Reformulez les idées suivantes en utilisant un registre informel.**

a. You can phone the laboratory to get more details about your next medical examination.

b. Scientists would work rather efficiently on this project if they were given the right information.

c. I hope I will see you in the coming days.

d. Yours truly.

3 ★★★ 20 min **Choisissez un titre parmi les suivants et écrivez un article.**

a. Plant genes modified to fight pollution

b. Drone-assisted tree planting

c. Mutant enzyme to degrade plastic

Diversité et inclusion

Méthode

1 Analyser une infographie

▶ Considérer le **titre** et la **légende** du document pour en comprendre le sens et l'information principale.
Ex. : *The graph below shows the share of the U.S. population which each racial and ethnic group is expected to represent over the next 25 years, between 2015 and 2045.*

▶ Déterminer les **informations essentielles** ou les **grandes tendances** en premier avant de considérer éventuellement ce qui relève davantage du détail.
Ex. : *The graph confirms the importance of racial minorities as the primary demographic engine of the nation's future growth. The Whites remain the single largest racial group in the U.S. but their proportion in the overall population is expected to decrease. The U.S. should become "minority white" in 2045 as the Whites should represent 49.7% of the whole population. On the contrary, the proportion of people of Hispanic origin should grow quickly over the next 25 years.*

▶ Une fois les informations factuelles dégagées, essayer d'en rendre compte et de **trouver des explications.**
Ex. : *The arrival of new immigrants like Asians or Hispanics may be a reason, but also the higher birth rate of these groups compared to White people. Indeed, the decline of the proportion of white people in the whole population of the U.S. is driven by falling birth rates and a rising number of deaths over time as the population ages.*

2 Analyser une citation

▶ Dégager les **mots essentiels** de la citation et la reformuler avec ses **propres mots.**
Ex. : *"We need to help students and parents cherish and preserve the ethnic and cultural diversity that nourishes and strengthens this community – and this nation", Latino American civil rights activist Cesar Chavez.*
→ *Racial diversity is the backbone of the American society and should be encouraged.*
→ *People belonging to a racial of ethnic minority group should be proud of their origins, be they young (students) or older (their parents).*
→ *Means to help people keep their differences and specific identity should be promoted by the U.S. society as a whole.*

▶ Mettre cette **citation en perspective** : donner des arguments pour **expliquer la vision** proposée, donner des **exemples concrets**, la rattacher à un **contexte** culturel ou une aire géographique, étendre sa **portée**, la placer dans le champ de la **thématique au programme**, lui opposer des **contre-arguments** ou en soulever les **limites**, etc.
Ex. : *The idea that "ethnic and cultural diversity nourishes this nation" (= the American nation) is supported by official projections of the Census Bureau. Indeed, Hispanic people are the largest minority in the U.S. today, and the proportion of people of Hispanic origins nationwide is still expected to grow.*

Cours

1 Enjeux

▶ *Has our society become more racially-integrated?*
▶ *To what extent are minority groups better recognised in our society?*
▶ *Has people's workplace become more diversified?*

Info

In 2014, Latinos outnumbered Whites in California.
According to the latest census in 2011, White Britons now represent less than 50% of the overall population in London.

U.S. population will become increasingly diverse

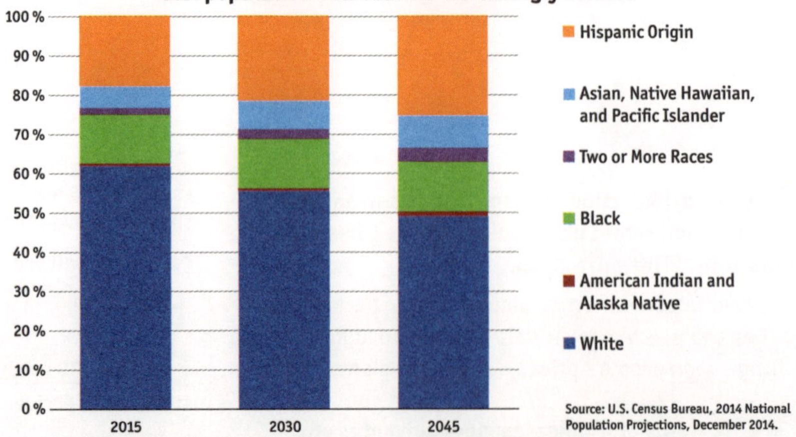

Source: U.S. Census Bureau, 2014 National Population Projections, December 2014.

While the nation's racial and ethnic diversity is expected to grow, Whites should still remain the single largest racial or ethnic group in the U.S. as a whole. However, the white share of the population should be declining as Hispanic and Asian populations keep growing.

>>

2 Grammaire

a. Comparatif et superlatif

▶ Alors que le comparatif permet de mettre en rapport deux éléments, le superlatif situe cet élément dans un groupe, pour dire que c'est « le plus... » ou « le moins... ». Il faut alors utiliser la règle des adjectifs dits « courts » ou « longs » pour savoir s'il faut ajouter le suffixe *-er* (comparatif) / *-est* (superlatif) apposé à l'adjectif, ou utiliser *more* / *less* (comparatif) ou *the most* / *the least* (superlatif) devant.
Ex. : *White people have traditionally been richer and more privileged than African-Americans.*

▶ Rappel de la règle des adjectifs courts et des adjectifs longs : sont considérés comme « courts » les adjectifs d'une syllabe, ou de deux syllabes terminés en *-er*, *-le*, *-ow*, et *-y*.
Ex. : *cleverer, gentler, narrower and easier than before*

Mots clés

- *be* ***biased*** */ˈbaɪəst/* ***against*** *= be prejudiced /ˈpredʒədɪst/* ***against***
- *be* ***discriminated*** */dɪˈskrɪmɪneɪtɪd/* ***against*** *=* ***suffer*** *from discrimination*
- *be on an* ***equal*** */ˈiːkwəl/* ***footing*** */ˈfʊtɪŋ/ = be* ***treated*** *in the same way*
- ***entrenched*** */ɪnˈtrentʃt/* ***cultural stereotypes*** */ˈsteriətaɪps/ = deep-****rooted*** */ˌdiːp ˈruːtɪd/ bias*
- ***fully integrated*** */ˈɪntɪgreɪtɪd/* ***into mainstream*** *society*
- ***transcend*** *racial* ***barrier*** */ˈbæriə(r)/ = go* ***beyond*** *race*

▶ Connaître aussi les comparatifs et superlatifs irréguliers qui sont très fréquents (*good* → *better (than...)* → *the best* ; *bad* → *worse (than...)* → *the worst* ; *far* → *farther / further (than...)* → *the farthest / furthest*).

b. Structures particulières

▶ Attention au comparatif d'infériorité des noms : on emploie *fewer* devant un nom dénombrable au pluriel. Ex. : *fewer rights*
Cependant, on garde *less* devant un nom indénombrable, comme devant un adjectif. Ex. : *less recognition*

▶ Un cas d'emploi particulier mêle ces deux structures de comparatif et de superlatif : l'expression d'une évolution parallèle. Elle peut porter sur un verbe, un nom ou sur un adjectif. Elle se décline ainsi : *the* + comparatif (+ sujet + verbe), *the* + comparatif (+ sujet + verbe).
Ex. : *The more (people), the happier.*

▶ Il est possible de combiner un comparatif de supériorité avec un comparatif d'infériorité introduit par *the less*.
Ex. : *The less I work, the more tired I feel.*

Exercices

1 ★ 5 min **Analysez la citation donnée dans la partie « Méthode » en considérant les éléments suivants.**

– Vision given of diversity (positive / negative?)
– Particular meaning of diversity for the American nation
– Limits of integration today

2 ★★ 10 min **Exprimez une évolution parallèle.**

a. There are more white supremacists today than a few years ago. It is more and more shocking to hear their theories.
b. If a workplace is more integrated, it is more satisfying in terms of racial diversity.
c. Disabled people have an easier life if society adapts to their disability.
d. If a society is more inclusive, it is also fairer.
e. If you study less, you will understand less.

3 ★★ 5 min **Analysez la citation suivante :**

"There is no room in this country for hyphenated Americanism", Former President Theodore Roosevelt, 1916.

Territoire et mémoire

Méthode

1 Utiliser un vocabulaire plus riche

▶ Jouer sur les **synonymes** pour éviter les répétitions. Par exemple, pour exprimer l'idée de célébrer les héros nationaux, différents verbes peuvent être envisagés.
Ex. : *to celebrate, to acclaim, to salute, to praise (to the skies), to pay tribute / your respects*, etc.

▶ Penser aux **expressions idiomatiques** pour rendre la langue plus naturelle et l'exercice moins artificiel.
Ex. : sur le champ sémantique de la mémoire : *to remind someone of something, to recall memories, to remember the good old days, to look back on something, to have no recollection of something*, etc.

▶ Améliorer son expression personnelle passe par l'utilisation d'un **vocabulaire concis**. Éviter les mots généraux comme *thing, people, good, bad, important*, etc. ou l'emploi de *very* + adjectif, et préférer un lexique plus précis.
Ex. : *He was very sad during the very long ceremony* → *he was heart-broken during the endless ceremony.*

▶ Penser aussi aux mots comme les **adjectifs** et **adverbes** qui ne sont pas strictement nécessaires, mais permettent d'enrichir les énoncés.
Ex. : *Veterans Day is something important for the people in the army* → *Veterans Day is a significantly meaningful commemoration for servicemen.*

2 Utiliser des structures plus complexes à l'écrit

▶ Alors que la langue orale privilégie des structures plus simples et plus directes par souci d'efficacité, penser à utiliser des **structures plus complexes à l'écrit.**

▶ **Éviter** de simplement **juxtaposer** des phrases simples ou de les coordonner avec des conjonctions comme *and, or, but.* **Préférer** imbriquer deux phrases simples pour en construire une seule, en recourant à la **subordination** :
– proposition subordonnée relative ;
Ex. : *Our individual memory is a parcel of a collective memory,* ***which is passed on from one generation to the next.***
– proposition subordonnée de cause, but, opposition, paradoxe, etc.
Ex. : *Some commemorations have given rise to controversies,* ***as everybody does not accept to share the official version of history.***

Cours

1 Enjeux

▶ *To what extent is a nation's collective memory a (re)creation of the past?*
▶ *Should we still build memorials and commemorate past events?*

Info

One of the memorial's most defining characteristics is the fact that the visitors can see their reflection at the same time as the engraved names, connecting the past and the present.

The Vietnam Veterans Memorial Wall in Washington pays tribute to the members of the U.S. armed forces who were killed or missing in action during the Vietnam War. More than 58,000 names are engraved on it.

2 Grammaire

a. Les adjectifs composés

▶ Il s'agit d'une combinaison de deux mots au moins, qui est utilisée comme un adjectif. Employés devant le nom, ces mots sont reliés par un tiret. Plusieurs constructions sont possibles :
– adjectif / nom / adverbe + V-*ing* ;
Ex. : *a good-looking place, a thought-provoking exhibition, a never-ending pain*
– adverbe + V-*ed* ;
Le verbe peut être régulier (ex. : *a widely-recognised historian*) ou irrégulier (ex. : *a brightly-lit memorial, a well-known event*).
– nom + nom-*ed* / V-*ed* ;
Ex. : *an iron-fisted leader, a heart-broken soldier*
– adjectif + nom-*ed*.
Ex. : *a narrow-minded revisionist*

Mots clés

- *duty of remembrance* /rɪˈmembrəns/ = *obligation not to forget*
- *national heritage* /ˈherɪtɪdʒ/ *site = place recognised for its cultural significance*
- *pass on from one generation to the next = transfer from generation to generation*
- *as a tribute to = in honour* /ˈɒnə(r)/ *of*
- *pay tribute* /ˈtrɪbjuːt/ *to = celebrate*

▶ Il est aussi possible de former un adjectif composé à partir d'un nombre, souvent pour exprimer une distance ou une durée.
Ex. : *a two-hour seminar*
Dans ce cas, puisque l'expression fonctionne comme un adjectif, alors de même, le nom ne prend pas de -*s* ou la marque du pluriel.

b. L'ordre des adjectifs

▶ Lorsque plusieurs adjectifs sont utilisés, il convient de respecter un ordre précis. Un moyen mnémotechnique simple existe pour s'en souvenir : TACOM (taille – âge – couleur – origine – matière).
Ex. : *the largest recently-built stone statue*
Sinon, les adjectifs les plus subjectifs sont employés en premier, et les adjectifs les plus inhérents au plus proche du nom.
Ex. : *an impressive open-air museum*

▶ Même lorsque le complément dont fait partie l'adjectif est assez long (par exemple quand l'adjectif est employé à la forme comparative ou superlative, ou que plusieurs adjectifs sont coordonnés), l'ensemble se place avant le nom.
Ex. : *The most touching and upsetting moment of the ceremony was when the survivors of the conflict gave their speeches.*

Exercices

1 ★ 5 min **Rapprochez la citation suivante de la photo ci-contre et expliquez les enjeux.**
Citation : *The survivor's duty is "to bear witness for the dead and for the living. He has no right to deprive future generations of a past that belongs to our collective memory"*, Elie Wiesel, American writer and Holocaust survivor.

2 ★★ 10 min **Améliorez votre expression écrite en reformulant les phrases suivantes.**

a. People tend to forget. Physical monuments like war memorials or statues preserve our heritage.

b. Our collective memory is evolving. It is created by a given society. This society may promote specific messages and values.

c. A symbolic memorial commemorates the bombing in Oklahoma. It was created in April 2000. It consists in 168 chairs in bronze and stone with translucent bases in glass. Each chair honors a victim individually.

d. Veterans returned home from Vietnam and later died. The Vietnam Veterans Memorial Fund's *In Memory* program honors them.

3 ★★ 10 min **Écrivez un paragraphe sur la nécessité de ne pas oublier les conflits du passé.**

LES VERBES IRRÉGULIERS : classement par ressemblance

Base verbale	Prétérit	Participe passé	Traduction
Les plus utilisés			
Be	Was/were	Been	*Être*
Do	Did	Done	*Faire*
Get	Got	Got	*Avoir, obtenir*
Go	Went	Gone	*Aller*
Have	Had	Had	*Avoir*
Make	Made	Made	*Faire, fabriquer*
Les trois formes identiques			
Bet	Bet	Bet	*Parier*
Burst	Burst	Burst	*Éclater*
Cut	Cut	Cut	*Couper*
Cost	Cost	Cost	*Coûter*
Hit	Hit	Hit	*Frapper*
Hurt	Hurt	Hurt	*Blesser*
Let	Let	Let	*Laisser*
Put	Put	Put	*Mettre*
Read /i:/	Read /e/	Read /e/	*Lire*
Shut	Shut	Shut	*Fermer*
Base verbale et participe passé identiques			
Become	Became	Become	*Devenir*
Come	Came	Come	*Venir*
Run	Ran	Run	*Courir*
Prétérit et participe passé identiques			
Burn	Burnt	Burnt	*Brûler*
Build	Built	Built	*Construire*
Find	Found	Found	*Trouver*
Hear	Heard	Heard	*Entendre*
Learn	Learnt	Learnt	*Apprendre*
Lend	Lent	Lent	*Prêter*
Lose	Lost	Lost	*Perdre*
Say	Said	Said	*Dire*
Sell	Sold	Sold	*Vendre*
Send	Sent	Sent	*Envoyer*
Shoot	Shot	Shot	*Tirer*
Sit	Sat	Sat	*S'asseoir*
Spend	Spent	Spent	*Passer du temps, dépenser*
Stand	Stood	Stood	*Être debout*
Tell	Told	Told	*Dire, raconter*
Understand	Understood	Understood	*Comprendre*
Win	Won	Won	*Gagner*
Prétérit et participe passé en -GHT			
Buy	Bought	Bought	*Acheter*
Bring	Brought	Brought	*Apporter*
Catch	Caught	Caught	*Attraper*
Fight	Fought	Fought	*Se battre*
Teach	Taught	Taught	*Enseigner*
Think	Thought	Thought	*Penser*

Base verbale	Prétérit	Participe passé	Traduction
Participe passé en -EN			
Beat	Beat	Beaten	*Frapper, battre*
Bite	Bit	Bitten	*Mordre*
Choose	Chose	Chosen	*Choisir*
Drive	Drove	Driven	*Conduire*
Eat	Ate	Eaten	*Manger*
Fall	Fell	Fallen	*Tomber*
Forbid	Forbade	Forbidden	*Interdire*
Forget	Forgot	Forgotten	*Oublier*
Forgive	Forgave	Forgiven	*Pardonner*
Freeze	Froze	Frozen	*Geler*
Give	Gave	Given	*Donner*
Hide	Hid	Hidden	*(Se) cacher*
Ride	Rode	Ridden	*Chevaucher (vélo...)*
Speak	Spoke	Spoken	*Parler*
Steal	Stole	Stolen	*Voler, dérober*
Write	Wrote	Written	*Écrire*
Alternance des formes : -I / -A / -U			
Begin	Began	Begun	*Commencer*
Drink	Drank	Drunk	*Boire*
Ring	Rang	Rung	*Sonner*
Sing	Sang	Sung	*Chanter*
Swim	Swam	Swum	*Nager*
Les verbes qui passent de /i:/ (l'infinitif) à /e/ (au prétérit et participe passé)			
Bleed	Bled	Bled	*Saigner*
Dream	Dreamt	Dreamt	*Rêver*
Feed	Fed	Fed	*Nourrir*
Feel	Felt	Felt	*Sentir, ressentir*
Keep	Kept	Kept	*Garder*
Lead	Led	Led	*Mener*
Leave	Left	Left	*Quitter*
Mean	Meant	Meant	*Vouloir dire*
Meet	Met	Met	*Rencontrer*
Sleep	Slept	Slept	*Dormir*

SYMBOLES PHONÉTIQUES

Voyelles simples

/æ/ cat /ə/ banana /e/ bed /ɪ/ fish /ɒ/ dog /ʊ/ cook /ʌ/ bus

/ɑ:/ car /ɜ:/ bird /i:/ tree /ɔ:/ door /u:/ blue

Diphtongues

/aɪ/ bike /aʊ/ house /eə/ bear /eɪ/ cake /ɪə/ ear /ɔɪ/ boy /əʊ/ ghost /ʊə/ tourist

Consonnes

/ʃ/ shoe /ʒ/ garage /h/ hat /dʒ/ jump /θ/ three /ð/ mother /tʃ/ cheese /ŋ/ sing /j/ yellow

1 Page 183

1 **c.** "Prosperous" and "vulnerable" suggest the idea of an economic benefit and a threat. Greater interactions can indeed both give each country new opportunities, a wider audience, but it can also increase their overall dependence and reduce their self-sufficiency.

2 **a.** for **b.** on **c.** from **d.** across

3 *Éléments de réponse :* • A kiss is a rather intimate form of interaction or exchange. • It suggests a very friendly or peaceful relationship contrasting with the tense relationship these two Great Powers had in the past. • The two presidents stand for their respective nations, each with a marked identity which is here blurred by the same Adidas clothes they are wearing. • A hint at globalisation? Multinational companies selling the same products in every corner of the world? The loss of local identities absorbed by a global americanised culture? • The use of bright colours to represent the president of the U.S. may suggest his supremacy. • He looks like a vampire sucking the blood from the Russian leader = the real winner of this global economy.

2 Page 185

1 **a.** publicising **b.** say **c.** flocking – uploading **d.** prefer

2 **a.** Women used to get married to start a family and take care of their children.

b. For years, teenage girls have chosen scientific career paths and have got a highly-skilled job in state-of-the-art industries.

c. For years, people did not mix their private lives and their work. They would leave their house every morning to go to the office and come back at night to spend time with their families.

d. Don't worry! You'll get used to living differently.

3 *Éléments de réponse :* • *Nature du document : reportage informatif de la chaîne de radio nationale* National Public Radio – *cible : auditoire général – intention de communication : informer (éventuellement dénoncer les écarts de revenus entre athlètes hommes et femmes) • Intervenants : un homme en studio, l'envoyé spécial sur place Tom Goldman et l'ailier de l'équipe féminine américaine de football, Megan Rapinoe, sacrée Ballon d'or ou meilleure athlète du tournoi • Contexte : l'équipe féminine américaine de football vient de gagner son 4e titre de Championnes du Monde hier mercredi, à Lyon, alors qu'elle est au milieu d'une action judiciaire pour obtenir l'égalité des salaires par rapport à l'équipe nationale masculine • Juste après la dure victoire contre les Pays-Bas : passage de la joie (étreinte des joueuses) à l'indignation, avec des chants repris par le public "égalité des salaires, égalité des salaires" • Les membres de la FIFA (l'instance dirigeante internationale du football) se sont fait huer → décision d'octroyer un bonus de $4 millions aux filles, contre $38 millions pour les hommes l'an passé • Référence à la procédure judiciaire lancée en mars et encore en cours à New York, où Megan Rapinoe représente son équipe contre la fédération de football américaine • Elle prend le micro pour témoigner de l'excellence du jeu de son équipe qui n'aurait pas pu donner de meilleur spectacle.*

3 Page 187

1 *Éléments de réponse :* • Sean Lennon's emphasis: on the expressive, emotional, aesthetical component of art. • On the contrary, the visual document under study draws on a particular context (U.S. policies) to denounce it. It is the artist's main purpose.

2 **a.** Some artists are not backed up by local authorities.

b. Some people in power sometimes make up stories to discredit the artists who are criticising them.

c. The exhibition has been called off because of the violent demonstrations which are expected in the coming weeks.

d. The president does not get on very well with the artists who show him little respect in their artworks.

3 *Éléments de réponse :* • Use of a grey background : impression of sadness • Focal point of the photograph : a naked young girl taken from a well-known photograph representing Vietnamese children fleeing from a napalm blast • Representation of popular characters embodying the most famous American multinational companies (McDonald's and Disney) with a beaming smile while the young girl looks distressed • Youth as a picture of innocence and vulnerability • Attack on the imperialism and consumer culture of the U.S. • Criticism of globalisation and its negative effects on local populations • War as an inhuman act

4 Page 189

1 I think many grassroots movements have challenged our politicians recently. In my opinion, they give ordinary people more power over their lives. I do believe that without the movement #BlackLivesMatter, police brutality against African-Americans in the U.S. wouldn't have been tackled. To me, it has opened up a real debate.

2 **a.** What may the rise of digital media or online activism shift? → I don't know what the rise of digital media or online activism may shift.

b. What has given ordinary citizens a remarkable platform? → I don't know what has given ordinary citizens a remarkable platform.

c. What does this digital era called the Information Age offer? → I don't know what this digital era called the Information Age offers.

d. Where does everybody access to information? → I don't know where everybody has access to information.

3 *Éléments de réponse :* • A hashtag belongs to the virtual world and will not make any real change in people's lives. • Today, virtual reality is deeply connected to our real life. • What happens online has consequences offline, on our society – there is no boundary. • All politicians, even the ones who are the most powerful already, are now using social media and reacting to other people's messages or campaigns.

5 Page 191

1 *Éléments de réponse :* • Connection between our reality and dystopian novels which are not based on pure fantasy • Anticipation of imminent dangers • Wake-up call = dystopian stories as cautionary tales

2 *Éléments de réponse :* • One document is an extract from the dystopian novel which is under study in the second document (the newspaper article). • The novel = fiction, imaginary story but the article underlines how its characters have transcended their fictitious world to become feminist icons in Trump's America. • Doc A = we follow the footsteps of the heroine (first-person narrative) and adopt her rather negative vision of herself and her situation (lack of individuality or choice → symbolised by their red uniforms making them invisible). • Doc B underlines how Margaret Atwood's characters and more precisely their red cloaks and white bonnets have been turned into real-life symbols, used by activists today to defend women's rights in the U.S.

6 Page 193

1 gene manipulation – DNA. The other expressions deal with other kinds of scientific innovations : facial recognition, social media, artificial intelligence, etc.

2 **a.** Phone the lab for more details about your next check-up.

b. Scientists 'd work pretty efficiently with the right info.

c. See you soon.

d. Love / Best wishes.

3 *Selon la production des élèves. Penser à inclure une date et le nom d'un journal scientifique ou d'une revue, comme par exemple* Science Monitor, Science Daily *ou* New Scientist. *Penser à faire des paragraphes. La 1re phrase doit motiver l'article et justifier sa raison d'être en donnant des informations factuelles. Ex. :* Yesterday, Biocarbon Engineering revealed a huge plan to use their cutting-edge drones to plant thousands of trees at abandoned mines in Australia over the coming weeks.

7 Page 195

1 *Éléments de réponse :* • Positive vision : racial diversity should be preserved • The U.S. called "a nation of immigrants" ; its origin = different waves of immigration from Europe ; immigration as part of American identity ; concept of the "melting-pot" or "salad bowl" • Need to defend those ideals questioned by a growing number of American people ; continuing fight to put an end to racism (see the movement #BlackLivesMatter or associations defending Mexican-Americans for example).

2 **a.** The more white supremacists there are, the more shocking it is to hear their ideas.

b. The more integrated the workplace (is), the more satisfying (it is) in terms of social diversity.

c. The more a society adapts to people's disability, the easier the life of the disabled (is).

d. The more inclusive a society (is), the fairer (it is).

e. The less you study, the less you understand.

3 *Éléments de réponse :* • The concept of a "hyphenated American" refers to the use of a hyphen between the name of an ethnicity and the word "American" in compound nouns (like Mexican-American). • Dual allegiance instead of the unique allegiance to the U.S. promoted by the president • At a time of war in Europe, the U.S. president wanted to reinforce the unity of the American nation, hence his celebration of assimilationist views. • Today the concept of a "hyphenated American" is rather celebrated by some people who are proud of their origin. • Some argue that the American identity is compatible with alternative identities and that the mixture of identities within the United States strengthens the nation rather than weakens it.

8 Page 197

1 *Éléments de réponse :* • Individual memory as belonging to a collective memory • Paying tribute to national heroes seen as a subjective initiative • Commemoration as a moral duty towards younger generations • Testimony as a mark of respect for those who have lost their lives, but also for the living to give meaning to their present life.

2 **a.** Physical monuments like war memorials or statues preserve our heritage for people not to forget. - As people tend to forget, physical monuments like war memorials or statues preserve our heritage.

b. Our collective memory, which is created by a given society according to specific messages and values, is evolving.

c. A symbolic memorial, which was created in April 2000, commemorates the bombing in Oklahoma. It consists in 168 bronze and stone chairs with translucent glass bases, which honor a victim individually.

d. The Vietnam Veterans Memorial Fund's *In Memory* program honors those who died after returning home from Vietnam.

3 *Éléments de réponse :* • *Emploi de phrases complexes avec propositions subordonnées - emploi d'adjectifs et d'adverbes :* When states, political parties, and social groups appeal to collective historical memory, it is usually in order to promote national unity, which is essential, especially in times of crisis. • *Emploi d'expressions idiomatiques :* Remembrance helps bring our diverse communities closer together, and strengthens the bonds of citizenship.

Identités et échanges

Méthode

1 Préparer une évaluation d'expression orale

Les supports de l'exercice d'expression orale peuvent être des documents inconnus (iconographie(s) et/ou citation(s)). La **qualité de la présentation** orale dépendra donc de la **préparation en amont**, notamment la compréhension des enjeux liés à la thématique et la connaissance du lexique utile associé.

▶ Pour chaque axe, il est souhaitable de réaliser une **synthèse des enjeux et problématiques** possibles (à partir de ce qui a été vu en première et en terminale et en élargissant la réflexion).

▶ Il s'agit de recenser, par exemple sous forme de carte mentale, les **arguments** et **contre-arguments** de **chaque problématique**, de connaître acteurs et événements liés à ces thèmes, et d'apprendre le **lexique transférable utile.**

▶ Avoir anticipé les idées essentielles et le vocabulaire pour les exprimer lève un obstacle essentiel le jour J.

Globalización y cuestiones políticas, económicas, sociales y culturales.

Término individual
- *La lengua oficial*
- *El dialecto*
- *La lengua híbrida*

Término colectivo
- *Los nativos*
- *La población total de hispanohablantes*
- *El crecimiento del idioma español en todo el mundo*
- *Las áreas geográficas y sus fronteras*
- *Las lenguas vecinas*

▶ Vocabulaire utile :
– pour parler de l'interaction entre les peuples : *la aculturación, la integración, la adaptación, la inclusión y la hegemonía, etc.* ;
– pour parler des langues : *el español, el inglés, el francés, el portugués, el alemán, etc.*

2 S'entraîner à la présentation orale

Seul un entraînement régulier permet de ne pas improviser le jour J.

▶ Il faut prendre l'habitude de parler à haute voix de façon cohérente, le plus longtemps possible et à partir de supports trouvés, par exemple, sur Internet (articles notamment).

Cours

1 Enjeux

▶ *La Conquista del Nuevo Mundo ¿primera forma de mundialización de la lengua española?*

▶ *¿El crecimiento de la lengua española en el mundo globalizado?*

▶ *¿Cómo afecta la globalización en la identidad lingüística? ¿Y la diversidad lingüística en la discriminación del español?*

Repères culturels

• **Hernán Cortés de Monroy y Pizarro Altamiro** (1485-1547) : *conquistador español que lideró a principios del siglo XVI la conquista de México. Tuvo un hijo con doña Marina, la Malinche.*

• **Malinalli Tenépatl** *(nació hacia el año 1500, problablemente cerca de la región actual de Veracruz): indígena náhuatl. Jugó un papel importante en la conquista de México Tenochtiltán y realizó un excelente trabajo de intérprete, consejera e intermediaria entre los españoles y los mexicas.*

2 Synthèse

▶ *El proceso de **colonización española** en América, efectuada por la Corona de Castilla hacia finales del siglo XV, implicó desde el principio la **unidad de la lengua**, la **coexistencia** con otras y la primacía del español en el futuro. Este acontecimiento histórico formó parte de uno más amplio denominado **mercantilismo**. La supremacía de la lengua española en los **territorios conquistados** supone en la actualidad un hecho real, siendo ahora la **segunda lengua del mundo** por el número de **hablantes nativos**.* >>

>> ▶ *Los **hispanohablantes** ocupan territorialmente un gran espacio geográfico lo que implica una **continuidad lingüística** que facilita el **intercambio** tanto comercial como cultural. **El crecimiento** de la población hispanohablante seguirá **aumentando** especialmente en Estados Unidos, donde la lengua española es la más estudiada. El primer país hispanohablante es **México** que cuenta con **125 millones de habitantes**.*

Mots clés

- ***La política lingüística:** es la actuación de la Administración que promueve o contiene el uso de un idioma concreto o de un conjunto de los mismos.*
- ***La diversidad cultural y lingüística:** la UNESCO desde la creación de su Constitución en 1945 promueve los derechos culturales y lingüísticos de los pueblos indígenas.*
- ***Náhuatl:** Lengua yutoazteca meridional que en la actualidad se habla en diversas zonas de México y que antiguamente fue la lengua del Imperio azteca.*
- ***El dialecto:** variedad de un idioma que no alcanza la categoría social de lengua.*
- ***El bilingüismo:** uso habitual de dos lenguas en una misma región o por una misma persona.*
- ***El plurilingüismo:** multilingüismo.*

3 Grammaire

a. L' imparfait du subjonctif des verbes réguliers

▶ Il y a deux formes à l'imparfait du subjonctif des verbes réguliers, une forme en «***-ra***» et une autre en «***-se***».

▶ Les deux se forment à partir de la troisième personne du pluriel du passé simple, en enlevant la dernière syllabe et en ajoutant les terminaisons de l'imparfait du subjonctif. La première et la troisième personne du singulier sont les mêmes.

▶ ***Cantar:*** *canta**ra**/canta**se**, canta**ras**/canta**ses**, canta**ra**/canta**se**, cantá**ramos**/cantá**semos**, canta**rais**/canta**seis**, canta**ran**/canta**sen***

*Me encantaría que **aprendieras** el castellano.*

b. L'imparfait du subjonctif des verbes irréguliers

▶ Les verbes qui étaient irréguliers au passé simple conserveront cette irrégularité à toutes les personnes du subjonctif imparfait.

▶ Les verbes comme «***pedir***», «***sentir***» et «***dormir***» changent la voyelle du radical à la troisième personne du singulier et du pluriel ***e*** > ***i***, ***o*** > ***u***.

▶ Le verbe «***dar***» se conjugue comme un verbe du deuxième et du troisième groupe.

Attention : le verbe «***ser***» et le verbe «***ir***» ont le même imparfait du subjonctif.

▶ Certains verbes changent de radical.

- ***Tener:*** *tuviera, tuvieras, tuviera, tuviéramos, tuvierais, tuvieran.*

▶ Même si «***andar***, ***caber***, ***estar***, ***haber***, ***hacer***, ***poder***, ***poner***, ***querer***, ***saber***, ***tener***, ***venir***» et leurs composés ont un radical irrégulier, les mêmes terminaisons de «***tener***» se retrouvent dans les verbes.

- ***Andar:*** *and**uviera**, and**uvieras**, and**uviera**, and**uviéramos**, and**uvierais**, and**uvieran***

*Aunque ellas **vinieran** no estudiarían la lengua.*

▶ Les verbes en «***-ducir***, ***traer***, ***decir***» et leurs composés font :

- ***Traducir*** : *tradujeron → tradujera.*

*Era necesario que los colonizadores **establecieran** el diálogo entre los pueblos.*

Attention : ces verbes ne portent pas d'accent à la première personne du pluriel.

Exercices

1 ★ 5 min **Complete las frases libremente utilizando el imperfecto de subjuntivo.**

a. La profesora le aconsejó al alumno que...

b. Sería importante que...

c. Los Reyes Católicos enviaron a Cristóbal Colón para que...

d. Era fundamental que los intercambios...

2 ★★ 10 min **Expression orale**

Explique y comente esta afirmación sacada del libro de Pablo Neruda *Confieso que he vivido*, 1974 :
«Se llevaron el oro y nos dejaron el oro... Se lo llevaron todo y nos dejaron todo... Nos dejaron las palabras».

Espace privé et espace public

Méthode

1 Comprendre un document oral

Avant l'écoute : faire des **hypothèses** à partir du titre et de la source, donnés sur le sujet. S'il s'agit d'une vidéo, s'appuyer sur les images (le nom des intervenants est parfois écrit). Les **bruits de fonds** peuvent vous aider à déterminer le contexte.

▶ Indiquer les **changements d'intervenants** s'il y en a plusieurs (mettre A au début, puis si quelqu'un d'autre intervient B, C, etc.). Essayer de saisir leur identité, soit en notant leur nom, soit en notant leur profession ; cela facilitera la restitution et permettra d'attribuer les propos de façon précise à une personne particulière.

▶ Noter les **mots transparents**, **répétés** ou **faciles** à comprendre pour saisir le sens général du document. Repérer les **mots-clés**, mots lexicaux nécessaires à la bonne compréhension du message. Comme le montrent les télégrammes, la présence de quelques mots (adjectifs – noms – verbes – adverbes) suffit à rendre compte d'un long message.

Ex. : *La mujer, la huelga, trabajar, pararse.*

▶ Pour la **prise de notes** : utiliser des **abréviations** que vous connaissez.

Ex. : *mujer* → *M. Femenino* → *f. Administración* → *admón. Recursos Humanos* → *RR. HH.*

▶ La syllabe finale peut aussi être abrégée : terminaison en *-cion* → -°, comme *mundializac°*.

▶ S'entraîner à utiliser des **symboles** ou signes mathématiques pour gagner du temps : augmenter = ↗ et femmes, hommes = ♀♂.

▶ L'essentiel est d'être **efficace dans la prise de notes** : ne pas copier des phrases entières mais se focaliser sur les informations en elles-mêmes.

Ex. : l'information suivante, *La igualdad de las mujeres, el 8 de marzo* figurera simplement comme *La = de las M., el 8 de mzo.*

▶ À l'issue d'une première écoute, **relire ses notes** et essayer de les **organiser** : indiquer plus précisément ce que l'on sait des **différents interlocuteurs** et identifier les **informations manquantes** à saisir lors des **écoutes suivantes.** En présence de **listes incomplètes** par exemple, dans le cas où seuls les premiers éléments de la liste ont pu être pris en notes faute de temps : **mettre des tirets** devant les informations manquantes pour indiquer où focaliser son attention lors des écoutes suivantes.

2 Restituer le sens en français

Trois niveaux de restitution sont possibles :

– la situation d'énonciation : Qui parle ? Quels sont les rapports entre les intervenants, s'il y en a plusieurs ? Où est(sont)-il(s) ? ;

– la finalité : Quelle est la nature du document ? Son objectif ? Sa cible ? Exprime-t-il un point de vue subjectif ou une réalité neutre ? ;

– le contenu informatif : il s'agit de toutes les informations factuelles et l'**organisation générale** du message (présentation d'un problème, de ses causes puis de ses conséquences ; expression d'un point de vue puis d'arguments pour le justifier, etc.).

▶ En LVA, rendre compte de l'**implicite** : le ton de l'intervenant ou des propos saccadés peuvent trahir une **émotion**, un débit rapide peut révéler une certaine excitation ou un danger, etc.

Cours

1 Enjeux

▶ *¿Cuáles son las consecuencias principales de la no emancipación de la mujer en la sociedad?*

▶ *¿Cómo ha conseguido la mujer la emancipación y el acceso al espacio público?*

▶ *¿Cómo operan estos cambios sociales tanto en el espacio privado como en el público? ¿La evolución de las mujeres en el espacio público conlleva cambios en el ámbito familiar?*

Repères culturels

Familia: *Del latín familia. Grupo de personas emparentadas entre sí que viven juntas.*

- *El 3 de julio de 2005 se legalizó en España el matrimonio y la adopción entre parejas del mismo sexo.*
- *El gobierno español ha incluido la ampliación progresiva del permiso de paternidad a 16 semanas en 2021.*

2 Synthèse

▶ *Hoy en día, el proceso de **emancipación** de la mujer ha permitido que pueda participar activamente en las actividades económicas, políticas, científicas y culturales, consagradas años antes únicamente a los hombres. A pesar de estos avances por conseguir la **igualdad de derechos** entre hombres y mujeres las **desigualdades** persisten. La **discriminación** de la mujer en una sociedad que permanece **machista** incluye desgraciadamente en su manifestación más brutal la **violencia de género**.*

▶ *Los **cambios en la familia** han sido profundos durante los últimos 40 años. La **familia tradicional** se ha diversificado en un gran número de **modelos familiares**. En el mundo tradicional, la casa y la mujer eran principios fundamentales de la **organización familiar y social**. La función de la mujer se asociaban con el **papel de madre y esposa**. La **concepción jerárquica familiar** se rompe igualando los **derechos** de los progenitores y las **responsabilidades** en relación a los hijos.*

Mots clés

- *La familia nuclear (clásica).*
- *La familia extensa.*
- *La familia monoparental.*
- *La familia homoparental.*
- *La familia ensamblada.*
- *La familia numerosa.*
- *La familia biológica.*
- *La familia adoptiva.*
- *La familia de acogida.*
- *La familia sin hijos por elección.*
- *Los lazos, los vínculos familiares:* les liens de famille
- *La pareja:* le couple
- *El parentesco:* le lien de parenté
- *La desigualdad:* l'inégalité
- *La emancipación:* l'émancipation
- *Reivindicar:* revendiquer
- *Combatir = luchar:* lutter
- *La baja por maternidad:* le congé maternité
- *El permiso de paternidad:* le congé paternité
- *Asumir:* assumer
- *Compartir las tareas:* partager les tâches
- *Encargarse:* prendre en charge
- *Involucrarse:* s'investir

3 Grammaire

a. Le conditionnel

▶ Le **conditionnel** se forme avec l'**infinitif** et les **terminaisons de l'imparfait de l'indicatif** du verbe «*haber*». Le conditionnel a le même radical que le futur de l'indicatif. Il ne faut pas oublier de mettre les accents sur les «*-í*».

- ***Cantar:*** *cantaría, cantarías, cantaría, cantaríamos, cantaríais, cantarían*
- ***Comer:*** *comería, comerías, comería, comeríamos, comeríais, comerían*
- ***Vivir:*** *viviría, vivirías, viviría, viviríamos, viviríais, vivirían*

*A nosotras nos **encantaría** que la sociedad cambiara.*

▶ Les **conditionnels irréguliers** sont classés suivant les modifications de l'infinitif.

– Il manque le «*-e*» du radical de la terminaison de l'infinitif dans les verbes «***caber***, ***haber***, ***saber***, ***poder***, ***querer***».

*Si los hombres participan en las tareas del hogar ellas **podrían** tener más tiempo libre.*

– Il manque le «*-c*» du radical et le «*-e*» ou le «*-i*» de la terminaison de l'infinitif dans les verbes «***hacer***» et «***decir***».

*Ellos **dirían** cualquier cosa con tal de no hacer nada.*

– Un «*-d*» remplace le «*-e*» ou le «*-i*» de la terminaison de l'infinitif dans les verbes «***poner***, ***tener***, ***venir***, ***salir***, ***valer***».

*Los maridos **saldrían** todas las noches si pudieran.*

Leurs composés suivent la même irrégularité.

b. «*Como si*» + imparfait du subjonctif

La **proposition subordonnée** introduite par «***como si***» énonce une situation non réalisable. Elle est donc toujours suivie du **subjonctif imparfait** ou **du plus-que-parfait**.

*Las mujeres lo hacen todo **como** si los hombres no **tuvieran** ninguna responsabilidad en el hogar.*

Exercices

1 ★ 5 min **Conjugue los verbos en condicional.**

a. a. Yo ... (tener) que hacer todas las tareas del hogar.
b. Tú ... (ser) el responsable de mi insatisfacción.
c. A ella le ... (gustar) siempre hacerlo todo.
d. Nosotras ... (desear) que las mujeres se emanciparan.
e. Vosotros no ... (tomar) ninguna iniciativa.
f. Ellos no ... (sentirse) queridos si actúan de ese modo.

2 ★★ 10 min **Inspirándose en la unidad, escriba tres frases con la expresión «como si + imperfecto de subjuntivo».**

3 ★★ 15 min **Expression écrite**

¿Qué medidas tomaría para que la igualdad entre los hombres y las mujeres se llevara a cabo? (10 líneas)

Art et pouvoir

Méthode

1 Décrire un document iconographique

▶ En cas d'évaluation d'expression orale sur un document inconnu, suivre une **méthodologie rigoureuse** vous permettra d'avoir toujours quelque chose à dire.

▶ Commencer par **présenter** le document (**nature**, **source**, **auteur**, **date**).
Ex. : *Este documento es un... Fue hecho / publicado en...*

▶ Savoir identifier les **différents types** de document iconographique – *un gráfico (un gráfico circular, un gráfico de líneas, un gráfico de barras, etc.), una representación de una pintura, un mural, un cartel, un anuncio (= anuncio o publicidad), una infografía, una caricatura, una fotografía, una imagen, etc.* Indiquer aussi correctement la **date** : *En* + l'année. *En* + le mois + *de* + l'année, mais *el* + un jour + *de* + mois + *de* + l'année.
Ex. : *En 2021, en enero de 2021, el 1 de enero de 2021.*

▶ Poursuivre par une **description générale** ou la présentation des éléments évidents, pour aller vers une **description plus minutieuse** du document (aborder la **composition**, les **couleurs**, les **différents plans**, les **angles de vue,** etc.).
Ex. : *En primer plano... En segundo plano... Los colores que se utilizan son bastante brillantes, lo que expresa esperanza y entusiasmo, etc.*

2 Analyser un document iconographique

▶ Cette présentation débouchera sur la formulation d'**hypothèses** et d'une **analyse critique** des éléments représentés ou des choix de l'artiste. Vous n'êtes pas censé avoir une connaissance encyclopédique des œuvres, mais vous devez **savoir vous poser les bonnes questions** et proposer des réponses pertinentes ou des pistes de réflexion.
Ex. : *El uso de líneas rectas sugiere... La elección de los colores tenues expresa... El hecho de que la imagen parezca muy realista puede enfatizar...*

▶ Penser à émettre des hypothèses quant aux **intentions de l'artiste**, en s'appuyant sur des éléments concrets de l'image puis en suggérant des pistes d'interprétation.
Ex. : *El mensaje que el artista probablemente quiso transmitir es... Lo que ciertamente pretendía resaltar es... Esta elección es deliberada y puede sugerir que...*

▶ La dernière étape de la présentation peut consister à faire des **rapprochements** entre le **document** proposé et un des axes du programme du cycle de terminal. Il est possible de faire référence à d'autres documents, non pour éviter de parler de celui qui est proposé, mais pour en soulever les caractéristiques intrinsèques.
Ex. : *Creo que este documento es bastante relevante para expresar el papel político del arte porque... Me hace pensar en otra obra de arte que hemos estudiado en clase, que es... Ambas expresan... pero contrariamente, esta imagen muestra....*

Cours

1 Enjeux

▶ *¿El arte es un medio para legitimar el poder? ¿Puede estar al servicio del poder o, por el contrario, actuar como un contrapoder ?*
▶ *¿El arte es un arma puramente estético, instructivo o ideológico? ¿El artista pretende transmitir un mensaje y concienciar al público? ¿El artista comprometido se puede convertir en icono del marketing?*
▶ *¿El arte puede cambiar el rumbo de la historia?*

Repères culturels

- *El retrato fotográfico del cubano Alberto Díaz Gutiérrez, conocido por su seudónimo de Alberto Korda, el 5 de marzo de 1960 en La Habana, convirtió al revolucionario Ernesto Guevara en un icono del pop y del marketing capitalista. El cliché simboliza en la actualidad la revuelta.*
- *El pintor Pablo Picasso con su apellido da nombre a un modelo de coche, el monovolumen C4 Picasso. La rúbrica del malagueño está presente en más de dos millones de vehículos de la marca Citroën gracias al acuerdo entre los herederos del artista y el constructor automóvil francés.*
- *La imagen de la pintora Frida Kahlo es recurrente en múltiples objetos comerciales.*

2 Synthèse

▶ *El **arte** es una actividad humana que conlleva un conjunto de **habilidades**, **técnicas** o principios con el fin de **crear obras culturales**. El **artista** tiene la **capacidad** y la **destreza** para interpretar lo **real** o lo **imaginario** a través de **recursos plásticos**.* >>

*El **poder** es la **jurisdicción** que alguien o un gobierno tiene para **mandar** o **ejecutar** algo. Ambas nociones están estrechamente vinculadas desde hace siglos en nuestra sociedad. Los ejemplos son múltiples en que los **políticos censuran** tanto a los artistas como a sus obras o, por el contrario, en los que los artistas **hacen apología** del **régimen**.*

▶ *En todas las épocas, el arte ha sido una forma de expresión en la que **se ensalza** o **se instrumentaliza** al **poder económico, social y político** en vigor. Por el contrario, el arte puede ser también una **herramienta para argumentar, protestar o luchar** por unos ideales. La **misión del artista** de **transmitir un mensaje** a través del arte y su **influencia en el público** hacen del arte un **medio artístico poderoso**. Los **artistas** y los **grupos compromidos** son múltiples como, por ejemplo, Federico García Lorca, Pablo Neruda, Pablo Picasso, Diego Rivera, Pablo Milanés, Silvio Rodríguez, Bebe o Calle 13.*

3 Grammaire

a. Le gérondif

▶ Les verbes en «*-ar*» forment le gérondif avec le radical du verbe «***+ ando***».

▶ Les verbes en «*-er*» et en «*-ir*» forment le gérondif avec le radical du verbe «***+ iendo***».

▶ Quelques **gérondifs irréguliers** :

– modifications orthographiques. Les verbes dont le radical se termine par une voyelle prennent un «*y*». Par exemple, *cayendo* (*caer*), *yendo* (*ir*), *leyendo* (*leer*), *oyendo* (*oír*).
*Juan Genovés está **leyenolo** un nuevo libro.*

– les verbes à affaiblissement. Par exemple, *pidiendo* (*pedir*), *sintiendo* (*sentir*), *vistiendo* (*vestir*).
*Los nietos de Pablo Picasso siguen **sintiendo** una gran admiración por su abuelo.*

– les verbes à alternance en «*-o*» prennent un «*-u*» au gérondif. Par exemple, *durmiendo* (*dormir*), *muriendo* (*morir*), *pudriendo* (*podrir*).
*Nosotros estábamos **durmiendo** cuando pasaron el reportaje de la artista cubana.*

b. Le déroulement de l'action et l'enclise

Le **déroulement de l'action** se construit, entre autres, avec le verbe «*estar*», «*llevar*», «*seguir*», «*continuar*» + **gérondif**. Quand le verbe est au gérondif, à l'impératif ou à l'infinitif, le pronom réfléchi ou complément est collé à la fin du verbe, c'est ce qu'on appelle l'enclise. Il ne faut pas oublier l'accent graphique.
*Sigue **insistiendome** para que vaya a la exposición.*

c. L'expression « passer son temps à »

« **Passer son temps à** » : «*pasarse*» + **indication de temps + gérondif**.
L'adjectif possessif français est traduit par un article défini.
***Me paso el tiempo cantando** la cancion revolucionaria.*

d. La simultanéité

Pour exprimer la simultanéité de deux actions, on utilise les tournures «*al*» + **infinitif** ou «*cuando*» + **verbe conjugué**.
***Al saber** que iba a ver la serie sobre la guerra civil, se alegró mucho.*

Mots clés

- *La paz ≠ la guerra*
- *El respeto:* le respect
- *La crueldad:* la cruauté
- *La tortura:* la torture
- *La resistencia:* la résistance
- *Obedecer:* obéir
- *Torturar:* torturer
- *El/la dictador/a:* le dictateur
- *La dictadura:* la dictature
- *La protesta:* la protestation
- *La opresión:* l'oppression
- *El himno:* l'hymne
- *Protestar:* protester
- *Imponer:* imposer
- *Denunciar:* dénoncer
- *Prohibir:* interdire
- *Reprimir:* réprimer
- *Comprometerse:* s'engager
- *Luchar:* lutter
- *Estar preso/a:* être prisonnier/ère
- *La libertad de expresión:* la liberté d'expression
- *Lavar el cerebro:* laver le cerveau
- *La canción revolucionaria:* la chanson révolutionnaire
- *Defender una causa:* défendre une cause

Exercices

1 ★★ 15 min **Grammaire**

a. Elija un cuadro de un pintor español o hispanoamericano y escriba ocho frases que expresen el desarrollo de la acción.

b. Imagine tres frases con la expresión «*Pasarse el tiempo + gerundio*». Utilice cada vez un pronombre sujeto diferente y subraye el pronombre reflexivo en cada frase.

c. Escriba las frases expresando la simultaneidad.
Ver el cuadro – yo – pensar en ti.
Comprender el mensaje – nosotras – saber lo que pretender.
Leer este poema – tú – ponerse alegre.

2 ★★★ 20 min **Expression écrite**

Indique los aspectos que hacen de este cuadro una obra comprometida. (10 líneas)

Citoyenneté et mondes virtuels

Méthode

1 Exprimer ses idées et les justifier

Avant de **donner un point de vue**, il est préférable d'utiliser des **structures explicites**.
Ex. : *Para mí..., creo que..., pienso que..., en mi opinión...*
Ces dernières annoncent le caractère subjectif de votre affirmation.

▶ Toute prise de position doit être **argumentée** et **justifiée** par une **mise en contexte** ou des **exemples**. L'essentiel dans l'expression orale n'est pas l'opinion de l'élève, mais la **qualité de son argumentation**.
Ex. : *Pienso que las noticias falsas o los* fake news *perjudican y desinforman.*

2 Interagir de façon efficace

Pour se **donner le temps de réfléchir**, on peut par exemple **formuler la question** à laquelle on s'apprête à répondre. En phase d'interaction, on peut aussi **reprendre la question** à laquelle on doit répondre au style indirect.
Ex. : *Le pidió a los jóvenes de la generación Z que le explicaran cómo usaban las redes sociales, cuáles preferían y a quiénes copiaban e imitaban.*

▶ Lors d'une phase d'**interaction**, il faut savoir saisir les perches qui sont lancées et ne pas nécessairement rester sur ses positions. Il est tout à fait normal de **reconnaître une erreur**, ou de souligner le caractère un peu contestable d'une affirmation auparavant énoncée. Il faut donc veiller à bien rester **ouvert aux suggestions de l'interlocuteur**.

▶ La conversation doit être aussi naturelle que possible, c'est-à-dire plutôt un échange d'idées qu'un interrogatoire. Si l'interlocuteur exprime son désaccord, prenez-le comme une opportunité de préciser, de développer ou d'améliorer une idée, et non comme une remise en cause radicale.

Cours

1 Enjeux

▶ *¿Cómo es y qué comportamiento tiene un ciudadano del siglo XXI en el mundo digital en el que vive?*

▶ *¿El uso actual de las nuevas tecnologías modifican y ponen en peligro nuestras vidas o la utilización adecuada de las mismas favorece el saber, el intercambio cultural y la libertad de expresión?*

Repères culturels

- *Las noticias falsas o los fake news consisten en un tipo de bulo difundido a través de los medios de comunicación con el fin de perjudicar y de desinformar.*
- *El ciberacoso es el uso de los medios digitales para acosar a una persona.*
- *La nomofobia o la adicción al móvil consiste en el miedo irracional a salir de casa sin el celular.*
- *La adicción a los videojuegos.*

2 Synthèse

▶ *En estos momentos en el que las fronteras geográficas desaparecen gracias a los **espacios virtuales**, la **información** se transmite muy rápidamente en todo el mundo. La velocidad con la que se han ido incorporando en nuestra sociedad induce a reflexionar sobre si los individuos han tenido tiempo de adaptarse. El **uso excesivo** de los **medios de comunicación** lleva a plantarse si se utilizan de una **manera responsable** o **indiscriminada** tanto en el plano individual como colectivo.*

▶ *Al mismo tiempo que los medios de comunicación pueden ser una buena **fuente de comunicación**, **de información y de entretenimiento**, también representan diversos **riesgos**. Las informaciones o los **contenidos falsos** pueden también **influir** en las personas que no tienen aún un espíritu crítico. Por todo ello, cabría plantearse el **papel de la sensibilización** y **de la educación**. Así como el **impacto** y la **influencia** que ejercen los medios de comunicación en los ciudadanos para evitar, por ejemplo, la **usurpación de identidad**, el **ciberacoso** o la **adicción**.*

3 Grammaire

a. Le «voseo»

Le terme «***voseo***» désigne l'emploi du pronom «*vos*» à la place du pronom «*tú*» et on vouvoie avec «***usted***».
Lorsqu'on utilise le «***voseo***», le verbe est, la plupart du temps, conjugué à la 2e personne du pluriel. Cette forme est répandue dans les pays d'Amérique Centrale, dans une grande partie de l'Argentine, au Mexique, au Venezuela, au Pérou, au Chili, en Colombie, en Équateur, en Bolivie, en Uruguay et au Paraguay.
*Y **vos** ¿cómo **comunicáis**?*

b. Le tutoiement et le vouvoiement

▶ On emploie «*tú*» et «*vosotros, vosotras*» pour le tutoiement.
– Pour une personne, «*tú*» + **verbe à la 2e personne du singulier.**
*¿**Tú utilizas** las redes sociales de manera responsable?*
– Pour plusieurs personnes, «*vosotros, vosotras*» + **verbe à la 2e personne du singulier.**
__Vosotras difundís__ información falsa en internet.
▶ On emploie «*usted*» et «*ustedes*» pour le vouvoiement.
– Pour une personne, «*usted*» + **verbe à la 3e personne du singulier.**
__Usted debería__ utilizar otro medio de comunicación.
– Pour plusieurs personnes, «*ustedes*» + **verbe à la 3e personne du pluriel.**
__Ustedes__ no __conocen__ los riesgos que corren.
Attention : les pronoms (sujets, compléments, réfléchis et possessifs) doivent être adaptés en fonction de la personne.

Mots clés

- *Un blog:* un blog
- *El internauta:* l'internaute
- *El buzón:* la boîte mail
- *Hackear, piratear:* pirater
- *Conectarse:* se connecter
- *El peligro:* le danger
- *El riesgo:* le risque
- *Arriesgado/a:* risqué/e
- *La contraseña:* le mot de passe
- *Crear su perfil:* créer son profil
- *El móvil:* le téléphone portable
- *Un/a seguidor/a:* un/e follower
- *El buscador:* le moteur de recherche
- *Borrar una cuenta:* effacer un compte
- *Las redes sociales:* les réseaux sociaux
- *Un/a bloguero/a:* un/e blogueur/euse
- *La vida privada:* la vie privée
- *El ciberacoso:* le cyber-harcèlement
- *El ordenador, la computadora:* l'ordinateur
- *El correo electrónico:* le courrier électronique
- *El pirata informático:* le pirate informatique
- *Colgar en internet:* naviguer sur internet, surfer

c. La traduction de « on »

L'espagnol ne possède pas de pronom personnel « **on** ».
Il peut s'exprimer de quatre façons en espagnol.
▶ « **On** » = **troisième personne du pluriel** (le locuteur ne s'inclut pas dans le «on»). Le pronom « **on** » peut être remplacé par « **les gens** » ou par « **quelqu'un** ».
__Llaman__ por teléfono o __mandan__ un fax.
▶ « **On** » = «*se*» + **verbe à la troisième personne du singulier ou du pluriel** (le locuteur peut être inclus dans le « on »). Il exprime une généralité, une possibilité, une recommandation, une obligation ou une habitude.
__Uno__ no __sabe__ si un día sentirá nomofobia.
Attention : le verbe devra s'accorder avec le complément d'objet direct.
▶ « **On** » = «*uno, a*» + **verbe à la troisième personne du singulier** (le locuteur s'inclut dans le « on »).
__Uno__ no __pudo__ cantar ciertas canciones durante la dictadura militar argentina.
▶ « **On** » = **la première personne du pluriel** (le locuteur s'inclut dans le « on »). On peut remplacer « on » par « nous » dans la phrase française.
Ya no __podemos__ tener libertad de expresión.

Exercices

1 ★★ 10 min **Grammaire**

a. Complete las frases.
– Usted siempre ... (escribir) textos en mayúscula.
– Tu método no es el adecuado, tú lo ... (saber) muy bien.
– Ustedes no ... (deber) meterse en mi vida privada.
– Vosotras ... (tener) que crearos un perfil.

b. En relación con la temática *Ciudadanía y mundos virtuales*, construya cuatro frases con el pronombre indefinido «*on*».

2 ★★★ 20 min **Expression écrite**

Invéntese una noticia falsa con el fin de perjudicar y de desinformar (10 líneas).

Fictions et réalités

Méthode

Compréhension écrite

a. Effectuer les premiers repérages

La compréhension de l'écrit peut prendre appui sur plusieurs textes. Dans ce cas, avant de commencer la lecture, regarder le **paratexte** ou les **sources des documents** pour saisir leur **nature** et leur **contexte.** La **finalité des documents** en découle : un article de presse traitera souvent de l'actualité, l'objectif étant informatif. En revanche, un extrait de roman, étant une œuvre fictive, n'offrira pas le même rapport à la réalité, à moins qu'il ne se veuille prémonitoire ou préventif.

▶ La **date de publication** permet de situer chaque document l'un par rapport à l'autre.

Par exemple, si les deux documents à étudier sont constitués d'un article de presse, et d'un extrait de roman, et si l'article a été écrit bien après le roman et en offre une critique à plus de 30 ans d'intervalle, il est essentiel de comprendre ce décalage.

▶ Lors de la lecture de chaque document, saisir **le (les) personnage(s)** mentionnés, leurs **relations**, les **lieux** et les **actions.** Pour cela, il est utile de considérer les verbes et les temps auxquels ils sont conjugués, ce qui permet de saisir la chronologie.

▶ Une fois le repérage de base effectué et les différents éléments mis en relation, l'étape suivante repose sur l'explication de l'**implicite.** Quels sont les états d'esprit, les sentiments, les intentions du ou des personnages et de l'auteur notamment ?

b. Comparer les perspectives et restituer le sens

Le ou les documents ont été choisis pour offrir une **vision différente sur une thématique commune.** L'enjeu d'un exercice de compréhension écrite est de souligner leurs similitudes et leurs différences.

▶ Dans le cas d'un extrait littéraire, le type de narrateur est important puisqu'il a une incidence sur le **point de vue**, qu'il conviendra de comparer d'un document à l'autre également. Le narrateur est-il le rédacteur ? S'agit-il d'un observateur ? etc.

Ex. : *Narrador en primera, en segunda y en tercera persona, testigo, interesado, investigador, etc.*

▶ Afin de comparer les perspectives, il est nécessaire de maîtriser les **structures** permettant d'exprimer les **points communs** et les **différences.**

Ex. : *Ambos documentos muestran... El documento A y el documento B comparten el mismo... De la misma manera que el documento A, el documento B...*

La diferencia entre los dos documentos es... Lo que opone uno al otro es...

Cours

1 Enjeux

▶ *¿Cuáles son los modelos históricos, sociales o artísticos que cada población ha heredado y cuáles son los que busca en la actualidad?*

▶ *¿Cómo dialogan la realidad y la ficción en las creaciones históricas, sociales y artísticas?*

▶ *¿Las figuras del pasado siguen siendo fuente de creación y de inspiración? ¿Qué valores encarnan los iconos modernos?*

2 Synthèse

▶ *¿Los modelos históricos, sociales o artísticos siguen participando en la creación de la identidad nacional y alimentando la imaginación individual o colectiva? ¿Las historias, las creencias, las leyendas y las figuras del presente y del pasado, continúan siendo fuente de inspiración y de creación? ¿Cómo se representan en la actualidad? ¿Cómo se puede romper con los estereotipos? ¿Hasta dónde puede llegar la ficción y en qué medida puede reflejar la realidad?*

Repères culturels

- *Rodrigo Díaz de Vivar nació en 1048 y murió en Valencia en 1099. Conocido como El Cid Campeador o El Cid, fue un líder militar que conquistó Valencia del 17 de junio de 1094 hasta su muerte. Su mujer Jimena Díaz también tuvo un papel fundamental. Rodrigo Díaz representa una figura histórica y legendaria de la Reconquista, su vida inspiró el poema épico el Cantar del mío Cid.*
- *Tanto en Hispanoamérica como en España se cruzan leyendas, creencias, dioses y mitos diversos como, por ejemplo, el dios del Maíz, el dios Maximón, la leyenda del Rey Blanco, las Meigas o la leyenda del Camino de Santiago.*
- *Otros ídolos en las artes son, entre otros, Don Quijote de la Mancha, Don Juan Tenorio, Carmen, Pablo Picasso, Rafael Nadal, Fernando Alonso, Mortadelo y Filemón, o Anacleto.*

>> ▶ *Al ser, en muchas ocasiones, la realidad insoportable, el hombre intenta evadirse y sueña gracias a la ficción. ¿Narrar una historia es contar la historia? ¿Puede la realidad alimentar la ficción o al contrario? ¿Las figuras históricas, sociales o artísticas pueden, deben ser o son modelos de conducta? ¿Qué diferencia un héroe de un antihéroe? ¿Qué función tienen?*

3 Grammaire

a. Les verbes *ser / estar*

Le verbe « **être** » se traduit soit par le verbe «*ser*», soit par le verbe «*estar*».

▶ Le verbe «*ser*» s'emploie pour décrire les caractéristiques essentielles d'un être, d'une chose ou d'une situation, devant un nom, un pronom, un infinitif, un numéral, un adjectif ou un participe (pour indiquer l'origine, le sexe, la profession, la couleur et la matière).

*Yo **soy** la protagonista de la historia.*

▶ Le verbe «*estar*» s'emploie pour situer dans l'espace et dans le temps, pour exprimer un aspect circonstanciel ou subjectif et pour exprimer le résultat d'une action.

*El escenario **está** preparado para que la acción se lleve a cabo.*

Attention : Certains adjectifs changent de sens selon qu'on les emploie avec «*ser*» ou «*estar*».

Ser / estar lista = être intelligente / prête.

b. Les verbes *haber / tener*

Le verbe « **avoir** » possède deux traductions «*haber*» et «*tener*».

▶ Le verbe «*haber*» s'emploie comme :

– auxiliaire aux temps composés à la forme active (participe invariable),

– au sens de **il y a** («*hay*» + **3e personne du singulier**)

– dans les expressions impersonnelles («*hay*» + «*que*» + **infinitif**).

Attention : L'auxiliaire «*haber*» ne peut pas être séparé du participe passé en espagnol. Contrairement au français, l'adverbe devra donc être placé avant ou après le verbe.

*Los actores **han trabajado** mucho.*

▶ Le verbe «*tener*» s'emploie lorsque le verbe **avoir** indique la possession (sens propre ou figuré) ou dans la forme personnelle («*tener*» + «*que*» + **infinitif**).

*Las mujeres **tienen** cada vez más responsabilidades.*

Mots clés

- *La mitología:* la mythologie
- *Mitológico/a:* mythologique
- *Mítico/a:* mythique
- *Mitificar:* mystifier
- *La divinidad* = la deidad
- *La creencia:* la croyance
- *La magia:* la magie
- *El mago:* le magicien
- *La brujería:* la sorcellerie
- *El realismo:* le réalisme
- *El/la brujo/a:* le/la sorcier/ère
- *La fantasía:* la fantaisie
- *La ciencia ficción:* la science-fiction
- *La mitificación:* la mystification
- *Fantástico/a:* fantastique
- *Natural ≠ sobrenatural*
- *Ficticio/a:* fictif/ve
- *Encarnar:* incarner

Exercices

1 ★ 10 min **Grammaire**

Complete las frases con «*ser*» o «*estar*». Adáptela o no en función del tiempo verbal.

a. El caballero andante ... en Castilla la Mancha.

b. Dulcinea del Toboso ... la mujer más bella que conocí.

c. Rodrigo Díaz de Vivar y su mujer ... personalidades destacadas en Valencia.

d. Me gustaría ... una heroína de los tiempos modernos.

2 ★★★ 20 min **Expression écrite**

Redacte una historia en la que usted sea el héroe o la heroína (10 líneas).

Innovations scientifiques et responsabilité

Méthode

1 Connaître les différents formats d'expression

Pour aborder sereinement un exercice d'expression écrite, connaître les **caractéristiques des principaux formats d'expression guidée** comme :
– l'**article de presse** : penser à un titre accrocheur, une date et un nom de journal, des informations factuelles présentées en paragraphes ;
– **le discours** : penser à convaincre et à adapter le registre de langue à l'auditoire ; les figures de style seront utiles, comme la répétition, l'alternance de phrases longues et courtes et une progression dans ce qui est dit pour clore sur un message fort.
– les **courriers électroniques** : respecter la présentation : expéditeur – destinataire – objet avant de rédiger le message. Varier les registres de langue en fonction du destinataire et connaître les formules-types.
Ex. : *Querido/a/os, Hola, Estimado/a/os/as señor/a/es/as, Un fuerte abrazo, Con cariño, ¡Hasta pronto! Muy atentamente, Reciba un saludo cordial.*

▶ Les **sujets de discussion** doivent se présenter sous la forme d'une très courte **introduction**, d'un développement en plusieurs **paragraphes**, et d'une courte **conclusion** qui devrait se terminer par une **ouverture.** Les idées doivent être ordonnées, la **progression** clairement marquée par des **liens logiques**, et les **arguments** explicités par des **exemples.**

2 Les registres de langue

▶ Il convient de **respecter le registre de langue attendu**, formel ou informel. La syntaxe et le vocabulaire en dépendent :

Style formel / neutre	Style informel
Phrases complètes Ex. : *El progreso científico es fundamental para la sociedad del siglo XXI.*	**Phrases tronquées**, sans sujet Ex. : *Progreso fundamental para el siglo XXI.*
Formes pleines des verbes Ex. : *Lamentamos saber que la vacuna no ha funcionado.*	**Formes contractées** Ex. : *Lo siento no ha funcionado.*
Vocabulaire assez **soutenu** Ex. : *El científico experimentó con éxito sus ensayos.*	**Vocabulaire** informel et **courant** Ex. : *Al científico se le dio muy bien con sus experimentos.*

Cours

1 Enjeux

▶ *¿En la actualidad ¿cómo afectan en los diferentes campos, los cambios tecnológicos y científicos? ¿Se pueden controlar?*
▶ *El progreso científico ¿avance o derivas?*
▶ *¿Qué medidas deben tomar los ciudadanos y los científicos?*

2 Synthèse

▶ *El* ***progreso científico*** *evoca el* ***desarrollo*** *de los* ***conocimientos de la ciencia*** *y el* ***progreso técnico*** *depende, en buena medida, de él. Aunque el progreso científico evoluciona y es capaz de resolver muchos problemas. Cabe preguntarse sobre las consecuencias de la actividad humana. ¿Cuál es la diferencia entre el progreso científico y el* ***progreso social****? ¿La* ***ideología científica emite valores éticos****? ¿Qué fin tiene hoy el progreso científico?*

Repères culturels

- *Los objetivos de la Valencia para ser Capital Europea de la Innovación en 2030 consisten en una estrategia por misiones centrada en la salud, la sostenibilidad, la reducción de la desigualdad y el emprendimiento. Todas estas medidas están recogidas en el documento «Missions València 2030».*
- *El proyecto europeo FlowPhotoChem empleando energía solar concentrada y catalizadores avanzados, el agua y el CO_2 se convertirán en productos químicos valiosos y reducirán el impacto medioambiental de la industria química.*
- *En 2018, construyen en Valencia la primera casa en España hecha con una impresora 3D.*

>> ▶ *La **mutación acelerada del mundo** gracias al progreso científico provoca **incertidumbre** y **miedo**. Las **nuevas tecnologías** ayudarán a **superar mayores retos** pero también pueden **crear** un **mundo** cada vez más **desigual**. Pronosticar el futuro es un trabajo complejo y crítico para muchas áreas de la economía, de la medicina o del clima. ¿Dónde están los **límites** de la **innovación científica** y quién debe ponerlos?*

3 Grammaire

a. La traduction du verbe « apprendre »

▶ **« Apprendre » / «*enseñar*»**
Lorsque le verbe « apprendre » est synonyme d'enseigner à une ou plusieurs personnes, la traduction en espagnol est «***enseñar***».
*La investigadora **enseñará** sus ensayos clínicos a sus alumnos.*

▶ **« Apprendre » / «*aprender*»**
Quand le verbe « apprendre » signifie acquérir des connaissances, il se traduit en espagnol par «*aprender*».
*Los alumnos **aprenden** como ser responsables.*

▶ **« Apprendre une nouvelle » / «*enterarse de*»**
« Apprendre une nouvelle » équivaut à «*enterarse de*».
*Nosotros **nos enteramos del** acontecimiento en clase de ciencias.*

b. La traduction du verbe « devenir »

Le verbe « **devenir** » possède plusieurs équivalents en espagnol.

▶ «***Convertir(se) en***» + **nom** indique un changement long.
*La solución era **convertirse** en rana.*

▶ «***Hacerse***» + **adjectif, nom ou adverbe** indique un changement progressif et/ou volontaire.
*La doctora **se hizo** primordial en el hospital.*

▶ «***Llegar a ser***» + **adjectif ou nom** insiste sur la notion de difficulté et sur l'idée d'aboutissement.
*Las mujeres **han llegado a ser numerosas** en el Consejo Superior de Investigaciones Científicas.*

▶ «***Poner(se)***» + **adjectif ou adverbe** indique un changement accidentel et involontaire.
*Los niños **se ponen rojos** cuando tienen que manipular los utensilios.*

▶ «***Volver(se)***» + **adjectif, nom ou adverbe** désigne un changement radical et définitif.
*La investigación científica española **se ha vuelto fundamental**.*

Mots clés

- *El desarrollo sostenible:* le développement durable
- *La transformación urbana:* la transformation urbaine
- *La ecociudadanía:* l'éco-citoyenneté
- *La arquitectura innovadora:* l'architecture innovatrice
- *Los medios de transportes sostenibles:* des moyens de transports écologiques
- *La ética:* l'éthique
- *El calentamiento global/climático:* le réchauffement climatique
- *El medio ambiente:* l'environnement
- *La contaminación = la polución*
- *La deforestación:* la déforestation
- *La escasez de agua:* la pénurie d'eau
- *El impacto medioambiental/en el medioambiente:* l'impact environnemental
- *El factor humano:* le facteur humain
- *La extinción de especies:* l'extinction des espèces

Exercices

1 ★ 10 min **Grammaire**

a. Escriba tres frases con la traducción del verbe «*aprender*».

b. Con los elementos siguientes, redacte frases para describir un cambio.
Tú y yo – amigos – en el instituto.
El mono – humano.
Usted – culta – porque se interesó en leer muchos artículos.
Los jóvenes – nerviosos – hablo de ese tema.

2 ★★ 20 min **Expression écrite**

Enumere cinco frases que indiquen lo que usted haría para proteger el planeta.

Diversité et inclusion

Méthode

1 Analyser une infographie

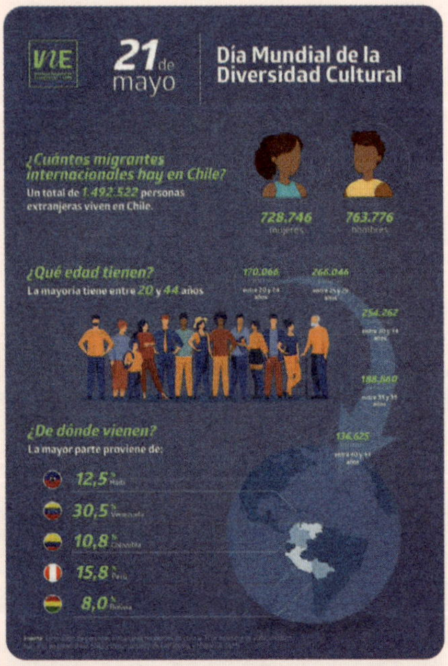

Día Mundial de la Diversidad Cultural: ¿cómo son y dónde viven los migrantes internacionales en Chile? (ine.cl)

▶ Considérer le **titre** et la **légende** du document pour en comprendre le sens et l'information principale.
Ex. : *El 21 de mayo se celebra el Día Mundial de la Diversidad Cultural para el Diálogo y el Desarrollo. Las Naciones Unidas establecieron esta fecha para concienciar tanto la importancia de la diversidad como la inclusión.*

▶ Déterminer les **informations essentielles** ou les **grandes tendances** en premier avant de considérer éventuellement ce qui relève davantage du détail.
Ex. : *Según cifras del Instituto Nacional de Estadísticas (INE), el 31 de diciembre de 2019 había en Chile un total de 1.492.522 personas extranjeras. 763.776 hombres y 728.746 mujeres. El 68% tenía entre 20 y 44 años.*

▶ Une fois les informations factuelles dégagées, essayer d'en rendre compte et de **trouver des explications**.
Ex. : *El número de las personas y su franja de edad era la siguiente : 170.066 personas entre 20 y 24 años, 266.046 personas entre 25 y 29 años, 254.262 personas entre 30 y 34 años, 188.860 personas entre 35 y 39 años y 136.625 personas entre 40 y 44 años.*
El porcentaje más alto de extranjeros que residía en Chile provenía de países de América como Venezuela (30,5%), Perú (15,8%), Haití (12,5%), Colombia (10,8%) y Bolivia (8,0%).

2 Analyser une citation

▶ Dégager les **mots essentiels** de la citation et la reformuler avec ses **propres mots.**
Ex. : *«Todos tendrán derecho a las salud, la vivienda será primordial para los más desfavorecidos, es necesario un control de armas, el salario mínimo debe aumentar y hay que ponerle fin al ICE, la agencia federal que aplica las leyes de inmigración.»*
→ *La joven nació en el Bronx en 1989.*
→ *A pesar de su brillante carrera, Alexandria Ocasio-Cortez se negó a dejar el Bronx.*
→ *Alexandria proclama en su mensaje político la diversidad y la inclusión.*

▶ Mettre cette **citation en perspective** : donner des arguments pour **expliquer la vision** proposée, donner des **exemples concrets**, la rattacher à un **contexte** culturel ou une aire géographique, étendre sa **portée**, la placer dans le champ de la **thématique au programme**, lui opposer des **contre-arguments** ou en soulever les **limites**, etc.
Ex. : *La importancia de su elección radica en que ejemplifica todo lo que una mujer trabajadora y latina puede representar fácilmente a varios estratos sociales, pero también a las minorías.*

Cours

1 Enjeux

▶ *¿Cómo conciliar la diversidad y la inclusión generacional?*
▶ *Cambios generacionales ¿tradición o modernidad? ¿Cómo se comportan ahora las diversas generaciones?*
▶ *Ser joven y llegar a viejo a toda costa ¿un verdadero progreso?*

Repères culturels

- *La generación perdida*
- *Baby boom*
- *La generación X (nacidos globalmente entre 1966 y 1976)*
- *La generación Y, generación del milenio o milénica (nacidos globalmente entre 1980 y 2000)*
- *La generación Z (nacidos globalmente entre 1995 y 2015)*
- *La generación T (nacidos globalmente entre 2010 y 2025)*
- *La generación «ni-ni» (ni estudia ni trabaja): tienen entre 16 y 29 años. Viven con sus padres y pasan mucho tiempo en casa. No tienen ningún tipo de motivación.*

>>

>> 2 Synthèse

▶ *La **sociedad evoluciona** siendo cada vez más **diversa** y **compleja**. ¿Cómo se organizan los individuos? Aunque a primera vista la **modernidad** es sinónimo de **libertad** y de **independencia** en el seno de la familia, con respecto a la tradición, en ciertas ocasiones, esta evolución solamente sirve para **destructurar** la **unidad familiar**. ¿Cómo se definiría la **familia ideal**? ¿Existen **minorías invisibles**? ¿La sociedad tiende hacia un modelo tradicional? ¿Es necesario aceptar nuestras **diferencias** e **incluir** a todas las personas para vivir mejor?*

▶ *El **comportamiento** de las **nuevas generaciones**, el **culto** a la **juventud** y los **avances tecnológicos** conducen a la **diversidad** y la **inclusión** entre las **generaciones**. ¿Los **valores sociales** y las **relaciones intergeneracionales** varían los **comportamientos de la sociedad**? ¿El culto al cuerpo y el **individualismo** se ve reflejada en la actitud hacia las **personas** más **vulnerables**? Hoy en día ¿el respeto y la admiración hacia las **personas mayores** se ha perdido?*

3 Grammaire

a. L'obligation personnelle et impersonnelle

▶ Le **destinataire est identifié** dans l'**obligation personnelle.**
Il se construit avec «***tener que***» + **infinitif** et «***deber***» + **infinitif**.
D'autres formes sont : «***es necesario que***» + **subjonctif**, «***es preciso que***» + **subjonctif**, – «***es menester que***» + **subjonctif**, – «***hace falta que***» + **subjonctif** et «***haber de***» + **infinitif**.
*Yo **debo creer** en esta candidata.*
Attention : il faut faire la concordance des temps si le verbe «***ser***» est au passé.

▶ Le destinataire est général dans l'**obligation impersonnelle.**
Il se construit avec : «***hay que***» + **infinitif**, «***es necesario***» + **infinitif**, «***es preciso***» + **infinitif**, «***es menester***» + **infinitif**, «***hace falta***» + **infinitif**, – «***se debe***» + **infinitif** et «***es de***» + **infinitif**.
***Es necesario pensar** de otra manera para que la situación cambie.*

b. L'expression de l'opinion

Pour **donner son opinion** :

▶ «***Pienso que.../creo que...***» : je pense que.../je crois que...
***Creo que** la generación de antes dialogaba más con sus hijos.*

▶ «***(A mí) me parece que...***» : (moi) il me semble que...
***Me parece que** la chica no quiere ponerse a trabajar.*

▶ «***En mi opinión.../para mí.../a mi parecer...***» : à mon avis...
***En mi opinión** las personas cada vez son más solidarias.*

▶ «***Me cuesta creer que...***» : j'ai du mal à croire que...
***Me cuesta creer que** los jóvenes no ayuden a las personas mayores.*

Mots clés

- *El/la joven:* le/la jeune
- *La juventud:* la jeunesse
- *El/la adulto/a:* l'adulte
- *La vejez:* la vieillesse
- *La belleza ≠ la fealdad*
- *El sufrimiento ≠ el alivio*
- *Las arrugas:* les rides
- *Rejuvenecer ≠ envejecer*
- *La ayuda:* l'aide
- *Ayudar:* aider
- *La exclusión:* l'exclusion
- *Excluir:* exclure
- *Discriminar:* discriminer
- *Despreciar:* mépriser
- *La fraternidad:* la fraternité
- *El compromiso:* l'engagement
- *La solidaridad:* la solidarité
- *La tolerancia:* la tolérance
- *Ser joven ≠ ser mayor, ser viejo*
- *Quitarse años, edad:* se rajeunir
- *El/la anciano/a:* la personne âgée
- *El/la descendiente ≠ el/la ascendiente*
- *El árbol genealógico:* l'arbre généalogique
- *La discriminación:* la discrimination

Exercices

1 ★★ 15 min **Grammaire**

a. Transforme las frases en obligaciones personales e impersonales.

Valorar los logros de una persona./ Luchar por los derechos humanos./ No perder nunca la esperanza./ Uno no callar ante las injusticias./ Despreciar lo que uno no quiera en su vida./ Ayudar a los más necesitados.

b. Escriba cuatro frases diciendo lo que piensa de los cambios generacionales.

2 ★★ 10 min **Analice la frase del ensayo de Mario Vargas Llosa titulado *Sables y utopías* de 2009 :**

«En los últimos veinte años, millones de emigrantes de la sierra han venido a instalarse en Lima, en barriadas – eufemísticamente llamadas pueblos jóvenes – que cercan los antiguos barrios. A diferencia de nosotros, los muchachos de la clase media limeña descubren hoy la realidad del país con solo abrir las ventanas de su casa».

Méthode

1 Utiliser un vocabulaire plus riche

Jouer sur les **synonymes** pour éviter les répétitions.
Ex. : *El recuerdo, recordar, acordarse de, pensar en, el olvido, la amnesia, etc.*

▶ Penser aux **mots** et aux **expressions idiomatiques**.
Ex. : *Caer en el olvido.*
Cerrar un capítulo de la historia.
Una historia de nunca acabar.
Refrescar la memoria.
Perdono pero no olvido.

▶ Utiliser un **lexique précis**.
Ex. : *La familia estaba muy triste.* → *La comitiva familia estaba apenada.*

▶ Penser aussi à enrichir avec des **adjectifs** et des **adverbes**.
Ex. : *La familia de Franco pudo ir a la ceremonia.* → *Los parientes de Franco estaban autorizados a asistir a la suntuosa ceremonia.*

2 Utiliser des structures plus complexes à l'écrit

Utiliser des **structures plus complexes à l'écrit** en **évitant** de simplement **juxtaposer** des phrases simples et en **préférant** imbriquer deux phrases simples pour en construire une seule, en recourant à la **subordination.**
Ex. : *Los hombres que fueron encarcelados no sobrevivieron.*
Algunas conmemoraciones han dado lugar a conflictos, ya que cada individuo tiene una visión diferente de la historia.

Cours

1 Enjeux

▶ *¿Es necesario recuperar la memoria para no olvidar la historia? ¿Cómo llevar a cabo el deber de memoria en nuestra época sin cometer injusticias con el presente? ¿Por qué es importante que las políticas del estado se impliquen en el deber de memoria?*

2 Synthèse

▶ *La **memoria histórica colectiva** se ha vuelto una **obligación moral de la humanidad**. Sin embargo, ¿qué hacer con el pasado? ¿Qué ocurre si se abren las **heridas**? ¿Si los individuos y la memoria histórica, tal como la emplean las comunidades y las naciones, caen en los extremos? ¿Si solamente tienen en mente la **guerra**, el **dolor**, el **odio** y el **rencor** más que la **reconciliación** y el **perdón**?*

▶ *Tanto los personajes ficticios como los históricos traducen la necesidad de establecer la memoria individual y colectiva. ¿Quiénes deben contar la historia y de qué manera? ¿Es obligatorio recordar **grupos armados** o **figuras emblemáticas** que mancharon la memoria histórica de un país? ¿Se pueden considerar héroes y mitos los grupos o las figuras más sanguinarias de la historia?* >>

Repères culturels

- *El mayor atentado de la banda terrorista ETA fue el 19 de junio de 1987 en el centro comercial de la empresa Hipercor en la ciudad de Barcelona. En él murieron 21 personas y 45 fueron heridas.*
- *El 24 de febrero de 2019, el presidente del gobierno español Pedro Sánchez realizó un discurso en Argèles-sur-Mer para homenajear a Manuel Azaña, a Antonio Machado y a todos los ciudadanos anónimos que se vieron obligados a exiliarse de España en 1939.*
- *La exhumación y reubicación del cadáver de Francisco Franco del Valle de los Caídos al cementerio de Mingorrubio en el Pardo, donde reposa su mujer Carmen Polo, se llevó a cabo el 24 de octubre de 2019.*

3 Grammaire

a. L'expression de l'opposition

▶ «*Contra*» (contre) ≠ «*por*» (pour).
Por *el cambio haría lo que fuera.*
▶ «*En contra (de)*» ≠ «*a favor (de)*».
Estoy en contra de *tu manera de pensar.*
▶ «*Ya no*» + **verbe** (ne... plus).
Ya no quiero *que cambie de ideas.*
▶ «*En vez de, en lugar de*» (au lieu de, à la place de).
En lugar de *agradecer todo lo que han hecho por él, se calla.*
▶ «*Pero*» (mais).
Pero *ya no me interesan las ideas políticas de mis familiares.*
▶ «*Sin embargo, no obstante*» (cependant) s'emploient pour nier la suite logique attendue.
Sin embargo *siempre lo admiraré por sus ideas políticas.*
▶ «*Mientras que*» (tandis que), «*en cambio*» (en revanche), «*por el contrario, al contrario*» (au contraire) s'utilisent pour opposer deux sujets différents.
Mi padre es de izquierdas ***mientras que*** *mi madre es de derechas.*
▶ «*No... sino*» («*que*» + **verbe**) (ne... pas, mais) sert pour nier d'abord et affirmer après le contraire.
No *le tengo odio* ***sino*** *compasión.*

Mots clés

- *El recuerdo: le souvenir ≠ el olvido:* l'oubli
- *El deber de memoria:* le devoir de mémoire
- *El memorial:* le mémorial
- *Los crímenes:* les crimes
- *Un hecho clave ≠ anecdótico:* un fait marquant ≠ anecdotique
- *Un acontecimiento histórico:* un événement historique
- *Una figura emblemática:* une figure emblématique
- *El monumento a los Muertos:* le monument aux Morts
- *El monumento conmemorativo:* le monument commémoratif
- *La dominación = la sumisión = la opresión*
- *Recordar = acordarse:* se rappeler, se souvenir
- *Aprender del pasado:* apprendre du passé
- *Homenajear:* rendre hommage
- *El homenaje:* l'hommage
- *La herencia:* l'héritage
- *El traumatismo:* le traumatisme
- *La herida:* la blessure
- *Olvidar:* oublier

b. Les marqueurs temporels

Ils sont indispensables pour établir la chronologie et organiser le discours argumentatif.
▶ *Para empezar:* ***primero, al principio, al inicio, en primer lugar, inicialmente*** (au début, d'abord, en premier).
Pour les contes : ***érase una vez*** (il était une fois).
▶ *Para continuar:* ***en segundo lugar*** (deuxièmement, en second lieu) ; ***después (de), luego, a continuación*** (après, ensuite) ; ***antes (de)*** (avant) ; ***además*** (de plus) ; ***entonces*** (alors) ; ***más tarde*** (plus tard).
▶ *Sacar conclusiones:* ***al final, finalmente, para terminar*** (à la fin). Pour les contes : ***y colorín, colorado, este cuento se ha acabado*** (ils se marièrent et eurent beaucoup d'enfants).

Exercice

★★★ 20 min **Expression écrite**

Argumente de manera establecida si está a favor o en contra de suprimir los símbolos, exhumar los restos de una persona que ha marcado historia (el general Franco, por ejemplo) o destruir los monumentos históricos del pasado. (10 líneas)

El Valle de los Caídos

1 Page 203

1 a. La profesora le aconsejó al alumno que **escogiera** español por su importancia en el mundo laboral.

b. Sería importante que **conocierais** la historia de los conquistadores.

c. Los Reyes Católicos enviaron a Cristóbal Colón para que **realizara** su expedición.

d. Era fundamental que los intercambios **se llevaran** a cabo en buenas condiciones.

2 La cita de Pablo Neruda, sacada del libro *Confieso que he vivido* de 1974, plantea un problema serio y polémico, el de las aportaciones de la colonización. El escritor se focaliza e insiste, gracias a la repetición de las frases, en la dimension lingüística e histórica y en el enriquecimiento recíproco de los dos Mundos. La herencia que dejan los colonizadores es la lengua, que aquí, es comparada con el oro. Los españoles se llevaron «el oro», la riqueza de América, a cambio del legado idiomático, a cambio de la riqueza expresiva y evocadora de «las palabras».

2 Page 205

1 a. Yo **tendría** que hacer todas las tareas del hogar.

b. Tú **serías** el responsable de mi insatisfacción.

c. A ella le **gustaría** siempre hacerlo todo.

d. Nosotras **desearíamos** que las mujeres se emanciparan.

e. Vosotros no **tomaríais** ninguna iniciativa.

f. Ellos no se **sentirían** queridos si actúan de ese modo.

2 Mi padre trata a mi madre **como si fuera** una esclava.
Los niños se comportan **como si** no **tuvieran** ninguna obligación.
Las madres trabajan **como si fueran** unas mulas.

3 Las medidas que yo tomaría para que la igualdad entre hombres y mujeres se llevara a cabo serían, en primer lugar, facilitar la incorporación al trabajo de las mujeres después de un período de inactividad. En segundo lugar, el cumplimiento de la normativa sobre la igualdad salarial. También incitaría a que se realizarán campañas informativas para que las mujeres eligieran profesiones valoradas y bien retribuidas. La racionalización de horarios tanto para las madres como para los padres podría ser otra opción. Además se tendría que realizar un Plan de Apoyo a la Maternidad, en la que se contemplara una mejora de las deducciones fiscales para las familias con hijos. Las familias deberían estar informadas de todas las ayudas estatales, autonómicas y locales para que pudieran solicitarlas, y por último, apoyar a todas las mujeres víctimas de la violencia de género.

3 Page 207

1 a. El cuadro que he elegido es el *Guernica* (1937) de Pablo Picasso. Las ocho frases que expresan el desarrollo de la acción son :
Una mujer **está levantando** los brazos.
El toro **continúa mirando** al público y **sigue comunicando** con él.
Una mujer se encuentra bajo el toro, la cabeza **está mirando** el cielo.
Esta mujer **sigue sosteniendo** en sus brazos a su hijo muerto.
La madre y el pequeño **están representando** *La Piedad*.
El soldado **continúa tendido** en el suelo.
La mujer del quinqué **sigue asomándose** por la ventana iluminando la escena y mostrando lo ocurrido. El cuadro **se lleva exponiendo** en el Museo Nacional Centro de Arte Reina Sofía desde 1992.

b. Los visitantes **<u>se</u> pasan el tiempo observando** el cuadro.
Ella **<u>se</u> pasa el tiempo analizando** la imagen.
Nosotros **<u>nos</u> pasamos el tiempo yendo** al museo.

c. **Al ver** el cuadro yo pensé en ti.
Cuando nosotras comprendimos el mensaje, supimos lo que pretendías.
Al leer este poema, tú te pones alegre.

2 Pablo Picasso es uno de los artistas claves del siglo XX gracias a sus compromisos políticos, así como, a sus contribuciones técnicas y formales cargadas de una gran emotividad.

El presidente del gobierno republicano Francisco Largo Caballero le pidió al pintor que realizara un mural para el pabellón español de la Exposición Universal de París. *Guernica* se expuso por primera vez en julio de 1937.

El cuadro cubista denuncia el horror de la guerra e intenta expresar en el espectador sentimientos y emociones nuevas. El arte se convierte en un arma ideológica, ya no es un elemento de decoración. El artista es consciente de lo que ocurre en el mundo y reacciona a través de su obra. En conclusión, esta obra de arte es un testimonio histórico que censura los horrores de la guerra, así como el dolor, el sufrimiento y la muerte de muchas víctimas inocentes.

4 Page 209

1 a. - Usted siempre **escribe** textos en mayúscula.

- Tu método no es el adecuado, tú lo **sabes** bien.

- Ustedes no **deben** meterse en mi vida privada.

- Vosotras **tenéis** que crearos un perfil.

b. **Gritan** en el telefonillo para que les abra.

Se inventan noticias falsas para chocar al usuario del móvil.

Uno ya no **sabe** ni que pensar con tanta información.

Ya no **podemos imaginar** un mundo sin las nuevas tecnologías.

2 Hoy es el 28 de diciembre, el Día de los Inocentes, y como es costumbre, además de las clásicas inocentadas de los medios de comunicación me he inventado una broma para compartirla con mis amigos y familiares en WhatsApp. La inocentada es que me tocó la Lotería de Navidad el día 22 de diciembre pero que no se lo quise comunicar a nadie. Ahora gracias a este dinero podré ir a una universidad prestigiosa y, así, realizar mi sueño, el de ser una gran científica. El mensaje lo fueron leyendo todos, al principio, estaban un poco sorprendidos pero al comunicarles El Gordo y decirles que el décimo lo había comprado en la administración número 23, empezaron a creerme. Todos se preguntaban por qué no les había dicho el mismo día la noticia. Desgraciadamente, del mismo modo que otras muchas noticias que se han publicado en el Día de los Inocentes, la información era falsa.

5 Page 211

1 **a.** El caballero andante **estaba** en Castilla la Mancha.

b. Dulcinea del Toboso **era** la mujer más bella que conocí.

c. Rodrigo Díaz de Vivar y su mujer **son** personalidades destacadas en Valencia.

d. Me gustaría **ser** una heroína de los tiempos modernos.

2 En un lugar de Andalucía vivía un joven que se enamoró perdidamente de una dulce y hermosa doncella llamada Inés. El problema es que no sabía cómo declararle su llama. A Guillermo le sobraba tanto amor que empezó a escribirle cartas románticas que depositaba cada noche cerca de su ventana. Los sobres iban acompañados de una rosa roja o, a veces, de un mechón de pelo. La muchacha no sabía exactamente quien era su pretendiente pero, poco a poco, se iba enamorando de él. Un día le dejó una foto y como el enamorado era encantador, una flecha le atravesó directamente el corazón. Este amor platónico duró cinco años. Cuando Inés empezó a hacer vida social para convertirse en una joven casadera, Guillermo fue a ver a su padre para pedir la mano de su hija. Por aquel entonces, el enamorado que contaba con veintinco años estaba acabando su último año de medicina. El padre viendo el amor de la pareja no pudo rechazar tal propuesta.

6 Page 213

1 **a.** Todos los días **aprendemos** cosas nuevas.
Los investigadores **enseñarán** lo que saben a sus discípulos.
Hoy **nos hemos enterado de** que las celulas se han dividido.

b. Tú y yo **nos hicimos** amigos en el instituto.
El mono **se ha convertido** en un humano.
Usted **se volvió** culta porque leyó muchos artículos.
Los jóvenes **se ponen** nerviosos cuando hablo de ese tema.

2 Reduciría el consumo de productos y embalajes.
Reutilizaría los productos de un solo uso buscando alternativas más duraderas.
El reciclaje sería una alternativa para proteger el entorno.
Yo cogería los transportes públicos para ir al instituto.
Apagaría las luces y los aparatos eléctricos para ahorrar energía.

7 Page 215

1 **a.** **Tenemos que valorar** los logros de una persona.
Hay que luchar por los derechos humanos.
Es necesario no **perder** nunca la esperanza.
Uno no **se debe callar** ante las injusticias.
Es preciso despreciar lo que uno no quiera en su vida.
Es menester ayudar a los más necesitados.

b. **Me parece que** los jóvenes de hoy en día tienen una conciencia social.
Yo **creo que** mi generación se interesa por la naturaleza y eso, **para mí**, es muy importante.
Me cuenta creer que nadie ayude a nadie.
Pienso que los jóvenes se interesan por los ancianos.

2 La cita de Mario Vargas Llosa refleja la emigración de la sierra a la capital del Perú en los últimos veinte años. El escritor muestra la realidad latinoamericana, en la que la clase media descubre otra clase social la de los pobres, la de los indios, que antes vivían en las afueras de Lima. Un tercio de la población con otro idioma, el quechua, y con unos modos de vivir completamente diferentes. Ahora los jóvenes en un abrir y cerrar de ojos, «con solo abrir las ventanas de su casa», se dan cuenta de la existencia de todas las clases sociales y de los problemas del país representados en la capital.

8 Page 217

Los que están a favor de modificar las acciones del pasado para cerrar las heridas de la historia, para suprimir el protagonismo que representa o para olvidar las dictaduras, y así, vivir en democracia.

Los que están en contra de modificar lo que se hizo en el pasado porque es un héroe o un mito, porque forma parte del territorio y de la memoria histórica, porque no se puede borrar ni olvidar el pasado, ya que se debe conocer el pasado, aceptarlo y aprender de él.

Identités et échanges

Méthode

1 Préparer une évaluation d'expression orale

Les supports de l'exercice d'expression orale peuvent être des documents inconnus (iconographie(s) et/ou citation(s)). La **qualité de la présentation** orale dépendra donc de la **préparation en amont**, notamment la compréhension des enjeux liés à la thématique et la connaissance du lexique utile associé.

▶ Pour chaque axe, il est souhaitable de réaliser une **synthèse des enjeux et problématiques** possibles (à partir de ce qui a été vu en première et en terminale et en élargissant la réflexion).

▶ Il s'agit de recenser, par exemple sous forme de carte mentale, les **arguments** et **contre-arguments** de **chaque problématique**, de connaître acteurs et événements liés à ces thèmes, et d'apprendre le **lexique transférable utile.**

▶ Avoir anticipé les idées essentielles et le vocabulaire pour les exprimer lève un obstacle essentiel le jour J.

Globalisierung und weltweite Verflechtungen

kurzfristig
- *Auslandsjahr*
- *Au-pair und vorübergehende Arbeitsgenehmigung*
- *Studentenaustauschprogramme*

langfristig
- *Einwanderung und Massentourismus*
- *wirtschaftliche Konkurrenz*
- *Entwicklung der Soft Power der USA*

▶ Vocabulaire utile :
– pour parler des entreprises : *verlagern, angleichen, konkurrieren (mit + D, gegen + A)*
– pour parler des individus : *zusammenwirken, bereichernde Erfahrungen, Heimweh haben...*

2 S'entraîner à la présentation orale

Seul un entraînement régulier permet de ne pas improviser le jour J.

▶ Il faut prendre l'habitude de parler à haute voix de façon cohérente, le plus longtemps possible et à partir de supports trouvés par exemple sur Internet (articles notamment).

Cours

1 Enjeux

▶ *Globalisierung: Gefahr oder Erweiterung der Chancen und Möglichkeiten?*

▶ *Welche Migrantenpolitik für Deutschland in einer globalisierten Welt?*

2 Synthèse

▶ ***Globalisierung** verwischt die **Grenzen** zwischen den Staaten und Kulturen. Konsequenzen sind einerseits die **Gefahr** eines einzigen - nordamerikanischen - Modells für alle, andererseits die **Möglichkeit** vieler internationalen Kontakte und Austausche. Dabei entsteht ein **Gefühl der Weltbürgerschaft**. Innerhalb eines Landes werden aber neue - soziale, kulturelle - Grenzen sichtbar. Materielle sowie intellektuelle **Mobilität** wird immer wichtiger für alle.*

Repères culturels

- *die innerdeutsche Grenze: die ehemalige Grenze zwischen DDR und BRD*
- *die Mauer in den Köpfen: die unsichtbare Grenze zwischen den alten und den neuen Bundesländern*
- *die „Vorintegration": die Vorebereitung der Einwanderer auf das Leben in Deutschland*
- *Auswirkungen der Globalisierung: Begegnung von Menschen unterschiedlicher Herkunft, Religion, Sprache und verschiedener Traditionen*
- *Kulturelle Vielfalt und soziale Mischung: interkulturelle und sprachliche Verständigung sind notwendig*
- *Rassismus und Ausländerfeindlichkeit: negative Vorurteile gegen die Ausländer und Hass gegen Fremde (oder Fremdenhass)*
- *Solidarität mit den Asylanten: Protest gegen die Migrantenlager*

>> ▶ *Zum Thema Globalisierung gehört auch die Migration. Sogenannte **Wirtschaftsmigranten** und **Flüchtlinge** oder **Asylbewerber** wurden in Europa, insbesondere in Deutschland 2015 massiv empfangen. Nach diesem Moment der Solidarität wurde in den folgenden Jahren die **Migrantenpolitik** neu definiert.*

3 Grammaire

L'ordre des mots dans la phrase

▶ Dans un énoncé autonome énonciatif ou une proposition principale, le verbe est toujours en position 2.
*Mythen **spielen** in jeder Kultur eine wichtige Rolle.*
*In allen Ländern, in allen Kulturen **spielen** Mythen eine wichtige Rolle.*
La position 1 peut être occupée par plusieurs termes s'ils forment un tout ou s'il s'agit de compléments de même nature.
*In jeder Kultur **spielen** Mythen eine wichtige Rolle.*
Si l'élément 1 de la phrase est une dépendante (proposition subordonnée), le verbe de la principale se place immédiatement après la dépendante (il est alors généralement précédé d'une virgule).
*Dass die Lorelei ein Gedicht von Heinrich Heine ist, **wissen** viele Leute.*

▶ Dans les interrogatives directes et les injonctives utilisant l'impératif, le verbe est en position 1.
***War** die Lorelei eine historische Figur oder eine Legende?*
***Vergleichen** wir nun Grimms Märchen mit Perraults Märchen !*

▶ Dans toute dépendante (conjonctive, relative, infinitive), le verbe occupe la dernière position.
*Wussten Sie, dass Faust der Name eines Menschen **ist**, der wirklich existiert **hat**?*

Exception :
– Attention au cas particulier des dépendantes non introduites par une conjonction de subordination, comme le discours indirect libre (avec subjonctif I). Dans ce cas, le verbe reste en position 2 dans la dépendante sans *dass* utilisant le subjonctif I.
*Er behauptet, er **habe** alle Märchen der Brüder Grimm gelesen.*

Mots clés

- *sich mit Leuten austauschen: den Standpunkt des anderen hören und seinen eigenen Standpunkt geben, Meinungen ausdrücken, diskutieren*
- *fremde Kulturen kennenlernen: andere Modelle, Gewohnheiten und Kunstwerke entdecken*
- *sich verständigen: sich verständlich machen (die Sprache des anderen verstehen und vom anderen verstanden werden)*
- *ausländischer Herkunft sein: aus einem anderen Land kommen*
- *die eingewanderte Bevölkerung: die Leute, die ihr Land verlassen, um sich in Deutschland niederzulassen*
- *die deutsche Staatsangehörigkeit erwerben (a,o;i): offiziell zu einem deutschen Bundesbürger werden*
- *in Konflikt geraten (ie,a;ä) mit (+ Dat): Schwierigkeiten haben mit etwas oder jdm*

Exercices

1 ★ 10 min **Transformez la première proposition en subordonnée en utilisant les indications données entre parenthèses. Veillez à la nouvelle structure de la phrase (ordre des mots, place du verbe, éléments à modifier le cas échéant dans les deux propositions).**

a. Man will sich mit Leuten austauschen. Man muss den Standpunkt des anderen in Betracht ziehen. (*um... zu...*)
b. Kulturelle Vielfalt kann als eine Chance betrachtet werden. Interkulturelle Verständigung ist notwendig. (*damit*)
c. Asylanten können einen Schutzstatus bekommen. Sie müssen offiziell Asyl beantragen und registriert werden. (*bevor*)
d. Materielle sowie intellektuelle Mobilität wird größer. Ein Gefühl der Weltbürgerschaft entsteht. (*dadurch, dass*)

2 ★★ 20 min **Expression**

Welches sind die Konsequenzen der Globalisierung ? Darüber gibt es verschiedene Meinungen. Handelt es sich um eine Gefahr für die kulturelle Identität eines Landes oder gehört es zu einem natürlichen Prozess, der eigentlich die Chancen der Individuen vermehrt und neue Entwicklungsmöglichkeiten anbietet ?

Utilisez les éléments du cours et le vocabulaire donné dans les repères culturels et les mots clés pour répondre à ces questions en quelques lignes en essayant de confronter des points de vue différents.

Espace privé et espace public

Méthode

1 Comprendre un document oral

Avant l'écoute : faire des **hypothèses** à partir du titre et de la source, donnés sur le sujet. S'il s'agit d'une vidéo, s'appuyer sur les images (le nom des intervenants est parfois écrit). Les **bruits de fonds** peuvent vous aider à déterminer le contexte.

▶ Indiquer les **changements d'intervenants** s'il y en a plusieurs (mettre A au début, puis si quelqu'un d'autre intervient B, C, etc.). Essayer de saisir leur identité, soit en notant leur nom, soit en notant leur profession ; cela facilitera la restitution et permettra d'attribuer les propos de façon précise à une personne particulière.

▶ Noter les **mots transparents**, **répétés** ou **faciles** à comprendre pour saisir le sens général du document. Repérer les **mots-clés**, mots lexicaux nécessaires à la bonne compréhension du message. Comme le montrent les télégrammes, la présence de quelques mots (adjectifs – noms – verbes – adverbes) suffit à rendre compte d'un long message.

Ex. : *Die sozialen Netzwerke – die digitalen Spuren – verwenden – weitergeben (a,e ;i)*

▶ Pour la **prise de notes** : utiliser des **abréviations** que vous connaissez.

Ex. : *sozial* → *soz.* – *digital* → *dig.* – *jemand* → *jn* – *privat* → *priv.*

▶ La syllabe finale peut aussi être abrégée.

▶ S'entraîner à utiliser des **symboles** ou signes mathématiques pour gagner du temps : augmenter = ↗ et femmes, hommes = ♀♂.

▶ L'essentiel est d'être **efficace dans la prise de notes** : ne pas copier des phrases entières mais se focaliser sur les informations en elles-mêmes.

Exemple : l'information suivante, *Globalisierung kann entweder als eine Chance oder als eine Gefahr betrachtet werden.* figurera simplement comme *Glob. = entw. Chance od. Gefahr betrachtet.*

▶ À l'issue d'une première écoute, **relire ses notes** et essayer de les **organiser** : indiquer plus précisément ce que l'on sait des **différents interlocuteurs** et identifier les **informations manquantes** à saisir lors d'**écoutes suivantes.** En présence de **listes incomplètes** par exemple, dans le cas où seuls les premiers éléments de la liste ont pu être pris en notes faute de temps : **mettre des tirets** devant les informations manquantes pour indiquer où focaliser son attention lors des écoutes suivantes.

2 Restituer le sens en français

Trois niveaux de restitution sont possibles :

– la situation d'énonciation : Qui parle ? Quels sont les rapports entre les intervenants, s'il y en a plusieurs ? Où est(sont)-il(s) ? ;

– la finalité : Quelle est la nature du document ? Son objectif ? Sa cible ? Exprime-t-il un point de vue subjectif ou une réalité neutre ? ;

– le contenu informatif : il s'agit de toutes les informations factuelles et l'organisation générale du message (présentation d'un problème, de ses causes puis de ses conséquences ; expression d'un point de vue puis d'arguments pour le justifier, etc.).

▶ En LVA, rendre compte de l'**implicite** : le ton de l'intervenant ou des propos saccadés peuvent trahir une **émotion**, un débit rapide peut révéler une certaine excitation ou un danger, etc.

Cours

1 Enjeux

▶ *Sind Frauen und Männer in der Privatsphäre und im öffentlichen Raum gleichgestellt?*

▶ *Soziale Netzwerke: Grenzverwischung zwischen öffentlich und privat?*

Repères culturels

- *die berufliche Gleichstellung: die gleichen Chancen für Frauen und Männer bei der Arbeit*
- *frauenfreies Topmanagement: eine Leitung, die ausschließlich aus Männern besteht*
- *Frauen bekleiden politische Ämter: Frauen werden für ein politisches Amt gewählt*
- *„mental load": die mentale Belastung der Frauen wegen der Arbeit im Haushalt*
- *die traditionelle Aufteilung der Arbeit in private und öffentliche Sphäre*
- *digitale Spuren oder Datenspuren in den sozialen Medien hinterlassen (ie,a;ä)*
- *die Grenze zum Privaten überschreiten (i,i): den privaten Bereich nicht mehr respektieren*
- *die Verschmelzung von Beruf und privatem Leben*
- *Alles beruht auf der Vorsicht des Senders und der Verantwortung des Empfängers*
- *Das Handy mit dauerhaftem Internetzugang: ein Mobiltelefon, das permanent online ist*

2 Synthèse

▶ *Obwohl mehr Frauen in den letzten Jahrzehnten **höhere Ämter bekleidet haben** (bestes Beispiel dafür ist die Wahl der ersten Bundeskanzlerin 2005), gibt es immernoch viele Unternehmen, die von Männern dirigiert werden. **Die Gleichstellung von Frauen und Männern** bleibt eine Herausforderung, damit alle Menschen **die gleichen Chancen** erhalten.*

>>

▶ *Im Privatleben sind meistens Frauen für **die familiären Aufgaben** verantwortlich, obwohl bei den jungen Generationen **die traditionelle Rollenverteilung** aufgegeben wurde.*

▶ ***Soziale Netzwerke** sind das Ergebnis eines technischen Fortschritts, der die zwischenmenschliche Kommunikation leichter macht. Dabei gibt es Gefahren: **virtuelle Gemeinschaften** bestehen nicht immer aus einem engen **Kreis von Freunden und Bekannten**, so dass das Private manchmal ungewollt öffentlich wird, was peinlich werden oder schlimme Folgen haben kann.*

3 Grammaire

a. Les verbes à particule(s) : généralités

Un grand nombre de verbes comportent en allemand une particule (ou un préverbe) qui en indique le sens principal. Par exemple, le verbe *aufmachen* signifie « ouvrir » (il résulte de la combinaison de *machen*, qui, utilisé seul, signifie « faire », et de la particule *auf*, qui désigne l'ouverture). À l'inverse, *zumachen* (formé avec le même verbe de base) veut dire « fermer », conformément au sens de la particule *zu*.

b. Les verbes à particule séparable

▶ Les particules séparables sont toujours accentuées (dans les dictionnaires, on les indique souvent à l'infinitif par un soulignement ou par une barre oblique : *auf/machen, zu/machen*).

▶ Rattachées au radical de l'infinitif, elles se placent en fin de proposition quand le verbe est conjugué à un temps simple, et elles précèdent l'augment *ge-* au participe II.

*Was **stellt** dieses Bild **dar**?* (= Que représente cette image ?)

*Auf diesem Bild hat der Künstler die Stadt Berlin im 18. Jahrhundert **dargestellt**.*

▶ Dans une infinitive complément, la préposition *zu* s'intercale entre la particule séparable et le radical du verbe.

*Er versuchte, die Stadt mit vielen Details **darzustellen**.*

▶ Certaines particules comportent plusieurs syllabes (*hinzufügen* = ajouter ; *jdm entgegenkommen* = venir au-devant de qqn).

*Er **fügte hinzu**, dass es andere Möglichkeiten gibt.*

*Er hat noch manche Argumente **hinzugefügt**.*

*Haben Sie noch etwas **hinzuzufügen**?* (= Avez-vous quelque chose à ajouter?) (Attention, ici le *zu* de l'infinitive s'intercale entre *hinzu* et *fügen*.)

c. Les verbes à particule inséparable

▶ Les particules inséparables (***be - emp - ent - er - ge - miss - ver - zer***) ne sont jamais accentuées. On peut les retenir par un moyen mnémotechnique en pensant au chien de la mythologie grecque : Cerbère gémit en enfer → *zer - be - er - ge - miss - ent - emp - ver*.

Elles sont toujours rattachées au radical du verbe et le participe II se forme sans *ge-*.

*Die Gleichstellung von Mann und Frau **betrifft** viele Bereiche.*

▶ Dans le groupe infinitif, le *zu* précède l'ensemble du verbe.

*Es ist wichtig, die Bedeutung dieser Problematik zu **verstehen**.*

d. Les verbes à particule tantôt séparable tantôt inséparable

Certaines particules sont séparables ou inséparables selon leur sens. C'est le cas par exemple de ***durch**, **über**, **unter**, **um**, **wider**, **wieder***.

*In vielen Ländern **unterstützt** der Staat die Kunst. (unterstützen* = soutenir*)*

*Schon früher haben Fürsten die Kunst **unterstützt**.*

*Kulturpolitik besteht auch und vielleicht vor allem darin, die Kunst **zu unterstützen**.*

Mots clés

- *für einen Lohn arbeiten: für seine Arbeit bezahlt werden*
  der Frauenanteil in einem Gremium: die Zahl der Frauen in einem Expertenkomitee
- *die Antidiskriminierungsstelle des Bundes: eine unabhängige offizielle Institution für Menschen, die von Diskriminierung betroffen sind*
- *die Privatheit und die Öffentlichkeit im digitalen Raum (= im Internet)*
- *Datenspuren werden verwendet und weitergegeben*
- *Das allgemeine Persönlichkeitsrecht schützt die persönliche Eigensphäre.*

Exercices

1 ★ 5 min **Remplacez le verbe de chacune des phrases suivantes par celui qui est indiqué entre parenthèses.**

a. Immer mehr Frauen haben sich in den letzten Jahren an wichtigen Entscheidungen im Unternehmen, in den Institutionen und in den Staatsangelegenheiten beteiligt. (*teilnehmen*)

b. Viele Leute beschäftigen sich mit dieser Problematik. (*sich auseinandersetzen*)

c. Gegen solche Argumente habe ich nichts einzuwenden. (*entgegensetzen*)

2 ★★ 20 min **Expression**

„Bei der gezielten Suche nach Informationen ist das Internet zur wichtigsten Quelle geworden. Doch, so groß der Nutzen des World Wide Web auch ist, das Internet birgt auch Risiken – und zwar für unser Persönlichkeitsrecht und den Schutz unserer Daten" (Bundesministerium der Justiz und für Verbraucherschutz).

En prenant appui sur ces lignes et à l'aide des éléments (repères culturels, mots clés) donnés plus haut, montrez quels sont les risques liés à l'utilisation d'Internet pour ce qui concerne la communication de données personnelles.

Art et pouvoir

Méthode

1 Décrire un document iconographique

- En cas d'évaluation d'expression orale sur un document inconnu, suivre une **méthodologie rigoureuse** vous permettra d'avoir toujours quelque chose à dire.
- Commencer par **présenter** le document (**nature**, **source**, **auteur**, **date**).
Ex. : *Dieses Dokument ist... Es wurde im Jahre... von (+ D)... in (+ D)... veröffentlicht*
- Savoir identifier les **différents types** de document iconographique – *die Grafik (das Kreisdiagramm, das Liniendiagramm, das Balkendiagramm...), das Gemälde, das Plakat, die Titelseite, die Werbung, die Infografik, der Comic, das Foto, das Bild...*
Indiquer aussi correctement la **date** : *Im* + le mois (l'année sans préposition ou bien précédée de *Im Jahre...*), mais *am* + le jour.
Ex. : *2020... (Im Jahre 2020...), im Januar 2020, am 1. (= ersten) Januar*
- Poursuivre par une **description générale** ou la présentation des éléments évidents, pour aller vers une **description plus minutieuse** du document (aborder la **composition**, les **couleurs**, les **différents plans**, les **angles de vue**, etc.).
Ex. : *Im Hintergrund..., Im Vordergrund..., Die benutzten Farben sind eher hell, was Hoffnung und Begeisterung ausdrücken kann.*

2 Analyser un document iconographique

- Cette présentation débouchera sur la formulation d'**hypothèses** et d'une **analyse critique** des éléments représentés ou des choix de l'artiste. Vous n'êtes pas censé avoir une connaissance encyclopédique des œuvres, mais vous devez **savoir vous poser les bonnes questions** et proposer des réponses pertinentes ou des pistes de réflexion.
Ex. : *Die Benutzung von geraden Linien deutet auf (+ A)... - Durch die dunklen Farben wird (werden) ... ausgedrückt. - Die Tatsache, dass das Bild sehr realistisch erscheint, mag ... betonen.*
- Penser à émettre des hypothèses quant aux **intentions de l'artiste**, en s'appuyant sur des éléments concrets de l'image puis en suggérant des pistes d'interprétation.
Ex. : *Die Botschaft, die der Künstler möglicherweise ausrichten möchte, ist... - Sicherlich versuchte er ... hervorzuheben. - Es ist eine bewusst getroffene Wahl, die darauf hindeutet, dass...*
- La dernière étape de la présentation peut consister à faire des **rapprochements** entre le **document** proposé et l'un des axes du programme du cycle terminal. Il est possible de faire référence à d'autres documents, non pour éviter de parler de celui qui est proposé, mais pour en soulever les caractéristiques intrinsèques.
Ex. : *Ich bin der Meinung, dass dieses Dokument besonders relevant ist, um die politische Rolle der Kunst auszudrücken, weil... - Das erinnert mich an ein anderes Kunstwerk, das wir im Unterricht untersucht haben, und zwar... - Beide drücken ... aus, aber im Gegensatz zu dem anderen Dokument zeigt das Bild, das wir nun untersuchen, dass...*

Cours

1 Enjeux

- *Kann der Staat die Kunst unterstützen, ohne sie zu instrumentalisieren?*
- *Wie engagiert dürfen KünstlerInnen sein, die vom Staat finanziert werden?*
- *Ist Kunst politisch?*

2 Synthèse

- *Dichter, Musiker, Maler standen im Dienste der Kirche oder waren **Diener** der Fürsten, wie Michelangelo, Ronsard oder Mozart. Ihre Werke sollten die **Macht** der Mäzenen verstärken. Später versuchten politische Regimes ihre eigene **Ideologie** durch eine **offizielle Kunst** zu befestigen und nutzten sie zur **Propaganda**. So wurde im Nazi-Deutschland der Bildhauer Arno Breker zum **offiziellen Künstler** im Gegensatz zu der sogenannten „**entarteten Kunst**".*

Repères culturels

- *die Kunst als Inszenierung der Macht: die Instrumentalisierung der Kunst durch die Macht*
- *Patriotische Kunst hat das Identitätsbewusstsein der Nationen im 19. Jahrhundert gefördert*
- *Totalitäre Ideologien suchen nach einer Legitimation in der Kunst und durch die Kunst*
- *Offizielle Kunst kann leicht zur Propaganda werden*
- *engagierte Kunst: eine Kunst, die politische, soziale oder wirtschaftliche Missstände kritisiert*
- *Kunst als Widerstand: Künstler schaffen Kunstwerke als geistige Waffen*
- *Gegen die Macht der Akademien entstehen Avant-garde-Bewegungen*
- *Gegen Autorität und Despotie spielen die Karikatur und die Satire eine wichtige Rolle*
- *Viele Kunstwerke wurden beschlagnahmt und verbrannt*

>>

▶ ***Engagierte Künstler** kämpfen durch ihre Werke für die **Freiheit** und die **Gerechtigkeit**. So Heine, der Deutschland 1830 verlassen musste und nach Paris kam, oder Wolf Biermann, der 1976 von der DDR **ausgebürgert** wurde. Heute noch werden Dichter oder Sänger durch **autoritäre politische Regimes** wegen ihrer Werke **verfolgt** und **verhaftet**.*

3 Grammaire

a. Condition / hypothèse / irréel

▶ **L'hypothèse** s'exprime au moyen de la conjonction de subordination *wenn* (= si) et de l'indicatif lorsque l'action ou l'événement envisagé est une éventualité, un potentiel et non un irréel. Le temps et le mode sont les mêmes dans la principale et dans la subordonnée.

***Wenn** wir im Juli nach Berlin **reisen**, dann **lerne** ich vorher ein wenig Deutsch.* (*potentiel*)

▶ Pour **l'irréel**, on utilise le subjonctif II, dans la principale **et** dans la subordonnée.

Ex. : ***Wenn** ich in Deutschland **wohnen müsste**, dann **würde** ich Deutsch **lernen**.* (= Si je devais vivre en Allemagne, j'apprendrais l'allemand.) Remarque : en français, on utilise l'imparfait dans la subordonnée et le conditionnel dans la principale ; en allemand, on utilise le subjonctif II dans les deux propositions.

b. Formation du subjonctif II présent

▶ Pour les **verbes forts**, radical du prétérit (infléchi pour les voyelles *a, o, u*) + *e* + terminaisons du prétérit *([], st, [], nt, t, n)*.

Ex. : *kommen* (prétérit : *er kam*) => *Wenn du nach Frankreich **kämest**, würde ich mich freuen.* (= Si tu venais en France, je me réjouirais.)

▶ Pour les **verbes faibles** réguliers, en suivant la règle précédente, le subjonctif II est rigoureusement identique au prétérit. On a donc généralement recours à une forme composée : auxiliaire *werden* conjugué au subjonctif II et infinitif du verbe.

Ex. : *lernen* => subjonctif II présent : *er lernte*, forme semblable au prétérit. On utilise donc, pour le différencier, la forme : *er **würde lernen**. Er **würde** gern Italienisch **lernen**.* (= Il aimerait bien apprendre l'italien.)

c. Formation du subjonctif II passé

Auxiliaire *haben* ou *sein* conjugué au subjonctif II présent et participe II du verbe.

Ex. : *auswandern => er **wäre ausgewandert**. / lernen => er **hätte gelernt**.*

Ex. : ***Wenn** er nicht nach Deutschland **gekommen wäre**, dann **hätte** er nie Deutsch **gelernt**.*

d. Ordre des mots

Comme dans toute dépendante, le verbe est à la fin de la proposition introduite par *wenn*. Mais on peut aussi utiliser une subordonnée à verbe premier. Dans ce cas, la principale est introduite par *so* ou par *dann*.

Ex. : ***Wäre** die Japanerin Yoko Tawada nicht nach Deutschland gekommen, **dann** wäre sie keine deutsche Schriftstellerin geworden.*

e. Le participe II à forme d'infinitif

▶ Lorsqu'on utilise un verbe de modalité avec un infinitif (comme dans la proposition **« er** *kann kommen* **»**), la forme du participe II du verbe de modalité, au parfait et au plus-que-parfait, est semblable à l'infinitif.

Ex. : *Er hat kommen **können**.* Il a pu venir.

▶ Dans une subordonnée conjonctive, l'auxiliaire précède alors ce « double infinitif ».

Ex. : *Wenn ich in Italien **hätte wohnen müssen**, dann hätte ich Italienisch gelernt.*

Mots clés

- *Kunst als Apologie der Macht vs. Kunst als Satire der Regierung*
- *sich durch die Kunst ausdrücken*
- *die Kunst als Hoffnung und Möglichkeit einer Befreiung*
- *Die Kunst als Darstellung des Schönen*
- *Die Kunst als Darstellung des Wahren*
- *Kunst als menschliches Kulturprodukt soll das menschliche Leben verbessern.*
- *Künstler wollen die Welt zu einem besseren Ort machen.*
- *die verschiedenen Künste: Architektur, Bildhaurerei (= Skulptur), Malerei, Tanz, Musik (Orchestermusik, Gesang, Lied, Oper, Chansons...), Dichtung (= Literatur), Fotographie, Film und Comics*

Exercices

1 ★ 5 min Transposez ces phrases à l'irréel (en utilisant le subjonctif II avec *wenn*, puis sans *wenn*).

Ex. Kunst ist notwendig. Demokratische Staaten unterstützen die Kunst. => Wenn Kunst nicht notwendig wäre, unterstützten die demokratischen Staaten die Kunst nicht.
=> Wäre Kunst nicht notwendig, dann unterstützten...

a. Die Kunst ist für totalitäre Regimes gefährlich. Die Künstler sind in solchen Staaten überwacht oder verfolgt.

b. Heines Werke wurden in Deutschland verboten. Er zog 1830 nach Paris um.

2 ★★ 15 min Répondez en quelques lignes à la question suivante en donnant quelques exemples.

Wie kann die Kunst die Macht legitimieren oder sie im Gegenteil in Frage stellen?

Citoyenneté et mondes virtuels

Méthode

1 Exprimer ses idées et les justifier

Avant de **donner un point de vue**, il est préférable d'utiliser des **structures explicites.**
Ex. : *Meiner Meinung nach... - Ich bin der Ansicht, dass... - Persönlich meine ich, dass...*
Ces dernières annoncent le caractère subjectif de votre affirmation.

▶ Toute prise de position doit être **argumentée** et **justifiée** par une **mise en contexte** ou des **exemples.** L'essentiel dans cet exercice n'est pas l'opinion de l'élève, mais la **qualité de son argumentation**.
Ex. : *Ich bin überzeugt, dass man mit den Sozialen Netzwerken sehr vorsichtig vorgehen muss, weil man nie weiß, wie alles interpretiert wird.*

2 Interagir de façon efficace

Pour se **donner le temps de réfléchir**, on peut par exemple **formuler la question** à laquelle on s'apprête à répondre. En phase d'interaction, on peut aussi **reprendre la question à laquelle on doit répondre** au style indirect.
Ex. : *Ob die Neuen Medien mehr Freiheit geben oder im Gegenteil die individuelle Freiheit gefährden ? Dies ist eine sehr wichtige Frage, die eine überlegte Antwort verdient.*

▶ Lors d'une phase d'**interaction**, il faut savoir saisir les perches qui sont lancées et ne pas nécessairement rester sur ses positions. Il est tout à fait normal de **reconnaître une erreur**, ou de souligner le caractère un peu contestable d'une affirmation auparavant énoncée. Il faut donc veiller à bien rester **ouvert aux suggestions de l'interlocuteur.**

▶ La conversation doit être aussi naturelle que possible, c'est-à-dire plutôt un échange d'idées qu'un interrogatoire. Si l'interlocuteur exprime son désaccord, prenez-le comme une opportunité de préciser, de développer ou d'améliorer une idée, et non comme une remise en cause radicale.

Cours

1 Enjeux

▶ *Welches sind die Folgen der Ausweitung einer digitalisierten Welt?*

▶ *Bedeutet freier Zugang zum Wissen und zur Information im Internet wahre Demokratisierung?*

2 Synthèse

▶ *Heutzutage kann man Zeitungen und Zeitschriften **online lesen** und sich somit ganz allein eine **politische Meinung** bilden. Man kann auch **per Internet** wählen, sein Auto anmelden, **ohne Kontakt zu anderen Menschen** alle wichtigen offiziellen Schritte unternehmen.*

▶ ***Im Netz** ist es auch möglich, alle Informationen über die Regierung und die politischen Programme zu lesen. Das alles ändert grundsätzlich **die zwischenmenschlichen Beziehungen**.*

▶ *Internet ermöglicht es, viel schneller und viel leichter **an Informationen zu gelangen**. Doch werden alle Nachrichten und Tatsachen als **gleichwertig** angegeben. Die Schwierigkeit besteht also in der **Hierarchisierung der Information** und in der Unterscheidung zwischen falschen und richtigen Information. Dabei muss man darauf achten, keine **Fake News** oder sogenannte **Hoaxes** ungewollt weiterzuverleiten.*

Repères culturels

- *Dank Internet sollen alle Behördengänge (= amtlichen Schritte) leichter gemacht werden.*
- *Firmenwebsites sammeln personenbezogene Daten (= persönliche und vertrauliche Daten)*
- *Werbemarketing im Internet*
- *die Angst vor dem „Großen Bruder" (= Anspielung auf „Big Brother" im Roman 1984 von George Orwell, als Metapher der Überwachung der BürgerInnen)*
- *Internet trägt zur Demokratisierung des politischen Lebens bei.*
- *Internet bietet die Möglichkeit an, eine große Gemeinschaft zu bilden.*
- *Gemeinschaftliche Enzyklopädien und andere Projekte werden als „kollaborativ" bezeichnet.*
- *freien Zugang zu kultureller Bildung haben*
- *Im Internet kann jeder die meisten Kunstwerke der Kultur entdecken, wenn er weiß, wie man dazu kommt.*
- *das Wahre vom Falschen unterscheiden können*
- *überall zu jeder Zeit Informationen nachprüfen können*
- *mit anderen seine Ideen austauschen und seine Erfahrungen teilen können*
- *die Gefahr einer standardisierten Interpretation der Tatsachen statt der Bildung einer eigenen Meinung*

>>

3 Grammaire

a. Régimes de verbes

Il faut retenir les régimes des verbes les plus courants lorsqu'ils diffèrent de l'usage français.

▶ **Verbes régissant un complément à l'accusatif :**
fragen (questionner qqn), *etwas* ***genießen*** *(o,o)* (apprécier, jouir de qqch), *jn etwas* ***lehren*** (enseigner qqch à qqn – ici double accusatif), ***sprechen*** *(a,o;i)* (parler à), *etwas* ***vermissen*** (regretter l'absence de qqn / qqch).

▶ **Verbes régissant un complément au datif :**
begegnen (rencontrer), ***danken*** (remercier), ***dienen*** (servir), ***drohen*** (menacer), ***fluchen*** (maudire), ***folgen*** (suivre), ***es gelingt mir*** *(a,u)* (je réussis à), ***glauben*** (croire qqn), ***gratulieren*** (féliciter), ***helfen*** *(a,o;i)* (aider), ***misstrauen*** (se méfier de, se défier de), ***schmeicheln*** (flatter) ***trotzen*** (défier), ***widersprechen*** *(a,o;i)* (contredire), ***zuhören*** (écouter attentivement), ***zusehen*** *(a,e;ie)* (regarder), ***zustimmen*** (approuver)

▶ **Verbes à régime prépositionnel :** verbes obligatoirement suivis d'une préposition (et d'un cas précis).
an **+ accusatif** *(sich wenden an,* se tourner vers, s'adresser à*)*, ***an*** **+ datif** *(teilnehmen (a,o;i) an,* participer à*)*, ***auf*** **+ accusatif** *(anspielen auf,* faire allusion à*)*, ***auf*** **+ datif** *(bestehen (a,a) auf,* persister à, tenir à*)*, ***aus*** (toujours suivi du **datif**) *(bestehen (a,a,) aus,* se composer de*)*, ***für*** (toujours suivi de l'**accusatif**) *(sorgen für,* s'occuper de*)*, ***in*** **+ accusatif** *(sich verlieben in,* tomber amoureux de*)*, ***in*** **+ datif** *(bestehen (a,a) in,* consister en*)*, *mit* (toujours suivi du **datif**) *(sich beschäftigen mit,* s'occuper de*)*, ***nach*** (toujours suivi du **datif**) *(sich erkundigen nach,* se renseigner sur*)*, ***über*** **+ accusatif** *(klagen über,* se plaindre de*)*, ***um*** **+ accusatif** *(sich kümmern um,* s'occuper de*)*, ***unter*** **+ datif** *(leiden (i,i) unter,* souffrir de*)*, ***von*** (toujours suivi du **datif**) *(abhängen (i,a) von,* dépendre de*)*, ***vor*** **+ datif** *(sich fürchten vor,* avoir peur de*)*, ***zu*** (toujours suivi du **datif**) *(beitragen (u,a;ä) zu,* contribuer à).

b. Régimes d'adjectifs

De même, il faut apprendre les régimes des adjectifs les plus courants, surtout lorsqu'ils diffèrent de l'usage français.
Exemples :

▶ avec **complément à l'accusatif :** *müde* (fatigué de), *satt* (las de).
▶ avec **complément au datif :** *böse* (fâché contre), *dankbar* (reconnaissant à, envers), *gleichgültig* (indifférent à), *nahe* (proche de), *treu* (fidèle à), *überlegen* (supérieur à).
▶ avec **complément au génitif :** *bewusst* (conscient de), *würdig* (digne de).
▶ **adjectifs à régime prépositionnel :** *eifersüchtig auf + acc.* (jaloux de), *verantwortlich für + acc.* (responsable de), *erstaunt* über *+ acc.* (étonné de), *bereit zu + dat.* (prêt à).

Mots clés

- *Fast jeder besitzt in Deutschland einen Computer oder einen Laptop oder ein Smartphone.*
- *virtuelles Engagement vs. wirkliches Engagement*
- *die Gefahr einer Zurückgezogenheit (= wenn man sich zurückzieht, also die anderen Menschen nicht mehr sieht)*
- *Im Internet und bei Facebook kann es Zensur geben.*
- *der Identitätsdiebstahl im Internet*

Exercices

1 ★ 5 min **Construisez des phrases en utilisant les éléments suivants et en veillant aux régimes de verbes et d'adjectifs.**

a. Internet – ein schnellerer Informationenaustausch – beitragen.
b. Bei vielen Jugendlichen – Computer und Handys – eine Abnahme des Lesens – verantwortlich sein.
c. Viele Eltern – die Konzentrationsschwierigkeiten ihrer Kinder – klagen.

2 ★★ 15 min **Expression**

Es gibt Leute, die behaupten, Internet habe unser Verhältnis zur Natur verändert. Sie meinen, wir würden die Natur nicht mehr wirklich sehen, sondern uns nur Bilder von der Welt ansehen und dadurch den Kontakt zum Authentischen verlieren. Was meinen Sie dazu? Versuchen Sie, dieses Urteil zu diskutieren, indem sie verschiedene Aspekte und Standpunkte analysieren.

Fictions et réalités

Méthode

Compréhension écrite

a. Effectuer les premiers repérages

La compréhension de l'écrit peut prendre appui sur plusieurs textes. Dans ce cas, avant de commencer la lecture, regarder le **paratexte** ou les **sources des documents** pour saisir leur **nature** et leur **contexte.** La **finalité des documents** en découle : un article de presse traitera souvent de l'actualité, l'objectif étant informatif. En revanche, un extrait de roman, étant une œuvre fictive, n'offrira pas le même rapport à la réalité, à moins qu'il ne se veuille prémonitoire ou préventif.

▶ La **date de publication** permet de situer chaque document l'un par rapport à l'autre.

Par exemple, si les deux documents à étudier sont constitués d'un article de presse, et d'un extrait de roman, et si l'article a été écrit bien après le roman et en offre une critique à plus de 30 ans d'intervalle, il est essentiel de comprendre ce décalage.

▶ Lors de la lecture de chaque document, saisir **le (les) personnage(s)** mentionnés, leurs **relations**, les **lieux** et les **actions**. Pour cela, il est utile de considérer les verbes et les temps auxquels ils sont conjugués, ce qui permet de saisir la chronologie.

▶ Une fois le repérage de base effectué et les différents éléments mis en relation, l'étape suivante repose sur l'explication de l'**implicite.** Quels sont les états d'esprit, les sentiments, les intentions du ou des personnages et de l'auteur notamment ?

b. Comparer les perspectives et restituer le sens

Le ou les documents ont été choisis pour offrir une **vision différente sur une thématique commune.** L'enjeu d'un exercice de compréhension écrite est de souligner leurs similitudes et leurs différences.

▶ Dans le cas d'un extrait littéraire, le type de narrateur est important puisqu'il a une incidence sur le **point de vue**, qu'il conviendra de comparer d'un document à l'autre également. Le narrateur est-il le rédacteur ? S'agit-il d'un observateur ? etc.

Ex. : *Der Verfasser / die Verfasserin, der Ich-Erzähler / die Ich-Erzählerin, die narrative Instanz*

▶ Afin de comparer les perspectives, il est nécessaire de maîtriser les **structures** permettant d'exprimer les **points communs** et les **différences.**

Ex. : *In beiden Texten kann man feststellen, dass... - Dasselbe Thema wird im Text A und im Text B behandelt. Wie im Text A handelt der Text B von...*

Cours

1 Enjeux

▶ *Welche Rolle spielen die Mythen, Legenden und Märchen jedes Landes?*

▶ *Wie wurden historische oder fiktive Figuren (Faust, die Lorelei) je nach Epoche interpretiert?*

2 Synthèse

▶ *Für jede Kultur sind **historische Vorbilder** wichtig. Geschichte(n), Märchen und Legenden **vermitteln eine Darstellung** der großen Figuren der Vergangenheit, die für jedes Land und in jeder Sprache verschieden ist. So beansprucht sowohl Frankreich wie Deutschland **das Erbe** Karls des Großen. In der BRD und in der DDR hat man verschiedene Figuren als **Hauptvertreter** der Reformation angesehen, Martin Luther einerseits, der die Macht der Fürsten unterstüzte, und Thomas Müntzer andererseits, der Bauernaufstände führte.*

Repères culturels

- *die Hermannsschlacht bei Teutoburg im Jahre 9 nach Christo (der Kampf der Germanen unter der Führung des Arminius gegen die römischen Legionen des Varus)*
- *der Anfang der Reformation mit Luthers 95 Thesen*
- *die Erzherzogin Maria Theresia von Österreich als erste Frau auf dem Thron des Kaiserreichs*
- *der König Friedrich der Große von Preußen als Aufklärer und Philosoph*
- *die Rolle des Kanzlers Otto von Bismarck und die Gründung des wilhelminischen Reiches*
- *Kulturmodelle rezipieren: Kulturgut aufnehmen (a,o;i), interpretieren*
- *die Einbildungskraft: was man sich ausdenkt, ausmalt, vorstellt → die Fantasie*
- *alte, neue Werte verkörpern*
- *historische Romane schreiben (ie,ie)*
- *historische Filme drehen*
- *die Rezeption der Geschichte bei KünstlerInnen: DichterInnen / SchriftstellerInnen, Film- und TheaterregisseurInnen, MalerInnen, BildhauerInnen, MusikerInnen, SängerInnen...*

>> ▶ *Was man **kollektive Identität** nennt, beruht auf der **Vermittlung von Geschichte** und von **Geschichten**. Historische Figuren werden durch ihre Darstellung in der **Kunst und Literatur** oft zu fiktiven Figuren. So hat man den Germanen Herrmann (Arminius) seit dem 16. Jahrhundert mehrmals **neu dargestellt und interpretiert**, genauso wie den mittelalterlichen Kaiser Barbarossa, oder auch Faust, der zu einem **Mythos** geworden ist.*

3 Grammaire

a. Directif et locatif : Généralités

▶ Le directif répond à la question *wohin ?* C'est le lieu où l'on va.
Ex. : *Viele Menschen möchten **in die** Schweiz auswandern.*
D'une manière plus générale, le directif correspond à la notion de déplacement d'un lieu à un autre.
Ex. : *Er legt das Buch **auf den** Tisch.* (Il **pose** le livre sur la table.)
▶ Le locatif répond à la question *wo ?* C'est le lieu où l'on est.
Ex. : ***In der** Schweiz lebten Ende 2019 rund 2,2 Millionen Ausländer.*
D'une manière plus générale, le locatif correspond à la localisation dans un endroit donné d'une personne, d'un objet ou d'une action.
Ex. : *Das Buch liegt **auf dem** Tisch.* (Le livre **est** sur la table.)
Le locatif n'exclut pas le mouvement, considéré dans son déroulement en un seul lieu.
Ex. : *Wenn man **in Berlin spazieren geht**, kann man viele Denkmäler sehen.*

Mots clés

- *das Kulturdenkmal, das Nationaldenkmal, das Literaturdenkmal*
- *jm ein Denkmal errichten / aufstellen*
- *die Wechselwirkung zwischen Wirklichkeit und Fiktion*
- *die Fiktion als Bewältigung der Vergangenheit*
- *der Einfluss der Fiktion auf die Wirklichkeit*
- *die Utopie als Möglichkeit einer besseren Zukunft*

b. Les prépositions à utiliser

Trois cas de figure se présentent :
▶ Noms de villes et de pays sans article : *nach* pour le directif et *in* pour le locatif.
Ex. : *Hunderttausende Flüchtlinge fliehen **nach** Deutschland. / **In** Deutschland leben viele Migranten.*
▶ Noms de personnes ou de professions, lieux et institutions : *zu* (+ datif) pour le directif et *bei* (+ datif) pour le locatif.
Ex. : *Nächste Woche gehe ich **zu** Ludwig. / Gestern war ich **bei** Ludwig. Wir sind auf dem Weg **zum** Brandenburger Tor. / Dieses Restaurant befindet sich **beim** Brandenburger Tor.*
▶ Groupes nominaux : préposition spatiale suivie de l'accusatif pour le directif, du datif pour le locatif. Il y a 9 prépositions spatiales : *an, auf, in, hinter, vor, unter, über, zwischen, neben.*
Ex. : *Sie treten **in das** Beethovenhaus ein. / Sie gehen **im** Beethovenhaus hin und her.*

Exercices

1 ★ 5 min

a. ... Teutoburger Wald wartete Herrmann mit den Germanen.
b. In ... BRD genauso wie in ... DDR feierte man regelmäßig den Anfang der Reformation.
c. Ich bin ... Berlin gefahren und habe die Alte Nationalgalerie ... ... Museumsinsel besucht.
d. ... ... Lüneburger Heide kann man auch schöne Ausflüge machen.
e. Er hatte vor, von Köln bis ... Düsseldorf zu wandern.

2 ★★ 20 min **Expression**

a. Warum braucht jedes Land oder jede Kultur Erinnerungsorte oder nationale Mythen? Was scheint Ihnen dabei positiv oder negativ?
b. Wie werden Mythen, Legenden und Märchen heutzutage in Film und Text behandelt?

Innovations scientifiques et responsabilité

Méthode

1 Connaître les différents formats d'expression

Pour aborder sereinement un exercice d'expression écrite, connaître les **caractéristiques des principaux formats d'expression guidée** comme :
– l'**article de presse** : penser à un titre accrocheur, une date et un nom de journal, des informations factuelles présentées en paragraphes ;
– **le discours** : penser à convaincre et à adapter le registre de langue à l'auditoire ; les figures de style seront utiles, comme la répétition, l'alternance de phrases longues et courtes et une progression dans ce qui est dit pour clore sur un message fort.
– les **courriers électroniques** : respecter la présentation : expéditeur – destinataire – objet avant de rédiger le message. Varier les registres de langue en fonction du destinataire et connaître les formules-types.
Ex. : *Mit freundlichen Grüßen - Herzlichst - Mit bestem Gruß - Bis bald.*

▶ Les **sujets de discussion** doivent se présenter sous la forme d'une très courte **introduction**, d'un développement en plusieurs **paragraphes**, et d'une courte **conclusion** qui devrait se terminer par une **ouverture.** Les idées doivent être ordonnées, la **progression** clairement marquée par des **liens logiques**, et les **arguments** explicités par des **exemples.**

2 Les registres de langue

▶ Il convient de **respecter le registre de langue attendu**, formel ou informel. La syntaxe et le vocabulaire en dépendent :

Style formel / neutre	Style informel
Phrases complètes Ex. : *Ihre e-mail ist eben bei mir angekommen. Ich antworte bald darauf.*	**Phrases tronquées**, sans sujet Ex. : *Mail eben angekommen. Antworte bald.*
Formes pleines des verbes Ex. : *Es tut uns leid, zu erfahren, dass Sie entlassen wurden.*	**Formes contractées** Ex. : *Tut mir leid, dass Sie Ihren Job verloren haben.*
Vocabulaire assez **soutenu** Ex. : *Er ging hinaus, um ein wenig Zeit mit seinen Freunden zu verbringen.*	**Vocabulaire** informel et **courant** Ex. : *Er hängt mit Freunden rum.*

Cours

1 Enjeux

▶ *Kann der technisch-wissenschaftliche Fortschritt dem Wohl der ganzen Menschheit dienen?*
▶ *Sind WissenschaftlerInnen für ihre Erfindungen verantwortlich?*

2 Synthèse

▶ *Es gehört zu den **Paradoxen des Fortschritts**, dass er auch negative Konsequenzen haben kann. Was einerseits der ganzen Menschheit dienen soll, **schadet** andererseits einem Teil der Menschheit. Heutzutage erkennt man die **Gefahren** des raschen technologischen Forschritts.*

Repères culturels

- *Deutschland: ein Vorreiter (= Pionier, Influencer) beim Klimaschutz?*
- *die Verringerung von Lärm, Abgasen und Feinstaub im Straßenverkehr*
- *Umwelt- und Klimaschutz sind eine prioritäre Herausforderung.*
- *Der Staat hat eine große Einflussmöglichkeit für eine umweltfreundlichere Industrie und Landwirtschaft.*
- *Deutschland hat einen Klimaschutzplan entwickelt und kooperiert mit anderen Ländern im Klimaschutz.*
- *das Recycling = die Wiederverwendung bereits benutzter Rohstoffe*
- *Der heutige Massenkonsum überschreitet die Kapazitäten der Erde.*
- *Der Einfluss des Menschen auf seine Umwelt ist in den letzten Jahrzehnten besonders groß geworden.*
- *Viele Umweltprobleme sind die Konsequenz der herrschenden Konsummuster.*
- *Das Recycling unserer Abfälle (der Abfall = der Müll) kann nicht mehr allein der Natur überlassen werden.*
- *Immer mehr Leute entscheiden sich für eine vegane Ernährung.*
- *Ist das Ziel, innerhalb kurzer Zeit zu einer nachhaltigen Lebensweise zu gelangen, eine völlige Überforderung?*

>>

>> ▶ *In Deutschland gibt es seit langem* ***Umweltschutzorganisationen*** *und grüne Parteien. Weil Deutschland als* ***Umweltsünder*** *gilt (2019 auf Platz 4 der Umweltsünder), versuchen viele Deutsche, ihren* ***Lebensstil*** *zu ändern.*

▶ *Die* ***Ambivalenz*** *des Fortschritts sieht man am Beispiel des sogenannten* ***„Dieselgate“*** *mit dem Dieselbetrug von VW oder im Prozess gegen den Pharmakonzern Merck. In beiden Fällen gibt es* ***negative Folgen*** *eines technologischen oder wissenschaftlichen Fortschritts.*

3 Grammaire

a. Verbes de modalité et de modalisation

On peut regrouper les six verbes de modalité deux par deux en distinguant leur sens et leur emploi selon trois axes :

▶ expression de la **possibilité** : *können* (avoir la possibilité matérielle de... ; savoir [au sens d'un savoir-faire]) / *dürfen* (avoir la permission de..., être autorisé à...).

▶ expression de la **volonté** : *wollen* (vouloir, avoir l'intention de...) / *mögen* (aimer bien, vouloir bien).

Remarque : *ich möchte* (subjonctif II de *mögen*) signifie « je voudrais, j'aimerais... ».

▶ expression de l'**obligation** : *müssen* (être obligé de... [sentiment intérieur d'une obligation à laquelle on adhère]) / *sollen* (avoir l'obligation morale de..., se sentir tenu de... [sentiment d'une obligation extérieure à laquelle on n'adhère pas nécessairement]).

b. Les modalisateurs

Les verbes de modalité peuvent être utilisés comme modalisateurs, pour indiquer une nuance ou un jugement portant sur une action.

▶ ***dürfen*** indique une présomption, une forte probabilité (généralement au subjonctif II).

Diese Meldung ***dürfte*** *wahr sein.* (= Cette information devrait être vraie [Je suppose qu'elle est vraie].)

▶ ***können*** exprime une éventualité.

Diese Information ***kann*** *wahr sein.* (= Cette information peut être vraie [Il se peut qu'elle soit vraie]).

▶ ***sollen*** sert à rapporter une opinion ou à indiquer une hypothèse.

Sie ***soll*** *weggereist sein.* (= Elle est sans doute partie en voyage.)

Er ***soll*** *zurückgetreten sein.* (= On dit qu'il a démissionné.)

▶ ***müssen*** sert à indiquer une très forte probabilité.

Sie ***muss*** *falsch verstanden haben.* (= Elle a dû mal comprendre.)

▶ ***wollen*** indique que l'on met en doute le propos d'un tiers.

Er ***will*** *alles vorher gewusst haben.* (= Il prétend avoir tout su auparavant.)

▶ ***mögen*** exprime une supposition.

Dieser Politiker ***mag*** *einige Details vergessen haben.* (= Cet homme politique a probablement oublié quelques détails.)

Mots clés

- *das nachhaltige Engagement / die Nachhaltigkeit*
  → die Nachhaltigkeitsdebatte (nachhaltig = nachhaltend, dauerhaft)
- *das grüne Wachstum = ein wirtschaftliches Wachstum innerhalb der ökologischen Grenzen unseres Planeten*
- *die erneuerbare Energie*
- *den Klimawandel stoppen*
- *der CO_2-Fußabdruck / der ökologische Fußabdruck*
- *der Weltüberlastungstag (oder Erdüberlastungstag): der Jahrestag, an dem die natürlichen Ressourcen der Erde für dieses Jahr aufgebraucht sind*
- *die gerechte Teilhabe an den natürlichen Lebensgrundlagen*

Exercices

1 ★ 5 min **Complétez à l'aide d'un verbe de modalité.**

a. Das ist zwar ein schlimmes Problem, aber wir ...... nicht verzweifeln!
b. Die Gefahren des technischen Fortschritts ...... man heute wohl erkennen.
c. Alle großen Unternehmen ...... heutzutage für Nachhaltigkeit sorgen.
d. Alle BürgerInnen ...... dazu beitragen, den umweltschädlichen Straßenverkehr zu reduzieren.

2 ★★ 20 min **Expression. Expliquez et commentez le texte suivant.**

Green Economy

„Die heutige Wirtschaftsweise zerstört die natürlichen Lebensgrundlagen und untergräbt dadurch den Wohlstand kommender Generationen. Die großflächige Abholzung von Wäldern, die Überfischung der Meere oder der Verlust fruchtbarer Ackerböden sind prägnante Beispiele für diese Entwicklung. Allein die Folgekosten durch den Klimawandel und den Verlust der biologischen Vielfalt könnten sich im Jahr 2050 auf rund ein Viertel des weltweiten Bruttosozialprodukts belaufen. Ein „Weiter so“, bei dem die Industrieländer ihre ressourcenintensive Wirtschaftsweise beibehalten und die Entwicklungs- und Schwellenländer diese Wirtschaftsweise übernehmen, stellt keinen gangbaren Weg dar. Daher ist der Übergang zu einer Green Economy erforderlich, die sich innerhalb der ökologischen Leitplanken bewegt und das Naturkapital erhält.“ (Umwelt-Bundesamt, *UBA Online*)

Diversité et inclusion

Méthode

1 Analyser une infographie

▶ Considérer le **titre** et la **légende** du document pour en comprendre le sens et l'information principale.
Ex. : *Die untere Grafik zeigt, wie sich die BundesbürgerInnen 2017 die kulturelle Entwicklung in Deutschland vorstellten. 1402 Leuten ab 16 Jahren äußerten ihre Meinung. Es wurden fünf Altersgruppen gebildet.*

▶ Déterminer les **informations essentielles** ou les **grandes tendances** en premier avant de considérer éventuellement ce qui relève davantage du détail.
Ex. : *Die Grafik zeigt, dass bei den jüngeren Generationen eine Mehrheit sich für ein kulturelles Zusammenwachsen ausspricht, während eine Mehrheit der älteren Personen sich eine kulturelle Anpassung der Migranten wünscht. Nur bei der älteren Hälfte der Befragten wird mit wenigen Stimmen der Wunsch nach einer kulturellen Anpassung der Mehrheitsbevölkerung ausgedrückt.*

▶ Une fois les informations factuelles dégagées, essayer d'en rendre compte et de **trouver des explications**.
Ex. : *Jüngere Leute, die schon als Kind Kinder mit Migrationshintergrund als Schulkameraden und Freunde hatten, sind eher bereit, auf eine vollständige kulturelle Anpassung der Migranten zu verzichten und eine gewisse kulturelle Eigenständigkeit zu akzeptieren.*

2 Analyser une citation

▶ Dégager les **mots essentiels** de la citation et la reformuler avec ses **propres mots.**
Ex. : *„Im Laufe von Zeit und Raum nimmt die Kultur verschiedene Formen an. [...] Als Quelle des Austauschs, der Erneuerung und der Kreativität ist kulturelle Vielfalt für die Menschheit ebenso wichtig wie die biologische Vielfalt für die Natur", UNESCO-„Allgemeine Erklärung zur kulturellen Vielfalt" Paris 2001.*
→ *Die Formen der Kultur sind immer zahlreich und verschieden.*
→ *Es gibt keine einzige und keine überlegene Kultur.*
→ *Wie im natürlichen Prozess ist die Hybridisierung der Kulturen normal und notwendig.*

▶ Mettre cette **citation en perspective** : donner des arguments pour **expliquer la vision** proposée, donner des **exemples concrets**, la rattacher à un **contexte** culturel ou une aire géographique, étendre sa **portée**, la placer dans le champ de la **thématique au programme**, lui opposer des **contre-arguments** ou en soulever les **limites**, etc.
Ex. : *Genauso wie die Sprache jedes Landes sich durch den Kontakt zu anderen Sprachen ändert, so soll die Kultur eines Landes den Dialog mit anderen Kulturen als eine Chance verstehen. Damit jede Kultur lebendig bleibt und reicher wird, braucht sie diese Auseinandersetzung mit anderen Kulturen.*

Cours

1 Enjeux

▶ *Warum ist interkulturelle Kommunikation heutzutage so wichtig geworden?*
▶ *Ist kulturelle Vielfalt mit dem Begriff einer homogenen Nation vereinbar?*

2 Synthèse

▶ ***Interkulturalität*** *und* ***Hybridisierung*** *der Kulturen sind eine direkte Folge der Globalisierung.* ***Kosmopolitismus*** *heißt* ***Weltbürgertum****, auch wegen politischer und sozialer Konflikte oder Kriege. Dabei ist die Rolle der Fremdsprachen wichtig: Um die Kultur des anderen zu verstehen, muss man seine Sprache verstehen. Um sich in einem Land* ***integrieren*** *zu können, muss man die Sprache dieses Landes lernen.*
▶ *Auch innerhalb einer* ***Sprachgemeinschaft*** *wird die Hybridisierung der Kulturen immer größer.*
▶ *Gibt es „****Nationalkulturen****"? Jeder Staat ist das Ergebnis einer langen Geschichte, während der* ***fremde Einflüsse*** *eine wichtige Rolle gespielt haben, wie die* ***Etymologie*** *vieler Wörter zeigt.*

Repères culturels

- *Multikulturalität: keine Verschmelzung der Kulturen, sondern verschiedene Kulturen existieren nebeneinander*
- *Interkulturalität: das Aufeinandertreffen von Kulturen mit gegenseitiger Beeinflussung*
- *Plurikulturalität: das Aufeinandertreffen von verschiedenen Kulturen innerhalb eines Kulturraums*
- *Hybridisierung der Kulturen: z. B. die Elitenkultur nimmt Elemente der Volkskultur an, die Volkskultur eignet sich Züge der Elitenkultur an. Oder es entstehen neue Formen der Kultur, wie die deutsch-türkische Kultur*
- *der Kampf gegen die Vorurteile (= vorgefasste Meinungen) und die Klischees*
- *der Fremdenhass = der Hass auf Fremde, die Fremdenfeindlichkeit*
- *die Gesetzgebung (= das Schaffen von Gesetzen) gegen rassistische Diskriminierung*
- *intergenerativ = intergenerationnel = generationenübergreifend*
- *Zivilcourage zeigen = der Mut, menschliche und demokratische Werte zu vertreten*

>> ▶ *Kann man die **Integration** fremder Kulturen mit der **kulturellen Einheit** eines Staates verbinden? In Deutschland gibt es z. B. viele Einwohner **türkischer Herkunft**, die als deutsche Bürger in allen Bereichen (Literatur, Kunst, Finanz, Unternehmen, Politik...) wirken und die **multikulturelle Dimension** der BRD zeigen.*

3 Grammaire

a. L'expression de la finalité

On dispose en allemand de deux structures :
- ***um... zu...*** + infinitif (= pour, afin de...).
- ***damit***, conjonction de subordination (= afin que...).

*Man muss sich Mühe geben, **um** die Gleichstellung der Geschlechter weiter **zu** befördern.*
*Man muss sich für die Gleichstellung der Geschlechter engagieren, **damit** sie im Alltagsleben selbstverständlich wird.*

Quand utiliser *damit* ou *um... zu...* ?

▶ ***damit*** est une conjonction de subordination (verbe en dernière position). Le sujet est généralement différent dans les deux propositions (principale et dépendante), mais il peut être le même.
*Die Wissenschaftler müssen vorsichtig sein, **damit** ihre Erfindungen nicht missbraucht werden.*
*Die Wissenschaftler sollen neutral bleiben, **damit** sie nicht bestochen werden.*

▶ On ne peut utiliser ***um... zu...*** que si le sujet est le même dans la principale et dans la dépendante.
*Die Wissenschaftler sollen neutral bleiben, **um** nicht bestochen **zu** werden.*

La virgule
Elle précède obligatoirement *um* (dans l'utilisation de *um... zu...* avec l'infinitif) et *damit* dans le cas de la subordonnée conjonctive.

b. L'expression de la cause : *weil, denn, da*

▶ ***weil***, conjonction de subordination (= parce que), introduit le motif, la cause, la raison, l'explication.
Ex. : *Die Wissenschaftler sind besorgt, **weil** die globale Erwärmung schlimme Folgen hat.*

▶ ***denn***, conjonction de coordination (= car), introduit une constatation, un argument.
Ex. : *Die globale Erwärmung muss wohl schlimme Folgen haben, **denn** die Wissenschaftler sind besorgt.*

Attention :
- dans la subordonnée conjonctive (introduite par ***weil***), le verbe est en **dernière** position.
- dans la proposition coordonnée (introduite par ***denn***), le verbe est en **deuxième** position.

▶ La conjonction de subordination ***da*** a un sens causal (= puisque, comme). Le verbe est en dernière position.
Ex. : ***Da** die globale Erwärmung katastrophale Folgen haben kann, sind die Wissenschaftler besorgt.*

Mots clés
- *das Grundrecht für Asyl = das Asylrecht ist im Grundgesetz verankert*
- *xenophob = ausländerfeindlich*
- *der Rassismus / der Fremdenhass*
- *der interkulturelle Dialog*
- *(die) Vielfalt und (die) Einbeziehung = Diversität und Inklusion*
- *die Fähigkeit, kulturelle Veränderungen zu akzeptieren*
- *die Chancengleichheit und die Parität des Menschen*

Exercices

★ 30 min **Étude d'une infographie**

source : https://de.statista.com/infografik/15029/armutsgefaehrdungsquote-in-deutschland/

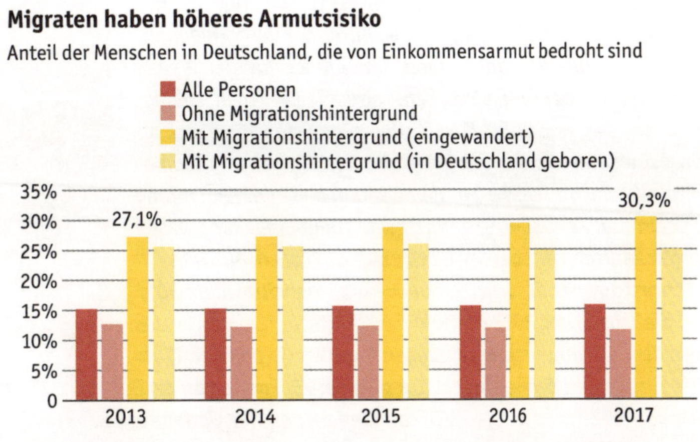

die Armut: la pauvreté - das Risiko: le risque - das Einkommen: le revenu
der Prozentsatz: le pourcentage - die Zahl: le nombre, le chiffre – die Quote: le taux

a. Beschreiben Sie die Informationen und den Unterschied zwischen den verschiedenen Quoten.
b. Wie kann man diese Zahlen erklären?

Territoire et mémoire

Méthode

1 Utiliser un vocabulaire plus riche

Jouer sur les **synonymes** pour éviter les répétitions.
Ex. : *feiern – loben – huldigen – ehren – umjubeln – würdigen – jmdm Dank zollen*

▶ Penser aux **mots** et aux **expressions idiomatiques**.
Ex. : *jmdn erinnern an – gedenken – ehren – an jmdn zurückdenken – wieder in Erinnerung bringen (a,a) – die Erinnerung an jmdn für immer wachhalten (ie,a;ä).*

▶ Utiliser un **lexique précis**.
Ex. : *Sie waren traurig während der langen Feier.* → *Sie waren zutiefst betrübt, als sie der endlosen Erinnerungsfeier beiwohnten.*

▶ Penser aussi à enrichir avec des **adjectifs** et des **adverbes**.
Ex. : *Der Gedenktag der Mauerfalls ist für die Deutschen etwas Wichtiges.* → *Der jährliche Gedenktag der Mauerfalls ist für alle Deutschen eine besonders wichtige Angelegenheit.*

2 Utiliser des structures plus complexes à l'écrit

Utiliser des **structures plus complexes à l'écrit** en **évitant** de simplement **juxtaposer** des phrases simples et en **préférant** imbriquer deux phrases simples pour en construire une seule, en recourant à la **subordination.**
Ex. : *Ein Nationalfeiertag entspricht einem wichtigen historischen Ereignis, das für die ganze Nation eine Bedeutung hat. Obwohl nicht alle mit dieser Entscheidung einverstanden waren, ist der 3. Oktober seit der Vereinigung als „Tag der Deutschen Einheit" Nationalfeiertag.*

Cours

1 Enjeux

▶ *Inwiefern kann ein historischer Ort als Ausdruck eines kollektiven Gedächtnisses erscheinen?*

▶ *Braucht die Menschheit Erinnerungsorte und Jubiläumsfeiern?*

2 Synthèse

▶ *Historische Orte können als* ***Erinnerungsorte*** *bezeichnet werden. So findet man in der Stadt Berlin viele* ***Spuren der Vergangenheit****, vom 18. bis zum 20. Jahrhundert. Das Brandenburger Tor war sowohl* ***Symbol der Größe*** *Preußens wie der Teilung Deutschlands zwischen 1949 und 1989. Andere deutsche Orte wie Lübeck als Hansestadt und auch als* ***Geburtsstadt*** *von Heinrich und Thomas Mann, Weimar als Goethe-Stadt und später als Ort der Ausrufung der Weimarer Republik 1919, Auschwitz (heute in Polen) wegen des Konzentrationslagers, sind* ***deutsche Erinnerungsorte****.*

▶ ***Jahrestage*** *wie das Luther- oder Reformations****jubiläum*** *2017 oder die Erinnerung 2013 an die Völkerschlacht bei Leipzig (= das Ende der „Befreiungskriege" gegen Napoleon), das Jubiläum 2019 für den Fall der Berliner Mauer oder der 75.* ***Jahrestag*** *der Befreiung des Konzentrations- und Vernichtungslagers Auschwitz-Birkenau 2020 sind Beispiele für* ***die Bedeutung der Gedenktage****.*

Repères culturels

- gemeinsame Werte teilen: dieselben Werte haben
- durch Erinnerungsfeiern ein kollektives geschichtliches Bewusstsein schaffen
- Kunstwerke (historische Romane, Gemälde und Zeichnungen, Opern) als Möglichkeit eines Zugangs zum Verständnis der Geschichte
- Der historische Roman ist eine Form der geschichtlichen Erinnerung.
- Ein Nationalfeiertag entspricht einem für das ganze Volk wichtigen Jubiläum oder einem Erinnerungstag (z. B. die französische Revolution am 14. Juli / der 3. Oktober als Tag der deutschen Einheit in der BRD).
- die Vergangenheitsaufarbeitung: die Auseinandersetzung mit der Vergangenheit
- die Vergangenheitsbewältigung: die Auseinandersetzung einer Gemeinschaft mit einem negativen oder problematischen Aspekt ihrer Geschichte
- die Wechselwirkung zwischen erlebter Geschichte und offizieller Darstellung der Geschichte
- Die Erinnerung an die Vergangenheit gibt der Gegenwart Sinn und bereitet die Zukunft vor.

>>

3 Grammaire

a. Le passif

Généralités

▶ Le passif se forme à l'aide de l'auxiliaire *werden* et du participe II du verbe, placé en fin de proposition (dans la proposition autonome).
Ex. : *Politische Ämter* ***werden*** *von Frauen und Männern* ***bekleidet****.*

▶ Il ne faut pas confondre la structure du passif avec celle du **futur** : ce dernier se construit à l'aide de l'auxiliaire *werden* et de **l'infinitif** du verbe.
Ex. : *Dieses Gesetz* ***wird angenommen*** (passif). (= Cette loi est adoptée.) *Der Bundestag* ***wird*** *dieses Gesetz* ***diskutieren****.* (futur). (= Le Bundestag discutera cette loi / va discuter cette loi.)

Le futur du passif

▶ L'auxiliaire *werden* servant à la fois à la formation du passif et à la formation du futur, on l'utilise deux fois pour former le futur du passif : une fois comme verbe conjugué (c'est l'auxiliaire du futur), une fois à la forme infinitive (il s'agit de l'infinitif passif : participe II du verbe + *werden*).
Ex. : *Das neue Gesetz* ***wird*** *heute nachmittag* ***diskutiert werden****.* (= La nouvelle loi sera discutée cet après-midi.)

Le parfait et le plus-que-parfait du passif

▶ Au passif parfait et plus-que-parfait, *sein* est l'auxiliaire de l'auxiliaire *werden*, dont le participe II est *worden* (à la différence de la forme régulière du participe II du verbe *werden*, qui est *geworden*).
Ex. : *Dieses Gesetz* ***ist*** *vor drei Jahren* ***angenommen worden****.*
Das ältere Gesetz ***war*** *vor zwanzig Jahren* ***angenommen worden****.*

b. La négation

▶ On utilise ***kein, keine, kein*** pour la négation d'un groupe nominal indéfini ou sans article.
Heutzutage gibt es ***keine*** *Berliner Mauer mehr.*

▶ On utilise ***nicht*** pour la négation d'un groupe nominal défini, d'un adverbe ou d'un adjectif, ainsi que pour la négation globale de la phrase.
So alt ist der Status von Berlin als Hauptstadt ***nicht****.*

▶ Dans le cas d'une négation partielle, ***kein*** ou ***nicht*** précède immédiatement l'élément nié, et la rectification éventuelle est introduite par ***sondern***.
Nicht *Berlin,* ***sondern*** *Bonn war von 1949 bis 1989 Hauptstadt der BRD.*
Friedrich der Große war ***kein*** *Habsburger oder Wittelsbacher,* ***sondern*** *ein Hohenzollern.*

▶ La déclinaison de l'adjectif qui suit éventuellement *kein, keine, kein* est forte au singulier (comme avec *ein, eine, ein*) et faible au pluriel (comme avec *die*).
*Das ist kein groß****er*** *Platz. / Das sind keine groß****en*** *Häuser.*

Mots clés

- *einer Sache (génitif) gedenken = sich erinnern an + acc.*
- *das Jubiläum (die Jubiläen): die Erinnerungsfeier (n), der Jahrestag (e)*
- *ein Zeugnis für die Vergangenheit = was für die Vergangenheit zeugt, was an vergangene Ereignisse erinnert*
- *die Gedenkfeier (n) = die Erinnerungsfeier (n)*
- *das Holokaustdenkmal*
- *die Siegessäule im Berliner Tiergarten*
- *die Gedächtniskirche in Berlin*

Exercices

1 ★ 5 min **Transposez au passif.**

a. 2017 feierte man den 500. Jahrestag des Beginns der Reformation.
b. Bei diesem feierlichen Anlass hat man viele Reden gehalten.
c. Man betrachtet manche Kunstwerke als Möglichkeit eines Zugangs zum Verständnis der Geschichte.
d. Viele Deutsche bewunderten das Brandenburger Tor als Symbol der vergangenen Größe ihres Staates.

2 ★★ 20 min **Expression**

La ville de Berlin, par l'abondance de ses monuments et lieux historiques, peut dérouter le visiteur qui y découvre les traces contradictoires d'un passé complexe.
À partir de pistes données par le texte et en effectuant quelques recherches, rédigez une dizaine de lignes en allemand proposant un parcours incluant plusieurs lieux de la ville. Vous essaierez de montrer quelle unité peut se dégager de cette diversité en termes d'expression d'une mémoire collective.
Vous pourrez utiliser le vocabulaire donné plus haut et vous référer aussi à certains des lieux suivants : *die Siegessäule im Tiergarten - die Gedächtniskirche - der Zoologische Garten - das Schloss Charlottenburg - die Museumsinsel - die Humboldt-Universität*

1 Page 221

1 **a.** Um sich mit Leuten auszutauschen, muss man den Standpunkt des anderen in Betracht ziehen.

b. Damit kulturelle Vielfalt als eine Chance betrachtet werden kann, ist interkulturelle Verständigung notwendig.

c. Bevor Asylanten einen Schutzstatus bekommen, müssen sie offiziell Asyl beantragen und registriert werden.

d. Dadurch, dass materielle sowie intellektuelle Mobilität größer wird, entsteht ein Gefühl der Weltbürgerschaft.

2 Globalisierung kann zunächst als eine Chance erscheinen, insofern als sie allen Menschen ermöglicht, entfernte Kulturen, Sitten und Kunstwerke kennenzulernen, ohne dafür lange Reisen unternehmen zu müssen. Sie kann also als eine Möglichkeit verstanden werden, menschliche Kontakte, Austausche und Wechselwirkungen zu vermehren. Andererseits aber betrachten sie manche als eine Gefahr, weil sie das Spezifische jedes einzelnen Landes negieren kann und die Einzelkulturen zu einer einzigen allgemeinen, globalen Kultur zusammenfassen würde. Dabei ist die Gefahr, dass eine dominierende Kultur die anderen allmählich zerstört.

2 Page 223

1 **a.** Immer mehr Frauen nehmen in den letzten Jahren an wichtigen Entscheidungen im Unternehmen, in den Institutionen und in den Staatsangelegenheiten teil.

b. Viele Leute setzen sich mit dieser Problematik auseinander.

c. Gegen solche Argumente habe ich nichts entgegenzusetzen.

2 Internet ist eine der wichtigsten Erfindungen der letzten Jahrzehnte und bietet unzählige Möglichkeiten, von denen man vor dreißig Jahren nicht einmal geträumt hätte. So kann man sehr einfach und schnell in Enzyklopädien und Lexika nachschlagen, Zeitungen und Bücher lesen oder bestellen, sich CDs anhören und Videos ansehen. Doch ist die Benutzung des World Wide Web mit Risiken verbunden, weil man ständig digitale Spuren hinterlässt. Sei es beim Lesen einer Online-Zeitschrift oder bei der Suche nach einem Geschenk, da muss man öfter seinen Namen sowie andere persönliche Daten wie Geburtsdatum, Anschrift, Gender, Telefonnummer usw. angeben. Das automatische Erfassen dieser Daten ermöglicht es manchen Unternehmen, uns dann durch eine personalisierte Werbung ständig unerwünschte Angebote zu schicken. Deshalb sollte man immer sehr vorsichtig bleiben und dann nur die wirklich notwendigen Daten angeben, um unser Privatleben möglichst zu schützen.

3 Page 225

1 **a.** Wenn die Kunst für totalitäre Regimes nicht gefährlich wäre, wären die Künstler in solchen Staaten nicht überwacht oder verfolgt.
Wäre die Kunst für totalitäre Regimes nicht gefährlich, so wären die Künstler in solchen Staaten nicht überwacht oder verfolgt.

b. Wenn Heines Werke in Deutschland nicht verboten worden wären, wäre Heine 1830 nicht nach Paris umgezogen.
Wären Heines Werke in Deutschland nicht verboten worden, dann wäre Heine 1830 nicht nach Paris umgezogen.

2 Früher hat die Kunst die Macht systematisch legitimiert: Denkt man zum Beispiel an die Dichter, Musiker und Maler des Mittelalters, die immer im Dienste eines Herrn oder selber Herren waren und durch ihr Werk vor allem die Macht der Adeligen und der Fürsten feierten.
Kunst als Lob der Mächtigen ist natürlich mit der Tatsache verbunden, dass diese Vertreter der Macht auch als Mäzene gewirkt haben. Die Künstler hatten meistens keine andere Möglichkeit, um ihren Lebensunterhalt zu verdienen, indem sie sich ihrer Kunst widmeten, als im Dienste eines reichen Herrn zu sein. Da diese Herren reich genug waren, um dann Besitzer der Kunstwerke zu sein, so sollten die Künstler vor allem zum Lob ihres Herrn beitragen. Erst nach dem 18. Jahrhundert änderte sich zum Teil die Situation, nachdem mehrere Künstler ihre Unabhängigkeit verlangt hatten und nicht mehr im Dienste eines Herrn stehen wollten, sondern als freie Schriftsteller, Maler, Komponisten wirken wollten. Ernst dann konnte die Kunst die Macht in Frage stellen, also eine kritische, subversive oder revolutionäre Rolle spielen. Heutzutage werden Protest, Kritik, Provokation, Satire als übliche Formen der Kunst in den modernen Demokratien verstanden.

4 Page 227

1 **a.** Internet trägt zu einem schnelleren Informationenaustausch.

b. Bei vielen Jugendlichen sind Computer und Handys für eine Abnahme des Lesens verantwortlich.

c. Viele Eltern klagen über die Konzentrationsschwierigkeiten ihrer Kinder.

2 Dass Internet das menschliche Verhältnis zur Natur verändern kann, lässt sich wohl annehmen. Wenn man die Natur nur noch auf dem Bildschirm betrachtet, verliert man den Kontakt zum Wirklichen. Das soll aber eine Minderheit betreffen. Denn für die meisten Leute eröffnet Internet neue Perspektiven. Zum Beispiel kann mal sofort einen Vogel oder irgend ein anderes Tier sowie einen Baum, eine Blume oder eine Pflanze identifizieren, die man bei einem Spaziergang im Freien oder einfach in seinem Garten gesehen hat. Somit entfernt uns Internet von der Natur nicht, sondern verhilft uns, die Natur besser zu kennen und zu verstehen, neue Aspekte zu entdecken. Nicht Internet gefährdet unser Verhältnis zur Natur, sondern die Art und Weise, wie wir Internet benutzen. Das, was einige Leute Internet heute vorwerfen, hat man früher den Büchern vorgeworfen – dass sie nicht die Wirklichkeit seien, dass es gefährlich sei, zu oft und zu lange zu lesen usw. Dabei ist es wichtig daran zu erinnern, dass die neue technische Erfindung an sich keine Gefahr bildet, sondern dass die Gefahr darin besteht, was der Mensch aus dieser Erfindung macht, zu welchen Zwecken er sie benutzt.

5 Page 229

1 **a.** **Im** Teutoburger Wald wartete Herrmann mit den Germanen.

b. In **der** BRD genauso wie in **der** DDR feierte man regelmäßig den Anfang der Reformation.

c. Ich bin **nach** Berlin gefahren und habe die Alte Nationalgalerie **auf der** Museumsinsel besucht.

d. **Auf der** Lüneburger Heide kann man auch schöne Ausflüge machen.

e. Er hatte vor, von Köln bis **nach** Düsseldorf zu wandern.

2 a. Für jedes Land ist es wichtig, dass alle Bewohner eine gemeinsame Kultur besitzen, die auf Daten und Figuren aus der Vergangenheit beruht. Deshalb sind Erinnerungsorte und Mythen wichtig, weil sie die Möglichkeit geben, diese gemeinsame Vergangenheit zu symbolisieren. Feiern und Riten sind notwendig, damit eine Gesellschaft ihre eigene Identität stiftet. Das Positive dabei ist die soziale Dimension, die die Menschen vereinigt und sie als Gemeinschaft konstituiert. Das Negative kann dann die Abkapselung dieser Gemeinschaft sein, wenn sie gegenüber den anderen feindlich wird.

b. Heuzutage werden Mythen, Legenden und Märchen ständig neu verfasst und ausgedrückt. Varianten, Nachahmungen, Parodien und Satiren zeugen für die Vitalität der Mythen in zahlreichen Büchern, Filmen und Serien. Helden aus der griechisch-römischen und aus der germanischen Mythologie haben großen Erfolg, sowie orientalische, afrikanische und südamerikanische Legenden. Perraults und Grimms Märchen erscheinen in immer neuen Formen und begeistern das Publikum. Jeder braucht diese Unterhaltung, die oft auch eine Weisheitslehre erteilen kann. Was natürlich in unserer postmodernen Zeit neu ist, ist die Dekonstruktion des Wunderbaren (zum Beispiel im Zeichentrickfilm *Shrek*).

6 Page 231

1 a. Das ist zwar ein schlimmes Problem, aber wir **dürfen** nicht verzweifeln!

b. Die Gefahren des technischen Fortschritts **kann** man heute wohl erkennen.

c. Alle großen Unternehmen **müssen** heutzutage für Nachhaltigkeit sorgen.

d. Alle BürgerInnen **sollen** dazu beitragen, den umweltschädlichen Straßenverkehr zu reduzieren.

2 In diesem Text wird auf die Konsequenzen einer unbedachten Ausbeutung der Erde aufmerksam gemacht. Im Sinne des Umwelt- und Klimaschutzes warnen die Autoren vor einer künftigen Katastrophe und zeigen, wie der Einfluss des Menschen auf seine Umwelt in den letzten Jahrzehnten so groß geworden ist, dass das Leben unserer Nachkommen gefährdet wird. Dieses Paradox des Fortschritts wird hier denunziert und es wird auf die Gefahren dieser technischen Vorsprünge hingedeutet. Der Staat muss seine Einflussmöglichkeit benutzen, um eine umweltfreundlichere Industrie und Landwirtschaft entstehen zu lassen. Der Klimaschutzplan, den die Bundesregierung entwickelt, wird „Green Economy", das heißt Grüne Wirtschaft, genannt. Es handelt sich also darum, fairen Handel, nachhaltiges Engagement, grünes Wachstum zu begünstigen, um den Klimawandel zu stoppen, indem man die Treibhausgasemissionen vermindert und den ökologischen Fußabdruck reduziert.

7 Page 233

a. Es handelt sich um eine Statistik vom Deutschen Bundesamt über das Armutsrisiko in der deutschen Bevölkerung. Die Grafik zeigt den Anteil der Menschen in Deutschland, die von Einkommensarmut bedroht sind, von 2013 bis 2017. Wir stellen fest, dass die Armutsgefährdungsquote für Migranten in den vergangenen Jahren deutlich angestiegen ist. Für die in Deutschland geborenen Personen mit Migrationshintergrund ist die Quote zuletzt leicht zurückgegangen. Das ist auch der Fall für Personen ohne Migrationshintergrund.

Innerhalb der Gruppe der Personen mit Migrationshintergrund sind die eingewanderten Personen noch stärker armutsgefährdet als Personen, die in Deutschland geboren wurden.

Die Grafik veranschaulicht auch, dass ausländische Personen mit Migrationshintergrund häufiger von Armut betroffen sind als deutsche Personen mit Migrationshintergrund.

b. Das höhere Armutsrisiko von Personen mit Migrationshintergrund kann durch mehrere Faktoren erklärt werden, wie eine geringere schulische und berufliche Qualifikation, ein höherer Anteil an Personen ohne Schul- bzw. Berufsabschluss. Andere Faktoren sind die Sprachbarrieren, die den Zugang zum Arbeitsmarkt und zu speziellen Hilfen zur beruflichen Eingliederung einschränken, sowie die zeitlich begrenzte Aufenthaltsdauer und die häufigere Ausübung von schlechter bezahlten Jobs.

8 Page 235

1 a. 2017 wurde der 500. Jahrestag des Beginns der Reformation gefeiert.

b. Bei diesem feierlichen Anlass sind viele Reden gehalten worden.

c. Manche Kunstwerke werden als Möglichkeit eines Zugangs zum Verständnis der Geschichte betrachtet.

d. Das Brandenburger Tor wurde von vielen Deutschen als Symbol der vergangenen Größe ihres Staates bewundert.

2 Die Stadt Berlin erscheint als einer der wichtigsten Erinnerungsorte in Deutschland. Dort kann der Besucher viele Spuren der Vergangenheit, vom 18. bis zum 20. Jahrhundert, finden. Im Großen Tiergarten kann er die Siegessäule entdecken, die als Nationaldenkmal im 19. Jahrhundert errichtet wurde, dann auch die Kaiser-Wilhelm-Gedächtniskirche – heute eigentlich eine Turmruine mit einer Gedenkhalle. Der Zoologische Garten, der älteste in Deutschland, stammt auch aus dem 19. Jahrhundert, während das Schloss Charlottenburg am Ende des 17. und am Anfang des 18. Jahrhunderts als Sommerresidenz gebaut wurde. Auf der sogenannten Museumsinsel sind fünf Museen zu besuchen, die für die Architektur des 19. Jahrhunderts zeugen. Am Anfang des 19. Jahhunderts wurde auch die Humboldt-Universität gegründet. Als wichtiger Erinnerungsort muss auch, unter anderem, das Brandenburger Tor erwähnt werden : es ist zugleich ein Symbol der Größe Preußens aus dem 18. Jahrhundert und, zwischen 1949 und 1989, ein Symbol der Teilung der Stadt Berlin und des Landes in zwei Staaten. In der historischen Mitte Berlins erinnert das am Anfang des 21. Jahrhunderts errichtete Holokaust-Mahnmal (eigentlich : *Denkmal für die ermordeten Juden Europas*) an die vielen Millionen Juden, die unter der Nazi-Herrschaft ermordert wurden. Somit erscheint Berlin als eine komplexe Stadt mit mehreren Erinnerungsschichten und Erinnerungsorten, aus welchen jedoch eine besondere Einheit entsteht.

Crédits photographiques

Édition : Malik Agina, Amandine Chappet, Laura Dherbecourt, Bonnie Evezard, Agnès Jemain, Elsa Jourdan, Flavie Lavallée, Michel Zelveder

Création maquette : Cécile Chaumet

Création couverture : Cécile Gallou

Schémas et cartographie : CB Defretin, Laurent Grolleau, Vincent Landrin, Légendes Cartographie, Sébastien David

Mise en pages : CB Defretin, Ma petite FaB - Laurent Grolleau, IDT

Merci à Adèle Godefroy pour la présentation du grand oral.

 - ISBN 978-2-04-740418-8

N° de projet : 10294286 – Dépôt légal : juin 2024
Imprimé en France par Pollina en juin 2024 IMPRIM'VERT

Bordas est un éditeur qui s'engage pour la préservation de l'environnement et utilise du papier issu de forêts gérées de manière responsable et d'autres sources contrôlées.